20세기 동아시아화교의 지속과 변화

이 저서는 2007년 정부(교육과학기술부)의 재원으로 한국연구재단의 지원을 받아 출판되었음(NRF-2007-361-AL0001).

20세기 동아시아화교의 지속과 변화

이은상 · 박규택 · 왕언메이(王恩美)
이창호 · 이토 이즈미(伊藤泉美) 지음

심산

차례

서문 . . . 7

제1부. 총론

제1장 20세기 전반기 동아시아화교의 시공간과 로컬
| 이은상 . . . 17

1. 초국가적 이주의 관점에서 본 동아시아화교 • 17
2. 일본과 조선의 이주노동자 정책－중국인노동자 문제 • 21
3. 동아시아화교와 로컬 • 27

제2장 전후(戰後) 동아시아화교의 '경계인'으로서의 삶
| 왕언메이(王恩美) . . . 38

1. 동아시아의 화교 • 38
2. '경계인'으로서의 화교 • 41
3. '경계인'의 고통과 고뇌 • 50
4. '경계인'의 고통 나누기와 더불어 사는 사회 • 61

제3장 중층적 · 역동적 시공간을 통한 한국화교 이해
| 박규택 . . . 68

1. 시공간 속에서의 화교 • 68
2. 중층적 시공간과 화교의 상호작용 • 71
3. 초국가와 로컬의 시공간화(19세기 후반~해방) • 75
4. 국가 시공간으로 전환(해방~한국전쟁) • 81
5. 냉전체제와 국가 시공간 공고화(1950년대 중반~1980년대 말) • 86
6. 다층적 시공간으로 전환(1990년대 이후) • 91
7. 시공간 개념적 틀 정교화와 사례연구의 필요성 • 94

제2부. 로컬과 국가를 횡단하는 동아시아화교

제1장 식민지 조선의 신의주화교
— 지속과 변화 | 이은상 . . . 103
1. 조 · 중(朝中) 국경도시 신의주 • 103
2. 신의주화교의 규모와 직업 • 113
3. 신의주화교와 중화상회 • 129
4. 신의주화교의 위상 • 136

제2장 동아시아의 냉전과 고베(神戶) 화교사회
— 좌경화사회의 형성과 탈냉전 이후의 변화 | 왕언메이(王恩美) . . . 146
1. 전후의 일본 상황과 화교문제 • 146
2. 대만인의 화교사회 가입과 전후 고베 화교사회 • 148
3. 동아시아 냉전과 고베 화교사회의 좌경화 • 154
4. 탈냉전 이후의 변화 • 175
5. 고베화교의 삶을 통해 본 국민국가, 냉전과 탈냉전 • 184

제3장 요코하마(橫浜) 화교사회의 160년, 지속 · 갈등, 그리고 변화
| 이토 이즈미(伊藤泉美) . . . 193
1. 형성과 발전의 시대, 1859~1923년 • 196
2. 시련의 시대, 관동대지진에서 요코하마 대공습까지, 1923년~1945년 • 211
3. 부흥과 성장의 시대, 1945년~1980년대 중반 • 219
4. 변화의 시대, 1980년대 중반~현재 • 224
5. 요코하마 화교사회가 존속되는 이유 • 236

제4장 'Glonacal' 관점에서 본 한국 화교학교
— 대구화교중학교 사례 | 박규택 . . . 241

1. 다층적 · 역동적 화교학교 이해의 필요성 • 241
2. 개념적 틀: 'Glonacal'의 수행적 관계성 • 244
3. (탈)냉전과 (신)자유주의적 자본주의 세계체제 • 248
4. 화교학교와 관련된 대만과 한국의 정책 • 253
5. 대구의 화교중학교와 화교사회 • 261
6. 개념적 틀의 정교화 • 274

제5장 인천 차이나타운 화교의 삶과 초국가적 공간의 형성
| 이창호 . . . 282

1. 초국가적 이주 시대의 화교 • 282
2. 인천 화교사회 및 차이나타운의 변천 • 288
3. 한국화교의 초국가적 공간인식의 확장 • 299
4. 한국사회와 화교의 미래 • 324

서문

이 책은 부산대학교 한국민족문화연구소 HK로컬리티의인문학연구단 연구총서로 기획되었다. 한국화교와 일본화교는 모두 20세기 전반 제국주의, 식민주의가 만들어낸 초국가적 이주자로 형성되었지만, 양자는 차이를 보인다. 기본적으로 그 차이는 제국, 국가의 정책에 기인하지만, 이에 대응하여 화교는 적극적으로 초국가적 네트워크를 활용하고 로컬사회와 경쟁, 갈등, 협상하면서 생존을 도모해갔다. 전후(戰後) 국민국가의 경계가 강화되면서 한국화교와 일본화교는 소수자, 타자로서 주변화된 존재였지만, 다른 한편으로는 국민국가의 경계를 넘나들며 주체적 행위자로서 자신의 사회적 공간을 만들어갔다. 일본화교에 관한 연구성과가 적지 않으나 한국학계에는 아직 거의 소개되지 못했다. 이에 동아시아의 초국가적 공간을 무대로 활동한 한국화교에 주목하되 일본화교와 비교 연구를 시도해보기로 했다.

기획이 확정된 시기는 2014년 여름이었다. 중국사 전공자인 필자가 먼저 제안서를 제출하였고, 여기에 지리학자로 부산 차이나타운 연구를 진행한 바 있는 연구단의 박규택 교수가 참여하였다. 외부 필자로 세 분의 연구자를 고려하였다. 왕언메이(王恩美) 교수는 냉전 체제와 조국 의식이라는 관점에서 동아시아 현대사 속의 한국화교에 관한 개척적이고 방대한 저서로 잘 알려졌다. 필자는 2015년 1월 인천대 중국학술원에서 개최한 국제학술대회("동아시아 화교화인과 Glocality")에 토론자로 왕 교수와 처음 만났다. 왕 교수는 기획 의도를 이해하고 필진으로 참여하기로 하였다. 이에 2015년 2월 왕 교수를 초청하여 "한국화교의 분단과 전쟁 경험(1945~1953)"을 주제로 세미나를 개최하였다. 요코하마 화교에 대해서는 요코하마개항박물관에 근무하는 이토 이즈미(伊藤泉美) 교수께 부탁하였다. 우리는 무턱대고 박물관에 팩스를 보내 이토 교수의 메일 주소를 문의하면서 원고 청탁을 의뢰하였다. 인천 차이나타운에 관한 연구로 잘 알려진 인류학자 이창호 교수는 인천화교에 관한 글을 쓰기로 하였다. 전체 필진이 확정된 시기는 2015년 8월경이었다.

필진은 역사학, 지리학, 인류학 등 다양한 전공으로 구성되었다. 따라서 각각의 연구는 전공별로 차이가 있을 수는 있으나 다음의 시각을 유념하기로 하였다. 첫째, 20세기 동아시아화교의 지속과 변화에 관심을 둔다. 둘째, 화교와 로컬 내부의 경쟁, 갈등 구조를 이해하고 더 나아가 갈등을 넘어 공생을 탐구하는데 기여하며, 글로벌한 혹은 초국가적인 관점에서 화교 연구를 시도한다. 2016년 5월에는 국내 필진을 중심으로 학술세미나("식민지, 냉전, 탈냉전 시기의 한국화교")를 개최하였다. 학술세미나에 참석하지 못한 두 분 외국학자의 원고는 메일을 통해 논문 개요, 초고를 검토하였다.

이 책은 크게 2부로 구성되었다. 제1부에서는 20세기 동아시아화교와 로컬에 관한 총론적인 세 편의 글이 실려 있다.

우선, "20세기 전반기 동아시아화교의 시공간과 로컬"(이은상)은, 일본을 중심으로 조선, 만주, 중국 본토로 연결되는 초국가적 공간을 무대로 활동한 조선, 일본화교에 주목하고, 제국, 국가, 로컬의 관계에서 양자가 차이를 보이는 연유를 설명하였다. 일본정부의 외국인 출입국관리에 관한 핵심적 법령은 두 가지로, 하나는 1899년 칙령 제352호, 다른 하나는 1918년 내무성령 제1호였다. 일본정부는 이 법령을 엄격히 적용하여 도일 중국인노동자 수를 억제하였던 반면, 조선총독부의 정책은 상대적으로 느슨하였다. 중국인노동자 문제에 대한 일본정부, 조선총독부 정책의 차이는 일본, 조선화교의 규모와 직업에 영향을 주었고, 동아시아화교는 바로 이러한 상황에 대응하여 초국가적 네트워크를 적극적으로 활용하고, 로컬사회와 경쟁, 갈등하면서 입지를 강화해갔나.

둘째, "전후(戰後) 동아시아화교의 '경계인'으로서의 삶"(왕언메이)은, 전후 일본화교와 한국화교를 '경계인'으로 규정하고 논의를 전개하였다. 경계인이란 국민국가의 경계 사이에서 국민국가의 경계선을 넘나들며 살아가는 존재로, 홈랜드(출신지)·조국·국적·혈통이 일치하지 않는 특징이 있다. 일본의 경우 1972년 중일국교정상화, 한국의 경우 1992년 한중수교, 2000년 타이완 총통 천수이볜(陳水扁)의 집권이 경계인으로서 화교의 삶에 큰 영향을 주었다. 이 글에서는 화교 작가로 잘 알려진 진슌신(陳舜臣), 야구선수 감독 오사다하루(王貞治), 중화민국의 국적을 소지하며 고향에 이주해 사는 중·장년 세대의 한국화교 또는 자신을 '샌드위치'라고 느끼는 젊은 세대의 한국화교를 사례로 설명하며, 이들과 같은 '경계인'의 삶을 이해하고 존중하는 과정에서 공생의 길이 마련될 수 있음을 강조하였다.

셋째, "중층적·역동적 시공간을 통한 한국화교 이해"(박규택)는, 식민화의 시공간, 국민국가의 시공간 그리고 글로벌화 혹은 초국가화의 시공간이 중층적으로 생성되고 변화하는 관점으로 화교를 이해하였다. 이들 시공간은 화교의 삶의 터전인 로컬의 일상적 활동과 밀접하게 관계되어 있다. 따라서 이 글의 목적은 화교와 직 · 간접적으로 관련된 다양한 시공간의 생성과 변화에 대한 구체적인 현상 혹은 사건을 통합적이고 체계적으로 보여주는 것이 아니라, 화교를 상이한 시공간이 중첩되고 혼합되는 과정으로 설명 혹은 해석하기 위한 개념적 틀을 제시하려는 것이다. 이러한 틀은 화교 연구에서 있어 두 가지 측면의 의의를 갖는다. 하나는 기존의 화교 연구는 특정한 시공간 규모, 즉 국가, 로컬, 초국가 등에 초점을 두고 있을 뿐만 아니라 이러한 시공간을 화교와 분리하고, 또한 무대 혹은 환경으로 인식하고 있다. 반면 이 연구에서 제시하는 시공간은 화교를 다층적이고 혼성적으로 생성하고 변화하는 과정으로 이해할 수 있게 한다. 둘째, 기존의 화교 연구에서는 화교의 능동성을 간과하고 있지만, 중층적이고 혼성적인 시공간에서는 시공간 규모를 가로지르는 화교의 능동적 관계 활동의 장을 수립할 수 있다.

제2부는 식민지, 냉전과 탈냉전, 글로벌 시대 동아시아화교의 구체적 사례를 검토한 다섯 편의 글이 실려 있다.

우선, "식민지조선의 신의주화교—지속과 변화"(이은상)는, 압록강 맞은편 안둥(安東)을 마주하고 있는 조 · 중 국경도시 신의주의 위상이 화교의 특징에 반영되었음에 주목하였다. 일반적으로 경성, 인천 등 대규모 도시에는 대자본의 화교직물수입도매상이 형성되었지만, 신의주의 경우 직물수입도매상이 없고 직물소매상, 잡화상이 주류를 이루었다. 안둥에서 발달한 주물업, 양말제조업은 신의주를 발판으로 조선에서 세력을 확장해 갔다. 배화폭동으로 화교상업이 일시 위축되었지만 만주국 건국은 신의주 화교에게 새로운 경제적 기회를 제공하였다. 만주국에서 들어온 만교(滿

僑)가 신의주를 포함한 평안북도에 전체의 70% 이상 거주하였고, 중일전쟁 이후 신의주의 유력한 화교 대부분이 만주국으로 국적을 변경하면서 화교의 네트워크에 큰 변화를 가져왔다.

두 번째, "동아시아의 냉전과 고베 화교사회―좌경화사회의 형성과 탈냉전 이후의 변화"(왕언메이)는, 제2차 대전 종결 이후 일본 화교사회의 좌경화 문제를 다루었다. 그에 따르면, 전후 냉전 시대에 일본화교가 중화민국계, 중국계로 분열되면서 양국 정부의 화교 쟁탈전이 치열하게 벌어졌고, 이 과정에서 고베 화교단체, 타이완 출신 화교상인, 고베중화동문학교가 좌경화되었다. 일본 화교사회에 한정해서 보자면 1972년 중일 국교정상화는 냉전 종료, 중화민국과 단교를 의미한다. 이에 고베 화교사회는 친중국적인 성향이 더 강해진 반면, 중화민국계 화교의 입지는 축소되었다. 또한 중화민국계 화교 가운데 국적을 포기하고 일본으로 귀화하는 자들이 급증하면서 일본 화교사회는 화인화(華人化)되었다.

세 번째, "요코하마 화교사회의 160년, 지속·갈등, 그리고 변화"(이토 이즈미)는, 요코하마 화교 160년의 역사적 발전과정을 '사람-화교사회', '거리-차이나타운', '일본사회-로컬사회'의 관계에 초점을 맞추어 서술하였다. 그에 따르면 요코하마 화교사회는 요코하마 개항부터 관동대지진 발발(1859~1923)까지를 형성과 발전의 시대, 관동대지진부터 요코하마 대공습(1923~1945)까지를 시련의 시대, 1945년 이후부터 1980년대 중반까지를 부흥과 성장의 시대, 1980년대 중반부터 현재까지를 변화의 시대로 나눌 수 있다. 특히, 변화의 시대는 종래의 구화교사회 내부에서 중국과 타이완의 융화가 진행되는 한편으로 신화교(新華僑)가 대두하고 차이나타운의 변화가 나타나고 있음에 주목하였다.

네 번째, "글로네이컬(Glonacal) 관점에서 본 한국 화교학교-대구화교중학교 사례"(박규택)는, 대구 화교사회와 교육에 관련된 화교협회 임원,

화교중학교 교사와 학생을 대상으로 한 구술자료, 심층면담자료를 활용하였다. 화교사회와 문화를 유지하는 데 중요한 역할을 담당하였던 화교학교는 한국정부의 억압과 배제의 정책에서 벗어난 방임과 예외상태에 놓여 있었다. 이로 인해 타이완이 한국(대구)의 화교학교를 통제하고 지원하였다. 이 글은 지구, 국가, 로컬의 힘이 중층적으로 상호 작동하는 '글로네이컬' 관점으로 대구화교중학교를 고찰하였다. 글로벌 규모에서는 (탈)냉전과 (신)자유주의를, 국가적 규모에서는 타이완과 한국의 화교학교와 관련된 정책을, 그리고 로컬적 규모에서는 화교 인구와 학생 수 간의 관계, '각종학교'로서의 상태, 화교학교와 사회의 상호작용 등을 살펴보았다.

마지막으로, "인천 차이나타운 화교의 삶과 초국가적 공간의 형성"(이창호)은, 글로벌 자본주의 시대에 인천 차이나타운의 변천과 더불어, 이곳을 중심으로 생활했던 화교를 둘러싼 초국가적 공간의 형성과 이에 대한 인식을 살펴보았다. 그에 따르면, 외부자적 시각에서 차별받는 소수집단으로 보이는 한국화교는 실제로 내면을 관찰해보면, 국민국가의 경계를 넘어 사회적 관계를 유지해가는 주체적 행위자의 모습이 나타나고 있다. 더 나아가 최근 등장한 신화교 혹은 신화교화인(新華僑華人)은 1992년 한중수교 이후 한국사회에서 새로운 사회적 관계를 맺어가고 있는 또 다른 집단으로 간주하지만, 이들이 만들어내는 초국가적인 사회적 공간 역시 한국화교 혹은 구화교가 살아온 초국가적 삶, 실천과 밀접한 연관이 있다.

이창호, 이토 이즈미 교수의 글에서 일부 거론되고 있지만 개혁개방 이후 이주한 신화교화인 문제를 본격적으로 다루지 못한 아쉬움은 남는다. 신화교화인은 전통적인 화교화인과는 달리 글로벌하게 이동하면서 중국을 왕복, 순환하는 새로운 범주의 사회집단이다. 여기에는 노동이민자뿐 아니라 투자와 교육의 목적으로 이주하는 중산계층도 적지 않다. 한국사회에서도 이슈화되었지만 부동산투자이민제를 통해 제주도에 유입된 중국자본과 신화교가 로컬사회에 미친 영향은 적지 않다. 한국의 신화교 연구는 이제 시작인 셈이다. 일본학계의 신화교화인 연구성과가 한국학계에 소개된다면 더욱 풍성한 연구가 가능해질 것이다.

총서를 발간하기까지 많은 분들의 도움을 받았지만, 무엇보다 연구단의 박규택 교수께 감사드린다. 박규택 교수의 적극적인 참여와 제언이 없었다면 이 기획은 불가능했을 것이다. 외부 필자로 왕언메이 교수는 바쁜 연구 활동 중에 두 편의 글을 써주었다. 이토 이즈미 교수는 건강이 좋지 않았지만, 마감 기일에 맞추어 원고를 보내주었다. 이창호 교수 역시 바쁜 시간을 할애하여 원고를 마무리해주었다. 이 책이 한국학계에서 동아시아 화교화인 연구를 촉발하고 더 나아가 로컬리티 연구의 지평을 넓히는 계기가 될 수 있기를 기대한다.

2017년 5월

필진을 대신하여 이은상

제1부

총론

제1장

20세기 전반기 동아시아화교의 시공간과 로컬

| 이은상 |

1. 초국가적 이주의 관점에서 본 동아시아화교

20세기 동아시아화교는 제국주의, 식민주의 역사가 만들어낸 초국가적 이주자로 형성되었지만 제국, 국가, 로컬의 관계에서 한국과 일본화교의 상황은 차이를 보인다. 이 글은 20세기 전반기 조선화교에 초점을 맞추어 논의를 진행하되 일본화교와의 비교에 유념할 것이다. 타이완화교의 상황도 포함되어야 하지만 이 글에서는 다루지 못했다.[1)]

1) 청일전쟁의 승리로 일본이 타이완을 점령하면서 타이완 주민은 일본국 신민이 되었다. 이후 중국인이 대륙에서 타이완으로 이주할 경우 타이완화교로 불렸다. 20세기 전반기 타이완화교의 개괄적 상황에 대해서는 다음의 저서를 참고하라. 安井三吉, 『帝國日本と華僑』, 東京: 青木書店, 2005. 한편 1945년 제2차 대전의 종결로 타이완은 일본제국의 식민지에서 해방되었다. 이에 일본에 이주하였던 타이완 출신 중국인은 타이완화교가 되었다. 일본화교사에서 1945년 이후 타이완화교 문제는 중요한 위치를

근대 이전 동아시아에 중국을 중심으로 한 중화제국 질서가 존재하였다면, 근대 이후 일본이 기존의 중화제국을 대신하여 새로운 제국으로 부상하였다. 일본은 청일전쟁, 러일전쟁을 거치면서 국민국가의 경계를 넘어 조선, 만주, 더 나아가 중국 본토로 영역을 확대하였다. 중화제국에서 일본제국으로 중심축이 이동하면서 일본 본토를 중심으로 조선, 만주, 중국 본토로 연결되는 초국가적 공간이 형성되었다. 화교는 이러한 초국가적 공간을 무대로 활동한 이주 집단이다.[2)]

일본제국이 형성된 이후 일본인, 조선인, 중국인의 이주 흐름을 살펴보면 다음과 같다. 우선, 일본인의 조선, 타이완, 중국 만주로의 이주이다. 둘째, 조선인의 만주와 일본으로의 이주이다(더 나아가 시베리아 이주도 중요한 흐름이다). 셋째, 중국인의 타이완, 조선, 일본으로의 이주이다. 이동의 첫 번째 흐름은 일본인에 의해 이루어졌다. 일본인이 조선과 만주로 이동하자 이것이 조선인의 만주와 일본 이주를 촉발하였다. 중국인의 일본, 조선으로의 이동도 19세기 말부터 본격화되었다. 여기서 중국인 이주 인구는 일본인, 조선인의 이주 규모와 비교해보면 적은 편이다.[3)] 그럼에도 불구하고 일본과 조선총독부는 중국인 특히 중국인노동자 문제를 중시하여 입국 관리를 강화하였다. 이에 대해서는 다음 장에서 구체적으로 서술하

차지한다. 총서 제2부 왕언메이(王恩美), 이토 이즈미(伊藤泉美)의 논문을 참고하라.

2) 김승욱, 「20세기 전반 한반도에서 일제의 노동시장 관리 – 중국인노동자를 중심으로」, 『중국사연구』 85, 중국사학회, 2013, 159-160쪽.

3) 이주 규모를 대략 살펴보면, 1920년대 중반 일본에서 조선으로 42.5만, 만주로 18.8만이고, 조선에서 일본으로 21.5만, 만주로 53.2만이었다. 반면 중국인은 조선으로 4.6만, 일본으로 2.0만이었다. 1930년에 이르면 조선인의 이주는 일본으로 41.9만, 만주로 60.7만이었고, 중국인의 이주는 조선으로 6.7만, 일본으로 3.1만으로 늘어났다. 西成田豊, 『在日朝鮮人の「世界」と「帝國」國家』, 東京: 東京大學出版會, 1997, 1-3쪽; 安井三吉, 앞의 책, 198-199쪽; 李正熙, 『朝鮮華僑と近代東アジア』, 京都: 京都大學學術出版會, 2012, 10쪽; 윤휘탁, 「침략과 저항의 사이에서: 일 · 중 갈등의 틈바귀에 낀 재만 조선인」, 『한국사학보』 19, 고려사학회, 2005, 308쪽.

겠다.

조선인의 이주와 관련하여 조선의 유출 요인은 농촌의 만성적 경작지 부족, 토지조사사업과 산미증산계획, 기타 소작인의 권리 불안정화 등으로 농민이 몰락하고 있지만 조선의 노동시장이 이러한 이농자를 흡수하고 있지 못하다는 점이 지적되고 있다. 일본의 유입 요건은 조선 남부와 일본이 거리적으로 인접하고 일본 노동시장의 임금이 조선보다 높았다는 점, 일본인 자본가가 저임금 노동자로서 조선인을 선호했다는 점 등을 들 수 있다. 여기에 조선 내부의 요인으로 노동시장에서 조선인과 중국인이 경합하였다는 점, 조선인 사이에 일본 도항이 경제적 성공을 가져오는 것처럼 전해졌다는 점도 작용하였다.

1920년대 들어와 조선인의 도일이 늘어나자 일본정부는 도일을 억제하는 정책을 시행하였지만, 효과는 크지 않았다. 재일 조선인은 1920년 4.0만 명에서, 1920년대 중반 21.5만 명, 1930년에는 41.9만 명으로 급증하였다. 이어 만주사변과 만주국의 건국이 조선인 도일 문제에 영향을 주었다. 일본은 본국인 실업 문제와 조선인의 생활 문제를 해결하고 만주 개척에 조선인을 활용하기 위해 조선인의 만주 이주를 적극적으로 장려하였다. 1934년 10월 조선인 이주 대책 건이 일본 각의에서 결정되어 조선인의 만주 이주 방침이 확인되었다.[4)]

조선인의 일본 이주가 주로 도시를 향하고 있다면 만주 이주는 기존의 농촌이나 개척지에 농지를 개간하고 거주하는 형식으로 진행되었다. 재만 조선인은 일본정부가 조선인의 만주 이주를 적극적으로 장려하는 1930년대 이후 크게 늘어나 1930년 60.7만 명에서 1935년 80.7만 명, 1940년 145만 명을 기록하였다. 조선인의 만주 이주는 앞서 언급한 농민의 몰락, 노

4) 도노무라 마사루(外村大) 지음, 신유원 · 김인덕 옮김, 『재일조선인 사회의 역사학적 연구』, 논형, 2010, 34-61쪽; 김광열, 『한인의 일본이주사 연구』, 논형, 2010, 12-48쪽.

동시장의 위약성 등과 같은 기본적 이유 외에, 간도협약으로 만주에서 토지 소유가 가능했고, 만주 농업이 유망하다는 소문에 자극되었으며, 철도의 개통으로 교통이 편리해졌고 만주를 피난처로 생각하는 사회 풍조 때문이었다. 당시 일본정부는 미작지가 증가하면 만주 개발에 유리하고 재만 일본인의 미식 문제도 해결될 것이라고 하였다. 중국인 지주는 미작을 위해 조선인 노동자를 필요로 하였다. 조선인의 만주 이민이 일본의 만몽 개발에 유리하다고 인식한 일본의 장려책도 중요한 요인이었음은 말할 것도 없다.[5)]

중국인의 만주, 조선 이주 역시 빈곤 이농층의 증가 때문이었다. 중국인 중 산둥(山東) 출신의 이주자가 많았는데 그 연유는 산둥의 높은 인구 밀도, 계속되는 재해, 군벌 혼전 등의 요인을 지적할 수 있다. 특히 1920년대 후반 이러한 상황은 더욱 극심해져 1927년 산둥 출신의 만주 이주자가 80만 명을 넘고 1928년 100만 명을 넘었다. 산둥 출신의 만주 이주는 지리적 인접성과 교통의 편리함이라는 우월한 조건 때문에 가능한 것이기도 했다. 공업노동자의 대부분을 차지하는 고력(苦力, 쿨리)의 이동은 20세기 초 러시아, 이후 일본의 만주 침략 때문에 촉진되었다. 특히 산둥 출신 고력은 노동자로서 적합한 신체를 갖추고 있어 일명 '산둥 쿨리'로 불렸다.

산둥 출신의 이주는 주로 만주를 목표로 하지만, 1920년대 들어서면서 같은 연유로 조선을 향하는 경우도 적지 않았다. 일본의 조선 식민지화 과정에서 근대적 교통 통신 시설, 토목건축 분야에서 중국인노동자의 진출이 활발해졌다. 조선에 들어오는 노동자 중 70~80%는 산둥 출신이었다.[6)]

---

5) 윤휘탁, 앞의 논문(2005), 308 · 310 · 316쪽.

6) 이은자 · 오미일, 「1920~1930년대 국경도시 신의주의 화공과 사회적 공간」, 『사총』 79, 고려대 역사연구소, 2013, 322-324쪽.

2. 일본과 조선의 이주노동자 정책 – 중국인노동자 문제

1) 일본정부 정책

중국인의 일본, 조선 이주는 19세기 후반 본격화되었지만 일본정부와 조선총독부의 통제로 그 규모는 조선인, 일본인의 이주 규모보다 적었다. 20세기 초 중국인의 조선 이주는 조선인의 만주, 일본 이주와 연동되었다. 1920년대 조선인과 중국인의 일본 이주는 일본노동자 고용 문제와 충돌하고 중국인의 조선 이주는 조선인노동자와 갈등을 일으키면서, 소위 중국인노동자 문제가 사회적으로 부상하였다. 후술하겠지만 중국인노동자 문제는 조선화교와 일본화교의 규모, 직업에 큰 영향을 미쳤다.

일본정부의 외국인 출입국 관리에 대한 핵심적인 법령은 두 가지이다. 하나는, 1899년 7월 공포된 칙령 제352호「조약 혹은 관습에 의해 거주의 자유를 가질 수 없는 외국인의 거주 및 영업에 관한 건」이다. 일본은 1894년 청일전쟁 직전 영국과 조약을 체결하여 기존의 불평등조약을 개정하는 데 성공하였다. 다만 조약의 실행을 5년 이후로 미루는 단서 조항이 있었다. 5년 뒤 1899년 조약에 따라 영사재판권, 외국인 거류지(조계)가 폐지되면서, 소위 외국인의 내지잡거(内地雜居)가 시작되었다. 그러나 중국인노동자의 내지 잡거 허용에 대해서는 찬반 여론이 분분하였다.

칙령 제352호 일명 내지잡거령은 이러한 상황에서 공포되었다. 제1조는 다음과 같다. "외국인은 조약 혹은 관행에 따라 거주의 자유를 갖지 못한다고 하더라도 종전의 거류지 및 잡거지 이외의 지역에서 거주, 이전, 영업 및 기타 행위를 할 수 있다. 단 노동자는 특별히 행정관청의 허가를 받지 않으면 종래의 거류지 및 잡거지 이외의 지역에서 거주하거나 업무를 할 수 없다. 노동자의 종류 및 본령 시행에 관한 세칙은 내무대신이 정한다."

노동자의 범위는 그 직전 결정된 내무성령 제42호에 규정되었다. 제2조에 의하면, 노동자란 농업, 어업, 광업, 토목건축, 제조, 운반, 인력거, 하역업, 기타 잡역에 관한 노동 종사자를 말한다. 다만 가사 사용인이나 취사 혹은 급사 종사자는 이에 해당하지 않는다.

이 칙령과 성령의 기본 구조는, 구미인은 내지 잡거를 허용하고 중국인노동자는 내지 잡거를 제한한다는 것이다. 이미 19세기 후반에 들어오면 미국, 캐나다, 호주 등지에서도 중국인노동자 배척과 관련한 법령이 만들어졌다. 다만 일본의 경우 중국인노동자의 규모가 아직 소수에 불과한 단계에서 이러한 법령이 공포되었고, 입국 자체를 금지한 것이 아니라 거주와 취로를 제한하였다는 점에 차이가 있다. 여기서 조선인은 구미인과 마찬가지로 내지 잡거가 허용되었다. 20세기 초 한일합병으로 조선인의 법적 지위가 외국인에서 외지인으로 변화되었지만 그 정책은 변화하지 않았다.

이 칙령은 일본화교의 성격에 큰 영향을 미쳤다. 우선, 중국인노동자의 거주, 취로의 지역 범위를 제한하면서 중국인 인구를 억제하였다는 점이다. 일본화교는 1930년 최고 절정기에도 3.0만 명에 불과하였다. 반면 조선화교는 동시기에 일본화교의 2배가 넘는 6.7만 명이었다. 둘째, 중국인 일반노동자의 입국은 어려웠지만 가사 사용인, 취사와 급사 종사자는 예외였고, 기술노동자(요리업, 이발업, 재단업), 비단 행상 종사자도 입국할 수 있었다. 칙령 제352호에서 행상은 제외되었기에 푸젠성(福建省) 푸칭현(福清縣) 출신자가 이 제외 규정을 활용하여 일본에서 포목행상을 축으로 푸칭방(福清幇)을 형성하였다. 셋째. 화교 중에 무역상 중심의 상인 비중이 높아지면서, 비교적 교양을 갖춘 계층이 일본화교의 중핵을 이루었다.[7]

다른 하나는, 1918년 1월 공포된 내무성령 제1호 「외국인 입국에 관한 건」이다. 제1차 대전 발발 이후 각국은 외국인의 입국관리규칙을 제정하고 여권, 사증 제도를 채택하였다. 일본도 이에 따라 외국인의 출입국에 관한 체계적인 관리방침을 마련하였다. 제1조는 다음과 같다. "본방(本邦, 일본)으로 건너오는 외국인으로 다음 각 항의 하나에 해당되면 지방 장관이 상륙을 금지할 수 있다." 제1, 여권 혹은 국적증명서 미소지자, 제2, 제국의 이익에 반하는 행동을 하거나 적국의 편의를 도모하는 자, 제3, 공안을 해하거나 풍속을 어지럽게 할 우려가 있는 자, 제4, 부랑 혹은 구걸의 상습이 있는 자, 제5, 각종 전염병 환자 기타 공중 위생상 위험한 질환이 있는 자, 제6, 심신상실자, 심신미약자, 빈곤한 자, 기타 구조를 요할 우려가 있는 자 등이 여기에 해당한다. 이상 1918년 내무성령 제1호는 상륙 금지와 퇴거 명령의 각 항을 포함한 근대 일본 최초의 출입국관리법령으로 중국인노동자에 대해서는 제6항의 '구조를 요할 우려가 있는 자'를 확대하여 해석하여 1899년 칙령 제352호와 함께 입국 제한의 근거로 삼았다.

그러나 중국인노동자의 입국 금지가 곧바로 실행되지는 않았다. 실제로 중국인노동자 문제가 사회적으로 부상한 시점은 1921년 이후이다. 무허가노동 중국인이 발견된 숫자는 1918년 243명, 1920년 438명에 불과하였지만 1921년 1,912명, 1923년 4,356명으로 증가하였다. 일본화교는 1920년 1.4만 명에서 1922년에는 1.7만 명으로 3천 명 가까이 늘어났다. 그러나 1923년 발생한 관동대지진은 일본화교에 큰 영향을 미쳤다. 관동대지진으로 조선인뿐 아니라 중국인도 큰 피해를 보았다. 대지진 이후 중국인의 입국 제한은 더욱 강화되어 일금 100원의 소지금이 없으면 입국이 불허되었다.[8)]

---

7) 山脇啓造, 『近代日本の外國人勞動者 – 1890年代後半と1920年代前半における中國人・朝鮮人勞動者問題』, 東京: 明石書店, 1994, 19-20 · 57-73쪽; 安井三吉, 앞의 책(2005), 62-67쪽.

이에 1920~1930년대 중국인노동자는 5~8천 명, 전체 화교는 가장 많았던 1930년에도 3.1만 명으로 억제되었다. 그 성공 이유는 일본당국의 강력한 규제 정책 때문이기도 하지만 중국인을 대신하여 조선인노동자가 대량 공급되었기 때문이다. 재일조선인은 앞서 언급한대로 1920년 4.0만 명에서 1930년에는 41.9만 명으로 급증하였다.

2) 조선총독부 정책

일본정부의 외국인 출입국 관리에 대한 핵심적인 두 가지 법령은 조선에도 모두 적용되었다. 우선, 일본정부는 1910년 8월 29일 「한국병합에 관한 건」을 발포하여 조선이 외국과 체결한 조약을 무효화하였다. 이에 따라 외국인의 영사재판권, 거류지(租界)도 폐지되었다. 같은 날 통감부는 통감부령 제52호 「조약에 의해 거주의 자유를 가지지 못하는 외국인에 관한 건」을 공포하여, 조약에 따라 거주의 자유를 갖지 못한 외국인으로 노동에 종사하는 자는 특별히 지방장관의 허가를 받지 않으면 종전 거류지 이외의 지역에 거주하거나 업무를 행할 수 없다고 하였다. 이는 1899년 칙령 제352호 규정을 조선에 적용한 것이다.

더 나아가 1910년 10월 1일 총독부가 개설된 당일 총독부령 제17호 「조약에 의거하여 거주의 자유를 갖지 못한 외국인에 관한 건」에 따르면 노동자는 다음과 같이 규정되었다. "1910년 통감부령 제52호 제1항의 노동자는 농업, 어업, 광업, 토목, 건축, 제조, 운반, 인력거, 하역업, 기타 잡역에 관한 노동 종사자를 말한다. 단 가사 노동자는 포함되지 않는다. 전항(前項)의 노동자에게 부여되는 허가는 지방장관이 공익상 필요하다고 인정되

8) 山脇啓造, 앞의 책(1994), 119-121 · 161-162쪽; 安井三吉, 앞의 책(2005), 173-174쪽.

면 취소할 수 있다." 이는 1899년 내무성령 제42호의 규정을 원용한 것이다.[9)]

조선총독부는 중국인노동자의 취로를 제한하기 위해 관영사업에서 중국인노동자 사용 제한 조처를 했다. 정무총감은 「관영사업에 청국인 사용 금지의 건」(1911.05), 「관영사업에 청국인 사용 인가의 건」(1912.04), 「관영사업에 지나인 노동자 사용에 관한 건」(1917.05)을 잇달아 발포하여 관영사업에서 중국인노동자를 사용하려면 총독의 허가를 받거나, 고용기한을 명시하거나, 경찰서장에게 인가신청서를 제출하고 고용자 수가 30명 이상이면 도장관(道長官)의 동의서를 요구하였다.[10)]

다른 하나는, 1918년 2월 「외국인 도래에 관한 건」(부령 제14호)을 발포하여 여권 미소지자, 일본의 이익에 반하는 자, 구휼을 요하는 우려가 있는 자의 상륙을 금지하였다. 이는 동년 1월에 일본정부가 발포한 내무성령 제1호 「외국인 입국에 관한 건」을 그대로 조선에 적용한 것이었다. 물론 일본정부에서도 이 성령이 바로 시행되지는 않았지만, 관동대지진 이후 성령에 따라 중국인노동자의 입국 규제는 강화되었다. 그 연유가 재일 조선인노동자의 증가와 관련이 있음은 이미 지적하였다.

그러나 1920년대 후반에 들어서면서 조선인의 도일 정책은 변화를 가져왔다. 1929년 일본 국내의 실업문제가 심각해지자 일본내각은 조선의 산업을 진흥하여 조선인노동자 실업 문제를 해결하고 조선인노동자의 일본 도항을 제한하며, 아울러 중국인노동자의 조선 입국에 대한 취체를 엄격히 실행해야 한다고 제안하였다.[11)] 말하자면 조선인노동자의 일본 입국

---

9) 安井三吉, 앞의 책(2005), 148-149쪽.

10) 松田利彦, 「近代朝鮮における山東出身華僑」, 『東アジアと半島空間 山東半島と遼東半島』(千田稔・宇野隆夫 共編, 東京 : 思文閣), 2003, 320쪽 〈표 2〉.

11) 安井三吉, 앞의 책(2005), 150・246쪽.

을 제한하려는 방편으로 중국인노동자의 조선 입국 규제를 강화하는 방향으로 전환한 것이다.[12)]

1931년 배화폭동으로 조선화교 인구는 거의 절반으로 줄어들었다. 이후 화교인구는 재차 회복되지만 1934년 9월부터 일금 100원의 제시금을 가져오지 못하는 중국인 혹은 취업이 불확실한 중국인의 입국 제한 정책이 시행되었다. 이 제시금 제도는 이미 일본에서는 1923년에 실행된 것으로 조선에서는 10년 뒤에 일본과 마찬가지의 제한이 이루어졌다. 당시 제시금 제도와 관련한 경성 주재 중국총영사의 항의에 대해 조선총독부는 일본의 실업문제가 심각하여 재일 조선인노동자의 수급을 조절하고 중국인노동자의 조선 입국을 제한하기로 했음을 통보하였다.[13)] 그러나 입국 제한 조치의 효과는 제한적이었다.

중일전쟁이 발발하면서 조선화교는 1936년 6.4만 명에서 1937년 4.1만 명으로 줄어들었다. 조선총독부는 전쟁 직후 중국인의 입국을 금지하였다. 그러나 중국총영사 판한성(范漢生)이 베이징의 친일정부 지지와 참여를 선언하면서 1938년 4월 7일자로 재류 조선화교 가족, 귀국한 화교상점 점원과 사용인에 한해 재입국이 허용되었다.

일본정부는 4월 14일자 외무대신의 지시로 중국인 일반 노동자, 이발 종사자, 행상인의 도일은 제한하되, 그 외 중국인은 친일정부 당국의 증명서가 있으면 입국을 허가하였다. 이 조치는 조선의 중국인에게도 기본적으로 적용되었지만 다른 부분도 있었다. 조선총독부 경찰국장이 제출한 「중국인의 입선(入鮮)과 취로 취체에 관한 건」에 따르면, 일반 중국인의 조선 입국에는 중국 친일정부 및 중국 주재 일본공관의 증명서가 필요하며,

12) 김승욱, 「20세기 전반 한반도에서 일제의 도항 관리정책 - 중국인노동자를 중심으로」, 『중국근현대사연구』 58, 한국중국근현대사학회, 2013, 142-151쪽.

13) 松田利彥, 앞의 논문(2003), 333쪽.

노동자 및 행상인의 입국은 원칙적으로 허가되지 않는다. 반면, 국책 상 중요한 공업 사업에 대해서는 중국인노동자 사용을 인정하지만 이 경우에도 치안상 견지에서 만주국, 관동주(關東州, 旅順과 大連), 허베이(河北) 동부 지역에 한정하고 경찰관헌 등의 서류가 필요하였다. 도일 중국인과 다르게 조선에서는 국책 상 필요한 경우 중국인노동자 입국을 허용하였던 것이다. 이는 1930년대 중반 조선 북부지역에서 대규모 공업화가 진행되면서 광업협회, 토목협회가 중국인노동자 입국을 요청한 상황과 연관이 있다. 중일전쟁으로 조선화교는 일시 감소하였지만, 점차 회복세를 보여 1942년 8.2만 명으로 최고의 인구를 기록하였다.[14)]

3. 동아시아화교와 로컬

중국인노동자 문제에 대한 일본, 조선총독부 정책의 차이는 일본, 조선화교의 규모와 직업에 영향을 주었다. 화교는 이러한 상황에 대응하여 한편으로는 초국가적 네트워크를 활용하여 자신의 경제력을 강화했고, 다른 한편으로는 지역민과 경쟁, 갈등, 타협하면서 생존을 도모해갔다.

일본정부의 중국인노동자 입국 규제로 일본화교는 상인 중심의 화상형(華商型)을 유지하였지만, 조선화교는 달랐다. 조선화교는 개항기와 식민지 초기에는 상인 중심이었지만, 1920년대부터 농민과 노동자 인구가 급증하여 1930년대 이후 화상 · 화공(華工) 혼합형의 특징을 갖게 되었다.

일본화교 경제의 주축은 무역상인 반면 조선화교의 주축은 직물상이었

14) 중일전쟁 이후 조선총독부의 중국인 입국 방침과 그에 따른 영향에 관해서는 다음의 논문을 참고하라. 이은상, 「중일전쟁 시기 원산화교의 동향과 화교경제」, 『사총』 90, 고려대 역사연구소, 2017, 131-134쪽.

다. 일본화교 무역상은 본국상인 및 동남아시아 화교상인을 중개하여 일본산 잡화 및 직물 등을 수출하였다. 조선화교 직물상은 본국에서 영국산 면직물과 중국산 견직물, 일본에서 일본산 면직물과 견직물을 수입하여 조선에 판매하였다. 조선화교 직물상의 경영 규모는 일본화교 무역상에 비해도 손색이 없을 정도였다. 노동자 입국 제한으로 일본화교가 운영하는 제조공장은 거의 없었다. 또한 화교상인의 제조업 진출은 사실상 금지되었다. 반면 조선화교는 양말제조업, 주물업에서 일본인과 조선인 제조업자를 압박할 정도로 두각을 나타냈다. 일본에서는 채소 재배를 주로 하는 화교농민이 없지만 조선의 화교농민은 조선의 채소시장을 거의 독점하였다.

일본화교는 푸젠(福建), 광둥(廣東), 삼강(三江) 곧, 저장(浙江), 장수(江蘇), 안후이(安徽), 장시(江西) 출신이 많지만 조선화교는 산둥 출신이 전체의 80~90%를 점하였다. 조선의 경우에도 개항기에는 광둥, 삼강, 산둥 출신이 정립하는 형태를 보였지만 식민지 시기에 들어가면서 광둥, 삼강 출신 세력은 약화하였다. 광둥방 상인 동순태(同順泰)의 홍망은 이러한 상황을 상징한다. 동순태를 대신하여 식민지 시기 산둥방의 직물수입상이 부상하였다.[15)]

1) 요코하마, 고베화교

요코하마화교의 기원은 막부 말기 요코하마의 개항에서 시작되었다. 1859년 7월, 미일수호통상조약으로 개항된 요코하마에 외국인 거류지가 설치되었다. 거의 동시에 홍콩, 광저우(廣州), 상하이의 상관(商館, Factory,

15) 李正熙, 앞의 책(2012), 41-44 · 205-207 · 524-528쪽.

외국상인의 거주, 무역 지구)에서 활동하고 있던 서구상인들이 극동에 새롭게 출현한 이 개항장에 관심을 가졌다. 이들은 요코하마에 진출하면서 중국인 매판(買辦)을 데리고 왔다. 개항 당시 일본인과 서양인은 서로 언어와 상관습이 달랐기에 중국인 매판이 양자의 중개자 역할을 하였다. 중국인 인구는 1870년 1천여 명에서 1880년 2,500명을 넘었다. 이 시기 차이나타운(南京町)이 형성되고 중화회관이 설립되었으며 관제묘(關帝廟), 중화의장(中華義葬, 묘지) 등이 갖추어졌다. 요코하마화교의 출신지는 대부분 광둥이고 삼강이 그다음이었다.

1899년 요코하마 외국인거류지 철폐는 화교사회 발전에 큰 영향을 주었다. 거류지가 철폐됨으로써 원칙적으로 일본인과 외국인이 잡거할 수 있게 되었다. 그러나 칙령 제352호에 따라 기존 거류지 이외 지역에서 중국인노동자의 거주, 취로가 금지되었다. 다만 행상과 이발, 재단, 요리 등 일부 업종의 노동자는 허용되었다. 이러한 상황은 일본화교의 직업 범위를 협소하게 하였다. 흥미로운 사실은 칙령 352호로 중국인노동자의 일본 유입이 억제되었는데도 불구하고 화교상인은 오히려 일본정부의 결의를 환영하였다는 점이다. 당시 유력한 일본화교는 자신을 노동자층과 별개로 인식하여 화교상인의 이익을 보호하는 행동을 취하였다. 이 칙령이 미숙련 노동자의 입국, 취로를 규제하긴 하지만 기존 화교상인층의 이익에 손해를 끼치는 것은 아니라고 생각하였다.

20세기 초부터 1923년 관동대지진이 일어나기 전까지는 요코하마화교의 발전기였다. 인구는 1900년 대략 3,300명에서 1910년 최대 6,200여 명으로 늘어났다. 각종 단체도 잇달아 설립되었다. 1909년 요코하마중화상무총회(이후 요코하마중화총상회)가 설립되면서 기존 중화회관의 경제, 정치적 기능이 분리되었다. 광둥 계열의 대동학교(大同學校, 1898), 삼강 계열의 중화학교(中華學校, 1903), 광둥 계열의 혁명파 요코하마화교학교(1908)

가 잇달아 설립되었다. 중등교육기관으로 요코하마지성중학교(志成中學校, 1916)도 개설되었다. 화교직업이 분화되면서 요리업, 양복업, 이발업 등 직능단체도 만들어졌다. 1909년 7월 요코하마 개항 50년제, 1910년 7월 관제묘 개수 25주년제가 차이나타운에서 성대하게 열렸고, 1911년 9월 대동학교 창립 15주년에는 캉유웨이, 량치차오 등 입헌파를 비롯한 200여 명이 참석하여 중화회관에서 성대한 의식을 거행하였다. 거류지 철폐에 따라 상인의 경제 활동의 장이 넓어지고, 치외법권의 폐지로 화교의 활동 전반이 일본 법률에 적용되었다. 일본으로의 정착화, 중일 제휴를 통한 입헌파의 움직임 등이 일어나면서 요코하마화교는 일본사회와의 협조를 지향하였다.

그러나 관동대지진으로 60여 년간 축적된 요코하마 화교사회와 차이나타운은 큰 타격을 받았다. 요코하마화교 사망자는 1,700명 전후로 요코하마 전체 화교인구(5,700명)의 약 30%를 차지하였다. 피해자 다수는 저장성(浙江省) 출신으로 행상인, 노동자가 많았다. 이후 중화회관과 고베총영사관을 중심으로 회복과 부흥을 위한 노력을 하였다. 또한 중일 양국의 우의와 친선을 돈독히 하고 문화적 발전과 경제적 제휴 및 무역 진흥을 위해 설립된 요코하마 중일협회(1918년 설립)는 관제묘를 정비하고 차이나타운 내 건물을 단장하였다. 그러나 중일전쟁으로 화교의 경제활동은 전반적으로 쇠퇴하였고 1945년 요코하마 대공습으로 화교사회는 존속의 위기에 놓였다.[16)]

고베화교는 요코하마보다 9년 늦은 1868년 1월 고베 개항과 같이 시작되었다. 고베화교의 시작은 나가사키와 요코하마에 비해 늦었지만, 인구와 경제력은 곧 두 도시의 화교를 능가하였다. 고베와 인근 오사카는 해산

16) 이상의 내용은 총서 제2부 이토 이즈미(伊藤泉美)의 논문을 참고하라.

물, 잡화 등 각지 물산의 집산지이고 주요 수출공업제품의 생산 거점이었다. 구미계 은행, 보험회사, 상사가 고베의 외국인 거류지에 진출한 것은 한자를 매개로 무역을 중개하고 영어를 말하는 중국인 매판이 있기에 가능하였다.

이주 초기 고베화교 경제의 주축은 무역상으로 이들은 고베와 본국 및 동남아 간의 중계무역을 담당하였다. 화교상인은 일본산 면사, 성냥, 해산물 등을 독점 수출하고 면화, 설탕, 쌀 등을 수입하였다. 화교상인 출신지는 광둥이 가장 많고 삼강과 푸젠이 뒤를 이었다. 1870~1880년대부터 출신지별로 무역상이 동업조합(公所)을 결성하였고 1893년 상위의 조직인 중화회관을 조직하였다. 1909년 고베중화상무총회가 발족되어 경제적, 정치적 기능이 분리되면서 중화회관은 제사, 교육, 문화 행사 등을 담당하였다. 1900년에는 고베화교동문학교(華僑同文學校)가 개교하였다.

1899년 고베의 외국인거류지 반환과 동시에 발포된 칙령 352호에 의해 상인과 특정 잡역자의 입국과 취업만이 허가되었다. 또한 일반노동자의 입국은 제한되었지만 행상이나 요리업, 이발업, 재봉업 등 기술노동자는 가능하였다. 일본사회의 생활방식이 서양화되면서 기술자가 부족한 분야인 이발, 재단, 선박과 호텔 및 상사의 직속 요리사 등이 필요했기 때문이다. 이들 기술자는 주로 장시, 저장, 안휘, 광둥 출신이었다. 또한 고베의 특수한 사정상 선박 관련 검수업자와 선박 및 양관(洋館) 건축에 필요한 도장(塗裝)기술자 역시 입국을 허용하였다. 도장 기술자는 광둥 바오안현(保安縣) 출신으로 이루어졌다. 이처럼 고베의 화교사회는 고베가 갖는 특이성을 반영하여 극히 다원적인 출신으로 구성되었다. 동아시아 교역 네트워크의 거점 고베의 화교출신지는 광둥이 주류인 요코하마와는 다르게 광둥, 푸젠, 저장, 장시 등 광범위하였다.

1910년부터 1920년대 전반기 고베화교 인구는 1910년 1,700명에서

1930년 6,800명 가까이 증가하였다. 1920년대 전반기부터 일본인 무역상이 부상하면서 그 지위에 변화가 발생하지만 화교 무역상이 동남아 수출무역에서 차지하는 비율은 1930년대에도 30~40%에 달했다. 화교직업이 다양해지고 규모가 증가하면서 요리업, 양복점, 이발업, 도장업 등 동업조합이 조성되었다.

그러나 1930~1940년대 중일 간 마찰이 격화되면서 화교 경제는 어려워졌다. 만주사변, 중일전쟁으로 화교인구는 감소하여 1930년에 비해 60%에 불과하였다. 통제경제정책의 시행으로 화교 경제는 쇠퇴하였고 화교에 대한 탄압도 심해졌다. 1945년 고베 대공습으로 화교의 사회경제적 기반은 거의 와해되었다.[17]

2) 인천, 원산화교

부산의 개항은 조일수호조규가 체결된 그해 1876년, 원산의 개항은 1880년 대외적으로 공포되었지만, 인천은 그보다 늦은 1883년에 개항되었다. 일본의 입장에서 인천은 조선의 수도 한성의 관문이고 만주와 중국 화북(華北) 지역을 향하는 중요한 길목에 위치하고 있기 때문에 정치적, 군사적으로 중요하였다.

개항 이후 상하이와 인천을 운항하는 항로가 개설되면서 중국인이 본격적으로 이주하였는데 초기에는 광둥, 저장성 출신이 많았다. 이들 화교상인이 일본상인과의 경쟁에서 우위에 있을 수 있었던 연유는 중계 무역

17) 20세기 전반 고베화교에 관한 구체적 내용은 다음의 저서를 참고하라. 中華會館, 『落地生根 - 神戸華僑と神阪中華會館の百年』(增訂版), 東京: 研文出版, 2013, 25-225쪽; 山下清海 編著, 『華人社會がわかる本 - 中國から世界へ廣がるネットワークの歷史, 社會, 文化』, 東京: 明石書店, 2005, 105-113쪽.

때문이었다. 조선의 수입액 중 가장 큰 비중을 차지한 영국산 면제품 생금건(生金巾, 카네킨, 양목)은 상하이로 수입된 후 중국 각지의 항구와 조선, 일본, 동남아로 재수출되었다. 이에 조선의 화교상인은 상하이의 영국산 면포 중국 도매상에게서 생금건을 구입하여 인천으로 직수입하였다. 화교상인의 타고난 신용과 중국의 후원도 한 몫 했음은 물론이다. 특히, 동순태는 광둥성 출신으로 뛰어난 상업적 수완과 위안스카이(袁世凱)의 정치적 지원에 힘입어 조선의 대표적 화교 거상(巨商)으로 성장하였다. 그러나 청일전쟁 이후 청국의 후원이 불가능해지고 의화단사건으로 상하이에서 조선으로 수입이 보류되면서 상업 네트워크도 변화하였다.

인천화교는 1910년대는 적게는 753명, 많게는 1,844명으로 기복을 보이다가 1920년 1,318명을 시작으로 1929년 2,232명으로 증가하였고, 중일전쟁 직전 1936년에는 3,265명을 기록하였다. 화교상인은 광둥성을 대신하여 산둥성 출신이 주류를 이루었다. 인천을 포함하여 조선화교직물상은 산둥성 농촌 지역의 유휴자본(遊休資本)으로 즈푸(芝罘)에 설립된 잡화상, 직물상, 해산물상, 전장(錢莊) 등의 상업자본으로 개설되었다. 화교직물상은 경성과 인천의 직물수입상을 정점으로 각 부 주요 도시의 도매상을 통해 농촌의 소매상 및 행상에 이르기까지 유통 네트워크를 형성하였다. 이들은 일본산 면포 생금건이 조선에 대량 들어오면서 영국산 면포 수입이 어려워지자 중국산 비단에 관심을 가졌고, 여기에 더해 영국산 고급 면포 쇄금건(晒金巾), 중국산 마포를 수입하였다. 더 나아가 일본산 생금건 및 면사 등을 오사카의 일본 직물도매상과 가와구치(川口)의 화교 행잔(行棧)을 통해 수입하였다. 1924년 중국산 견직물에 고관세가 부과되면서 사실상 본국으로부터의 수입이 단절되자, 이번에는 일본산 견직물 산지의 제조업자 및 도매상과 거래를 터서 직접 일본산 견직물을 수입하여 중국산 견직물 수입 감소를 보완하였다.

그러나 1930년대 이후 화교상업은 점차 쇠퇴하였다. 주요 수입품이었던 중국산 견직물은 이미 1924년 조선총독부의 고관세 정책으로 수입이 단절되었고 영국산 쇄금건 역시 1920년대 후반부터 수입이 감소하였다. 중국산 마포는 1924년 고관세 정책에서 고급제품을 제외하고 그 영향을 크게 받지는 않았지만, 배화폭동과 이후 관세율 인상으로 수입이 줄어들었다. 반면 조선의 해산물, 약재 수출상은 중일전쟁 이전까지 만주, 중국 수출을 거의 독점하였는데, 그 중심에 인천화교상인이 있었다. 물론 1930년대 이후 화교직물상의 경영은 전체적으로 위축되었지만 화교 경제의 중심은 이전과 마찬가지였다. 화교직물상 협흥유(協興裕), 해산물수출상 인합동(仁合東) 등은 1930년대 인천화교상인의 주축을 이루었다.[18)]

원산화교 역시 인천화교와 비슷한 특징을 갖고 있다. 원산의 개항은 통상의 필요 때문이기도 했지만, 러시아의 남진(南進)을 우려한 군사적 이유가 더 컸다. 개항 초기에는 교통이 불편하였지만 20세기 초 경원철도를 시작으로 육상, 해상교통이 발달하면서 일본, 만주, 러시아 블라디보스토크를 연결하는 교통의 요지가 되었다. 특히 1920년대 원산은 블라디보스토크 무역의 유일한 병탄항이었다. 그러나 1930년대 들어와 함경북도의 청진 등에 밀려 공업 발전이 진행되지 못했다.

이러한 원산의 도시로서의 특성은 원산화교의 규모와 직업별 구성에도 반영되었다. 원산화교는 청국 말기 200명 정도에 불과하였지만, 경원철도의 개통 이후 점차 증가하여 1930년에는 1,186명으로 증가하여 전성기를 맞이하였다. 원산화교상인도 인천 등지와 마찬가지로 직물수입도매상이 주류를 이루었지만 지리적 위치와 항로 문제로 일부 견직물을 직접 수입

---

18) 20세기 전반기 인천화교에 관한 구체적 내용은 다음의 저서를 참고하라. 이정희 · 송승석, 『근대 인천화교의 사회와 경제 - 인천화교협회 소장 자료를 중심으로』, 학고방, 2015, 121-195쪽.

하는 것 말고 나머지는 대부분 인천 지점을 경유하여 수입하였다.

원산화교상인의 지역적 특징과 관련하여 두 가지를 지적할 수 있다. 하나는 앞서 언급한대로 원산이 블라디보스토크와의 무역에서 중요한 위상을 갖고 있었다는 점이다. 1924년 이후 중국산 견직물 수입이 단절되자 원산화교상인은 이러한 상황에 대한 타개책으로 만주산 좁쌀을 블라디보스토크를 거쳐 원산에 수입하였다. 청국 말기 원산에 건립된 직물잡화상 영성태(永盛泰)는 1920년대 후반 곡물상 영순호(永順號)로 업종을 다각화하여 원산의 대표적인 직물수입도매상과 견줄만한 영업 이익을 냈다.

또 하나의 주요한 사실은 구(舊) 청국조계의 토지가 화교상인에게 중요한 자산이었다는 점이다. 직물수입도매상 덕태원(德泰源), 해산물수출상 천화덕(天和德)은 1920년 당시 화교상인 중 가장 많은 토지 자산을 보유하고 있었다. 배화폭동으로 4호의 유력한 직물수입도매상 중 삼합영(三合永)을 포함한 3호는 업종을 정리하였지만, 덕태원은 중일전쟁 이전까지 건재하였다. 원산의 유일한 해산물수출상 천화덕 역시 폭동 이후에도 영업활동을 계속하였다. 폭동 이후 화교상인의 활동은 전체적으로 위축되었지만 덕태원, 천화덕은 토지자산을 기반으로 상업망의 변화에 대응하면서 화교사회의 주류로 자리할 수 있었다.[19)]

전쟁 발발 이후 원산화교상업의 특징을 살펴보면 첫째, 원산부를 포함하여 원산부영사관 관내 화교상인의 주류는 이전과 마찬가지로 직물상이었지만, 전쟁 이후 덕태원을 포함한 직물도매상은 모두 폐업하였고 1942년 현재 면포소매상 11호만이 남았다. 가격통제, 배급통제 등 전시통제정책에 따라 면포소매상은 자유 판매에 따른 이윤을 얻는 것이 아니라, 정해

19) 이은상, 「중일전쟁 이전 시기(1912~1936) 조선의 원산화교」, 『인문과학』 69, 성균관대 인문학연구원, 2016, 107-119쪽; 이은상, 「원산화교와 배화폭동」, 『중국근현대사연구』 72, 한국중국근현대사학회, 2016, 102-110쪽.

진 배급수수료를 취하였다. 둘째, 수출상은 조선의 해산물, 약재를 만주를 거쳐 재차 중국 각지 더 나아가 홍콩, 동남아시아까지 판매하였다. 그러나 1942년에는 화물의 수출 통제정책으로 쇠퇴하였다. 이러한 와중에 원산을 대표하는 수출상 천화덕은 업종을 정리했을 것으로 짐작된다. 셋째, 원산의 주철공장 동흥공(同興公), 화경공(華慶公)은 제조뿐 아니라 판매를 겸업하여 상업의 성격을 갖고 있었다. 주철공장 경영자는 면포상과 더불어 중화상회의 주축을 이루었지만, 원료철의 배급통제가 강화되면서 역시 경영에 어려움을 겪었다.

가격통제, 배급통제뿐 아니라 기업정비가 본격화되면서 1944년 초 원산의 화교요리점과 음식점이 통합되었다. 화교상점이 합병되면서 상인은 업종을 폐쇄하고 종업원은 실업 상태가 되었다. 화교 가족을 구제하기 위한 조치로 1944년 1월부터 송금액이 상향되었지만 큰 효과는 없었다.[20] 이러한 상황은 다른 지역의 화교도 피해갈 수 없었다.

신의주화교는 인천, 원산화교와는 다른 특징을 갖고 있다. 이는 압록강 맞은편 안둥(安東)과 지리적, 경제적으로 밀접히 연결되었기 때문인데 이러한 신의주화교의 상황에 대해서는 총서 제2부 필자의 논문을 참고하기 바란다.

참고문헌

이정희 · 송승석, 『근대 인천화교의 사회와 경제 – 인천화교협회 소장 자료를 중심으로』, 학고방, 2015.

도노무라 마사루(外村大) 지음, 신유원 · 김인덕 옮김, 『재일조선인 사회의 역사학적 연

20) 이은상, 앞의 논문(2017), 127-163쪽.

구』, 논형, 2010.
김광열, 『한인의 일본이주사 연구』, 논형, 2010.
山脇啓造, 『近代日本の外國人勞動者 – 1890年代後半と1920年代前半における中國人・朝鮮人勞動者問題』, 東京: 明石書店, 1994.
西成田豊, 『在日朝鮮人の「世界」と「帝國」國家』, 東京: 東京大學出版會, 1997.
安井三吉, 『帝國日本と華僑』, 東京: 青木書店, 2005.
山下清海 編著, 『華人社會がわかる本 – 中國から世界へ廣がるネットワークの歷史; 社會, 文化』, 東京: 明石書店, 2005.
李正熙, 『朝鮮華僑と近代東アジア』, 京都: 京都大學學術出版會, 2012.
中華會館, 『落地生根 – 神戶華僑と神阪中華會館の百年』(增訂版), 東京: 硏文出版, 2013.

윤휘탁, 「침략과 저항의 사이에서: 일・중 갈등의 틈바귀에 낀 재만 조선인」, 『한국사학보』 19, 고려사학회, 2005.
김승욱, 「20세기 전반 한반도에서 일제의 노동시장 관리 – 중국인노동자를 중심으로」, 『중국사연구』 85, 중국사학회, 2013.
김승욱, 「20세기 전반 한반도에서 일제의 도항 관리정책 – 중국인노동자를 중심으로」, 『중국근현대사연구』 58, 한국중국근현대사학회, 2013.
이은자・오미일, 「1920~1930년대 국경도시 신의주의 화공과 사회적 공간」, 『사총』 79, 고려대 역사연구소, 2013.
이은상, 「중일전쟁 이전 시기(1912~1936) 조선의 원산화교」, 『인문과학』 69, 성균관대 인문학연구원, 2016.
이은상, 「원산화교와 배화폭동」, 『중국근현대사연구』 72, 한국중국근현대사학회, 2016.
이은상, 「중일전쟁 시기 원산화교의 동향과 화교경제」, 『사총』 90, 고려대 역사연구소, 2017.
松田利彦, 「近代朝鮮における山東出身華僑」, 『東アジアと半島空間 山東半島と遼東半島』(千田稔・宇野隆夫 共編, 東京: 思文閣), 2003.

제2장

전후(戰後) 동아시아화교의 '경계인'으로서의 삶

| 왕언메이(王恩美) |

1. 동아시아의 화교

현재 중국[1], 대만, 일본 등지에서는 중국 혈통을 가진 사람을 통틀어 '화인(華人)'이라고 하는 경향이 있다. 그러나 한국에서는 '화인'이라는 말은 보편적이지 않다. 한국에서는 '화교(華僑)'라는 용어가 일반적이다. 그러나 화교・화인연구에서는 이 두 가지 용어는 다른 개념으로 사용된다. 우선 화교는 중화민국 혹은 중화인민공화국 국적을 소지하고 외국에 거주하는 중국인을 가리킨다. 화인은 거주국의 국적을 소지한 중국 출신

1) 이 글에서는 중국, 대만, 중화인민공화국, 중화민국을 각기 다른 개념의 용어로 사용한다. 중국과 대만은 지리적인 개념이고, 중화인민공화국과 중화민국은 정치적인 개념으로 국가 또는 정부를 가리키는 용어로 사용한다. 그리고 이 글에서는 한국과 조선이라는 용어를 사용하는데, 한국은 1948년 이후의 정부 또는 그 영토를 의미한다. 조선은 1945년 이전의 한반도 전체의 지역을 의미할 때 사용한다.

자로 '화인의식' 을 가진 자를 말한다. 자신이 '중국문화' 를 소유하고 있다는 자각이 있고 '중국문화' 가 아이덴티티의 일부를 구성하고 있다면 '화인의식' 을 가진 자라 할 수 있다. 그리고 화교, 화인 외에도 '화예(華裔)' 라는 용어가 있는데, 이는 중국 혈통을 가지고 있으나 '화인의식' 이 없는 자를 말한다. 이렇듯 화교 · 화인은 혈통 · 국적 · 아이덴티티를 합친 개념이다.

그렇다면 왜 중화인민공화국뿐만 아니라 중화민국의 국적 소지자도 화교라고 정의하게 되었을까? 1911년 발생한 신해혁명(辛亥革命)으로 청국은 붕괴되었고 1912년 중국에서 중화민국이 수립되었다. 1927년에 제1차, 1946년에 제2차 국공내전이 발발해 중국공산당이 승리를 거두었다. 1949년 10월 중국에서 중화인민공화국이 수립되었고, 1949년 12월 중화민국은 대만으로 정부를 이전했다. 중화민국은 중국에 있던 시기부터 화교정책을 실시해 왔으며 대만으로 정부를 이전한 후에도 화교정책을 실시하며 자신을 화교의 종주국으로 자리 매겼다. 해외에 있는 화교들도 중화민국을 지지하며 중화민국의 국적을 유지하는 자가 많았다. 따라서 중화민국 국적 소지자도 화교로 정의하게 되었다.[2)]

그리고 화교 · 화인은 동남아시아의 화교사회에 맞춰 만들어진 용어라는 점에 주목할 필요가 있다. 2014년 중화민국 교무위원회[3)]의 통계에 의하면 아시아, 아메리카 대륙, 유럽, 오세아니아, 아프리카 등 세계 각지에

---

2) 중화민국이 화교의 종주국이라 함에도 불구하고 1945년 이후에 대만에서 해외로 이주한 대만인은 화교가 아니라 '대교(臺僑)' 라고 부른다. '대교' 는 '대만교포' 의 줄임말이다. 1960년대 이후 미국을 위주로 대만인의 해외 이주가 증가하게 된다. 해외로 이주한 '대교' 는 대만에 대한 애착이 강해 대만의 정체성과 독립성을 강조하는 자가 많았기 때문에 기존의 화교와는 다른 그룹으로 분류하게 되었다.

3) 교무위원회(僑務委員會)는 대만에서 화교 · 화인 정책과 업무를 담당하는 정부기관이다.

분포된 화교·화인의 총수는 4,250만 명이다.[4] 이러한 화교·화인의 대다수는 동남아시아에 집중되어 있다. 2014년 중화민국 교무위원회의 통계에 따르면 동남아시아의 화교·화인 인구는 약 2,930만 명으로 전체 인구의 70%를 차지하고 있다. 동아시아의 화교·화인 수는 약122만 명으로 전체 화교 인구의 약 2.9%이다.[5]

제2차 세계대전 후(이하 전후) 동남아시아의 식민지들이 하나하나 독립하면서 국민국가를 만들어 간다. 1970년대쯤 되면서 대부분의 동남아시아 화교들은 거주국의 국적을 소지하게 되었다. 이러한 상황에 맞춰 화교 외에 화인이라는 용어가 등장하게 되었다. 그리고 세대가 바뀌면서 국민으로서 국가에 대한 충성도가 높아지고, '화인의식' 이 희미해지면서 화예라는 개념이 쓰이게 되었다.

그리고 화교·화인연구에서는 신화교(新華僑)와 구화교(舊華僑)를 구분할 필요가 있다. 구화교는 노화교(老華僑)라고 불리기도 하는데 1945년 이전에 중국에서 해외로 이주해 정주한 중국인 또는 그 후예들을 가리킨다. 그리고 신화교는 구화교와 대립된 개념으로 중국의 개혁개방 후인 1980년 이후에 해외로 이주해 정주한 중국인을 말한다.[6]

마지막으로 일본화교는 1972년 '중일국교정상화' 이후 일본 국적으로

---

4) 僑務委員會, 『中華民國103年僑務統計年報』(台北: 僑務委員會, 2015), 10쪽.

5) 「海外華人前二十大排名國家人口數(民國103年底)」, 中華民國僑務委員會 사이트(http://wwwocac.gov.tw/OCAC/File/Attach/10/File_54.pdf, 검색일자:2017.1.17)

6) 화교·화인의 정의에서 문제시 되는 부분은 중국에서 해외로 이주한 한족(漢族)이 아닌 자들을 어떻게 정의하느냐다. 1980년대 이후 한족뿐만 아니라 조선족, 장족, 몽골족 등의 소수민족도 해외로 이주해 정착해 살고 있다. 한국도 조선족이 대량으로 이주해 정주한 국가다. 한국에 있는 조선족은 중국 국적을 소지하고 있기 때문에 위에서 서술한 신화교의 정의에 부합된다. 그러나 한국에서는 조선족을 화교라는 카테고리보다 '한국교포' 라는 카테고리 속에서 정의하고 있다. 그리고 해외에 정주한 장족, 몽골족 등 소수민족도 일반적으로는 화교로 분류하지 않지만 이 또한 절대적인 것은 아니다.

귀화하는 자가 급증해 1990년대쯤에는 화인화(華人化) 사회로 변모했으나 일본에서는 일본 국적 취득 여부에 상관없이 화교라고 부른다. 일본화교 자신도 일본 국적을 취득했음에도 불구하고 자신을 화교라고 칭하는 자가 다수다. 이런 상황은 한국과 비슷하다. 한국에서도 1998년 국적법 개정으로 한국으로 귀화하는 화교가 증가하고 있지만 여전히 이들을 화교로 부르며 화교 자신도 그렇게 호칭한다. 특히 한국화교들은 자신을 '한화(韓華)' 라고 자칭한다. 따라서 이 글에서는 한국과 일본 국적 취득을 불문하고 중국 출신자를 화교라고 한다.

또한 이 글에서는 신화교가 아닌 구화교에 주목한다. 1980년대에 중국에서 해외 각지로 이주한 신화교와는 달리 구화교의 이주 시기는 무척 이르다. 동아시아의 경우 일본은 1854년 개국 이후, 조선은 1882년 '조청상민수륙무역장정(朝淸商民水陸貿易章程)' 체결 후 화교사회가 형성되기 시작한다. 동아시아의 화교는 100년 이상 한국과 일본이라는 '공간/장소' 에서 한국인 · 일본인과 더불어 살아왔다. 화교는 한국과 일본에서 가장 처음 형성된 이주자 집단이며, 근대화와 더불어 나타난 타자이기도 하다. 따라서 이 글에서는 한국과 일본이라는 '공간/장소' 에서 가장 오래 살아온 소수자이자 타자라는 의미에서 구화교에게 초점을 맞추었다.

2. '경계인' 으로서의 화교

근대화 이후 동아시아에서는 하나의 공통적인 특징이 형성되었다. 바로 '부계혈통주의' 에 의한 '국적법' 의 채택이다. 일본은 1899년에 '국적법' 을, 청국은 1909년에 '대청국국적법(大淸國國籍法)' 을 제정하고 처음으로 '부계혈통주의' 에 의해 국민의 범위를 규정했다. 다시 말하자면 일본과 조선의 화교는 이주 후 얼마 안 되어 일본과 청국에서 '국적법' 이 제정되어, 일본인 · 조선인 · 청국인 사이에는 확실한 선이 그어졌다. 그 후 '대청국국적법' 의 '부계혈통주의' 의 원칙은 중화민국과 중화인민공화국에도 계승되었다. 1948년 수립한 한국정부도 '부계혈통주의' 에 따라 '국적법' 을 제정했다.

이러한 동아시아의 '부계혈통주의 국적법' 으로 인해 중화민국과 중화인민공화국은 해외로 이주한 '국민' 에게도 국적을 부여하게 되었고, 일본과 한국에서도 '부계혈통주의 국적법' 으로 인해 화교들은 외국인이 되었다. 그리고 전후 동아시아 냉전구조의 형성과 더불어 홈랜드(출신지) · 조국 · 국적 · 혈통이 일치하지 않는 상황이 발생한다.

동아시아의 화교들은 국민국가의 '경계' 사이에서 살아가는 존재라 할 수 있다. 일본화교는 일본 · 중화민국 · 중화인민공화국 사이에서, 한국화교는 한국 · 중화민국 · 중화인민공화국 사이에서 살아가는 존재인 것이다. 그런 의미에서 한국과 일본화교는 국민국가의 경계 사이에서 살아가는 '경계인' [7]이라 할 수 있다. '경계인' 은 국민국가의 경계 사이에서 국민국가의 경계선을 넘나들며 살아가는 존재라고 정의할 수 있다. '경계인' 의 특징은 홈랜드(출신지) · 조국 · 국적 · 혈통이 일치하지 않는다는 것이다.

---

7) 허이린(何義麟)이 지적하는 바와 같이 다이고쿠키(載國輝)가 '경계인' 이라는 말을 최초로 사용했다.(何義麟, 「戰後日本における台湾人華僑の苦惱 – 國籍問題とそのアイデンティティの変容を中心に」, 『大原社會問題硏究所雜誌』679, 2015.5, 31-32쪽.) 이 글에서 사용하는 '경계인' 은 다이고쿠키가 말하는 '경계인' 과 비슷한 개념이다. 다이고쿠키는 일본의 대만 출신 화교에 한정해 '경계인' 이라는 말을 사용했으나, 이 글에서는 전체 화교 · 화인에 부합하는 개념으로 사용한다. 또한 이 글에서 사용하는 '경계인' 은 국경을 넘나드는 국경을 초월한 존재로 홈랜드(출신지) · 조국 · 국적 · 혈통이 일치하지 않는 자를 가리킨다.

1) 일본화교의 경우

전후 일본 화교사회에 일어난 가장 큰 변화는 식민지 출신자인 대만인이 화교사회에 편입해 화교의 일원이 된 것이다. 이것은 식민지시기에는 중국 출신의 일본화교는 중화민국 국적을 소지한 '외국인' 이었고, 대만인은 '일본 국민' 이었다는 것을 의미한다. 이들은 서로 다른 집단으로 일본에서 거주하고 있었다. 그러나 일본 패전 후 중화민국이 대만을 접수하고 대만에 중화민국의 '국적법' 을 적용한 결과 대만인은 중화민국 국민이 되었다.[8)]

1949년 10월 중화인민공화국이 수립되고, 같은 해 12월 국공내전에서 패배한 중화민국이 대만으로 정부를 이전하자 일본 화교사회는 중화민국파와 중화인민공화국파로 분열되었다. 화교사회의 분열은 동아시아 냉전이 불러온 결과였다. 1952년 '샌프란시스코조약' 이 발효되어, 주권을 회복한 일본은 구식민지 출신자의 국적 이탈을 정식 선언하고, 이들에게 '외국인등록법' 을 적용했다. 1952년 일본은 중화민국과 '중일평화조약(中日平和條約)' 을 체결해 중화민국을 유일한 '중국정부' 로 인정하고 대만인의 중화민국 국적 소지를 인정했다.

일본은 중화인민공화국과의 접촉을 완전히 차단하지 않고 민간무역을 유지했다. 그러나 일본에서 '정식으로 인정한 중국 정부' 는 중화민국이었다. 따라서 일본에 있는 화교는 중화민국파와 중화인민공화국파를 불문하고 모두 중화민국 국적을 부여받았다. 즉 중화인민공화국을 지지하며 조국으로 인식한다고 해도 중화인민공화국 국적 선택은 인정되지 않았다.

---

8) 일본에서 대만 식민지 출신자의 국적변화, 화교사회의 편입, 거주 상황에 대한 자세한 내용은 제2부 제2장을 참조하기 바란다. 여기서는 간단하게 그 과정을 설명하고 주는 생략한다.

1945년 이전에 중국에서 이주해 온 중국 출신 화교들의 고향은 중국 광동성(廣東省), 복건성(福建省), 삼강(三江: 강소江蘇 · 절강浙江 · 안휘安徽 · 강서江西 등 4성), 산동성(山東省) 등이었다. 그들에게 대만은 홈랜드가 아니었다. 그럼에도 불구하고 전후에 동아시아 냉전체제의 형성으로 인해 대만의 정권인 중화민국의 국적이 부여되었다. 그러나 중국 출신 화교들 중에도 중화민국을 지지하고 조국으로 인식하는 중화민국파가 많이 존재하고 있었다는 사실을 잊어서는 안 된다.

1945년 이후에 일본 화교사회에 가입한 대만 출신 화교들은 국적이 일본에서 중화민국으로 변화되었다. 대만 출신 화교들 중에는 지식인이 많았는데, 일본 문화계와 학술계의 좌경화의 영향, 그리고 대만의 '2 · 28사건' 의 반발로 '신중국(新中國)' 을 지지하는 자가 많았다. 대만 출신 화교 중에도 중화인민공화국을 조국으로 인식하는 중화인민공화국파도 많았지만 중화인민공화국 국적 선택은 공식적으로는 인정되지 않았다. 이렇듯 일본에서는 중화민국파와 중화인민공화국파를 불문하고 홈랜드(출신지) · 조국 · 국적 · 혈통이 일치하지 않는 상황이 발생한다. 일본화교는 '경계인' 이 된 것이다.

1972년 9월 29일 일본은 중화인민공화국과 국교를 체결하고 중화민국과의 외교를 단절했다. 이 '중일국교정상화(中日國交正常化)' 는 화교사회에 엄청난 충격을 안겨주었다. 특히 중화민국파 화교들에게는 화교사회의 국가 영향력 구조가 역전하는 충격적인 사건이었다. 주일중화민국대사관에는 일본 국적으로 귀화하기 위한 중화민국 국적 포기 신청자가 대폭으로 증가했고, 이에 맞춰 일본도 귀화를 완화해 수많은 화교들이 일본으로 귀화했다. 1972년에서 1974까지 일본으로 귀화한 화교는 11,667명이었다.[9)]

9) 過放, 『在日華僑のアイデンティティの変容 – 華僑の多元的共生』(東京: 東信堂, 1999), 76쪽.

그리고 '중일국교정상화' 직후 일본정부는 중화민국정부가 발행한 여권을 일본 국내법에 의거해 '무효화' 했다. 따라서 일본에 귀화하지 않고, 중화인민공화국 국적도 취득하지 않고, 중화민국 국적을 유지하는 화교는 '무국적자' 가 되었다.[10)]

'중일국교정상화' 이후에도 화교의 일본 귀화자 수는 계속 증가해 1990년대에 이르러서는 1945년 이전에 이주한 중국 출신 화교와 대만 출신 화교의 대부분이 일본 국적으로 귀화했다. '중일국교정상화' 를 계기로 일본화교사회는 '화인화' 한 것이다. 앞서 지적한 바와 같이 '화인' 은 거주국의 국적을 소유하고 '중국인 아이덴티티' 를 소유한 중국 혈통자를 말한다. 일본화교는 일본 국적을 소유한 '일본 국민' 이 되었다. 그러나 홈랜드(출신지) · 조국 · 국적 · 혈통이 일치하지 않는 상황은 여전히 지속되고 있다. 전후 일본화교의 국적 전환에서 알 수 있듯이, 일본화교는 일본 · 중화민국 · 중화인민공화국이라는 국민국가의 경계 사이에서 그 경계선을 수차례 반복적으로 넘나들고 있다.

2) 한국화교의 경우

전후 한반도에서 발생한 가장 큰 변화는 한반도가 분단된 것이고, 이로 인해 화교사회도 남북으로 분단되었다. 38도선 이북의 화교사회는 중화인민공화국에 의해서, 이남의 화교사회는 중화민국에 의해서 통합되었다. 한국에서는 화교사회가 일본처럼 두 파로 분열되지 않았다. 한국에서는 엄격한 반공체제의 형성으로 인해 북한뿐만 아니라 공산 세력인 중화인민공화국도 '적' 으로 간주되었다. 한국의 냉전 표출 방식은 일본과는 차이

10) 鶴園裕基, 「無効化する國籍: 日華斷交の衝撃と國府の日本華僑統制 · 保護の変容」, 『華僑華人研究』 11, 2014.11, 34쪽.

가 있었다.

한국에서는 철저한 반공체제가 실시되었기 때문에 중화인민공화국의 세력은 한국에 전혀 진입할 수 없었다. 그러므로 한국화교의 상황은 일본처럼 복잡하지 않다. 전후 한국에서도 중화민국은 국교를 수립한 '하나의 중국'을 대표하는 정식적인 '중국정부'였다. 한국화교에게는 중화민국 국적만이 부여되었고 이 또한 선택의 여지가 없었다.

한국화교는 99%가 중국대륙(그중 90%가 산동성) 출신이다.[11] 한국 화교사회에는 대만 출신자도 없고 중화인민공화국파가 형성되지도 않았기 때문에 일본의 중화민국파와 비슷한 상황이 전개되었다. 그러나 다른 점은 일본에 비해 화교 관리가 시스템화 되어 더욱 강력한 통제가 이루어졌고, 중화민국에 대한 조국의식도 더욱 강력했다는 사실이다.

한국화교는 일본의 중국 출신자와 같이 1945년 이전부터 중화민국 국적을 소지하고 있었기 때문에 전후에 국적이 전환되는 일은 없었다. 그리고 한국화교의 홈랜드는 중국이기 때문에 대만이라는 토지에 대해서는 큰 애착이 없었다. 그럼에도 불구하고 한국화교는 대만의 정권인 중화민국의 국적을 부여받고 중화민국을 조국으로 인식했다. 한국화교도 홈랜드(출신지)·조국·국적이 일치하지 않는 상황이 형성되어 '경계인'이 되었다.

1992년 8월 24일 한국은 중화인민공화국과 국교를 체결하고 중화민국과 단교했다. 한국화교도 탈냉전 시기에 진입한 것이다. 그러나 한국화교가 냉전을 극복하기에는 시간이 필요했다. 강력한 반공의식을 갖고 중화민국을 조국으로 인식하는 한국화교에게 중화인민공화국과의 국교수립

---

11) 1995년 타이베이대표부의 통계에 의하면 한국화교의 출신지는 산동성山東省 90%, 하북성河北省 5%, 동북삼성東北三省(길림성吉林省, 요동성遼東省, 흑룡강성黑龍江省) 2%, 강소江蘇·절강성浙江省2%다. 이 출신지 비율은 현재도 큰 변화 없이 유지되고 있다.

은 받아들이기 힘들었다. 8월 24일 서울 중화민국대사관에서 단교로 인한 국기하강식이 거행되어 200여 명의 화교가 식전에 참석했다. 국기하강식은 화교들의 눈물바다가 돼 버렸다.[12] 한국정부는 기존의 중화민국 국적자가 중화인민공화국 국적으로 변경을 희망하는 경우 중국 국적으로 변경할 수 있다고 통보했지만[13] 국적을 변경한 화교는 거의 없었다.

그리고 한국화교는 1992년 '한중단교'가 일본처럼 한국 귀화의 계기가 되지 않았다. 그것은 너무나 갑작스러운 '단교'였기 때문에 화교들이 준비하기 힘들었던 것이 원인일 수도 있다. 그러나 그보다 단교 이후 일본처럼 중화민국 국적이 '무국적'으로 변하지 않았던 것이 가장 큰 원인일 것이다. 한국에서는 '단교' 후 출입국관리국 국적란의 기재 방식이 '중국'에서 '대만'으로 변경된 것 외에는 큰 변화가 없었다. 한국화교의 체류 조건에는 변화가 없었다.

여기서 간단하게 한국화교의 거주 상황을 설명하기로 하자. 1949년 11월 17일 한국정부는 '외국인의 입국출국과 등록에 관한 법률'을 제정・공포해 "대한민국의 이익에 배반하는 행동 또는 경제를 교란하는 행동을 할 우려가 있는 자"는 외무부 장관이 한국 입국을 금지할 수 있는 규정을 만들었다. 그리고 계속 체재하고자 할 때는 외무부 장관에게 신고하여 매년 체류 기간 연장을 허가받도록 했다. 한국화교는 한국에서 거주하기 위해 매년 '체류기간'을 연장해야만 했다.[14] 박정희 정부시기에 거주 기간이

12) 「울어버린 마지막 하기식, 명동 대만 대사관, 화교들 울분 터뜨려, 목메인 국가 눈물바다로, 어린 학생들 수기 흔들며 "중화민국 만세", "망은부의" 한국 규탄, "우리 꼭 돌아온다"」, 『朝鮮日報』 1992.8.25.

13) 「중국교포 출입국 절차 불변, 화교 법적지위 종전대로, 국적도 본인 의사 따라 선택가능」, 『朝鮮日報』 1992.8.25.

14) '외국인의 입국출국과 등록에 관한 법률' 제6조, 제9조, 부칙 대한민국정부공보처, 『관보』 1949년 11월 17일.

3년으로, 나중에는 5년으로 연장되었으나 심사를 받아야 하는 것에는 차이가 없었다.

한국에서는 '한중단교' 이후 중화민국의 여권이 '무효화' 되지 않았고, 중화민국의 국적을 소지하고 있다고 해도 '무국적자' 가 되는 일도 없었다. 또한 중화민국에 대한 조국의식이 붕괴되지 않았기 때문에 한국으로 귀화하려 하지 않았다. 현실적으로 귀화가 쉽지 않았던 것도 귀화를 선택하지 않은 이유로 생각된다.

이러한 한국화교의 조국과 국적 상황은 1990년대 말부터 한국과 대만에서 일어난 변화에 의해서 크게 달라진다. 1997년 12월 13일 한국의 '국적법' 이 전면 개정되어 부계혈통주의가 부모양계혈통주의로 바뀌었고 귀화도 용이해졌다. 이번 '국적법' 개정으로 한국인 어머니와 화교 아버지 사이에서 태어난 자녀도 한국 국적 취득이 가능해졌다. 그리고 한국에서 출생한 자로서 부 또는 모가 대한민국에서 출생해 한국에 3년 이상 계속하여 주소가 있고, 대한민국의 민법에 의하여 성년이고, 품행이 단정하고, 생계를 유지할 능력이 있고, 국어 능력 및 대한민국의 풍습에 대한 이해 등 대한민국 국민으로서의 기본 소양을 갖추고 있으면 귀화가 가능했다. 또한 한국인 여성과 결혼한 화교 남성도 2년간 한국에 거주하고 귀화심사를 통과하면 한국 국적 취득이 가능했다.[15)]

1998년 6월 14일에 '신국적법' 이 시행되어 한국화교의 귀화는 그전보다 무척 쉬워졌다. 한국화교가 희망하기만 하면 귀화가 가능해졌다. 한국의 '국적법' 개정 2년 후인 2000년 대만 총통선거에서 민주진보당의 천수이볜(陳水扁)이 당선되었다. 이 대선은 한국화교의 조국의식에 큰 변화를 가져왔다. 한국화교에게 대만은 중국과 연결되어 있어야 의미가 있었고,

15) '국적법' (1997년 12월 13일 개정, 1998년 6월 14일 시행) 제5조, 제6조 참고.

대만 독립을 주장했던 민주진보당은 중화민국을 대표할 수 없었다. 2000년 민주진보당 정부의 탄생은 한국화교가 중화민국이라는 국가를 재인식하는 결정적인 계기가 되었다. 이를 계기로 한국화교는 국민당을 중화민국과 동일시하는 데 한계를 느끼게 되었다. 그 결과 2000년 이후 한국 화교사회에서 중화인민공화국의 영향력은 급속히 상승하지만, 중화민국의 영향력은 급속히 저하한다. 2002년 중화인민공화국대사관의 지도를 받는 '한성중국교민협회(漢城中國僑民協會)'가 탄생했다. 2003년에는 중화민국 계열의 '한성화교협회(漢城華僑協會)'가 중화인민공화국대사관에 등록해 중화민국과 중화인민공화국에 이중등록하는 상황이 벌어졌다.[16] 중화인민공화국 세력이 한국 화교사회에 침투하기 시작했지만 한국 화교사회는 일본처럼 중화민국파와 중화인민공화국파로 분열되지 않았다. 그러나 중화민국의 국적을 소지하며 중화인민공화국을 지지하는 화교가 출현한 것은 분명한 사실이다.

중화민국에 대한 조국의식의 붕괴, 중화인민공화국의 영향력 증가, '국적법' 개정은 한국 화교사회에 큰 변화를 불러 일으켰다. 우선 젊은 화교 세대를 중심으로 한국 귀화자가 증가한다. 중화민국 국적자의 한국 귀화자 수는 2005년 1,328명, 2008년 1,547명, 2009년 1,727명, 2010년 1,920명으로 매년 증가 추세다.[17] 이들 귀화자는 대다수가 화교로 추정된다. 그리고 중·장년층을 중심으로 중화민국의 국적을 소지한 채 산동성으로 귀환

16) 김기호, 「초국가 시대의 이주민 정체성 - 한국 화교의 사례 연구」, 서울: 서울대학교 대학원 인류학과 석사논문, 2005, 56-57쪽.

17) 법무부, 『출입국관리통계연보 2005』 (과천: 법무부출입국관리국, 2006), 564쪽; 법무부, 『출입국 · 외국인정책 통계연보2006』 (과천:출입국 · 외국인정책본부, 2007), 452쪽; 법무부, 『출입국 · 외국인정책 통계연보2008』 (과천:출입국 · 외국인정책본부, 2009), 696쪽; 법무부, 『출입국 · 외국인정책 통계연보2009』 (과천:출입국 · 외국인정책본부, 2010), 727쪽; 법무부, 『출입국 · 외국인정책 통계연보2010』 (과천:출입국 · 외국인정책본부, 2011), 618쪽.

해 거주하는 화교가 증가하고 있다.[18]

이와 같이 한국화교는 2000년 이후 20~30대의 젊은 세대를 중심으로 한국 국적자가 증가하고 있지만 일본과 마찬가지로 홈랜드(출신지)·조국·국적·혈통이 일치하지 않는 상황은 여전히 지속되고 있다. 중·장년층은 중화민국에 대한 귀속의식이 약화되었다고 해도 중화인민공화국을 조국으로 받아들이기는 쉽지 않다. 따라서 중화민국의 국적을 소유한 채 홈랜드인 중국에 돌아가 살고 있지만 홈랜드(출신지)·조국·국적이 일치하지 않는 상황은 바뀌지 않았다. 지금도 한국 화교사회에서는 홈랜드(출신지)·조국·국적·혈통이 일치하지 않는 상황이 지속되고 있으며 상황이 점점 더 복잡해지고 있다. 젊은 세대 또는 중·장년 세대를 불문하고 한국화교는 한국·중화민국·중화인민공화국이라는 국민국가의 영향을 받으며 여전히 그 경제 사이에서 살아가고 있다.

3. '경계인'의 고통과 고뇌

1) 귀화와 '진정한 국민'

한국·일본 중화민국·중화인민공화국의 국민국가는 모두 '부계혈통

18) 2000년 이후 옌타이에는 은퇴 후 건강회복과 노후생활을 목적으로 한 70세 이상의 한국화교 노년층이 계속 증가하고 있다. 은퇴 이주의 배후에는 저렴한 중국의 물가가 중요한 요인으로 작용했다. 그리고 부모가 거처하는 집을 구입해 부동산투자 효과도 볼 수 있었다. 또한 보호자로서 중국에 같이 보낸 손자의 학교생활도 도와줄 수 있었다. 이러한 현실적인 고려도 옌타이에 거주하는 노년층이 증가한 중요한 요인이었다. 현재 옌타이에는 500~700명 가량의 한국화교가 거주하고 있다. 이창호, 「한국화교의 '귀환' 이주와 새로운 적응」, 『한국문화인류학』 45-3, 2012.9, 175-178쪽.

주의' 에 의해서 국민을 생산해 왔다. 한국과 일본에 중국인들이 이주를 시작한 것은 1854년과 1882년으로 일본은 약 160년, 한국은 약 130년 전부터 화교들은 일본인 · 한국인과 그 땅에서 같이 살아왔다. 그러나 화교는 몇 세대가 지나도 귀화하지 않는 한 한국 · 일본 국민이 아니다. 그 땅에서 태어나, 그곳이 생활의 터전이고, 또 그곳에서 일생을 보내 죽음을 맞이한다고 해도 이들은 '외국인' 인 것이다. 즉 한국 · 일본에서는 화교는 언제까지나 경계의 맞은편에 존재하는 '타자' 다. 귀화는 국민으로 태어나지 못한 '타자' 에게 주어진 '찬스' 였다.

그러나 한국 · 일본은 이 '찬스' 를 쉽게 제공하지 않았다. 1972년까지 일본으로의 귀화는 쉽지 않았다. 귀화하기 위해서는 국민이 되기에 적합한지의 여부를 심사받아야만 했다. 이것은 한국도 마찬가지로 1998년까지 '국적법' 이 개정되기 전까지는 화교의 귀화는 무척 어려웠다.[19] 일본과 한국은 '단일민족' 이라는 원칙하에 화교가 국민이 되는 것을 허용하지 않았다. '단일민족' 에 의한 국민국가 건설은 한국이 일본보다 더 강력하게 추진되었고 화교는 국민국가 건설의 걸림돌로 취급되었다. 한국은 화교를 엄격하게 규제했다. 앞서 거론한 거주 제한 외에도 1968년 '외국인토지법' 을 제정해 외국인에게 50평 이하의 상업용지와 200평 이하의 거주용지만 소유를 허가했다. 한국에서 거주하는 외국인은 화교가 대다수였기 때문에 외국인에 대한 규제의 대다수는 화교를 전제로 만들어졌다고 할 수 있다. 한국에서 외국인은 투자를 위한 부동산을 소유할 수도 없었고, 주식매매도 불가능했다. 그런 의미에서 한국은 화교의 경제력 억제에 가장 성

19) 국적법 개정 이전에는 500만원 이상의 재산 소유 또는 기능자격증을 소지하고, 4급 이상 공무원 또는 언론기관 · 금융기관 · 국영기업 부장급 이상의 추천서 2부 이상을 제출할 필요가 있었다. 한국화교에게 추천서의 요구를 만족 시키는 것은 쉽지 않았다. 그리고 귀화 조건을 다 만족시켰다고 해도 한국정부가 귀화를 허가한다는 보장도 없었다.

공한 나라라고 할 수 있다. 한국에서 외국인에 대한 토지 제한이 전면 철폐되는 것은 1998년 이후다. 1990년대 말 한국을 강타한 IMF 경제위기가 원인으로 작용했다. 한국정부는 외국인 투자 유치 목적으로 외국인에 대한 경제적 규제를 완화한 것이지 결코 한국화교를 염두에 두고 내린 결정이 아니었다.[20)]

일본화교의 경우 한국처럼 경제적 규제는 없었다. 화교에 대한 경제적 제한이라면 은행과 같은 금융업을 경영할 수 없다는 정도였다. 그러나 일본화교도 한국과 마찬가지로 출입국을 위해서는 '재입국허가' 가 필요했으며, 일본 국내에서는 '외국인등록증' 휴대가 의무화되어 있었다.

일본에서는 1985년, 한국에서는 1998년 '부모양계혈통주의' 로 '국적법' 이 개정되어 귀화도 쉬워졌다. 일본과 한국의 '국적법' 의 개정은 화교에게 국민이 되는 선택권을 준 것이다. 그렇다면 이 선택권을 어떻게 이해해야 하는가? 한국과 일본 화교가 받아 온 '차별' 은 국민이 아니라는 것에서 기인한 것이다. 그렇다면 이러한 '차별' 에서 벗어나기 위해서는 국민이 되면 되는 것인가? 그렇게 하면 정말로 문제는 해결되는 것인가?

일본과 한국은 '혈통주의' 에 의해서 국민을 생산하고 있기 때문에 일본인과 한국인의 '혈통' 을 지니지 않은 화교(화인)는 '진정한 국민' 으로 인정받기 어렵다. 그러나 1970년대 전까지 일본화교들도 귀화에 저항감을 느끼고 있었다. 일본으로 귀화하면 암묵적으로 일본 이름으로 변경할 것을 요구받았다.[21)] 귀화는 일본으로의 동화를 전제로 하고 있었고, 화교에게 귀화는 화교의 전통과 문화의 소멸, 자신의 루트와의 결별을 의미했다.

---

20) 자세한 내용은 왕언메이(王恩美), 「해방 70년, 한국화교에 대한 이해」, 『역사비평』 115, 2016.8 참조.

21) 載國輝, 「日本華僑への手紙」, 載國輝, 『華僑 –「落地歸根」から「落地生根」への苦闘と矛盾』(東京: 研文出版, 1980), p.125.

이러한 사정은 한국도 마찬가지였다. 화교의 귀화에 대해 한국 이름으로 변경할 것까지는 강요하지 않았지만 동화를 전제로 하는 것은 같았다. 그렇기 때문에 한국화교도 귀화에 저항감을 가지고 있었다. 2003년 국가인권위원회의 의뢰로 성공회대학교에서 실시한 조사에 의하면 649명 중 98%인 639명의 화교가 귀화하지 않은 채 중화민국의 국적을 소지하고 있었다. 귀화하지 않은 이유로 "중국인이므로 반드시 중국(대만) 국적을 지켜야 한다"가 1위를 차지했다.(매우 중요하다37.8%, 다소 중요하다24.2%) 다음으로 "귀화를 하면 화교의 정체성이나 문화를 잃을 것 같다"가 2위를 차지했다.(매우 중요 18.5%, 다소 중요 22.5%) 3위는 "귀화절차가 너무 까다롭다" 였다.(매우 중요 19.8%, 다소 중요 18.2%)[22] 이처럼 다수의 한국화교에게 귀화는 화교 전통과 문화, 아이덴티티의 소실을 의미했다.

한국과 일본 화교가 두려워했던 것은 주어진 선택권이 국민과 외국인밖에 없었기 때문이다. 국민을 선택하면 완전한 한국·일본 국민이 되는 것을 강요받을 가능성이 있었다. 한국과 일본 화교가 화교로서의 아이덴티티를 유지한 채 국민이 되면 이도 저도 아닌 국민으로 취급받으며 자신의 유리한 상황에 따라 편리하게 국적을 사용하는 기회주의자라고 비난받을 우려가 있었다. 국민과 외국인 사이에는 확실한 경계선이 존재했으며 외국인이 그 선을 넘어오는 것을 쉽사리 허용하지 않았다. 그러나 그 경계선을 넘어오는 외국인에게는 경계선의 맞은편에 있는 '타자들' 과 확실히 결별하지 않으면 완전한 국민으로 인정하지 않았다. 선택 사항은 국민과 외국인뿐이며 중간지대는 존재하지 않았다.

한국인과 일본인에게는 홈랜드(출신지)·조국·국적·혈통이 일치하는 것이 당연했고, 지극히 자연스러운 것이었다. 이 모든 것이 일치하는 사람

22) 박경태, 『국내거주 화교 인권실태조사』(서울: 성공회대학교, 2003), 62-63쪽.

이 곧 '진정한 국민' 이었다. '단일민족' 이라는 사고가 강한 한국에서는 '혈통' 은 특히 더 중요한 의미가 있다. 그러나 지금까지 검토한 바와 같이 한국과 일본 화교는 홈랜드(출신지)·조국·국적·혈통이 일치하지 않는 '경계인' 이다. 이런 '경계인' 은 귀화한다고 해도 그대로 '경계인' 이기 때문에 국민도 외국인도 아닌 존재가 된다.

그렇다면 한국과 일본 화교는 중화민국 또는 중화인민공화국의 국민인가? 중화민국·중화인민공화국은 국적을 소지하고 있다는 이유만으로는 화교를 국민국가를 형성하는 일원으로 인정하지 않는다. 중화민국·중화인민공화국의 국민들도 화교를 자신과 같은 국민이라고 생각하지 않는다. 대만에서는 한국과 같이 병역 의무제를 실행하고 있는데, 그 의무를 이행하지 않고 대만에 세금도 납부하지 않는 화교가 국적을 소지하고 있다고 해도 '진정한 국민' 으로 인정하지 않는다. 1994년부터 중화민국 정부는 대만에 와서 고등학교나 대학교에 진학한 화교학생에게 호적과 신분증(한국의 주민등록증과 같음) 발급을 중지했다. 그 후 중화민국 국적을 소지하고 있지만 호적이 없는 국민을 '무호적 국민' 으로 정의했다. 이로써 한국화교는 대만에서 '무호적 국민' 이 되었다. '무호적 국민' 은 참정권도 인정받지 못하며 대만에 입국할 때는 비자를 발급받아야 한다. 현재 한국인은 대만을 방문할 때 90일간은 무비자로 입국해 체류할 수 있는데, 중화민국의 국민인 한국화교는 비자를 발급받아야 하는 이상한 상황이 벌어지고 있다.

2) '경계인' 은 어느 나라 사람인가?

한국과 일본 화교는 국민국가의 사이에서 살아가는 존재이기 때문에 이러한 고통을 받으며 국민국가 사이에서 고뇌하고 있다. 2015년 1월 21

일 진순신(陳舜臣)은 향년 90세로 생을 마감했다. 진순신은 1924년 고베의 대만 출신 무역상 가정에서 태어났다. 고베에서 태어난 진순신은 고베시 제일신항상업학교(神戸市第一神港商業學校,현 시립고베고교)를 졸업하고 오사카외국어학교(大阪外國語學校, 현 오사카대학외국어학부)의 인도어과에 진학했다. 1961년 추리소설 『고초의 뿌리(枯草の根)』로 애도카와란포상(江戸川亂歩賞)을 수상하면서 문단에 등단했다. 그 후 역사소설로 전환해 1967년 『아편전쟁』을 쓰고, 1969년에는 『청옥사자 향로(青玉獅子香爐)』로 나오키상을 수상했다. 진순신은 일본추리작가협회상(1970년), 마이니치출판문화상(1971년), 요미우리문화상(1989년), 요시카와에이지문화상(吉川英治文學賞)(1995년) 등 많은 문화상을 수상했다. 그리고 작가로서의 업적을 인정받아 1995년에는 일본예술원상(日本芸術院賞)을 수상했다.[23)]

일본의 대표적인 작가인 진순신은 대만 식민지 출신자다. 1946년 고향인 대만에 돌아갔으나 1947년 '2·28사건'을 경험하고 국민당 정부에 실망해 1949년 3월에 일본으로 돌아왔다.[24)] 일본으로 돌아온 진순신의 국적은 일본에서 대만으로 변경되었다. 진순신은 자서전 에세이 『길에 중간에서(道半ば)』에서 다음과 같이 적고 있다.

> 청일전쟁에 의해 우리 대만 사람은 자신의 의지와는 상관없이 국적이 청국에서 일본으로 변경되었다. 그리고 50년 후, 태평양전쟁의 종결로 또다시 국적이 중국으로 되돌아왔다. 이 또한 본인의 의지와는 관계없이 그렇게 되었다.[25)]

---

23) 「陳舜臣さん死去」, 『神戸新聞』 2015.1.21; 山田敬三, 「國家・民族の枠を超えた文化 – 陳舜臣」, 神戸華僑華人研究會,『神戸と華僑 – この150年の歩み』(神戸: 神戸新聞社總合出版センター, 2004), 160-161쪽.

24) 陳舜臣, 『道半ば』(東京: 集英社, 2003), 303-304쪽.

25) 陳舜臣, 『道半ば』, p.110.

순간순간 자신의 의지와는 상관없이 변화하는 국적에 대한 무력감이 잘 표현되어 있다. 확실히 대만 출신 화교의 처지에서 보면 청국 국적도, 일본 국적도, 대만 국적도 본인의 의지와는 상관없이 변환되었다. 자신의 의지와 상관없이 부여된 국적과 국적을 선택할 수 없는 모순된 상황을 진순신의 예를 통해서 알 수 있다. 1972년 '중일국교정상화'를 계기로 중화인민공화국정부는 화교들에게 중화인국공화국 국적으로 전환할 기회를 제공했다. 그리고 일본정부는 일본으로 귀화할 수 있는 기회도 제공했다. 진순신은 자신의 의지로 중화인민공화국 국적을 취득했다. 그러나 1990년에 다시 일본 국적으로 전환한다. 그 계기가 된 것이 '천안문사건'이다.

1989년 6월 '천안문사건'은 일본화교 전체에 큰 충격을 주었고, 많은 화교들은 중화인민공화국정부에 대해 실망을 금치 못했다. 특히 대만 출신 화교들은 더 큰 충격을 받았다. 진순신은 기자회견을 열어 중화인민공화국정부를 비판하고 중화인민공화국 국적을 포기할 것을 선언했다. 다음해 진순신은 일본으로 귀화했다. 당시 66세인 진순신은 일본에서 유명 작가로서의 자리를 확고히 하고 있었기 때문에 중화인민공화국 국적을 가지고 있어도 아무런 장애가 되지 않았다. 일본으로 귀화한 것은 중화인민공화국정부에 대한 진순신의 항의인 것이다.

진순신의 국적은 일본 국적 → 대만 국적 → 중국 국적 → 일본 국적으로 변화했다. 진순신의 『길에 중간에서』에서 고향인 대만에 대한 각별한 애착을 느낄 수 있다. 그리고 진순신은 중국에 대해서도 각별한 애착을 자지고 있었다. '중일국교정상화' 이후 진순신은 몇 차례 중국을 방문했다. 냉전시기에 진순신은 중화인민공화국의 지지자로 블랙리스트에 올라있었기 때문에 고향인 대만으로 돌아갈 수 없었다. 1987년 대만에서 계엄령이 해제되고 중화민국은 민주화 사회로 접어들었다. 중화민국의 민주화 시기는 '천안문사건' 발생 시기와 비슷하다. 대만 민주화 후 진순신은 몇 차례 대만을 방문했다. 진순신의 삶을 돌이켜보면 그에게 있어 '조국'과 고향은 각각 다른 국민국가로 존재하고 있었다.

진순신과 대조적으로 일본화교 중에는 시대가 어떻게 변해도 중화민국의 국적을 끝까지 소지한 화교도 있다. 오사다하루(王貞治)가 그 대표적인 예다. 오사다하루는 일본에서 요미우리 자이언츠 프로야구팀에서 활약했으며 1977년에는 세계최다홈런왕이 되었다. 야구선수 은퇴 후 1981년부터 1988년까지 자이언츠팀 조감독과 감독을 역임했으며, 1994년 후쿠오카 다이에이 호크스 감독으로 취임, 1999년과 2003년에는 후쿠오카 다이에이 호크스를 일본 시리즈 우승으로 이끌었다. 2008년 감독을 은퇴, 후쿠오카 소프트뱅크 호크스 구단 회장이 되어 지금에 이르고 있다. 오사다하루는 일본에서 전설적인 야구 영웅이고, 중화민국에서도 '야구왕'으로 유명한 인물이다. 오사다하루는 지금도 중화민국 국적을 소유하고 있는데 그의 출신지는 대만이 아니다. 오사다하루의 아버지인 오시후쿠(王仕福)는 1922년 절강성에서 일본으로 이주했고, 1940년 오사다하루는 도쿄에서 태어났다.[26)]

오사다하루의 아버지는 화교들과 친근하게 지내며 화교로서 살아갔지만 오는 화교사회와 거의 접촉을 하지 않고 자랐기 때문에 자신은 일본인이라 생각하며 자랐다. 1956년 와세다실업고등학교에 입학한 오는 1학년이지만 에이스 투수로서 팀을 고시엔 우승으로 이끌었다. 와세다실업고등학교는 그 성과는 인정을 받아 1957년의 전국체육대회의 도쿄 고교야구대표로 출전하게 되었다. 그러나 오는 일본 국적이 아니라는 이유로 출전이 금지되었다. 오는 그때 자신이 중국인이라는 것을 처음으로 절실히 느꼈다고 한다. 와세다실업고등학교를 졸업하고 자이언츠 프로야구팀에 들어

---

26) 鈴木洋史, 『百年目の歸鄕』(東京: 小學館, 1999), 38-40 · 48쪽.

갔다. 1961년 3월 자이언츠 구단이 미국에서 캠프훈련을 하게 되어 오는 주일중화민국대사관에서 여권을 발급받았다. 당시 미국과 정식적인 외교관계를 맺고 있었던 국가는 중화민국이고 오가 미국에 입국하기 위해서는 중화민국의 여권으로 입국할 수밖에 없었다. 화교사회와 거의 접촉을 하지 않고 살아온 오는 단지 미국으로 출국하기 위해서 여권을 발급받았을 뿐인데 이러한 선택은 오가 '두 개의 중국' 중에서 중화민국을 선택했다고 해석되었다. 1965년 대만을 방문했을 당시 오는 공산 중국을 거부한 '조국을 열렬히 사랑하는 좋은 청년' 으로 보도되었다.[27)]

1977년 9월 3일 오는 통산 홈런 756개라는 세계기록을 달성했다. 오는 '세계홈런왕' 이라는 타이틀을 얻게 되어 일본 야구의 영웅이 되었다. 일본사회는 오의 화제로 뜨거워졌고 같은 해 9월 5일 오는 '국민명예상' 을 수상했다. 당시 수상이었던 후쿠다타케오(福田赳夫)가 "국민적 영웅에게 무엇인가 상을" 이라는 지시 하에 새롭게 신설된 상이었다. '국민명예상' 은 지금까지 계속되고 있는데 외국 국적인 사람이 수상한 예는 제1회의 오가 처음이자 마지막이다.[28)] 이것은 전국체육대회 때와는 전혀 다른 대우였다. 일본 국민이 아닌 오가 '국민적인 영웅' 이 되어 '국민명예상' 까지 수상했다.

그렇다면 오사다하루는 어느 나라 사람인가? 일본인인가? 중화민국인인가? 아니면 출신지에 근거해 중화인민공화국인인가? 오는 일본어 밖에 할 줄 모르고 일본 습관이 몸에 배어 있으므로 언어와 문화적인 면에서 보자면 '일본인' 이다. 오 자신도 자신이 '일본인' 이라는 감각을 갖고 있다. 그러나 오는 법적으로는 일본인이 아니며 오가 일본인이라는 것을 허락하지 않는 시선도 존재한다. 삼진이 많았던 시절 오가 타석에 서면 "짱꼬라,

---

27) 鈴木洋史, 『百年目の歸鄕』, 20・107-111쪽.

28) 鈴木洋史, 『百年目の歸鄕』, 16-18・89쪽.

짱꼬라"라고 야유를 받았으며 야구 성적이 나가사마시게오(長嶋茂雄)보다 좋아도 기자 투표로 정해지는 최우수선수상에 선발되지 못하는 경험을 해야만 했다.[29)]

오 자신이 아무리 일본인이라는 감각을 가지고 있어도 그것을 말로 내뱉는 것은 허락되지 않았다. 그래서 오는 자연히 자신은 '중국인' 이라는 표현을 쓴다. 일본뿐만 아니라 화교사회와 중화민국도 오가 '일본인' 이라는 것을 허락하지 않는다. 1966년 오가 대만으로 신혼여행을 갔을 때 장제스과 그 부인인 송메이링(宋美齡)과 만났는데 송메이링에게서 "당신은 중국인이잖아요. 왜 중국어를 못하는 거죠?"라고 비난을 받았다. 그리고 조국이 어디냐는 질문에는 '중국' 이라고 대답할 수밖에 없었다. 오는 "자신은 대만에서 태어난 것이 아닌데 어쩌다 보니 이렇게 돼 버렸다"라고 말한다.[30)]

'중일관계정상화' 이후 많은 화교가 귀화해 '중국어를 할 수 있는 일본인' 이 탄생했지만 오는 귀화하지 않았고 여전히 '일본어밖에 할 수 없는 중국인' 으로 남아 있다. 오가 국적을 변경하지 않은 배경에는 "내가 귀화하면 어버지가 슬퍼할 것이다"라는 아버지에 대한 배려도 있었다. 그러나 오는 "화교와 대만 사회를 배신하고 싶지 않았다"라는 감정도 있다고 한다.[31)] 국민국가의 틀에서 보자면 귀화자는 확실히 조국을 버린 '배신자' 라는 구조를 갖고 있다.

오는 4남매로 그의 가족 중 아버지인 오시후쿠 이외에는 모두 중화민국 국적 소지자다. 오시후쿠는 중화인민공화국파의 화교총회에 등록했고, 중화민국 국적을 이탈해 중화인민공화국 국적을 취득했다. 오시후쿠는 '신

---

29) 鈴木洋史, 『百年目の歸鄕』, 89・110・142-143쪽.

30) 鈴木洋史, 『百年目の歸鄕』,107・116-117・139쪽.

31) 鈴木洋史, 『百年目の歸鄕』, 135-136쪽.

중국' 에 대해 강한 조국의식을 가지고 있었다.[32] 그렇다면 오사다하루의 조국은 중화민국에 가깝다고 할 수 있으니 아버지와 아들의 조국이 일치하지 않는 특이한 현상이 발생한 것이 된다. 오의 어머니는 일본인이지만 일본 국적을 포기하고 중화민국 국적을 취득했다. 오의 부인도 일본인이지만 중화민국 국적자가 되었다. 일본 화교사회에서는 한 가족 안에 일본·중화민국·중화인민공화국 국적이 혼재하는 경우가 다반사로 결코 특별한 예가 아니다. 앞서 서술한 진순신의 가족도 그러하다. 그리고 국적을 여러 차례 바꾼 진순신이 어느 나라 사람인가를 결정하기는 결코 쉬운 일이 아니다.

이러한 현상은 최근 한국 화교사회에서도 일어나고 있다. 한국으로 귀화한 화교의 증가로 한 가족 안에 중화민국과 한국 국적이 혼재하게 되었다. 그리고 한국화교도 일본화교와 같이 어느 나라 사람인가를 정하기는 결코 쉽지 않다. 2004년의 연구에 의하면 젊은 세대의 한국화교는 부모 세대와는 달리 한국인 친구도 많고, 한국어도 유창하기 때문에 밖에서 자신이 화교라고 말하지 않는 한 한국인과 구별되지 않는다. 그러나 그들이 한국화가 되었다 해도 한국인은 아니다. 그들은 자신이 중국문화를 가진 '중국인' 이라는 의식도 동시에 가지고 있다. 한국인 친구보다는 화교 친구와 있는 것이 마음이 편하고, 한국인보다는 화교를 연애 대상으로 삼고 싶어 한다.[33] 이렇듯 자신이 한국인과는 다른 존재라는 자각을 하고 있다. 이들은 자신을 '샌드위치' 와 같은 존재이고, '붕 떠 있는 존재' 라고 표현한다. 이들은 한국정부는 자신들을 난민 취급하며, 대만인은 한국인이라고 생각하고, 중국은 대만 교포로 취급한다고 느끼고 있다.[34] 이러한 한국화교의

32) 鈴木洋史,『百年目の歸鄕』, 75쪽.

33) 이윤희,「동북아시아 시대 인천 거주 화교의 인권 실태 및 정체성」,『담론201』6-2, 2004, 25쪽.

상황은 지금까지 변하지 않고 계속되고 있다.

예전에는 한국과 일본은 국적을 지니지 않은 외국인인 화교에 대해 동화시키려고도 하지 않았다. 외국인에게는 한국과 일본 국민이 되는 것조차 허락하지 않았던 것이다. 그러나 외국인이 귀화해 '국민' 이 되면 한국과 일본 문화에 동화시키려 했다. 그러나 '경계인' 은 국민국가의 형성과정에서 소외되어 국가 틈새에서 위치하며 국경을 넘나드는 존재다. 지금까지 한국 · 일본의 화교들은 그 경계선을 몇 차례나 넘나들고 있다. 국민과 외국인이라는 양자택일의 구조에 부합되지 않는 존재다.

4. '경계인' 의 고통 나누기와 더불어 사는 사회

2002년 4월 18일 '출입국관리법시행령' 이 개정되어 외국인 체류자격 항목에 '영주자격' 이 신설되었다.[35] 일본보다 매우 늦은 '영주자격' 의 도입이었다. 그러나 2005년 8월 4일에는 '공직선거법' 이 개정되어 한국에 거주하는 "영주자격 취득일로부터 3년이 경과한 19세 이상의 외국인" 에게 지방선거에 한해 선거권이 부여되었다.[36] 2006년 5월 31일 지방선거가 실시되었고 한국화교는 태어나서 처음으로 선거에 참여하게 되었다. 당시 투표권을 행사할 수 있는 외국인은 모두 6,579명이며, 국적별로는 중화민

---

34) 오명석, 「화교 교육과 젊은 세대의 문화적 감성」, 『당대비평』 19, 2002, 여름호, 265-267쪽.

35) '출입국관리법시행령' (2002년 4월 18일 개정) 제12조.

36) '공직선거법' 2005. 8. 4 일부개정. 제15조(선거권) 2. '출입국관리법' 제10조(체류자격)의 규정에 따른 영주의 체류자격 취득일 후 3년이 경과한 19세 이상의 외국인으로서 제37조제1항의 선거인명부작성기준일 현재 '출입국관리법' 제34조(외국인등록표등의 작성 및 관리)의 규정에 따라 당해 지방자치단체의 외국인등록대장에 등재된 자.

국 국적자가 6,511명(98.96%), 일본인 51명, 미국인 8명, 중국인 5명, 독일인 2명 등으로 노화교가 절대적 다수를 차지했다.[37]

영주자격과 지방참정권 부여는 한국화교에게 큰 의미가 있다. 이 변화는 회교들에게 자신의 존재가 한국 사회에서 받아들여졌다는 인식을 하게 했다.

> "64년을 한국 땅에서 살았는데 내 손으로 주민대표를 뽑을 수 있게 되다니 감개무량합니다." (…) "선거 때마다 누가 후보로 나왔는지 궁금해서 합동연설 회장을 찾아가 사자후를 토하는 후보들의 연설을 듣곤 했지요. 그러나 재미 삼아 듣다가도 곧 나와는 상관없다는 생각에 발길을 돌리곤 했습니다." 주씨는 그때마다 한국 땅에 사는 이방인이라는 냉엄한 현실을 깨닫고는 한동안 마음이 편치 않았다고 했다.[38]

> "100년 넘게 이 땅에 터 잡았지만 우리 부모도, 우리도 늘 이방인 취급을 받았습니다. 첫 투표를 하니 정말 가슴 벅찹니다. 우리도 이젠 엄연한 유권자인데 걸맞은 대접을 받을 수 있겠죠?" (…) "세금도 꼬박꼬박 내고 이곳에서 3대째 살아왔는데 이제야 참정권을 보장받아 비로소 대한민국 일원이 된 것 같다."[39]

이렇듯 참정권 부여로 인해 한국화교는 자신이 영원한 이방인이 아닌 '대한민국의 일원' 으로 받아들여지기 시작했다고 인식하기 시작했다. 한국정부가 한국인뿐만 아니라 외국인에게도 참정권을 부여한 것에 대해서

37) 「외국인 영주권자 6,579명 5월 지방선거 첫 투표권 행사」, 『국민일보』 2006. 3. 26.
38) 「"64년 만에 얻은 투표권 감개무량"/5 · 31선거 참여하는 화교 주배태 씨」, 『세계일보』 2006. 4. 7.
39) 「5 · 31 지방선거/"첫 투표권 … 설레고 떨렸지만 뿌듯"」, 『한국일보』 2006. 6. 1.

는 분명히 긍정적인 평가를 보내야 한다. 그러나 이것이 한국화교와 같은 '경계인' 의 고통을 함께 나눈 결과라고는 보기 힘들다. 비록 지방선거 참정권의 도입 과정에서 한국화교가 주요 대상이 된다는 것을 한국정부 인사도 인식했지만, 그 발단은 재일동포를 위한 것으로 도입 후 재일동포의 참정권을 위한 교환 조건으로 활용하려는 의도가 강하게 깔려 있었다.[40] 한국이 '경계인' 과 '더불어 사는 사회' 를 실현하기 위해서는 아직도 가야 하는 길이 멀다.

경험 공간으로서의 로컬은 우리가 일상의 삶을 영위하는 터이며 그 안에서 다양한 관계가 맺어진다.[41] 로컬리티는 다양한 인간의 삶이 이루어지는 구체적인 장소이고, 동시에 내외부의 힘과 만나는 혼종의 공간이다. 이러한 로컬리티에서 일어나는 현상은 매우 복합적이고 다층적이다. 따라서 로컬리티는 중심에 의해서 강요되고 이식된 경계의 틀을 허물고, 다성적이고 다층적인 성격을 갖는 자율적인 주체가 될 수 있다. 즉 로컬리티는 국가와 자본에 대해서 저항하고 연대 · 개방 · 소통의 가치를 가진 '공간/장소' 가 될 수 있는 것이다.[42]

로컬리티의 이러한 개념은 화교 문제를 생각하는데 있어서도 유용한 시각이다. 다시 한 번 말하지만 주목해야 하는 것은 '로컬리티는 다양한 인간의 삶이 이루어지는 구체적인 장소다'. '다양한 인간의 삶' 속에는 화교들의 삶도 포함되어 있다. 화교는 국민국가 속에서 소수성, 타자성, 주변성, 차이성, 다양성이 혼재된 존재다. 이런 인간이 바로 '우리와 같은 장소에서 살아가고 있다' 는 자각이 필요하다. 그리고 내 삶과 직접 연결된

40) 왕언메이(王恩美), 「해방 70년, 한국화교에 대한 이해」, 324쪽.

41) 류지석, 「로컬리톨리지를 위한 시론-로컬, 로컬리티, 로컬톨리지」, 『한국민족문화』 33, 2009.3, 143쪽.

42) 하용삼, 「로컬리티의 타자화와 로컬공동체」, 『大同哲學』 56, 2011.9, 57-58쪽.

공간/장소에 화교와 같은 '경계인' 이 이웃으로 살아가고 있다는 것을 몸소 체험할 필요가 있다.

그렇다면 이 공간/장소에서 살아가는 화교와 한국인들은 서로 어떠한 관련을 맺어야 하고, 지향하는 사회는 무엇인가? 필자는 어떤 사회를 지향하는지 그 답을 찾기 위해서는 '공생(共生)' 이라는 개념이 도움된다고 생각한다. '공생' 은 일본에서 시작된 개념으로 말 그대로 같이 살아가는 것, 즉 '더불어 사는 삶' 을 의미한다. 최근 일본정부는 공생을 중시해 내각에서는 공생정책이 추진되고 있다. 공생에 대해 백영서는 다음과 같이 말한다.

> 공생은 타자와의 차이를 인정하면서도 그 차이의 연결을 모색하는 시도다. 따라서 공동성 안에 있으면서 공동성을 넘어서 공생적 삶의 방식을 추구하려 한다. 즉 공동성의 모순을 간단히 부정하지 않고 그것을 의식하면서 살아가는 태도다.[43]

이러한 '공생' 을 실현하기 위해서는 '공고(共苦)'(즉 고통을 함께 나누기)를 감당해야 한다고 백영서는 지적한다. '공고' 는 "차이를 배제 혹은 동화시키는 닫힌 공동체가 목표가 아니라, 배제된 자에 대해 책임을 지고 살아가면서 결사와 유대의 원리를 다층적・횡단적으로 실현하는 길을 중시하는 것이다."[44] '공고' 는 '공생사회', 즉 '더불어 사는 사회' 를 실현하기 위해 우리가 배양해야 하는 무척 중요한 감각이다. '경계인' 인 화교의 삶을 이해하고 나누는 것은 '더불어 사는 사회' 를 형성하는 실마리를 제공해 줄 것이다.

---

43) 백영서, 『핵심현장에서 동아시아를 다시 묻다 – 공생사회를 위한 실천과제』(파주: 창비, 2013), 26쪽.

44) 백영서, 『핵심현장에서 동아시아를 다시 묻다 – 공생사회를 위한 실천과제』, 26쪽.

우리는 지금까지 국민국가에서 태어나 그 국민이 되는 것을 자연스럽게 받아들였다. 그러나 한국·일본화교의 경험은 그것이 결코 자연스러운 것이 아니라는 것을 우리에게 알려주고 있다. 홈랜드(출신지)·조국·국적·혈통이 일치하지 않는 '경계인'의 고통을 이해하고 나누는 것은 '더불어 사는 사회'의 길로 이끌어 줄 것이다. 필자는 '공고'의 감각을 배양하기 위해서는 '배제된 자'의 삶을 이해하는 것부터 시작해야 한다고 생각한다. 그러기 위해서는 일본인·한국인이 진순신·오사다하루와 같은 일본화교, 그리고 조국을 버리지 못하고 중화민국의 국적을 소지하며 고향에 이주해 사는 중·장년 세대의 한국화교 또는 자신을 '샌드위치'·'붕 떠있는 존재'라고 느끼는 젊은 세대의 한국화교, 이들과 같은 '경계인'의 고통을 이해하고 그 삶을 존중해 줘야만 한다.

동네 중화요릿집 간판에 '화상(華商)'이라고 써 있다면 분명 화교가 운영하는 가게다. 사실 마음만 먹으면 우리 주변에서 화교를 발견하는 것은 그리 어려운 일이 아니다. 2009년의 통계에 따르며 소학교가 23개, 중·고등학교가 4개, 총 27개의 화교학교가 한국에서 운영되고 있다. 소학교는 전국에 분포되어 있고, 중·고등학교는 서울, 인천, 대구, 부산에 있다.[45) 화교학교 주변만 가면 쉽사리 화교들을 만날 수 있다.

화교의 존재를 확인하고 화교들이 나와 같은 공간/장소에서 살아가고 있나고 자각하는 것은 무척 중요한 작업이다. 공허하게 화교의 삶을 상상하기보다는 내 눈앞에 존재하는 이들이 화교이고 "이들의 삶이 어떠했을까"라고 상상하는 것이 훨씬 절실하게 내게 와 닿기 때문이다. 내가 사는 공간/장소에서 화교를 확인하고 구체적인 대상을 정해 이들의 삶을 상상하고, 그 삶을 이해한다면 그 고통을 함께 나눌 수 있는 감각으로 발전할 수 있

45) 왕언메이(王恩美), 「한국 화교학교의 법률적 지위 변화와 생존 전략」, 송승석·이정희 편, 『동남아시아화교와 동북아시아화교 마주보기』(서울: 학고방, 2015), 124-125쪽.

을 것이다. 이것이 바로 로컬리티 속에서 화교를 이야기하는 장점이다.

지역 사회에서 공생사회, 즉 '더불어 살아가는 사회' 가 실현된다면 화교와 한국인은 공동체를 형성했다고 볼 수 있다. 따라서 '공고' , 즉 '화교의 고통을 함께 나누는 것' 은 지역공동체 형성을 위해 필요한 감각이고, 화교의 삶을 이해하는 것이 바로 공동체 형성의 첫 거름이다.

참고문헌

「5 · 31 지방선거/"첫 투표권 … 설레고 떨렸지만 뿌듯"」, 『한국일보』 2006. 6. 1.

「"64년 만에 얻은 투표권 감개무량"/5 · 31선거 참여하는 화교 주배태 씨」, 『세계일보』 2006. 4. 7.

「울어버린 마지막 하기식,명동 대만 대사관, 화교들 울분 터뜨려, 목메인 국가 눈물바다로, 어린 학생들 수기 흔들며 "중화민국 만세", "망은부의" 한국 규탄, "우리 꼭 돌아온다"」, 『朝鮮日報』, 1992. 8. 25.

「중국교포 출입국 절차 불변, 화교 법적지위 종전대로, 국적도 본인의사따라 선택가능」, 『朝鮮日報』, 1992. 8. 25.

「외국인 영주권자 6,579명 5월 지방선거 첫 투표권 행사」, 『국민일보』 2006. 3. 26.

'외국인의 입국출국과 등록에 관한 법률' 제6조, 제9조, 부칙 대한민국정부공보처, 『관보』 1949년 11월 17일.

박경태,『국내거주 화교 인권실태조사』(서울: 성공회대학교, 2003).

백영서, 『핵심현장에서 동아시아를 다시 묻다 – 공생사회를 위한 실천과제』(파주: 창비, 2013).

법무부,『출입국관리통계연보 2005』(과천: 법무부출입국관리국, 2006).

법무부, 『출입국 · 외국인정책 통계연보 2006, 2008~2010』(과천: 출입국 · 외국인정책본부, 2007, 2009~2011).

왕언메이(王恩美),「한국 화교학교의 법률적 지위 변화와 생존 전략」, 송승석 · 이정희 편, 『동남아시아화교와 동북아시아화교 마주보기』(서울: 학고방, 2015).

김기호,「초국가 시대의 이주민 정체성 – 한국 화교의 사례 연구」, 서울: 서울대학교대학원 인류학과 석사논문, 2005.
류지석, 「로컬리톨리지를 위한 시론-로컬, 로컬리티, 로컬톨리지」, 『한국민족문화』 33, 2009.
오명석, 「화교 교육과 젊은 세대의 문화적 감성」,『당대비평』 19, 2002,여름호.
왕언메이(王恩美), 「해방 70년, 한국화교에 대한 이해」, 『역사비평』 115, 2016.
이윤희, 「동북아시아 시대 인천 거주 화교의 인권 실태 및 정체성」, 『담론201』 6-2, 2004.
이창호, 「한국화교의 '귀환' 이주와 새로운 적응」, 『한국문화인류학』 45-3, 2012.
하용삼, 「로컬리티의 타자화와 로컬공동체」, 『大同哲學』 56, 2011.

過放 , 『在日華僑のアイデンティティの変容 - 華僑の多元的共生』(東京: 東信堂, 1999)
陳舜臣, 『道半ば』(東京: 集英社, 2003).
鈴木洋史, 『百年目の歸鄕』(東京: 小學館, 1999).
何義麟, 「戰後日本における台湾人華僑の苦悩 - 國籍問題とそのアイデンティティの変容を中心に」, 『大原社會問題硏究所雜誌』 679, 2015.

載國輝, 「日本華僑への手紙」, 載國輝, 『華僑 - 「落地歸根」から「落地生根」への苦闘と矛盾』(東京: 硏文出版, 1980).
鶴園裕基, 「無効化する國籍: 日華斷交の衝擊と國府の日本華僑統制・保護の変容」, 『華僑華人硏究』 11, 2014.
山田敬三, 「國家・民族の枠を超えた文化 - 陳舜臣」, 神戶華僑華人硏究會, 『神戶と華僑 - この150年の步み』(神戶: 神戶新聞社總合出版センター, 2004).
「陳舜臣さん死去」, 『神戶新聞』 2015.1.21.

僑務委員會, 『中華民國103年僑務統計年報』(台北: 僑務委員會, 2015).

제3장

중층적 · 역동적 시공간을 통한 한국화교 이해*

| 박규택 |

1. 시공간 속에서의 화교

19세기 후반 한반도로 이동하여 정착한 한국화교(이하 화교로 칭함)에 관한 기존의 연구들은 세 가지 측면에서 화교뿐만 아니라 한국의 세계화 (혹은 초국가화)[1]와 다문화를 이해하는 도움을 줄 수 있다. 첫째, 1세기 이상의 역사를 갖고 있는 화교에 대한 다양한 연구[2]는 1990년대 이후 급변하는

* 이 글은 다음의 논문을 총서의 취지에 맞추어 수정, 보완한 것이다. 박규택, 「중층적 · 역동적 시공간을 통한 한국화교 이해」, 『한국민족문화』, 63, 2017.

1) 세계화와 초국가화는 영어의 'globalization'과 'transnationalization'의 번역이다. 전자는 (전)지구화 혹은 세계화로 그리고 후자는 초국적화 혹은 초국가화로 번역되고 있다. 본 연구는 'globalization'을 지구적 규모의 세계화로 그리고 'transnationalization'을 국가경계를 초월하는 혹은 가로지르는 초국가화로 이해한다. 세계화와 초국가화는 편의상 구분하고 있지만 실제적으로 중첩되어 있으며, 지속적으로 상호작용을 하고 있다.

동아시아의 환경, 특히 한국, 중국, 일본 간에 일어나고 있는 사회 · 경제 · 정치의 역동성을 고찰하는 데 기여할 수 있다. 즉, 화교는 해방 이후 국내뿐만 아니라 해외(대만, 일본, 미국, 캐나다)에 뿌리를 내린 초국가적 사회 · 경제적 관계망을 형성시켰고, 1992년 한 · 중수교가 이루어진 이후 많은 중국인, 특히 한족과 조선족이 노동, 결혼, 유학의 목적으로 한국에 거주하게 됨에 따라 '신화교' 가 형성되고 있다. 또한 1997년 말 IMF 위기를 극복하기 위해 화교(중국) 자본을 유치하기 위한 정부의 노력으로 인해 이들의 국내 투자가 증가하여 왔다. 향후 한국에서 화교와 관련된 사회 · 경제 · 정치 조직과 활동은 국가 차원을 벗어난 초국가 혹은 세계 차원에서 이해될 필요가 있다. 둘째, 한국은 '단일 민족과 언어' 로 구성된 국민국가(이하 국가로 칭함)[3]로 인식되어 왔지만 1990년대 이후 많은 외국인 노동자 혹은 결혼이주여성의 유입에 따라 다문화사회로 빠르게 변화하고 있다. 따라서 한국의 다문화사회화 이해는 1세기 이상의 역사를 지닌 화교연구를 통해 보다 풍성하게 될 것이다. 셋째, 화교의 일상적 삶이 이루어지는 '지금, 여기' 의 로컬리티(locality)는 로컬화, 국가화, 초국가화가 중층적으로 접촉하면서 만들어진 역동적 시공간이며, 억압과 배제, 충돌, 협상, 창조가 일어나는 장소이기도 하다. 소수자 혹은 이방인으로서 화교는 억압,

---

2) 김경국 · 최승현 · 이강복 · 최지현, 「한국의 화교연구 배경 및 동향 분석」, 『중국현대문학』 55, 2010; 王恩美, 『東アジア現代史のなかの韓國華僑: 冷戰體制と「祖國」意識』, 송승석 옮김, 『동아시아 현대사 속의 한국화교 – 냉전체제와 조국 의식』, 학고방, 2013, 25-43쪽; 송승석, 「'한국화교' 연구의 현황과 미래 – 동아시아 구역 내 '한국화교' 연구를 중심으로」, 『중국현대문학』, 55, 2010. 송승석(2010)과 왕언메이/송승석(2013)은 한국, 대만, 중국, 일본에서 이루어진 한국화교 연구들을 간략하게 정리하고 있다.

3) 해방 이후 한국에는 화교, 재한일본인, 유엔군(특히 미군) 등이 거주하였고, 이들은 외국인으로 분류되어 국민으로 대우를 받지 못하였다. 한국은 '단일민족' 으로 구성된 국민국가로 명명될 수 있다. 그러나 이러한 명명은 정부 혹은 한국인들이 화교를 억압, 주변화, 잉여화(부재화)시키는 요인으로 작동하였다.

배제, 적응, 갈등의 관점으로 많이 연구되어 온 반면 새로운 대안을 창조하는 주체로 인식되지는 않았다. 그러나 20세기 후반 한국의 경제 위기와 함께 시행된 세계화, 초국가화, 로컬화는 화교를 국가 시공간에 갇힌 수동적 위치에서 다층적 시공간 속에서 다양한 행위를 가능하게 하였다. 이에 따라 화교는 기존의 이념, 조직, 제도, 관습을 가로지르는 새로운 대안을 모색할 수 있게 되었다. 그러나 중층적이고 역동적인 시공간 속에서 화교의 창조성이 발휘될지는 선험적으로 혹은 추상적인 이론으로 예측할 수 없다. 새로운 대안은 특정 맥락 하에서 작동하는 화교들 간에 혹은 화교와 타 집단 간의 상호 관계적 활동에 의해 생성될 것이다.

화교는 다양한 주제들, 사회 · 경제 · 문화 · 정치, 정체성, 차이나타운, 지구화, 초국가화의 측면에서 연구되어 왔다. 일반적으로 이들 연구는 주제(내용)와 시공간[4]이 어떻게 관계되어 있는가를 면밀하게 검토하지 않았다. 그 이유는 시간과 공간에 대한 근대이론에서 찾을 수 있다. 근대적 시간과 공간은 인간 혹은 물질로부터 분리된 독립적 존재로 인식되었다. 특히 근대공간은 인간 활동의 무대 혹은 용기로 인식되었다. 탈근대론에 의하면, 시간과 공간은 분리되어 있지 않을 뿐만 아니라 인간과 물질 간의 상호작용 속에서 생성하고 변화한다. 특히 과거에 형성된 시공간은 역으로 현재 혹은 미래 인간의 활동에 부정적 혹은 긍정적 영향을 미치는 능동적인 요인으로 작동한다. 본 연구의 목적은 화교를 보다 넓고 깊게 이해하기 위해 시공간과 화교의 상호관계를 중층적이고 혼성적인 관점으로 고찰할 수 있는 개념적 틀을 수립하고, 이를 바탕으로 화교를 시론적으로 고찰하는 데 있다.

4) 탈근대론은 시간과 공간이 분리되어 있지 않고 결합된 것으로 이해하기 때문에 시간과 공간이 아닌 시 · 공간 용어가 사용될 것이다.

2. 중층적 시공간과 화교의 상호작용

한 세기 이상의 역사를 지닌 화교에 관한 연구는 다양한 내용들을 고찰하고 있지만 화교와 시공간 간의 관계를 깊이 논의하지는 않았다. 기존의 화교연구는 사회, 경제, 정치, 문화, 정체성, 경관, 차이나타운 등의 다양한 주제들을 이론, 경험, 정책의 측면으로 논의하고 있지만 시공간들, 세계, 초국가, 국가, 로컬의 중층성과 역동성을 거의 취급하지 않았다.

역사적으로 볼 때, 화교는 1) 19세기 후반~식민지 이전 시기, 2) 식민지 시기, 3) 해방 이후부터 1980년대 후반까지의 시기, 4) 1990년대 이후의 시기로 나누어 연구가 진행되어 왔다.[5] 여기서 세 번째는 해방으로부터 1950년대 초반의 전환 시기와 1950년대 중반부터 1980년대 후반까지 국가체제가 공고하게 되는 시기로 나누어 볼 수 있다. 이러한 시기 구분에 대해 두 가지 물음이 제기될 수 있다. 첫째, 이들 시기 구분은 20세기 한반도 혹은 한국에서 일어난 중요한 정치 · 사회 · 경제적 사건과 변화에 초점을 둔 것인가? 그렇지 않으며 이것은 1세기 이상 한반도와 한국에 뿌리를 내리고 살아 온 화교들과 긴밀하게 연결시킨 것인가? 전자에 의해 구분된 시기는 화교를 사회 · 역사적으로 이해하기 위한 분석단위로 취급되고 있다. 이에 반해 후자의 질문은 화교를 특정 시기와의 상호관계의 측면으로 이해하려는 관점이다. 후자의 관점으로 화교연구의 시기 구분이 고찰될 필요가 있다. 두 번째 질문은 역사적 관성, 즉 연속과 변화의 문제이다. 화교와 관련된 시기 구분은 과거와 현재 혹은 과거, 현재, 미래가 어떻게 서로 연관되어 있는지를 밝힐 필요가 있다. 예를 들면, 화교의 이주는 식민

5) 김경국 · 최승현 · 이강복 · 최지현, 앞의 논문; 왕언메이(王恩美)/송승석(宋承錫), 앞의 책; 양필승 · 이정희, 『차이나타운 없는 나라 – 한국화교 경제의 어제와 오늘』, 삼성경제연구소, 2004; 송승석, 앞의 책.

지 시기, 국가 시기, 초국가 시기에 걸쳐 지속과 변화의 측면 모두를 포함하고 있다.

공간의 관점에서 볼 때, 20세기 화교는 식민지 시기의 동아시아 공간, 해방에서 1980년대 후반까지의 국가 공간, 1990년대 이후의 초국가적 공간에 초점을 두고 이해되고 있다. 공간 구분도 상이한 공간을 화교와 독립된 용기, 무대, 분석단위로 취급되었다. 이러한 공간 이해는 근대공간론에 토대를 두고 있다. 즉, 공간은 본질적 · 초월적 · 절대적이며, 물질 혹은 인간과 분리되어 독립적으로 존재하는 실체로 이해되었다. 따라서 공간은 고정적 · 수동적이며, 인간의 활동 혹은 조직과 제도를 담고 있는 용기로 취급되어 왔다.

20세기 화교와 관련된 동아시아 공간, 국가의 공간, 로컬 공간은 화교를 이해하는 데 고정되어 있고, 수동적인 무대 혹은 분석단위로 이해되어 왔다. 이에 비해 탈근대공간론은 공간의 상대성, 복잡성, 혼종성, 능동성을 강조하고 있다. 즉, 공간은 물질 혹은 인간과 무관하게 본질적 · 초월적 · 절대적 · 수동적이지 않고, 양자 간에 일어나는 상호작용에 의해 역동적으로 생성하고 변화한다. 공간은 물질과 인간의 활동에 의해 생성되며, 새롭게 형성된 공간은 시간의 흐름 속에서 역으로 인간의 활동에 긍정적 혹은 부정적 영향을 미친다. 탈근대공간론의 관점에서 볼 때, 동아시아 공간, 국가 공간, 로컬 공간은 화교와 상호 관계적 작용을 통해 이해되어야 한다. 예를 들면, 개항 이후 일제 식민지를 거치면서 형성된 동아시아 화교 공간은 1945년 해방 이후 미군정 하에서 일시적으로 유지되었다. 그러나 1940년대 후반 한국, 대만 중국의 정부가 수립된 이후 국가의 지배체제가 공고화되면서 이전의 동아시아 화교공간은 더 이상 작동하지 않게 되었고, 이는 화교의 사회와 경제 그리고 일상적 삶에 많은 영향을 주었다.

1세기 이상의 역사를 지닌 화교를 깊이 이해하기 위해서는 중층적이고 역동적인 시공간의 개념적 틀이 필요하다. 화교는 개항과 일제 식민지 지배체제가 만든 동아시아 시공간, 1940년대 후반 이후 국가 지배체제에 의한 시공간, 1990년대 이후 한중수교, 세계화, 신자유주의, 정보 · 통신 기술의 발달에 의한 초국가 시공간이 중층적으로 얽혀 역동적으로 작동하는 관점으로 이해될 필요가 있다. 이들 시공간은 화교의 일상적 삶이 이루어지는 로컬에 기반을 두고 있다(〈표 1〉). 상이한 시공간들은 분리되어 있지 않고 서로 교차하고 있는데, 여기서 사이성(in-betweenness)이 나타난다. 사이성은 시간의 흐름 속에서 상이한 힘(요인)들 간의 접촉에 의해서 발생한다. 즉, A 요인과 B 요인이 접촉하는 지대에서 발생하는 특성이다. 이러한 사이성은 세 가지 특성을 보인다. 하나는 A가 B를 혹은 B가 A를 지배 혹은 종속시키는 특성이며, 이는 기존의 인식, 실천, 조직, 구조를 유지시키려는 경향성을 보인다. 다른 하나는 A와 B 간에 갈등 혹은 타협하는 특

〈표 1〉 중층적 · 혼종적 시공간을 통한 한국화교 이해의 틀

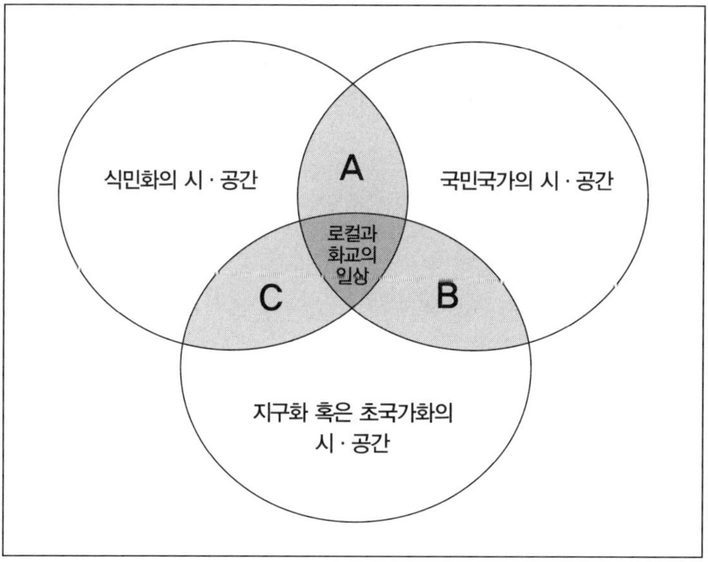

* A, B, C: 전환 혹은 접촉의 시공간

성이다.

세 번째는 A와 B 모두에 속함과 동시에 그 어느 곳에도 속하지 않는 미확정인 모호한 특성이며, 이를 통해 기존의 것들과 다른 새로움이 만들어질 수 있다.

일제 식민지의 시공간은 국가의 시공간으로 즉시 전환되지 않고, 양자의 시공간이 혼재된 중간(사이) 상태(A)를 거친다. 즉, 해방과 미군정, 한국정부 수립, 중국 국가수립, 한국전쟁은 식민지 시공간에서 국가 시공간으로 전환되는 중간 단계로 이해될 수 있다.

1980년대부터 1990년대까지 한국의 사회 · 경제는 내 · 외부의 환경 변화에 따라 위기에 직면하면서 변화하기 시작하였다. 공간적 측면에서 국가 시공간은 초국가 시공간으로 전환하게 되었으며, 중간 상태(B)가 나타나고 있다. 화교의 관점에서 중간상태는 한국에서의 사회 · 경제적 억압과 배제를 극복하기 위해 많은 화교가 대만, 미국, 캐나다 등으로 이주하면서 시작되었고, 1992년 한중 간 국교가 수립 이후 단절된 중국과 관계가 회복되었고, 이로 인해 화교는 자유롭게 중국을 방문하거나 재이주를 시작하였다. 마지막으로 C의 상태는 A와 B의 경우와 성격을 달리한다. 지구화 혹은 초국가 시공간에서 식민화의 시공간으로 전환은 과거 시간으로 회귀하는 현상이기 때문에 현실적으로 불가능하다. 이 상태는 과거 기억 혹은 미래의 상상을 통해 수행될 것이다. 1949년 중국 국가가 수립된 이후 적대적 관계를 유지하던 한국과 중국이 1992년에 공식적으로 국교를 맺음에 따라 화교는 과거 동아시아를 무대로 형성된 시공간을 복원하고 나아가 초국가 시공간을 새롭게 만들고자 노력하고 있다.

3. 초국가와 로컬의 시공간화(19세기 후반~해방)

19세기 말 청국의 외교관과 함께 중국인이 한반도로 이주해 옴에 따라 화교의 역사가 시작되었다. 이들은 일제 식민지를 거치면서 한반도에 정착하여 다양한 로컬에 뿌리내린 삶의 공간을 형성시켰고, 나아가 무역활동과 계절적 혹은 비주기적 노동력 이동을 통해 동아시아 사회 · 경제 공간을 수립하였다. 즉, 화교는 19세기 말부터 1945년 해방까지 동아시아 공간과 한반도의 로컬 공간이 중첩되는 지점에 위치하게 되었고, 이들 공간을 매개로 다양한 사회, 경제, 문화 활동이 이루어졌다. 이 시기에 화교는 잡화상, 음식업, 소규모 제조업, 농업의 경제활동에 참여하면서 한반도의 다양한 로컬, 서울, 인천, 부산, 평양, 원산에 정착하여 화교사회를 유지하기 위해 화교소학교와 차이나타운을 건설하였다.

1990년대 이후 세계화 혹은 초국가화 관점에서 화교가 많이 논의되었다. 그러나 국가 혹은 로컬을 가로지르는 초국가적 관계공간을 통해 해방 이전 화교의 사회 · 경제, 즉 무역과 노동력 이동을 세부적으로 고찰하는 연구들이 진행되었다.[6] 강화도 조약(1876년)이 체결된 이후 시작된 조선에서 청국인의 무역 혹은 상업 활동과 관계망은 조선과 중국에 국한되지 않는 조선, 중국, 일본을 포함하는 동아시아 공간을 통해 고찰되어야 한다.[7]

---

6) 강진아, 「이주와 유통으로 본 근현대 동아시아 경제사」, 『역사비평』 79, 2007; 강진아, 「근대 동아시아의 초국적 자본의 성장과 한계 - 재한화교기업 同順泰(1874?~1937)의 사례」, 『복현사림』 27, 2004; 김승욱, 「20세기 전반 한반도에서 일제의 노동시장 관리 - 중국인 노동자를 중심으로」, 『중국사연구』 85, 2013; 김승욱, 「20세기 초(1910~1931) 인천화교의 이주 네트워크와 사회적 공간」, 『중국근현대사연구』 47, 2010; 이정희, 「해방초기 인천화교의 경제활동에 관한 연구」, 『인천학연구』 9, 2008; 이시카와 료타, 「조선 개항 후 중국인 상인의 무역활동과 네트워크」, 『역사문제 연구』 20, 2008; 양필승 · 이정희, 『차이나타운 없는 나라 - 한국화교 경제의 어제와 오늘』, 삼성경제연구소, 2004.

19세기 후반 동아시아 공간 속에서 이루어진 무역 활동의 사례는 재한화교기업 동순태(同順泰)가 있다.

> 19세기 말 20세기 초 이른바 근대 전환기에 同順泰는 인천을 발판으로 동아시아무역으로 자본을 축적한 대표적인 조선 화상이다. 동순태와 그 내부 참여자, 국내외 거래처, 협력자들을 이어서 그려지는 네트워크는 모두 廣東籍, 특히 廣肇幇이라는 특수 지역의 동향네트워크가 겹쳐진다. 그 위에 친인척 관계가 겹쳐져 더욱 네트워크는 강고해질 수 있었다. … 동순태는 한말 개항 특히 청조의 적극적인 대조선정책이 가시화되면서 인천에 상륙했고, 그 성장의 배경이 된 상해 동태호와 그 네트워크는 조선정책을 실질적으로 지도하는 청조 洋務派 관료, 광동출신의 매판자본에 까지 이어져 있었다.[8)]

동순태의 사례로 본 화교의 동아시아 무역활동과 네트워크는 중국의 광동과 조선의 인천이라는 특정 로컬에 기반을 두고, 동향 혹은 친인척 간의 긴밀한 관계망 속에서 작동하였다. 더욱이 동순태의 초국가적 상업 자본은 청조의 지배세력의 도움을 받았다. 동순태는 초국가성과 로컬성이 중첩되어 역동적으로 작동하는 사회 · 경제 · 정치 공간을 통해 이해될 필요가 있다. 이정희(2008)는 해방초기까지 인천에 기반을 두고 초국가적 무역업을 한 만취동(萬聚東, 무역회사)[9)]의 국내외 상업네트워크를 고찰하였

---

7) 이시카와 료타, 위의 논문; 강진아, 위의 논문, 2004; 위의 논문; 양필승 · 이정희, 위의 논문 참조.

8) 강진아, 「廣東네트워크(Canton-Networks)와 朝鮮華商 同順泰」, 『사학연구』 88, 2007, 812-813쪽.

9) 만취동은 선린동에 가까운 신포동(新浦洞)에 본점을 두고, 서울 소공동에 지점을 두었으며, 본사에 30여 명, 지점에 10여 명, 모두 40여 명의 종업원이 근무했다고 한다(이정희, 앞의 논문, 2008, 109쪽). 조선은행조사부(1949)에 의하면, 인천과 서울에 본사를 두고 있는 화교 무역회사 13개 가운데 수출입 총액(665,254천원)이 가장 높았다.

다. 동순태는 동아시아 역내의 광동네트워크에 토대를 둔 반면 만취동의 객상은 황하 이북의 북방(北幇) 출신이 대부분이었다.[10] 해방 초기 최대의 무역회사였던 인천화교무역회사 만취동은 신포동 본사 부지 내에 숙박시설을 설치하여 그곳에는 홍콩, 상하이, 산둥성 등지의 무역회사의 출장원 및 객상 50~60명이 숙식하고 있었다.[11] 일제 식민지 시기 동안 화교 상인은 동아시아의 상품이 아닌 영국에서 생산되는 면직물을 수입하여 중국, 조선, 일본에 판매하는 중개 무역을 통해 로컬과 초국가 공간을 연결하는 네트워크를 형성시켜 유지하여 왔다. 영국 맨체스터에서 생산되는 면포는 먼저 상해로 수입된 이후 중국 각지의 항구와 조선, 일본으로 재수출되었다. 이러한 중개 무역의 네트워크 가운데 조선의 화교상인이 위치하고 있었나.[12] 대체로 화교자본은 광동네트워크, 상해네트워크의 초국가적 무역망에 의해 구축된 무역 역량과 자본력을 가지고 조선 경제에 '공급자'로서 우월한 지위를 점하고 있었다.[13]

일제 식민지 시대에 조선과 중국의 영토를 가로질러 이동하는 주체는 화교 무역업자 외에도 화교노동자들이 있었다. 일반적으로 '쿨리(苦力)'라 명명된 중국인노동자는 일제 식민지 시대 화교 논의에서 빼놓을 수 없으며, 이들의 대부분은 정착을 하지 않고 중국과 한국 사이를 철새처럼 왕래하였다.[14] 화교노동자들은 해로(황해) 혹은 육로를 통해 조선의 영토로

10) 만취동 경영자인 강무정은 산둥성 인덩(文登) 출신의 북방회상이었다(이정희, 앞의 논문, 2008, 112쪽).

11) 이정희, 위의 논문, 124쪽.

12) 양필승 · 이정희, 앞의 책, 28쪽.

13) 김승욱, 「20세기 초(1910~1931) 인천화교의 이주 네트워크와 사회적 공간」, 『중국근현대사연구』 47, 2010.

14) 진유광(秦裕光), 「화교」, 『중앙일보 · 동양방송』, 1979.9.17.~12.17. 1920년대 초반 '쿨리'의 직종으로는 토목공사 인부인 토역꾼이 3천여 명으로 가장 많았고 다음으로 짐꾼이 1천2백여 명가량이었다. 이 밖에 광부 800명, 목도꾼 5백 명, 재목켜는 인

건너와 건설현장, 소규모 공장, 농장[15]에서 일시적으로 혹은 계절적으로 노동[16]을 한 뒤 본국으로 돌아갔다. 이로 인해 조선과 중국 간에 초국가적 사회 · 경제 공간이 만들어져 유지되었다.[17] 한반도에서 중국인 노동자가 크게 증가한 시점은 20세기 초반인데, 경부선, 경의선의 철도공사에 이들을 대거 고용하였기 때문이다. 1920년대 중반에 조선의 크고 작은 건축과 토목공사장에 중국인 목수, 미장이가 끼지 않은 곳이 없었다.[18] 당시 조선에서 중국인노동자의 증가는 중국 내에서의 군벌할거와 내전으로 황폐화된 산동성(山東省)의 파산농민과 노동자들이 유입되었기 때문이다.[19] "1922년 말 조선에 들어온 화교노동자는 15,800여 명인데, 평안북도와 경기도가 가장 많고 그 뒤로 함경북도, 함경남도, 황해도, 평안남도의 순이었다. 이 6도를 합하면 전체의 90%이고, 경기도를 제외한 조선북부 5도는 전체의 70% 차지하였다."[20] 김승욱(2010)에 의하면, 1920~30년대 한반도 북부의 국경과 서부 해안에서 중국과 조선을 자유롭게 오가는 중국인 유

부 5백 명, 농사일꾼 4백 명, 머슴이 3백 명가량 있었다.

15) 화농들은 도시 근교에 땅을 임대하여 가족 노동력을 이용해서 주로 채소를 경작하였다. 그러나 점차 소작규모를 늘려가면서 고향인 산동성에서 계절성 노동자를 고용한 사례가 다수 있다(강진아, 「조선총독부의 화교 노동자 입국 관리와 중국 언론」, 『중국근현대사연구』 39, 2013, 116쪽).

16) 중국인 노동자들은 계절적으로 일정한 이동 패턴을 보이며 한반도의 국경을 비교적 '자유' 롭게 왕래하고 있었다. 그들은 대체로 매년 11월 하순경부터 귀국하기 시작해서 구정을 본국에서 보내고 해빙기를 기다려 3, 4월에 집중적으로 다시 조선으로 몰려오는 것이 통례로 되어 있었다(김승욱, 앞의 논문, 2013, 169쪽).

17) 강진아, 앞의 논문, 2013; 김승욱, 앞의 논문, 2010; 김승욱, 「20세기 전반 한반도에서 일제의 노동시장 관리 - 중국인 노동자를 중심으로」, 『중국사연구』 85, 2013; 이은상, 「중일전쟁(中日戰爭)이전 시기(1912~1936) 조선의 원산화교(元山華僑)」, 『인문과학』 60, 2016.

18) 진유광(秦裕光), 앞의 글.

19) 강진아, 앞의 논문, 2013, 109쪽.

20) 이은상, 위의 논문. 중국노동자 일부는 조선의 특정 로컬에 정착하는 경우도 있었다고 추측할 수 있다.

동인구가 급속히 증가하였다. 1930년 신의주 영사관에 의하면, "그 관할 구역인 평안북도와 중국 요령성 사이에는 신의주, 안동 사이의 철교, 여름에는 배, 겨울에는 얼음을 통해 어디서든 여권 없이도 검사를 받지 않고 자유롭게 왕래할 수 있다."[21] 부산의 경우, 1919년 11월에 부산우선(釜山郵船)조합이 한국인노동자의 파업으로 함경북도 갑산동광의 사업축소로 인해 실직한 중국인노동자 30여 명을 불러와 일을 시켰고, 1920년 초 규모가 크고 험한 부산항 매축공사에도 50여 명이 참여하였다.[22]

중국노동자는 중국과 조선을 왕래하면서 초국가 공간을 형성하고 유지하였을 뿐만 아니라 일시적으로 로컬의 노동시장에 참여하였다. 따라서 로컬 노동시장에서 화교와 한국 노동자 간의 갈등이 가끔 발생하였으며, 이를 해결하기 위해 조선총독부가 개입하기도 하였다.[23] 1920년대 이후 조선총독부는 급속하게 증가하는 화교노동자와 관련된 문제를 단순히 중국과 한반도의 관계가 아닌 중국의 다양한 지역(화북, 동북), 한반도, 일본과도 연관된 사회·경제·정치 공간의 관점으로 이해하였다.

> 조선총독부가 중국인 노동자 문제에 대해 전에 비해 다소 적극적인 모습을 보인 것은, 그것이 일본 내지의 노동시장을 포함한 전체 일본 제국 공간 내에서 위협요인으로 파급되는 조짐이 있었기 때문이었다. 당시 중국인 노동자의 문제는 조선의 노동자와 일본 내지의 노동시장의 문제와 밀접히 연결되고 있었다. 이때 한반도 노동시장의 긴장은 일본 내지의 노동시장에 대한 압박 요인이 될 수 있기 때문에 … 단속의 필요성이 제기되었다. 이에 조선총독부는 점차 중국인 노동자 단속을 전보다 강화해갔다.[24]

---

21) 김승욱, 앞이 논문, 2010, 28쪽.

22) 진유광(秦裕光), 앞의 글.

23) 강진아, 앞의 논문, 2013; 김승욱, 앞의 논문, 2013.

19세기 후반 이후 많은 중국인들이 중개무역, 일시적 노동자로 일하여 고, 이들의 일부가 한반도에 정착함에 따라 화교사회가 형성되기 시작하였다. 정착한 화교들의 다양한 활동과 조직을 통해 특정 로컬에 기반을 둔 화교의 사회 · 경제 공간이 생성되었고, 이 공간은 중개무역상과 이동노동자에 의해 만들어져 유지된 동아시아 네트워크 공간과 중첩되어 있었다. 다양한 로컬에 뿌리를 내린 화교는 포목상, 양복점, 음식점, 채소농업, 소규모 제조업의 경제적 활동을 하면서 생계를 유지하고, 부를 축적시켰다.[25)]

20세기 초반부터 1940년대 중반까지 화교인구의 변화를 보면, 1906년에 3,661명, 1910년에 11,818명, 1915년에 15,968명, 1919년에 18,588명으로 지속적으로 증가하였다. 이 기간 동안 전체 화교인구 중에서 남성이 차지하는 비율이 여성에 비해 훨씬 높았고, 이는 가족단위로 조선에 거주하는 화교가 적었다.[26)] 이후 화교인구는 1920년 23,989명에서 1930년에 67,794명으로 증가하였다가 만보산 사건이 발생한 1931년에 36,778명으로 급격히 감소한 뒤 다시 증가하여 1936년에 63,981명이었다. 왕언메이(2013)는 화교의 남녀비율과 화교학교의 성립년도를 근거로 조선에서 화교의 정착 시기를 1920년대 후반으로 추정하고 있다.[27)] 중일전쟁이 일어

24) 김승욱, 앞의 논문, 2013, 174쪽.

25) 王恩美, 『東アジア現代史のなかの韓國華僑: 冷戰體制と「祖國」意識』, 송승석 옮김, 『동아시아 현대사 속의 한국화교 - 냉전체제와 조국의식, 학고방』, 2013; 양필승 · 이정희, 앞의 책, 2004; 진유광, 앞의 글.

26) 왕언메이 저, 송승석 옮김, 위의 책, 2013, 88쪽.

27) "1920년대 중반까지의 [화교인구] 남녀비율은 약 7~8대 1을 유지하고 있었지만 1927년 이후에 여성의 인구비율은 남성에 근접하기 시작하여 1929년에는 약 5대 1까지 접근한다. … 가족단위로 정주하여 생활하기 위해서는 자녀교육의 문제를 해결할 필요가 있었기 때문이다. 1920년대 이후 다수의 화교학교가 설립되는데, 1930년대 들어서면 이미 많은 학교가 설립되었다." (왕언메이 저, 송승석 옮김, 위의 책, 95쪽)

난 1937년 화교인구는 41,909명으로 1936년에 비해 감소하였고, 이후부터 1940년대 초반까지 증가하였다. 요약하면, 1900년대 초반부터 1940년대 초반까지 화교인구는 만보산 사건이 일어난 1931년과 중일전쟁이 시작된 1937년의 급격한 감소를 제외하고는 지속적으로 증가하였고, 1920년대 후반을 전후하여 한반도의 여러 로컬에 뿌리를 내린 화교사회가 형성되었다. "1928년 조선 전역에는 5만3천여 명의 화교가 살고 있었다. 서울의 4천5백여 명, 인천의 2천5백여 명을 비롯하여 전국 중소도시는 물론 북으로는 함북, 경원, 회령에서, 남으로는 전남, 완도, 진도, 심지어는 제주도와 울릉도 도동 등 도서벽지에까지 화교들이 파고들지 않은 곳이 없다."[28] 1920년대 초반 조선의 주요 도시에서 화교의 대부분은 농업, 잡화, 제빵업, 음식섬, 포목점 의 업종에 참여하였다.[29] 경성의 경우, 가장 많은 화교들이 일하는 업종이 제빵점이며, 다음으로 음식점, 잡화, 목수와 석공, 요릿집 순으로 나타났다. 인천은 경성에 비해 업종이 단순하며, 특히 농업에 가장 많은 화교들이 종사하였다.

4. 국가 시공간으로 전환(해방~한국전쟁)

1945년 제2차 세계대전이 종전됨에 따라 일제 식민지 지배로부터 한민족의 해방은 한반도 화교들에게도 새로운 불안과 고난을 예고하는 대전환의 시작이었다. 해방 이후 일본 식민지 지배체제에서 국민, 영토, 주권에 토대한 국가 체제로 전환이 이루어졌다. 그러나 식민지 지배에서 국가지배로 곧 바로 전환된 것이 아니라 미군정, 정부수립, 한국전쟁이란 사건을

28) 진유광(秦裕光), 앞의 글, 1979. 9. 20.

29) 왕언메이 저, 송승석 옮김, 앞의 책, 2013, 90쪽.

통해 전환이 이루어졌고, 이로 인해 사건은 화교들에게 긍정적 혹은 부정적 영향을 미쳤다. 우선 미군정과 정부수립은 식민지 지배체제하에서 수립된 동아시아 무역네트워크와 인구이동 공간에서 연속적인 성격을 갖고 있는 반면에 냉전에 토대한 국가는 이전 사회·정치·경제 시공간의 단절 혹은 재편의 성격을 갖고 있기 때문에 분리해서 고찰될 필요가 있다.

해방 직후 한반도 남부는 연합군, 특히 미군정이 지배하게 되면서 이와 관련된 정책들은 화교들에게 직·간접적으로 영향을 미쳤다. 대체로 이 시기는 무역, 인구이동의 측면에서 일제 식민지에 수립된 시공간이 연속된 것으로 볼 수 있다.[30] 동아시아 공간 속에서 이루어진 화교의 무역은 미군정에 의해 일본상인이 배제됨에 따라 화상의 역할이 더욱 중요하게 되었고, 이는 일시적이지만 화교경제를 부흥시키는 요인으로 작동하였다. "미군이 조선남부를 점령하게 됨에 따라 화교는 정치적으로는 연합국민으로서 대우받게 되었고 경제적으로는 일체의 규제를 받지 않게 되었다.[31] 따라서 식민지시대의 상업기반을 그대로 활용할 수 있었기 때문에 화교의 경제활동은 번영기를 맞이하게 되었다."[32] 이러한 현상은 진유광의 글 속에 잘 표현되어 있다.

> 45년부터 48년까지의 3년간 무역업을 필두로 화교경제는 사상 未曾有의 호황을 누렸다. 해방 직후 한국무역의 가장 큰 거래선은 「마카오」「홍콩」을 포함

---

30) 왕언메이 저, 송승석 옮김, 앞의 책, 2013; 이정희·송승석, 『근대 인천화교의 사회와 경제 – 인천화교협회소장자료를 중심으로』, 학고방, 2015; 진유광(秦裕光), 앞의 글.

31) "1946년 2월 미국무성 조사국은 '조선의 대외무역에 관한 예비조사'에서 한국의 건전한 경제발전을 위해 무역 대상지역을 일본에서 다른 아시아지역으로 전환할 것을 권했다. 이에 따라 미군정청은 미국과 장제스 국민당 정부와의 동맹관계를 고려하여 중국과의 무역관계를 중시하게 된다." (이정희·송승석, 위의 책, 243쪽)

32) 왕언메이 저, 송승석 옮김, 앞의 책, 165쪽.

한 중국이었다. 그리고 이 대중국무역은 거의 화교들의 손에 의해 이루어졌다. … 무역업뿐 아니라 다른 모든 업종들도 해방 후 3년간 급격한 성장을 보게 됐다. 한 예로 해방 당시 서울의 중국음식점 수는 1백75개소에 지나지 않았으나 이후 3년간 무려 1백 57개나 증가해 48년엔 무려 3백32개로 늘어났다. 각종 소규모 공장도 비슷한 비율의 증가추세를 나타냈다.[33]

해방 전후(1940년~1948년) 조선의 지역별 수출액과 수입액의 변화는 동아시아 무역에 나타나고 있다. 즉, 1944년까지 조선의 수출과 수입은 70% 이상 일본에 의존하고 있었지만 해방 이후는 중국과 홍콩의 의존도가 급속히 증가하였다.[34] "해방 후 남한은 일본, 만주, 북한과 경제 관계가 단절되어 원료, 기계부품을 조달할 수 없는 상황에 직면했다. 그래서 남한은 자체적으로 생활필수품과 공업원료를 조달할 수 없어 중국대륙과 홍콩, 마카오 등지에서 외국 물자를 수입할 수밖에 없었다."[35]

1949년 중국대륙에 중국 국가가 수립되기 전까지 중국인이 한반도 남쪽으로 이동해 정착하거나 왕래가 가능하였다. 즉, 식민지 시기와 같이 중국대륙과 한반도 남부 사이에 인구이동에 의한 열린 공간이 유지되었다. 따라서 중국인들이 중국대륙의 불안한 정치적 상황으로 한반도 남부, 특히 산둥반도 혹은 중국 북부와 가까운 해로로 연결된 인천으로 이동해 왔다. 1940년대 중·후반 인천화교의 인구는 급속히 증가하는 데, 이는 대륙으로부터 중국인의 유입에 크게 기여한 것으로 볼 수 있다. 인천화교 인구는 1945년 말에 1,451명, 1947년 7월에 2,500명 그리고 1949년 5월에 4,938명으로 빠르게 증가하였다.[36]

---

33) 진유광(秦裕光), 앞의 글, 1979. 11. 20.

34) 왕언메이 저, 송승석 옮김, 앞의 책, 162-163쪽.

35) 양필승·이정희, 앞의 책, 59쪽.

> 40년대 후반에서 50년대 초까지는 본토의 중국인이 집단으로 한국으로 이민해온 마지막 시기였다. 2차 대전 종전 후 중국에서 國共내란 격화되고 급기야는 49년 中共(중화인민공화국)천하가 돼버리자 어수선한 고향과 共產黨의 등쌀을 피해 한반도로 건너오는 사람들이 많았다.[37]

해방 후 미군정 하에서 일시적으로 지속되면서 화교의 무역에 기여한 동아시아 공간은 1948년 한국 정부의 수립, 1949년 중국 국가의 건립으로 인해 폐쇄되었다. "1948년 8월 대한민국 수립 후, 무역 정책의 방향은 미군정기의 대중화권 무역에서 일본 무역으로 전환되었다."[38]

중국의 영토에 거주하는 중국인은 더 이상 한국으로 이주해 오거나 왕래할 수 없게 되었고, 화교는 한국의 국가공간에 소속되어 삶을 영위하게 되었다. 이러한 시공간의 대전환 속에서 화교는 미소 냉전체제와 미국 중심의 자본주의 세계체제와 한국전쟁에 의해서 큰 영향을 받게 되었다.

제1차 세계대전(1914년~1919년)은 영국이 아닌 미국 중심의 세계질서를 수립하는 계기가 되었으며, 러시아 혁명(1917년)으로 세계경제는 자본주의와 사회주의로 양분하게 되었다.[39] 상이한 두 체제는 이념, 군사, 경제의 측면에서 갈등을 일으키기 시작하였으며, 제2차 세계대전(1941~1945년) 이후 미소 중심의 냉전체제로 발전하게 되었다. 종전(1945년) 이후 수립된 한국과 대만 정부는 미국의 원조를 받으면서 자연스럽게 자유주의적 자본주의 세계질서 속으로 편입하게 되었으며, 이는 화교에 영향을 미치게 되었다.[40] "냉전 속에서 이루어진 미국의 대외원조는 미국의 냉전전략의 주요

---

36) 이정희 · 송승석, 앞의 책, 238-239쪽.
37) 진유광(秦裕光), 앞의 글, 1979. 12. 8.
38) 양필승 · 이정희, 앞의 책, 70쪽.
39) 김수행 · 김기행, 『시장과 자본주의』, 한국방송통신대학교출판부, 2003, 152쪽.
40) 박규택(2016)은 (탈)냉전 체제와 화교의 반공교육과의 관계를 고찰하였다. 박규택,

한 수단 가운데 하나였다. 직접적인 군사원조는 말할 것도 없지만 경제원조 역시 '자유진영'에 속한 나라들의 존립에 지대한 영향을 미쳤다."[41]

한국전쟁(1950년~1953년)은 냉전과 반공 체제를 한국에 확고하게 뿌리를 내리는 계기가 되었으며, 화교의 사회 · 경제 활동, 해외 이주, 교육에 지대한 영향을 미치게 되었다. 특히 한국전쟁은 화교들로 하여금 자신들의 모국인 중국을 이념적으로 공존할 수 없는 적대적 국가로 만들었고, 한국정부는 화교를 대만 국적으로 분류시켜 외국인으로 취급하였다. 한국전쟁에 참여한 화교들의 처우를 보면, 화교는 한국과 대만 어느 국가에도 속하지 않는 이방인 혹은 유령 인간이었다.

> 한국화교의 한국전쟁 경험, 특히 그 참전경험은 외롭고 고독한 것이었다. 한국전쟁이 끝나고 한국정부와 장개석정부로부터 모두 버림을 받게 되었기 때문이다. 한국정부는 한국화교의 참전을 외면시하며 아무런 보상도 해주지 않았다. … 한국화교는 외국인이었기 때문에 군번과 계급이 부여되지 않았다. … 한국전쟁이 끝나자 전쟁에 참가한 한국화교는 한국정부와 국민당정부에게는 보이지 않은 정말로 유령이 된 셈이다. … 심지어 한국 사회조차 참전 화교에게 관심을 갖지 않고 유령 취급을 해왔다.[42]

19세기 개항과 일제 식민지하에서 생성 · 유지된 초국가(동아시아), 국가, 로컬이 중첩되어 역동적으로 작동한 시공간 체제는 자본주의에 토대한 한국과 대만 그리고 공산주의 이념에 토대한 중국의 국가 시공간 체제

「'Glonacal' 관점에서 본 한국 화교학교: 대구화교중학교의 사례」, 『한국도시지리학회지』 19-2, 2016, 107-109쪽.

41) 후지이 다케시, 「1950년대 대만의 '경제' 인식 변화와 미국원조 – 민생주의와 자유경제」, 『중국근현대사연구』 66, 2015, 57쪽.

42) 왕언메이, 「한반도 화교들의 한국전쟁」, 『역사비평』 91, 2010, 116-117쪽.

로 전환되었고, 화교는 이에 절대적으로 영향을 받게 되었다. 특히, 화교는 자신 혹은 부모의 고국인 중국을 공식적으로 재이주하거나 방문할 수 없게 되었으며, 자신들의 의지와는 무관하게 대만의 국적을 갖게 되었다. 또한 19세기 후반 이후 한반도에 뿌리를 내리고 살아온 화교는 한국 국민이 아닌 외국인으로 분류되었고, 이로 인해 다양한 유형의 억압과 차별을 받게 되었다. 왕언메이(王恩美)(2017년)는 '경계인' 으로서 화교를 고찰하였다. "동아시아의 '부계혈통주의' 의 '국적법' 으로 인해 중화민국과 중화인민공화국은 해외로 이주한 '국민' 에게도 국적을 부여하게 되었고, 일본과 한국에서도 '부계혈통주의' 의 '국적법' 으로 인해 화교들은 외국인이 되었다. 그리고 전후 동아시아 냉전구조의 형성과 더불어 홈랜드(출신지) · 조국 · 국적 · 혈통이 일치하지 않는 상황이 발생한다."[43] '한국' 이라는 국가 시공간 속에서 소수자 · 주변인 · 이방인이 된 화교는 '나는 혹은 우리는 누구인가?' 라는 정체성 질문을 자신에게 하거나 한국인으로부터 강요받게 되었다. 이러한 물음에 대한 답은 화교를 중국인도 아니고 한국인도 아닌 '화교' 라는 경계 혹은 사이의 시공간에 위치시켰다. 화교와 관련된 다양한 형태의 억압과 차별, 정체성 혼란 등은 국가의 공고화 시기(1950년대 중반~1980년대 중 · 후반)에 심화되었다.

5. 냉전체제와 국가 시공간 공고화(1950년대 중반~1980년대 말)

한국전쟁이 끝난 1950년대 중반 이후 세계와 동북아는 냉전체제와 이에 바탕을 둔 적대적 국가체제가 수립되었다. 즉, 미국 중심의 자유주의적

43) 총서 제1부 왕언메이(王恩美)의 논문 42쪽 일부분을 인용하였다.

자본주의 체제와 소련 중심의 공산주의 집단체제에 기반을 둔 국가, 한국, 대만, 중국이 국가체제로 전환하면서 자국의 영토 내에 속한 국민은 배타적(절대적)으로 지배하게 되었다. 동아시아를 기반으로 이동, 교류, 거주를 한 화교의 식민지 시공간은 '영토'로 명확하게 구분된 국가 시공간으로 재편되었고, 이는 화교의 삶에 많은 부정적 영향을 미쳤다. 첫째, 화교는 자신 혹은 선조들의 모국이자 고향인 중국을 더 이상 자유롭게 왕래하거나 재이주할 수 없게 되었다. 둘째, 화교는 한국의 '단일민족' 국가 체제에 절대적인 영향을 받게 되었다. 특히, 법률적 지위, 정체성, 사회·경제·정치적 조직과 활동, 재산 소유와 처분, 교육의 측면에서 화교는 한국정부 혹은 한국인으로부터 많은 억압과 차별을 받았다. 셋째, 화교는 자신들의 의지와 상관없이 대만의 국적을 갖게 되었고, 이로 인해 한국에서 소수자 혹은 주변인으로 취급받는 외국인으로 살아야만 되었다. 1948년 12월에 제정된 한국의 국적법은 속지주의가 아닌 속인주의에 근거하고 있다. 이에 따라 화교는 한국인이 되려면 까다로운 귀화 조건을 충족시켜야 했다. 그러나 대부분의 화교는 대만 국적을 포기하기 않고 외국인으로 살았다.[44] "화교가 한국의 국민이 되는 길은 한국의 법률에서 엄격히 제한하고 있다는 점이다. 즉, 〈국적법〉에 따라 출생에 의해 한국 국민이 되는 길은 막혀 있었던 것이다, 따라서 화교가 한국 국민이 되는 데에는 귀화의 방법밖에 없었다."[45]

화교인구는 해방 이후부터 1970년대 초반까지 지속적으로 증가한 뒤 감소하였다.[46] 1948년 17,443명이었던 화교인구는 한국전쟁이 끝난 1954년에 22,090명, 1960년에 24,723명, 1965년에 28,927명 그리고 1970년에

44) 양필승 · 이정희, 앞의 책, 88쪽.
45) 왕언메이 저, 송승석 옮김, 앞의 책, 267쪽.
46) 양필승 · 이정희, 앞의 책, 90-91쪽.

31,918명으로 증가하였다. 화교인구는 1972년에 32,989명으로 가장 많았고, 이후 1975년에 32,434명, 1980년에 29,623명, 1985년에 25,008명 그리고 1990년에 22,842명으로 지속적으로 감소하였다. 1970년대 초반까지 화교인구의 증가는 해방과 한국전쟁 시기를 제외하고는 화교인 간 혹은 화교와 한국인 간의 결혼과 출산에 의한 자연증가에 기인하는 것으로 볼 수 있다. 그리고 1970년대 이후 화교인구의 감소는 많은 화교가 해외로 이주하게 됨에 따라 나타나는 현상이다. "국내 화교들이 가장 많이 간 곳은 미국과 대만이다, 정치 · 경제적으로 안정된 미국은 한국을 떠나는 화교에게는 기회의 땅이었다. 특히 최대 한국 이민 밀집지인 로스앤젤레스는 한국 화교의 최대밀집 지역이기도 하다."[47] 1970년대 국내외 환경의 변화에 따라 이루어진 화교의 해외이주는 2000년대 이후 화교의 초국가적 관계망을 형성시키는 기반이 되었다.

한국의 국가체제에 속하게 된 화교는 사회 · 경제적으로 차별과 억압을 받았고, 정치적으로 배제되었다. 화교는 무역, 토지소유와 처분, 생산활동, 출입국의 다양한 분야에서 제한 혹은 차별을 받았다. 예를 들면, "1961년 9월 제정된 토지법은 화교를 포함한 외국인의 토지 소유가 금지되어 화교들은 몇 대째 살아온 집과 토지를 팔지 않으면 안 되었다. … 1970년대부터 1990년대까지 한국에서 부의 주요한 축적 수단은 부동산 투자였지만, 화교는 부동산 소유가 제한되었으므로 그 길이 차단되어 있었던 것이다."[48] 한국 정부와 사회는 화교를 억압, 차별, 배제시킴에 따라 1970년대 이후 대만, 미국으로 이민이 지속적으로 이루어졌다.

70년대 한국 정부가 자꾸 정책을 압박해서 다른 외국으로 빠져나갔죠. 그 당

47) 위의 책, 90쪽.

48) 위의 책, 89쪽.

시 박정희 정권 시절, 한국이 발전을 하려고 하는데 화상(華商)들이 걸림돌이라 여긴 거지. 그 당시에 중국 여자와 결혼 많이 했지만 한국 부인을 얻은 사람도 있어요. 그리고 한국 부인 얻은 사람들은 한국 부인 명의로 대신 일을 보고 했죠. 그랬기 때문에 그렇지 못한 사람들은 여기(한국) 오래 살 것이 아니라고 생각해 가지고 서서히 떠났죠. 60년대 말부터 시작해서요. … 한국 화교들이 미국으로 많이 가서 정착해서 사업하고 중국 음식점 하고요. 그러니까 사람이 필요한 거라. 여기 있는 화교들이요. 그래서 여기 있는 화교들을 초청해서 가면 옛날에는 중국에서 한국 올 때 혼자 왔지만 한국에 있으면서 가족도 생기고 했을 거 아니에요. 그래서 미국으로 갈 때는 혼자 안 가고 가족들 다 모아서 5~6명, 막 7명씩 갔어요. 그래서 그게 10년 사이에 부산 화교 사회가 많이 변하게 됐죠.[49)]

국가 시공간 속에서 화교사회를 통합하고, 대만정부와 소통을 매개한 단체가 화교협회이다. 화교협회는 일제 식민지 지배하에서 화교회관과 중화상회 전통을 그리고 해방 이후 1960년대 초반까지 화교자치구 전통을 계승한 조직이다. "2차 세계대전에 중화민국이 항일전쟁에 승리하여 한국도 광복하였다. 한국에 거주하는 화교의 조직이 획기적인 변화를 가졌다; 과거의 지방성의 회관들이 해체하는 대신 한국 전역에 통일되는 자치조직이 탄생했다."[50)] 다음은 한국전쟁 직후 전국각지의 화교들이 피난을 온 부산에서 화교자치구 활동을 나타내고 있다.

6·25사변이 터진 후에는 화교 분들이 부산으로 피난을 많이 오셨죠. … 그

49) 김태만, 『내안의 타자(他者), 부산차이니스 디아스포라』, 부산발전연구원, 2009, 233-234쪽.

50) 한성화교협회, 한국한성화교협회연혁.

때 당시 우리 화교들은 차치구입니다. 화교 자치구라고 하지요. 자치구에서 관리를 했답니다. 중화민국 국유지니까. 자치국 관리를 하고, 그 당시는 집 없는 화교 분들 많습니다. 그 당시 화교협회 자료를 보면 집 없고, 경제적인 능력이 없고, 그리고 고아. 그런 분들한테 자격, 자리를 주면서 집 한 칸씩을 줬어요. 말이 집이지 한 가구에 2평짜리입니다.[51)]

"60년대에 들어서는 화교사회의 기본조직도 재정리됐다. 47년 총영사관에 의해 설정됐던 전국 48개 지역의 화교자치구가 한국화교협회총회의 창설에 따라 화교협회로 명칭을 바꾸게 된 것이다. 이후 지역별로 협회가 발족 혹은 폐합돼 현재 전국에 52개 화교협회가 조직돼 있다."[52)] 화교협회의 일상 업무는 화교의 호적등본관리 및 각종 증명서 발급, 화교 간의 그리고 한국인과의 관계 속에서 발생하는 갈등을 조정하고 한국의 유관기관과 교섭하는 일이다. 일제 식민지 시공간 속에서 화교들은 특정 장소에 집단적으로 거주하게 됨에 따라 '차이나타운'이 건설되었다. "화교들은 외국에서 다년간 거주한 사람들이지만, 모든 풍습은 약간의 변형은 있어도 대체로 고향과 동일하며 중국 고유의 문화를 망각한 적이 없다. 이는 중국인들의 특성의 하나이다. 만약 한국인이 모처에 거주한다면, 머지않아 그의 가족과 친척들도 그곳으로 옮겨가게 될 것이다. 또 시간이 좀 더 지난 후에는 중국인의 단체 생활권이 형성될 것이다. 외국인들이 말하는 차이나타운이 그러한 것이고, 한국화교도 예외는 아니다."[53)] 서울, 인천, 부산, 대구의 대도시에 차이나타운이 건설되었지만 1950년대 중반 이후 한국 정

---

51) 김태만, 앞의 책, 156쪽.

52) 진유광(秦裕光), 앞의 글, 1979. 12. 13.

53) 秦裕光, 『旅韓六十年見聞錄 - 韓國華僑史話』, 이용재 옮김, 『중국인 디아스포라 - 한국 화교 이야기』, KSI한국학술정보(주), 2012, 213쪽.

부의 억압적 혹은 배타적 정책과 이에 따른 화교 사회와 경제의 제약 혹은 위축으로 차이나타운은 쇠퇴 혹은 소멸하게 되었다. 다음은 일제 식민지 시기로부터 1980년대까지 차이나타운이 어떻게 변화해 왔는가를 보여주고 있다.

> 인천시 華僑街는 개항 이후 일제 전기, 즉 1920년대까지 성행하는 면모를 보이다가 일제 후기, 즉 1930년대부터 쇠퇴단계로 접어들었다. … 8 · 15 광복(1945) 이후 인천시 중화가는 잠시나마 소생하는 경향을 보였지만, 한국전쟁(1950)을 계기로 한중 수교(1992)까지 다시금 쇠락하는 운명에 처하였다. 善隣洞은 1960년대부터 화교 중 하류층과 한국인 영세민이 혼거하는 거주지로 변질되디기, 1980년대에는 토지를 매입하는 한국인의 급증으로 인해 화교가는 명맥조차 유지하기 어려운 단계에 진입하였다.[54]

> 화교들이 집단적으로 거주하고, 사회 · 경제활동이 집중적으로 이루어졌던 차이나타운이 1960년 "도시개발의 과정에서 화교가 차이나타운을 지킬 수 없었던 것은 정부와 대기업이라는 거대 세력에 저항할 수 없었기 때문이다. 또한 〈외국인토지법〉에 의한 토지제한도 그 이유 중의 하나였다."[55]

6. 다층적 시공간으로 전환(1990년대 이후)

1980년대 이후 영국과 미국의 대처와 레이건 정부를 중심으로 시작된 신자유주의, 자본의 세계화, 정보통신기술의 급속한 발전은 서구 자본주

54) 류제헌, 「仁川市 華僑街의 盛衰過程: 1884~1992」, 『문화역사지리』 18-1, 2006, 11쪽.
55) 진유관 저, 이용재 옮김, 앞의 책, 309쪽.

의 국가의 사회 · 경제 · 정치 체제를 위기에 빠뜨린 뒤 변화를 모색하게 하였다. 이러한 변화는 미국 중심의 자본주의 세계체제에 속한 한국에도 영향을 미쳤다. 1990년대 이후 한국정부도 지구화와 신자유주의를 적극적으로 수용하면서 저임금과 단순기술에 의존한 제조업의 해외이전, 외국인 노동자와 결혼이주자의 유입 등의 현상이 나타나기 시작하였다.

지구적 그리고 국가적 규모에서 진행된 다양한 변화들은 한국화교에도 큰 영향을 미치게 되었다. 1949년 중국 국가의 수립 이후 단절된 한국과 중국의 국교가 1992년에 수립되었고, 이는 화교 2세대 혹은 3 · 4세대가 선조들의 모국인 중국을 자유롭게 방문하거나 재이주를 가능하게 하였다. 이들 화교는 냉전체제 하에서의 반공 교육을 받았고, 자본주의 그리고 중앙집권적 국가주의를 지향하는 한국의 다양한 로컬, 특히 서울, 인천, 부산, 대구 등의 대도시에서 출생 · 성장하였고, 한국 국적을 취득한 경우도 있지만, 대부분은 대만 국적을 여전히 유지하고 있다. 그리고 한중수교 이후 많은 중국인이 노동, 결혼, 유학, 방문, 관광의 이유로 일시적으로 혹은 장기적으로 한국에 체류하거나 거주하게 되었다. 이들은 '신화교'라 명명하고 있으며, 기존의 한국화교와 구분되고 있다. "일반적으로 개혁개방 이후 해외 거주 중국인을 신화교라고 지칭하지만, 한국사회에서 신화교는 1992년 한중수교 이후 장기 거주권 혹은 영주권을 취득한 중국인을 의미한다."[56] 1949년 10월 중국대륙에 중화인민공화국이 수립된 이후부터 한중수교가 이루어지기 전까지 중국인은 한국을 방문하거나 거주할 수 없었다. 따라서 한중수교를 전후로 (구)화교와 신화교로 나누어지고 있다.[57]

1990년대 이후 한국화교는 국가의 시공간을 가로지르거나 초월한 중첩

56) 이은상 · 정진선, 「중국 중산계층의 성장과 新華僑의 제주도 유입」, 『역사와 세계』 49, 2016, 65쪽.

57) 이창호, 「신화교의 국내 이주와 정체성의 정치」, 『민족연구』 58, 2014, 14쪽.

된 시공간에 위치하게 됨에 따라 이동, 교류, 거주지, 사회 · 경제적 관계망에 있어 다양한 가능성을 갖게 되었다. 자본의 투자, 사회 · 경제적 조직, 지식과 정보 교류의 관점에서 볼 때, 소수의 한국화교는 국가영토를 넘어 초국가적 시공간에서 능동적으로 활동할 수 있게 되었다. 예를 들면, 한국화교에 의한 제8차 세계화상대회(WCEC: World Chinese Entrepreneurs Convention)의 서울 유치이다. 1991년 싱가포르 리콴유 수상을 주축으로 발족된 WCEC는 "전 세계에 흩어져있는 화상들에게 현지 화인 · 화교사회를 알리고, 여타 화인 · 화교사회 또는 본국과의 경제협력의 가능성을 찾아보는 정보교류 및 비즈니스 기회 확대의 장으로 활용하고 있었다."[58) 화교의 초국가화에 큰 영향을 미친 요인은 한중수교와 IMF 경제위기이다. 1992년에 이루어진 한중수교는 화교가 1949년 중화인민공화국 수립 이후 단절된 중국을 자유롭게 방문하거나 재이주를 가능하게 하였고, 이는 중국, 대만, 한국, 일본을 연결하는 동아시아의 사회 · 경제 공간이 수립을 가능하게 하였다. 즉, 화교는 자신들이 거주하는 로컬, 국가, 초국가의 중층적 시공간에서 이동, 교류, 거주, 관계망 등을 능동적으로 실천할 수 있게 되었다.

전형권(2005)은 초국가적 관점에서 화교와 네트워크를 논의하면서 다층성과 역동성을 강조하였다. 즉, 지구화 차원에서 화교의 네트워크는 수평적인 특성을 보이며, 이는 인터넷을 통한 의사소통에 의해 가능하게 되었다. 이러한 화교의 초국가적 네트워크는 특정 국가 혹은 로컬 내에서 이루어지는 수직적 관계 혹은 폐쇄적인 지연과 혈연 조직과 연관되어 있다.[59) 안병일(2015)은 미국, 특히 미시간의 한국화교를 고찰하면서 (초)국가 혹

58) 정영록 · 이장규, 「한국 화교 사회의 위상변화」, 『신아세아』 15-2, 2008, 136쪽.

59) 전형권, 『초국가주의 관점에서 본 화교 디아스포라와 네트워크』, 「대한정치학회보」 13-2, 2005, 26-28쪽.

은 지구화 차원의 보편적 네트워크가 아닌 한국과 대만에 기반을 둔 혈연, 학연, 지연에 의한 연쇄이동과 관계망의 중요성을 강조하였다. 박규택(2016)은 글로네이컬(glonacal) 관점에서 대구화교중·고등학교의 중층성과 역동성을 분석하였다. 마진손과 로우데스(Marginson and Rhoades, 2002)이 처음으로 고안한 글로네이컬은 "지구화와 신자유주의 시대에 국가 경계를 초월 혹은 횡단하여 수행되고 있는 고등교육을 지구, 국가, 로컬의 스케일에서 실천되는 상이한 힘(요인)들의 중층적 상호작용으로 이해하는 것이다."[60] 1990년대 이후 빠르게 진행된 지구화, 신자유주의, 한국의 재구조화, 한중수교 속에서 화교는 새로운 시공간에 위치하면서 이동, 교류, 거주, 관계 등에 있어서 다양한 선택의 가능성을 갖게 되었다. 그러나 이러한 가능성은 이전에 수립된 시공간의 제약을 받는다.

7. 시공간 개념적 틀 정교화와 사례연구의 필요성

19세기 말 이후 한반도에 정착한 화교는 20세기의 한국 사회와 역사의 변화를 체험하면서 험난한 삶을 살아왔다. 이들은 식민지 체제하에서는 일본과 조선으로부터 이중의 지배를 받는 이민자 혹은 이방인으로 취급받았고, 한국의 국가체제하에서는 억압과 차별받는 외국인으로 살아 왔다. 그리고 1990년대 이후에 일어난 한중수교, 한국의 재구조화, 세계화, 신자유주의 등으로 인한 변화하는 환경 속에서 화교는 새로운 가능성을 모색하고 있다. 이와 같이 한 세기 이상의 전통을 지닌 화교에 관한 기존의 연구들은 다양한 주제들, 사회, 경제, 정치, 문화, 경관, 차이나타운 등을 이

60) 박규택, 앞의 논문, 2016, 117쪽.

론, 경험, 실천의 측면으로 고찰하여 왔다. 본 연구는 이들 연구와 관련하여 하나의 문제를 제기한다. 즉, 화교 연구의 여러 주제들이 인식 혹은 언어의 차원에만 머무르지 않고 실천과 연관되었을 때 시공간의 문제가 제기된다. 본 연구의 질문은 '기존의 화교 연구들은 주제와 시공간의 관계를 어떻게 이해했는가?' 이며, 이를 체계적으로 이해하기 위한 개념적 틀을 제시한다.

기존의 화교 연구들에서 시간과 공간은 다양한 주제들을 구분(구획) 짓는 분석 도구로 취급하였다. 특히 공간은 화교와 관련된 주제들, 사회・경제・정치・문화 등이 전개되는 용기 혹은 배경으로 인식함에 따라 변화하지 않는 고정된 실체로 또는 주제들에 영향을 미치지 않는 수동적 특성을 지닌 것으로 이해되었나. 이러한 공간의 인식은 근대 사상에 토대를 둔 본질론, 선험론, 이원론에 근거하고 있다. 본 연구는 근대적 공간 이해의 틀을 비판하고, 이에 대한 대안으로 상이한 요인(힘)들의 상호 관계적 활동에 의해 생성되고 변화하는 탈근대적 시공간을 제시하고, 이를 토대로 20세기 화교 사회와 역사를 개괄적으로 분석하였다. 특히 탈근대적 시공간의 개념적 틀에서 과거에 생성・유지된 시공간은 현재의 시공간의 형성 과정에 단지 용기(무대) 혹은 수동적 환경이 아닌 직・간접적으로 영향을 미치는 요인으로 작동한다.

제시된 탈근대적 시공간의 개념적 틀, 즉 로컬, 국가, 초국가의 시공간이 중첩되고 역동적으로 작동하는 관점으로 20세기 화교의 사회, 경제, 정치 등이 고찰되었다. 시론적으로 분석한 연구 결과는 다음과 같이 요약될 수 있다. 첫째, 19세기 후반 이후 일제 식민지로부터의 해방 때까지 많은 중국인의 조선으로 이동과 이주는 동아시아의 열린 시공간을 그리고 화교들이 한반도의 특정 로컬들, 인천, 부산, 평양, 원산 등에 뿌리를 내린 로컬 시공간을 형성시키고 유지하였다. 이들 시공간은 분리되어 독립적으로 존재하지 않고 상호 중첩되어 상호 영향을 주고받으면서 역동적으로 작동하였다. 둘째, 제2차 세계대전의 종전으로 한반도가 일제 식민지 지배로부터 해방된 시점으로부터 한국전쟁이 끝나는 1950년대 초반까지 이전의 시공간이 미군정하에서 일시적으로 지속되었다. 그러나 이들 시공간은 한국, 중국, 대만 정부의 수립과 한국전쟁으로 인해 단절되었고, 새롭게 형성되기 시작한 국가의 시공간은 화교 사회와 경제 그리고 일상적 삶에 절대적인 영향을 미치기 시작하였다. 셋째, 1940년대 후반 냉전과 반공 체제하에서 수립되어 1980년대 후반까지 지속된 국가(한국) 중심의 시공간은 화교의 지위, 사회 · 경제 활동, 정체성, 재이주에 절대적 영향을 미쳤다. 화교는 자신들의 의사(意思)와는 무관하게 한국이 아닌 대만의 국적을 보유하게 되었고, 이로 인해 한국에서 외국인, 주변인으로 취급되었다. 그리고 국민, 주권, 영토의 절대적 지배에 토대한 국가(한국)의 다양한 사회 · 경제 혹은 부동산 관련 규제 혹은 차별 정책들은 화교의 경제와 일상적 삶을 위축시키고, 고통을 주었다. 국가 시공간에 토대를 둔 정부의 규제와 차별 정책은 1970년대 이후 많은 화교들이 대만, 미국 등 해외로 이주하는 중요한 요인으로 작동하였다. 1950년대 이후 화교들은 한국의 국가 시공간에 완전히 포섭되지 않고, 중국이 아닌 대만과 국교 수립으로 인해 형성된 국가 간 관계 공간 속에서 사회 · 경제적 활동을 하였다. 한국과 대만 간에 수립된 관계공간의 유지 혹은 발전은 화교협회, 화교학교를 매개로 이루어졌다. 넷째, 1990년대 이후 한중국교 수립(1992년), 세계화 전략과 신자유주의 정책, 다문화사회화, 정보 · 통신기술의 발달은 이전과 다른 시공간, 즉 세계, (초)국가, 로컬의 스케일이 중첩되어 작동하는 시공간을 형성하였으며, 이는 화교의 조직과 활동에 그 어느 때보다 많은 영향을 미치고 있다. 한중국교 수립은 1949년 이해 단절된 중국과 한국의 관계를 정상화함에 따라 화교가 중국으로 재이주하거나 자유롭게 왕래할 수 있게 되고, 노동과 결혼 등에 의한 신화교의 급속한 증가로 인해 형식적으로 식민지 시기의 동아시아 시공간이 복원되었다고 볼 수 있다. 그리고 1970년대 이후 화교의 대만, 미국 등의 해외로 이주, IMF 위기 극복을 위한 화교 자본의 유치, 인터넷을 매개한 가상공간에서의 화교 조직과 활동 등은 식민지와 국가 중심의 시기에 볼 수 없었던 새로운 세계 혹은 초국가 시공간이 생성되어 발전하고 있다. (구)화교인구의 정체(停滯)와 신화교의 급속한 증가에 따라 국가 중심의 시기와 다른 특성의 로컬 시공간이 형성되고 있다. 그리고 '구화교'와 '신화교' 간에 상당한 차이가 존재하기 때문에 미래 어떠한 형태로 변할 것인지는 예측하기 어렵다. 또한 이것은 한국·중국·대만의 정치와 정부 정책에 의해서도 상당한 영향을 받을 것이다.

1990년대 이후 한국 사회는 다인종(민족)으로 구성된 다문화사회로 빠르게 진전되어 가고 있고, 중국은 동북아시아와 세계에서 경제적·정치적 영향력이 빠르게 증대되고 있다. 그리고 한 세기 이상의 역사를 지닌 화교의 다양한 활동과 조직은 구체적이고 경험적인 시공간 속에서 실천되었다. 따라서 본 연구가 제시한 시공간의 개념적 틀은 화교사회를 넓고 깊게 이해하고 미래 한국에서의 다문화사회를 전망하는 데 도움이 될 것이다.

참고문헌

김태만, 『내안의 타자(他者), 부산차이니스 디아스포라』, 부산발전연구원, 2009.

왕문영 외 다수, 『한국화교의 생활과 정체성』, 국사편찬위원회, 2007.

손덕준 구술/송승석 채록, 『인주골 중국동네 사람들: 인천화교 손덕준의 가족이야기』, 한국학술정보(주), 2012.

진유광(秦裕光), 「화교」, 중앙일보·동양방송, 1979.9.17.~12.17.

양필승 · 이정희, 『차이나타운 없는 나라: 한국 화교 경제의 어제와 오늘』, 삼성경제연구소, 2004.

김수행 · 김기행, 『시장과 자본주의』, 한국방송통신대학교출판부, 2003.

왕언메이/송승석 역, 『동아시아 현대사 속의 한국화교 – 냉전체제와 조국 의식』, 학고방, 2013.

이정희 · 송승석, 『근대 인천화교의 사회와 경제: 인천화교협회소장자료를 중심으로』, 학고방, 2015.

조세현, 『부산화교의 역사』, 산지니, 2013.

청메이바오(程美寶)/정진선 · 최형섭 옮김, 『지역문화와 국가의식: 근대 '광동문화' 관의 형성』, 심산, 2014.

필립 A. 퀸/이영옥 옮김, 『타이들 사이의 중국인: 근대 중국인의 동남아 이민』, 심산, 2014.

강진아, 「근대 동아시아의 초국적 자본의 성장과 한계 – 재한화교기업 同順泰(1874?~1937)의 사례」, 『복현사림』, 27, 2004.

강진아, 「이주와 유통으로 본 근현대 동아시아 경제사」, 『역사비평』, 79, 2007.

강진아, 「廣東네트워크(Canton-Networks)와 朝鮮華商 同順泰」, 『사학연구』, 88, 2007.

강진아, 「조선총독부의 화교 노동자 입국 관리와 중국 언론」, 『중국근현대사연구』, 39, 2013.

김승욱, 「20세기 초(1910~1931) 인천화교의 이주 네크워크와 사회적 공간」, 『중국근현대사연구』, 47, 2010.

김승욱, 「20세기 전반 한반도에서 일제의 노동시장 관리 – 중국인 노동자를 중심으로」, 『중국사연구』, 85, 2013.

김경국 · 최승현 · 이강복 · 최지현, 「한국의 화교연구 배경 및 동향 분석」, 『중국현대문학』, 55, 2010.

박규택, 「'Glonacal' 관점에서 본 한국 화교학교: 대구화교중학교의 사례」, 『한국도시지리학회지』, 19(2), 2016.

송승석, 「'한국화교' 연구의 현황과 미래 – 동아시아 구역 내 '한국화교' 연구를 중심으로」, 『중국현대문학』, 55, 2010.

이시카와 료타, 「조선 개항 후 중국인 상인의 무역활동고 네트워크」, 『역사문제 연구』, 20, 2008.

이은상, 「중일전쟁(中日戰爭)이전 시기(1912~1936) 조선의 원산화교(元山華僑)」, 『인문과학』, 60, 2016.

이은상 · 정진선, 「중국 중산계층의 성장과 新華僑의 제주도 유입」, 『역사와 세계』, 49, 2016.

이정희, 「해방초기 인천화교의 경제활동에 관한 연구」, 『인천학연구』, 9, 2008.

이창호, 「신화교의 국내 이주와 정체성의 정치」, 『민족연구』, 58, 2014.
왕언메이, 「한반도 화교들의 한국전쟁」, 『역사비평』, 91, 2010.
왕언메이(王恩美)/송승석(宋承錫), 『동아시아 현대사 속의 한국화교 - 냉전체제와 조국 의식』, 학고방, 2013.
정영록 · 이장규, 「한국 화교 사회의 위상변화」, 『신아세아』, 15(2), 2008.
전형권, 「초국가주의 관점에서 본 화교 디아스포라와 네트워크」, 『대한정치학회보』, 13(2), 2005.
후지이 다케시, 「1950년대 대만의 '경제' 인식 변화와 미국원조 - 민생주의와 자유경제」, 『중국근현대사연구』, 66, 2015.

제2부

로컬과 국가를 횡단하는 동아시아화교

제1장

식민지 조선의 신의주화교
– 지속과 변화* **

| 이은상 |

1. 조 · 중(朝中) 국경도시 신의주

최근 새로운 자료의 발굴 등에 힘입어 20세기 전반기 조선화교사 연구 영역이 지역적으로 확대되기는 했지만,[1] 조선 북부지역 화교사 연구는 구체적으로 진행되지 못했다. 그러나 북부지역 화교사는 조선화교사의 특징을 이해하는 데 중요하다. 무엇보다도, 1920년대 초부터 경기도를 제외하

* 이 글은 다음의 논문을 총서의 취지에 맞추어 수정, 보완한 것이다. 이은상, 「20세기 전반(1912~1936) 식민지 조선의 신의주화교」, 『중국근현대사연구』 70, 한국중국근현대사학회, 2016.

** 조선화교는 한글 독음으로, 조선에 파견된 영사관원, 중국 지명 등은 중국어 발음으로 표기하였다.

1) 인천대 중국학술원이 인천화교협회 소장 자료를 정리하여 인천화교사 연구영역을 확대한 것은 대표적 사례이다. 이정희 · 송승석, 『근대 인천화교의 사회와 경제 - 인천화교협회 소장 자료를 중심으로』, 학고방, 2015.

고 평안북도, 함경북도, 함경남도, 평안남도, 황해도 등 북부 5도에 거주하는 화교의 비중이 높았다. 도시로는 경성이 가장 많고 신의주, 인천, 평양, 청진, 원산, 진남포가 뒤를 이었다. 이러한 경향은 뒤로 갈수록 더욱 두드러져 1930년에는 북부지역 화교가 약 61%, 1935년에는 67%, 1942년에는 84%를 차지하였다. 이들은 주로 노동자, 농민이었다.[2)]

상인 중심의 일본화교와는 달리 조선화교는 1920년대부터 상인과 더불어 노동자, 농민의 혼합형 특징을 갖게 되었다. 20세기 전반기 조선화교는 1942년 82,661명으로 최고를 기록하는데, 일본화교의 경우 1930년 31,890명이 최고였다. 이는 화교노동자, 농민에 대한 일본정부와 조선총독부 정책의 상대적 차이, 1930년대 이후 조선 북부지역의 공업화로 대량의 중국인노동자 수요가 발생한 것과 밀접한 연관이 있다.[3)] 그러나 그동안 자료 접근의 한계, 이데올로기적 이유로 해방 이후 북한화교사 연구가 도외시되면서 20세기 전반기 북부지역 화교사 연구 역시 관심 밖으로 밀려나게 되었다. 이 글에서는 기존 화교사에서 다루지 않았던 식민지 조선의 신의주화교에 주목하여 논의를 전개할 것이다.

20세기 초 전쟁과 철도로 인해 출현한 도시 신의주는 원래 평안북도의 서북단 압록강 강변에 풀이 무성한 모래 들판으로 매년 범람이 잦은 곳이었다. 그러나 러일전쟁이 발발하면서 일본군 출동, 군수품 수송을 위해 경성을 연결하는 철도(경의철도) 부설이 긴급해지자, 일본이 1904년 6월 신의주에 임시철도감부출장소를 두면서, 상황이 달라졌다. 1905년에는 이곳에 신의주역과 우편국이 개설되고 종전 이후 신의주세관, 이사청이 설치

2) 朝鮮總督府, 『朝鮮總督府統計年報』, 朝鮮總督府, 各年; 小田內通敏, 『朝鮮に於ける支那人の經濟的勢力』, 東京: 東洋協會出版部, 1924, 42-43쪽.

3) 일본정부와 조선총독부의 중국인노동자 입국 문제에 관한 구체적인 내용은 총서 제1부 필자의 논문을 참고하라.

되었다.

신의주의 도시화를 촉구한 최대 요인은 목재였다. 일본은 압록강 변의 삼림 개발을 위해 신의주에 영림창(營林廠, 한일병합 이후 營林署)을 두었다. 이에 목재 산업이 발흥하면서 일본인뿐 아니라 중국인, 조선인이 증가하였다. 한일병합 이후 신의주는 사실상 개시장(開市場)으로 개방되었고, 1914년 부(府)로 승격되었으며, 1923년에는 의주에 있던 평안북도 도청이 이전하면서 '도청의 도시'가 되었다.[4]

국경도시로서 신의주가 주목을 받게 된 계기는 만주와 조선철도를 연결하는 압록강 철교의 조선 측 가설 지점을 신의주로 결정하면서부터이다. 신의주는 경의철도의 북쪽 종점이었다. 압록강 철교의 중국 측 가설 지점은 압록강을 사이에 두고 신의주의 맞은편에 있는 안둥(安東)이었다. 중국의 국경도시 안둥은 20세기 이전에는 압록강 유역에서 벌목되는 목재를 취급하는 조그만 읍(邑)에 불과하였지만, 개항과 철도 개설 이후 도시로 성장하였다. 그 중요한 계기 역시 러일전쟁이었다.

전쟁이 발생하자 일본군은 안둥에 이어 봉황성(鳳凰城)을 점령하여 두 지역을 잇는 임시 군용철로를 수축하였는데, 1905년에는 이를 펑톈(奉天)과 연결함으로써 안봉철도(安奉鐵道)를 완공하였다. 그러나 안봉철도는 군사용 철도였기 때문에 협궤로 이루어진 경편철도(輕便鐵道)였다. 이에 일본은 1909년에 베이징과 펑톈을 잇는 경봉철도(京奉鐵道)와 궤도를 통일하기 위해 안봉 경편철도를 광궤철도(廣軌鐵道)로 개축하는 사업을 시작하였고, 동시에 만주와 조선철도를 연결하기 위해 압록강 철교를 가설하였다.

4) 손정목, 『한국 개항기 도시 변화과정 연구』, 일지사, 1982, 392-396쪽; 西浦半助, 『新義州案內』, 新義州: 國境文化協會, 1930, 5-6쪽; 新義州商工會議所, 『新義州商工案內』, 新義州: 新義州商工會議所, 1938, 1-4쪽; 新義州商工會議所, 『新義州商工要覽』, 新義州: 新義州商工會議所, 1942, 13-15쪽.

1911년 압록강 철교가 완성되면서 조선의 경의철도와 중국의 안봉철도가 연결되었다.[5)]

압록강 철교의 가설은 신의주의 경제적 지위를 비약적으로 발전시키는 데 큰 영향을 미쳤다. 우선, 일본은 중국과 1913년 5월부터 조선국경을 통과하는 철도 화물의 관세를 낮추는 협약을 이끌어냈다. 그 내용은 조선으로부터 혹은 조선을 통과하여 만주로 가거나, 만주로부터 조선(신의주)으로 향하는 철도 화물에 대해 해관세(海關稅)의 1/3 감세 혜택을 부여하는 것이었다.

다음으로, 일본은 새로운 유통망을 활성화하고 자국 상품의 수출을 장려하기 위해 일본철도, 조선철도, 안봉철도를 경유하는 삼선연락(三線連絡) 화물 중 면사(綿紗), 면포(綿布), 기타 면제품 등 12개 품목에 대해 약 30%의 특별 운임 할인 방침을 정하고, 1914년 1월 실행에 옮겼다. 이상의 조치는 기존 해운(海運)을 통한 물류 유통(오사카－다롄(大連)－펑톈 루트)에서 육운(陸運)을 통한 경부선, 경의선, 안봉선 루트로 물류 유통을 일정 부분 나누는 의미가 있다.[6)] 그 중심에 육로 교통로의 핵심 거점 신의주와 안둥이 자리하였다.[7)]

육로와 달리 신의주항은 하천항으로 항역 내에 도서(島嶼)·사주(砂洲)가 흩어져있어 수심이 고르지 않아 대형 기선의 출입이 곤란하였다. 만조를 이용해도 겨우 수백 톤의 기선만이 출입할 수 있었다. 이에 대형 기선은 신의주항 주변 삼도낭구(三道浪口), 용암포(龍岩浦) 혹은 신도(薪島), 다사

---

5) 圖書普及會 編, 『安東縣及新義州』, 京城: 圖書普及會, 1917, 25-27쪽.

6) 김지환, 「안봉철도 부설과 중국동북지역 신유통망의 형성」, 『중국사연구』 87, 중국사학회, 2013, 325-328쪽.

7) 20세기 전반기 안둥의 위상에 대해서는 다음의 논문을 참고하라. 이은자, 「중일전쟁 이전 시기 중국의 국경도시 安東의 이주민 - 교류와 갈등의 이중주」, 『중국근현대사연구』 62, 한국중국근현대사학회, 2014, 98-101쪽.

도(多獅島) 등지에 정박하고 정크선이나 작은 기선으로 신의주항과 연결하였다.[8)]

신의주는 강변의 모래 들판에 건설된 도시로 서북부는 압록강에 임하고 동남부는 광활한 용천평야를 끼고 있다. 면적은 초기에는 82만 평에 불과했지만, 1928년 대방수제 축조 결과 새롭게 제방 안으로 들어온 지역과 함께 접속지역이 신의주부로 편입되었다. 이에 1929년 4월부터 행정구역의 변경으로 신의주부의 면적이 종전보다 약 2.5배 늘어났다.

시가는 원래 빈정(濱町), 대화정(大和町), 본정(本町), 욱정(旭町), 상반정(常盤町), 앵정(櫻町), 영정(榮町), 진사정(眞砂町), 노송정(老松町), 운정정(雲井町), 매지정(梅枝町), 약죽정(若竹町), 초음정(初音町), 하정(霞町), 녹정(綠町), 압천정(鴨川町) 등 16정이있으나 1929년 4월 이후 행정구역이 확대되면서 미륵동(彌勒洞), 마전동(麻田洞), 민포동(敏浦洞) 등 3동이 늘어나 16정 3동으로 구획되었다. 이 중 본정, 상반정, 노송정 방면이 상점가의 중심으로 경기가 활발하고 풍요로운 지역이었고, 진사정은 조선가의 중심지였다. 후술하겠지만 진사정, 상반정 등지에는 화교 상점도 집중되어 있었다. 미륵동, 마전동, 민포동은 편입 당시에는 미륵동의 일부를 제외하고 인가(人家)가 흩어져있는 촌락 혹은 들판뿐이었다.[9)] 새로 편입된 이곳에 도시 빈민이 다수 거주하면서 설탕 밀수 등으로 생계를 영위하였다.[10)]

신의주의 발달과정은 인구 추세에도 반영되었다. 신의주 인구는 1936

---

8) 신의주항을 대체하는 다사도항 개발 계획이 1920년대 후반부터 제기된 것은 이 때문이다. 西浦半助, 『新義州案內』, 47-49쪽; 新義州商工會議所, 『新義州商工案內』, 新義州: 新義州商工會議所, 1940, 6-7쪽.

9) 圖書普及會 編, 『安東縣及新義州』, 84쪽; 新義州商工會議所, 『新義州商工案內』, 1938, 7-8쪽.

10) 이은희, 「일제하 조선 · 만주의 제당업 정책과 설탕 유통」, 『동방학지』 153, 연세대 국학연구원, 2011, 364쪽.

년 말 50,912명으로 1913년과 비교하면 45,364명이 늘어나 24년간 9배 이상 팽창하였다. 신의주의 인구는 1912~1913년에는 기복이 있지만 1914년 신의주가 부로 승격한 이후 제1차 대전의 호황시대를 거치면서 매년 꾸준히 증가하여 1928년 26,342명에 달했다. 1929년 4월 행정구역이 확장되면서 비약적으로 증가하여 39,375명, 1930년에는 44,398명을 기록하였다. 1931년 배화폭동의 영향으로 중국인 인구가 줄어들면서 전체 인구 역시 감소하였고(42,369명), 1936년에는 조선총독부에서 밀수 단속을 강화하면서, 조선인 인구뿐 아니라 중국인 인구 역시 감소하여 전체 인구에 영향을 주었다.[11)]

〈표 1〉은 1930년 말 신의주부 거주자의 직업별 분류이다. 우선, 민족별로 일본인(전체 인구의 19.6%)은 공무자유업의 비중이 가장 높았고, 상업교통업, 기타 유업자, 공업이 뒤를 이었다. 중국인(18.5%)은 기타 유업자, 상업교통업, 공업, 농업의 순이었다. 조선인은 기타 유업자의 비중이 가장 높았고 상업교통업, 무업(無業), 공무자유업, 공업이 뒤를 이었다. 다음, 직업별로 상업교통업은 조선인과 중국인이 각각 24% 내외로 비슷한 규모이고, 공무자유업은 일본인(35.4%), 공업은 중국인(20.4%), 기타 유업자는 조선인(34.0%) 비중이 가장 높았다. 공업과 기타 유업자를 합하면 조선인은 약 42%, 중국인은 49%를 차지하였다.

여기서 식민지 조선을 지배하는 일본인 아래 조선인과 중국인이 상업, 공업(기타 유업자)에 종사하면서 경쟁하는 상황을 확인할 수 있다. 조선인과 중국인의 직업에서 공업, 기타 유업자를 포함하는 노동자 비율이 전체

11) 新義州商工會議所, 『新義州商工案內』, 1938, 10쪽. 1935년 신의주 인구는 54,310명이었으나 1936년에는 50,912명으로 줄어들었다. 중일전쟁 개시 후 소폭 증가하다가 1940년에는 60,458명, 1942년에는 127,706명으로 최대 인구를 기록하였다. 朝鮮總督府, 『朝鮮總督府統計年報』, 各年.

〈표 1〉 신의주부 거주자의 직업별 분류 (1930년 말)

민족별	일본인			조선인			중국인(외국인)			계	
분류	호수	인구	비율 (%)	호수	인구	비율 (%)	호수	인구	비율 (%)	호수	인구
농업/목축업	13	42	0.5	253	763	2.6	153	1,112	14.9	419	1,917
어업/제염업	10	35	0.4	47	75	0.3	2	25	0.3	59	135
공업	302	834	10.6	411	2,286	7.9	217	1,527	20.4	930	4,647
상업/교통업	624	2,377	30.1	1,745	7,083	24.4	557	1,776	23.7	2,926	11,236
공무/자유업	793	2,798	35.4	801	4,376	15.1	18(+1)	95(+1)	1.3	1,613	7,270
기타 有業者	182	1,235	15.6	2,074	9,871	34.0	602	2,156	28.8	2,858	13,262
無業	99	586	7.4	873	4,549	15.7	118	796	10.6	1,090	5,931
합계	2,023	7,907	100	6,204	29,003	100	1,667 (+1)	7,487 (+1)	100	9,895	44,398

* 출처: 張晟栻 編, 『新義州大觀』(京城: 文化堂, 1931), 18쪽.
* 비고: 원자료의 숫자 오기를 정정하여 재구성함/ 중국인은 1,667호 7,487명, 기타 외국인은 1호 1명.

의 거의 절반을 차지하고 있음은 공업도시로서 신의주의 위상을 보여주는 실례라고 할 수 있겠다. 그러나 조선인 공업인구의 비율(7.9%)이 중국인 공업인구의 비율(20.4%)에 비해 매우 낮고 기타 유업자의 비율은 높은 것으로 보아, 조선인노동자의 숙련도가 중국인보다 훨씬 떨어졌음을 짐작할 수 있다. 이러한 상황은 노동시장에서 조선인과 중국인 간의 경쟁과 갈등을 더욱 부추기는 결과를 초래했을 것이다.[12)]

신의주의 무역 개황을 살펴보면, 1906년 초 관세 사무를 개시하였을 당시 대외무역액은 수이출입(輸移出入) 합해 겨우 26만여 원에 불과하였지만,

12) 이은자 · 오미일, 「1920~1930년대 국경도시 신의주의 華工과 사회적 공간」, 『사총』 79, 고려대 역사연구소, 2013, 345-346쪽.

1911년 압록강 철교 가설, 안봉 광궤철도 개축(改築) 이후 신의주가 중국과의 무역항으로 중요한 위치를 차지하면서 비약적으로 발전하였다. 1915년 450만 원을 웃돌았고, 1929년에는 6,545만 원으로 급증하여 조선 전체 항구 중 제1위를 차지하였다. 무역총액의 증가세가 육로 국경관세 1/3 경감 혜택 등과 밀접한 연관이 있음은 말할 것도 없다. 대외무역의 상대국은 수출의 경우 거의 만주였고, 수입은 미국, 영국, 독일, 러시아의 생산품이 대부분으로 중국의 중계로 이루어졌다. 무역경로는 육접(陸接) 국경에 의한 육로 무역이 90% 이상을 점하고, 기타 수로 무역은 비중이 크지 않았다.[13)]

가파른 상승세를 보였던 신의주 무역은 난징국민정부(南京國民政府)가 1930년 9월부터 육로 국경관세 1/3 경감 혜택 규정을 철폐하고 1931년부터 관세 자주와 산업 보호정책을 실행하면서 변화가 발생하였다. 이러한 상황은 중국의 은가(銀價)가 폭락하면서 가속화되었지만, 만주사변의 발생, 만주국의 성립은 신의주 무역에 하나의 전기를 마련하였다.

우선, 만주사변 이후 압록강 상류 무역 곧, 국경무역이 급속히 발전하였다. 종래 압록강과 혼강(渾江)의 수운을 이용하여 동변도(東邊道) 일대의 특산물을 안둥에 수출하고, 다시 안둥에서 면사, 면포류, 사탕, 맥분 등 잡화를 사들여 동변도 각지에 판매하는 형태로 진행되었던 압록강 상류 무역은 만주사변 이후 변화를 가져왔다. 기존의 루트가 비적 등에 의한 피해로 이용할 수 없어지자 만주상인은 압록강 맞은편 신의주 무역에 주목하였고, 신의주에서도 만주국인의 취미, 기호에 적당한 상품을 취급하는 상점이 개설되면서 국경무역이 진전되었다. 압록강 상류 무역의 발전은 종래의 안둥 상권을 탈피하여 압록강 유역 일대 및 압록강 맞은편 각지의 무역도 신의주 상권으로 수렴되었음을 의미한다.[14)]

13) 西浦半助, 『新義州案內』, 60쪽. 1929년 신의주부 수이출액 총액은 자료에 따라 약간 차이를 보이는데 이 글에서는 『新義州商工案內』(1938) 통계에 의거하였다.

〈표 2〉 신의주부 수이출입 무역 추세 (1929~1936)

연차	輸移出額	輸移入額	합계
1929	15,544,559	49,908,778	65,453,337
1930	12,729,330	38,850,869	51,580,199
1931	8,237,928	25,492,389	33,730,317
1932	18,642,284	37,644,490	56,286,774
1933	28,936,680	38,903,280	67,839,960
1934	30,534,766	42,610,919	73,145,685
1935	28,309,367	42,812,783	71,122,150
1936	29,337,405	43,802,384	73,139,789

* 출처: 新義州商工會議所, 『新義州商工案內』, 1938, 112-113쪽.
* 비고: 원자료의 합계 오기를 정정하여 재구성함

이는 수이출입 무역 추세에도 반영되어 1929년 무역액은 6,545만 원이었지만 난징국민정부가 1930년 육로 국경관세 1/3 경감 혜택 규정을 철폐하고 다음 해부터 관세 자주정책을 시행하자, 1930년 5,158만 원으로 줄어들었고, 1931년에는 3,373만 원으로 급락하였다. 그러나 1932년 만주국 성립을 계기로 5,628만 원으로 회복세를 보였고 1933년에는 6,783만 원, 1936년에는 7,313만 원으로 크게 늘어났다(〈표 2〉).

다음으로, 통과무역액도 만주국 성립 이후 회복되었다. 신의주를 거치는 무역으로 특수한 관계를 맺고 있는 통과무역은 일본에서 조선철도를 경유하여 신의주를 통과하여 만주로 수출하거나, 만주에서 조선 혹은 일본으로 운송 수속을 통해 발송하는 두 가지 방법이 있었다. 전자는 면직물이 가장 많고 기타 직물, 잡화 등으로 1928년 통과화물액은 5,061만 원이었다. 앞서 언급한대로 육로 국경관세 1/3 감세 특혜가 폐지되고 중국의 관세 인상, 은가 하락 등으로 1931년에는 386만 원으로 격감하였다. 그러나 1933년에는 일약 2,371만 원, 1936년도에는 5,457만 원으로 국경관세

14) 新義州商工會議所, 『新義州商工案內』, 1938, 112 · 125-127 · 135-136쪽.

감세 특혜 폐지 이전 상황을 능가하였다.[15)]

신의주의 특산물은 목재와 미두(米豆)였다. 이 중 목재는 신의주 산업의 주종으로 중요한 위치를 차지하여 신의주를 '목재 도시'(木都)라고도 하였다. 목재의 원산지는 압록강 상류 오지 삼림지대로 일본은 러일전쟁 종결 이후 영림창 같은 관영공장뿐 아니라 민영공장을 두고 벌목하였다. 쌀과 대두(大豆)도 신의주에 집산되는 주요 물산으로 대부분 일본으로 수출되었다.[16)]

신의주에서 공업은 제재업(製材業)을 필두로 제지(製紙), 정미(精米), 철공업, 목재가공업(성냥, 나막신, 소독저 등)이 유명하였고, 양말제조업도 발흥하였다. 그러나 전체적으로 1929년 당시 신의주의 공업은 시작(창시)의 단계였다. 신의주는 자원이 풍부하고 물가와 임금이 저렴하여 다른 지방보다 공업 발전에 유리한 조건을 갖추고 있었지만, 가잠(家蠶)·작잠(柞蠶)을 원료로 하는 공업, 대두(大豆)와 기타 곡물을 원료로 하는 공업, 광산 및 수산물을 원료로 하는 공업, 목재와 기타 원료 가공 내지 화학공업은 발흥하지 못했다.[17)] 신의주가 공업도시로서 본격적으로 개발되기 시작한 것은 중일전쟁 이후였다.[18)] 따라서 중일전쟁 이전 신의주는 제재업, 제지업, 정미업, 철공업, 목재가공업, 양말제조업 등이 발흥한 상공도시로 규정할 수 있겠다.[19)]

---

15) 위의 책, 137-138쪽.

16) 西浦半助, 『新義州案內』, 60·67-70쪽.

17) 위의 책, 78-79쪽.

18) 신의주가 공업도시로서 본격 개발되기 시작한 것은 1937년 시작된 수풍 수력발전소 건설부터였다. 이와 동시에 신의주공업지대를 조성하기 위해 압록강 남쪽 하구에 위치한 다사도의 축항이 본격적으로 진행되었다. 1942년 신의주상공회의소는 조선과 만주 간 국경의 문호로 압록강의 수력 전기와 다사도항 및 동변도의 지하자원을 활용한 근대 중화학공업지대로서 신의주 공업도시를 기대하였다. 新義州商工會議所, 『新義州商工要覽』, 1942, 15쪽.

2. 신의주화교의 규모와 직업

1) 신의주화교의 규모

신의주에 화교가 도래한 시점은 언제였을까? 이 역시 신의주 출현과 밀접한 연관이 있다. 경의철도 부설 당시 일본인이 중국인노동자 여러 명을 모집하였다. 이들은 마전동 곧, 현재의 신의주에 흩어져 지내면서 철도의 북단을 건축하였는데 이것이 신의주 화교노동자의 시작이었다.[20)]

반면 평안북도에 중국상인이 들어온 시점은 훨씬 더 빨랐다. 청 1875년 즈리(直隸), 산둥(山東) 출신이 랴오닝(遼寧) 동변 일대에 흩어져 지내면서 국경에 섭근하였고 점차 조선 북부지역 의주(義州)로 이주하여 행상을 하였다. 이후 압록강 변의 용암포가 개항되자 화교가 이곳에 들어와 상업에 종사하였고, 운산금광이 채굴되면서 그 수가 점차 늘어났다. 신의주가 경의철도의 북단으로 지정되고 한일병합으로 개시장이 되면서 화교상인이 도래하였다.[21)] 신의주가 개시장이 되면서 그다음 해에 산둥 출신 몇 명이 시내에 땅을 빌려 야채를 심었다. 이것이 화교농민의 시작이었다.[22)] 요컨대 경의철도가 개통되고 신의주가 개시장이 되면서 화교상인, 노동자, 농민이 진출하였던 것이다.

〈표 3〉은 신의주화교의 호수, 인구와 남녀비율을 정리한 것이다. 1912~1913년에는 증감의 폭이 컸지만 1914년 신의주가 의주부에서 독립하여 신

---

19) 張晟栻 編, 『新義州大觀』, 175-180쪽.

20) 駐新義州領事館, 「新義州華工與華農狀況」, 『南京國民政府外交部公報』(中國第二歷史檔案館 編, 南京: 江蘇古籍出版社, 1990年 影印本) 第9卷 第2號, 1936.02.

21) 駐新義州領事館, 「新義州僑商概況」, 『南京國民政府外交部公報』 第9卷 第3號, 1936.03.

22) 駐新義州領事館, 「新義州華工與華農狀況」, 『南京國民政府外交部公報』 第9卷 第2號, 1936.02.

〈표 3〉 신의주화교의 호수, 인구와 남녀비율 (1912~1936)

연도	호수	남성	여성	인구	남녀비율
1912	171			2,376	
1913	187	1,187	97	1,284	12.2:1
1914	161	1,157	112	1,269	10.3:3
1915	193	1,216	136	1,352	8.9:1
1916	217	1,374	138	1,512	10.0:1
1917	270	1,713	230	1,943	7.4:1
1918	309	2,075	317	2,392	6.5:1
1919	332	2,100	330	2,430	7.0:1
1920	1,129	2,464	452	2,916	5.5:1
1921	1,158	2,494	456	2,950	5.5:1
1922	1,281	2,502	456	2,958	5.9:1
1923	1,790	3,295	592	3,887	5.6:1
1924	1,800	3,313	602	3,915	5.5:1
1925	1,413	3,322	606	3,928	5.5:1
1926	1,436	3,345	606	3,951	5.5:1
1927	1,440	3,445	705	4,150	4.9:1
1928	1,491	3,585	743	4,328	4.8:1
1929	1,956	4,831	1,497	6,328	2.9:1
1930	1,667	5,703	1,784	7,487	3.2:1
1931	1,248	3,617	1,116	4,733	3.2:1
1932	1,147	4,133	1,305	5,438	3.2:1
1933	955	4,190	1,422	5,612	2.9:1
1934	942	4,469	1,350	5,819	3.3:1
1935	1,117	5,341	1,731	7,072	3.1:1
1936	1,118	4,768	1,671	6,439	2.9:1

* 출처: 朝鮮總督府, 『朝鮮總督府統計年報』, 各年에 의거하여 재구성함

의주부로 승격하면서 1,269명을 시작으로, 1928년에는 4,328명으로 늘어났고, 행정구역이 확대되는 1929년에는 6,328명으로 급증하였다. 1930년에는 7,487명으로 중일전쟁 이전 최고 전성기를 맞이하였다. 1931년에는 배화폭동으로 전년 대비 약 37%가 줄어들어 4,733명이었지만, 이후 점차

회복세를 보여 1936년에는 6,439명에 달했다. 〈표 3〉에는 언급하지 않았지만 신의주화교는 1937년 전쟁의 영향으로 5,748명으로 줄어들었지만 1940년 7,712명, 1942년 13,897명으로 최대의 인구를 기록하였다.[23]

1910년대 조선 화교사회는 남성 중심의 단신 출가형 사회로, 화교의 남녀비율에서 남성의 수가 월등히 높았다. 그러나 1920년대 들어서면서 가족을 동반하는 경우가 늘어나면서 남녀비율의 격차가 줄어들었다. 일반적으로 조선화교의 정착 시기는 1920년대 후반이라고 하는데,[24] 〈표 3〉에 의하면 신의주화교는 대략 1920년(남녀비율 5.5:1) 무렵 화교의 정착이 이루어졌고, 1930년에는 남녀비율이 3.2:1로 좁혀졌다.

여기서 흥미로운 사실은 배화폭동이 발생한 1931년 인구수는 전년 대비 격감했지만, 남녀비율은 차이가 없다는 점이다. 국경도시라는 신의주의 지리적 특성상 폭동으로 가족 모두가 귀향하는 경우가 대부분이었음을 알 수 있다. 폭동 이후에도 신의주화교의 남녀비율은 대략 3:1을 크게 벗어나지 않아 가족 단위의 이주와 정착이 안정화되었음을 보여준다. 신의주화교의 정착은 화교소학교의 설립과도 밀접한 연관이 있다.[25]

2) 1920년대 신의주화교의 직업별 현황

그러면 우선, 신의주화교의 직업별 현황을 1923년 조선총독부 조사자료를 중심으로 살펴보도록 하자. 이에 의거하여 신의주의 주요 화교상인

23) 朝鮮總督府, 『朝鮮總督府統計年報』, 各年.

24) 왕언메이(王恩美) 저, 송승석 역, 『동아시아현대사 속의 한국화교 - 냉전체제와 조국의식』, 학고방, 88쪽; 95-97쪽.

25) 신의주화교소학교의 상황에 대해서는 다음의 논문을 참고하라. 이은상, 「생존과 친일 사이 - 중일전쟁 시기 신의주화교」, 『중국사연구』 106, 중국사학회, 2017, 136-142쪽.

〈표 4〉 신의주의 주요 화교상업 상황 (1923년 말)

	상호/ 공장명	업종	경영자	과세표준액(圓)	점원수
1	永成順	직물소매	季子純	91,000	48
2	同聚盛	직물소매	徐掄元	32,000	12
3	恒興和	직물소매	劉月樓	28,000	8
4	永成東	직물소매	史萬慶	17,000	13
5	慶祥德	직물소매		10,000	9
6	德興永	잡화	劉寶璜	48,000	
7	華興東	잡화	張文華	40,000	
8	同合盛	잡화	李興家	29,000	
9	長發東	잡화	許長發	24,000	
10	東順隆	잡화	喬鳳翥	19,000	
11	東福毓	잡화		19,000	
12	德順塘	잡화		17,000	
13	永來興 支店	잡화		15,000	
14	義順祥	豆油제조	畢心之	36,000	42

* 출처: 朝鮮總督府, 『朝鮮に於ける支那人』, 176-182쪽에 의거하여 재구성함
* 비고: 상호, 경영자 이름의 오류를 수정하여 정정함/ 과세표준액 100단위 이하는 표시하지 않음

을 정리하면 〈표 4〉와 같다.

우선, 신의주 화교사회의 유력자는 직물소매상으로 영성순(永成順, 대표 季子純), 동취성(同聚盛, 徐掄元), 항흥화(恒興和, 劉月樓), 영성동(永成東, 史萬慶), 잡화상으로 덕흥영(德興永, 劉寶璜), 화흥동(華興東, 張文華), 동합성(同合盛, 李興家), 장발동(長發東, 許長發), 동순륭(東順隆, 喬鳳翥), 두유(豆油) 제조업 의순상(義順祥, 畢心之) 등이었다.[26]

26) 1923년 조선총독부 조사자료에서 몇 군데 잘못된 인명, 상호가 보인다. 이에 영성순 대표는 계자순(季子純), 동취성 대표는 서륜원(徐掄元), 허장발(許長發)이 경영하는 잡화상은 장발동(長發東)으로 수정하였다. 그 근거는 다음의 자료를 참고하라. 「査辦新義州商會控告領事孫蔭蘭」(1926年), 『駐朝鮮使館檔』(03-47-150-03), 臺灣中央研究院近代史研究所檔案館 소장, 47쪽; 京城商業會議所 編, 「朝鮮に於ける外國人の經濟力」, 『朝鮮經濟雜誌』 第159號, 1929, 37쪽; 駐新義州領事館, 「新義州僑商概況」, 『南京國民政府

신의주 직물상은 경성, 인천처럼 도매상이 없고 전부 소매상이었다. 국경도시라는 지리적 위치상 굳이 대자본의 수입도매상이 필요하지 않았다. "신의주는 압록강을 사이에 두고 어떤 화물이라도 수시로 운반이 가능하였기 때문에 상인의 대부분이 안둥에 본점을 두고 신의주에 분점을 설치하여 굳이 대자본을 투자하지 않고도 이익을 꾀할 수 있었다."는 신의주영사의 보고 역시 이러한 사실을 뒷받침해준다.[27] 과세표준액은 9만 1천 원에서 1만 원으로 직물소매상 계자순이 경영하는 영성순의 규모가 가장 컸으며, 그 뒤로 동취성, 항홍화, 영성동의 순이었다.[28] 신의주에서 과세표준액이 가장 높은 상호는 직물소매상 영성순이었지만 같은 시기 원산만 해도 직물수입도매상 삼합영(三合永)의 과세표준액은 25만 원, 덕태원(德泰源)은 24민 원, 덕흥영(德興永)은 23난 원, 성기호(成記號)는 9만 원으로 신의주의 직물소매상과는 비교가 되지 않았다.[29]

화교상인 중 가장 많은 비중을 차지하는 잡화상은 중국, 일본에서 들여온 잡화를 판매하였는데 일본인과 조선인보다 경쟁력이 우월하였다. 과세표준액은 4만 8천 원에서 1만 5천 원으로 덕흥영의 규모가 가장 컸으며 대표 유보황(劉寶璜)은 당시 중화상회 부회장이었다. 그 뒤로 화흥동(華興東), 동합성(同合盛), 장발동(長發東), 동순륭(東順隆), 동복육(東福毓)의 순이었다.

신의주부 내 유일한 두유 제조업으로 필심지(畢心之)가 경영하는 의순상은 직공 42명을 사용하여 두유, 두백(콩깻묵)을 제조 판매하였는데 직물상

外交部公報』 第9卷 第3號, 1936.03.

27) 「各口商務情形: 商務報告」(二)(1912), 『駐朝鮮使館檔』(02-35-056-18), 174-175쪽.

28) 秦裕光, 『旅韓六十年見聞錄: 韓國華僑史話』, 臺北: 中華民國韓國硏究學會, 1983, 52쪽.

29) 朝鮮總督府, 『朝鮮に於ける支那人』, 191-194쪽. 경성과 인천의 직물수입도매상의 규모는 원산보다 훨씬 더 컸다. 예컨대 경성의 유풍덕(裕豊德)은 157만 원, 덕순복(德順福)과 광화순(廣和順)은 각각 60만 원, 서태호(瑞泰號)는 50만 원, 인천의 경우 덕순복(德順福)은 80만 원, 영래성(永來盛)은 60만 원이었다. 朝鮮總督府, 『朝鮮に於ける支那人』, 58 · 104쪽.

영성순에 뒤이어 두 번째로 과세표준액이 높았고, 당시 신의주화교 중 가장 높은 호별세, 영업세를 납부하였다. 의순상은 안둥의 삼합성(三合盛)이 신의주에 설립한 두유, 두백 제조공장으로 양자는 지점과 본점의 관계였다.[30]

1923년 조사자료에서 흥미로운 부분은 제조업과 화교노동자에 관한 것이다. 신의주부와 인근 화교노동자 고용 공장 상황은 〈부표 1〉과 같다. 〈부표 1〉에는 신의주부 19개 공장, 신의주부 인근 14개 공장의 노동자 고용수, 임금 상황이 정리되어 있다. 부내, 부외를 포함하여 전체 33개 공장 중 중국인 공장은 17호, 일본인 공장은 16호이다. 여기서 몇 가지 특징이 확인된다.

첫째, 일본인 공장 16호는 제재소 8, 성냥공장 1, 철공장 3, 주물공장 1, 벽돌공장 3이고, 중국인 공장 17호는 유방(油房) 1, 양말직물공장 7(양말제조 4, 모자양말제조 1, 양말직물 2), 타올제조공장 2(수건과 깔개제조 1, 타올직물 1), 주물공장 6, 국수공장 1개소이었다. 말하자면 목재업, 철공장, 벽돌공장은 거의 일본인이 경영하고, 양말직물제조업, 주물업은 거의 중국인이 독점하였음을 알 수 있다.

둘째, 화교제조업으로 주물업이 성행하였다. 일찍이 1912년 신의주영사도 화교의 주물업이 성행하여 조선 솥 제조로 많은 이윤을 남기고 있다고 보고할 정도였다.[31] 〈부표 1〉에서는 언급되고 있지 않지만 1936년 신의주영사관 보고에 의하면 한문청(韓文淸)이 경영하는 동흥공(同興公)은 1919년에, 진주령(陳周齡)이 경영하는 복성덕(福盛德)은 1912년에 설립되었는데

30) 南滿洲鐵道株式會社興產部商工課, 『安東に於ける商工業の形勢』, 大連: 南滿洲鐵道株式會社, 1927, 237쪽(李正熙, 『朝鮮華僑と近代東アジア』, 京都: 京都大學學術出版會, 2012, 218쪽 재인용).

31) 「各口商務情形: 商務報告(二)」(1912), 『駐朝鮮使館檔』(02-35-056-18), 174-175쪽.

(〈부표 2〉) 이 2개의 주물공장이 조선 최초의 화교 주물공장으로 알려졌다.

기존의 연구에 따르면 화교 주물업은 조선 화교제조업 중 가장 대표적 업종으로 1920년대 전국으로 확대되면서 거의 독점적 지위를 누렸다. 주물업은 중국 주물업의 고향 허베이성(河北省) 자오허현(交河縣)을 기원으로 하며, 자오허현 출신이 중국 각지에 주물공장을 설립하였는데 그중 한 곳이 바로 안둥이었다. 안둥의 주물업자는 조선에서 솥의 수요가 늘어나는 것을 보고 신의주에 처음으로 주물공장을 설립하였다. 신의주의 동흥공, 복성덕은 각기 안둥의 본점이 최초로 설립한 조선지점인 셈이었다.[32] 〈부표 1〉에 의하면 동흥공(주물공장3)은 1923년 시점에 과세표준액 1만 6천 원으로 직공 27명을 고용하였고, 복성덕(주물공장2)은 과세표준액 1만 원으로 직공 18명을 고용하여 조선인을 상대로 솥, 철기류를 수조하였다. 그 외 중국인 공장 4개도 중국인 직공 19명에서 35명 내외를 두고 주물업에 종사하였다.

셋째, 일본인이 경영하는 제재업은 소수의 일본인노동자와 다수의 조선인·중국인노동자를 고용하였는데 조선인보다 중국인이 훨씬 많았다. 장택제재소(長澤製材所)의 경우에는 일본인과 중국인을 고용하고 조선인은 한 명도 고용하지 않았다. 압록강목재상회를 제외하고 일반적으로 임금 구조는 일본인이 높고 조선인과 중국인은 비슷하였지만, 공장별로 최고임금은 조선인보다 중국인이 약간 높았다. 이는 조선인에 비해 중국인 숙련공이 더 많았음을 의미한다.[33]

넷째, 중국인 경영공장은 모두 중국인을 고용하였는데 그 중 양말공장 직공의 임금이 가장 저렴하였다. 신의주 화교제조업의 또 다른 특징으로 양말제조업이 조선 내에서 경쟁력을 갖게 된 연유는 이런 저임금 노동력과

32) 李正熙, 앞의 책(2012), 248-251쪽.

33) 張晟栻 編, 『新義州大觀』, 9-10쪽.

관련이 있다. 신의주 양말공장의 상황에 대해서는 뒤에서 서술할 것이다.

3) 배화폭동 이후 신의주화교의 변화와 대응

신의주는 1920년대 초 경성을 제외하고 화교노동자가 가장 많은 지역이었다. 1921년 여름 신의주 조선인지방회는 신의주에 들어오는 중국인노동자가 조선인노동자를 압도하고 있는 현실에 주목하여, 현재 혹은 장래 관영사업 곧, 평북도청 건축과 신의주 감옥 이전 사업에 모두 조선인노동자를 채용하고, 사영사업을 시행할 때도 이 사항을 지키도록 조선총독부에 요청하기로 하였다. 결론적으로 신의주 조선인지방회의 요청 건은 받아들여지지 않았다.[34] 조선총독부는 1910년대 중국인노동자 사용에 관한 일련의 법령을 공포하여 관영사업에서 중국인노동자 사용 허가제를 시행하도록 했지만, 신의주 조선인은 더 나아가 관영사업에서 중국인노동자 사용 '금지'를 요청하였다. 당시 신의주 조선인의 위기의식이 어떠한가를 짐작할 수 있는 사례라고 할 수 있다.

앞서 언급했듯이 화교노동자는 일본인노동자에 비해서는 임금이 훨씬 낮지만 조선인노동자와는 비슷한 수준에서 경쟁하는 상대였다. 1927년 7월 신의주의 중국인 이발사가 시비 끝에 조선인 고객의 코를 베어버린 사건은 단순한 폭행사건으로 시작했지만, 민족 간 갈등으로 확대되었고 화교노동자의 입국과 고용문제로까지 비화하였다.[35]

1931년 7월 3일 인천에서 처음 시작된 배화폭동은 신의주화교도 피해갈 수 없었다. 신의주는 7일 밤에 폭동이 시작되었다. 그러나 신의주의 경

34) 「韓人李基疇上書抵制華工」(1921年), 『駐朝鮮使館檔』(03-47-097-09), 2-6쪽.

35) 「悖惡한 中國人理髮師 朝鮮顧客을 割鼻」, 『동아일보』 1927.07.24.; 이은자 · 오미일, 앞의 논문(2013), 345-346쪽.

〈표 5〉 신의주부 화교의 직업별 현황 (1930년 말/1934년 말)

시기	1930년 말			1934년 말		
분류	호수	인구	비율(%)	호수	인구	비율(%)
농림목축업	153	1,112	14.9	96	520	8.9
어업, 제염	2	25	0.3	2	9	0.2
공업	217	1,527	20.4	317	2,070	35.5
상업, 교통업	557	1,776	23.7	305	1,894	32.6
공무, 자유업	18	95	1.3	64	463	8.0
기타 유업자	602	2,156	28.8	142	779	13.4
무업(無業)	118	796	10.6	16	84	1.4
합계	1,667	7,487	100	942	5,819	100

* 출처: 張晟栻 編, 『新義州大觀』, 18쪽; 新義州商工會議所, 『新義州商工案內』, 1938, 18-19쪽.
* 비고: 원자료의 합계 오기를 정정하여 재구성함

우 다른 지역의 폭동 소식을 듣고 폭동에 내비할 시산석 여유가 있었다는 점, 영사관과 중화상회의 신속한 대응으로 큰 피해를 줄일 수 있었다는 점, 국경도시의 성격상 안둥과의 거리가 가까워 안둥으로 피난한 자가 많았다는 점 등의 연유로 상대적으로 큰 피해를 줄일 수 있었다.[36]

앞에서 1923년 조선총독부 조사자료를 중심으로 신의주화교의 직업별 현황을 살펴보았지만, 배화폭동 이전과 이후 화교의 상황은 어떻게 변화했을까? 앞서 〈표 3〉에 따르면 배화폭동의 영향으로 1930년 7,487명이었던 신의주화교는 1931년 전년 대비 37%가 줄어든 4,733명이 잔류하였지만 이후 조금씩 증가하여 1935년에는 7,072명을 회복하였다.

〈표 5〉에서 1930년 말 화교의 직업별 현황은 앞의 〈표 1〉과 일부 중복되지만, 비교를 위해 재구성하였다. 〈표 5〉에서 1934년 화교의 직업별 현황을 살펴보면 공업의 비중이 가장 높고(35.5%), 뒤이어 상업교통업(32.6%), 기타 유업자(13.4%)의 순이었다. 공업과 기타 유업자를 포함하면 49%를

36) 이은상, 「원산화교와 배화폭동」, 『중국근현대사연구』 72, 한국중국근현대사학회, 2016, 96-97쪽; 101쪽.

차지하였다.

이를 배화폭동 이전과 비교해보면 공업인구가 20.4%에서 35.5%로 늘어난 반면, 기타 유업자는 28.8%에서 13.4%로 급감하였다. 상업인구는 23.7%에서 이후 32.6%로 증가하였다. 이러한 상황은 1934년 9월 화교노동자 입국 제한법이 기술이 없는 고력(苦力)에게 큰 영향을 미친 것과도 관련이 있겠지만, 다른 한편 신의주의 상공업이 발달하면서 화교상업과 공업인구가 증가했음을 의미한다. "근년 신의주 상무가 다른 지역과 비교하여 경기가 살아나고 있고 목재공장 영업 또한 발달하여 상업과 공업종사자가 늘어나고 있다."[37]는 신의주영사관의 교민 상황에 대한 총평 역시 같은 맥락이었다.

일반적으로 배화폭동 이후 화교직물수입도매상은 큰 피해를 보았다. 경성, 인천의 직물수입도매상은 말할 것도 없고, 직물수입도매상의 중요한 유통거점이었던 대구, 부산, 군산, 목포, 평양, 원산, 청진의 도매상 역시 은행 대출이 억제되고 조선인직물상과 거래가 중지되었다. 또한 직물수입도매상의 유통망을 이루었던 군 지역 직물소매상이 몰락하면서 일부를 제외하고 거의 문을 닫았다.[38] 반면 신의주의 경우 직물수입도매상이 없고 직물소매상과 잡화상이 주류를 이루었기 때문에 그 피해가 상대적으로 심각하지는 않았다. 오히려 신의주영사관은 화교 상업자본의 규모가 크지는 않지만 경영을 충실히 하여 상당한 신용이 있다고 평가하면서, 만주국 성립 이후 신의주 화교상업 상황을 다음과 같이 설명하였다.

근래 동북지방의 각 해관(海關)이 관세를 인상하면서 간상(奸商)이 밀수로 이

37) 駐新義州領事館, 「駐新義州領事館管內僑民狀態」, 『南京國民政府外交部公報』 第8卷 第4號, 1935.04.

38) 李正熙, 앞의 책(2012), 150-172쪽.

익을 얻기 위해 대부분 신의주에 와서 물건을 구매하였다. 이로 인하여 신의주의 상업이 오히려 기형적으로 발전하여 화교상점도 따라서 증가하였다. 이에 신의주로 말하자면 2년 전과 비교하여 모두 40여 가의 상점이 늘어나 배화폭동과 만주사변 이전 상황을 회복하였다.[39)]

위의 자료에 의하면, 배화폭동, 만주사변으로 침체되었던 신의주 상업은, 만주국의 성립으로 관세가 인상되면서 동북(만주) 지역의 상인이 직접 신의주에 와서 물건을 구매함에 따라 오히려 크게 발전하고, 화교상점이 증가하였음을 알 수 있다. 앞서 언급했듯이 신의주 무역은 1930년 9월 난징국민정부가 기존의 육로 국경관세 1/3 감세 규정을 철폐하고 1931년 1월부터 관세자주와 산업 보호정책을 실행하면서 변화가 발생하였다. 이러한 상황은 중국의 은가가 폭락하면서 가속화되었지만, 곧이어 만주사변의 발생, 만주국의 성립은 신의주 무역에 하나의 전기를 마련하였다. 만주사변 이후 국경무역이 발전하고 만주국의 특수로 통과무역 역시 회복되면서, 신의주 무역은 1930년 이전 상황을 능가하였다. 위의 영사관 보고는 이러한 사실을 반영한다. 또한 상업인구 비중이 1930년 말에 비해서 높아진 상황을 짐작하게 해 준다.

1936년 3월 신의주영사관은 1935년 말의 상황을 반영한 관내 화교상인 개황을 보고하면서 화교상인 조사표를 첨부하였다. 화교상인 조사표는 화교상인(공장)의 상호, 영업 종류, 개설 연도, 자본과 재산총액, 직원 수, 영업 상황 등을 보여주는 흥미로운 자료이다. 이 자료를 중심으로 신의주 화교상업, 제조업의 변화가 구체적으로 어떠한지를 살펴보도록 하자.

〈부표 2〉는 화교상인 조사표에서 신의주부 상황을 정리한 것이다. 우

39) 駐新義州領事館, 「駐新義州領事館管內僑民狀態」, 『南京國民政府外交部公報』 第8卷 第4號, 1935. 04.

선, 전체 직물상과 잡화상(식료품도매상 포함) 52호 중 자본금 4만 원에서 1만 원 사이는 25호이고 나머지 27호는 5,500원 이하였다. 시기적으로 배화폭동 이전은 35호, 17호는 이후에 개설되었다. 배화폭동 이전 개설된 점포 35호 중 12호를 제외하고 나머지 23호는 자본금이 5,500원 이하였다. 반면 배화폭동 이후 개설된 점포 17호 중 4호(17번, 18번, 20번, 42번)를 제외하고 13호는 자본금이 1만 원을 넘어 비교적 안정적인 영업을 하였다. 배화폭동을 계기로 화교상점의 일부는 폐쇄되거나 축소되었지만,[40] 이후 신설된 상점도 적지 않음을 알 수 있다.

주지하듯이 조선의 화교직물상은 상하이 등지에서 견직물, 마직물을 조선에 수입 판매하여 큰 이익을 얻었다. 그러나 1924년 7월 조선총독부가 중국산 견직물에 고율의 관세를 부과하면서 사실상 수입이 단절되자, 고베, 오사카 등지에서 일본산 직물, 잡화를 수입하여 판매하였다. 신의주 화교상인 역시 마찬가지였다.[41] 배화폭동으로 화교직물, 잡화상은 일시 위축하였으나 만주국 성립 이후 국경무역이 활성화되면서 상황이 달라졌다. 52호 상점 중 배화폭동 이후에도 17호 상점이 개설될 수 있었던 연유는 이 때문이다. 이들 상점은 주로 오사카, 도쿄 등지의 직물, 잡화를 수입하여 신의주와 만주에 판매하였다. 1932년 설립된 잡화상 신흥덕(新興德, 24번)의 경우 자본 규모가 3만 7천 원으로 나고야, 오사카, 도쿄, 규슈 등지에서 잡화를 수입 판매하였는데, 신의주 화교잡화상 중 자본총액이 가장

---

40) 〈표 4〉 1923년 조선총독부 조사자료에서 덕흥영(德興永)은 과세표준액 4만 8천 원으로 대표적인 화교잡화상이었지만 〈부표 2〉에서는 자본금이 4천 원에 불과하였다(45번). 장발장(長發東) 역시 1923년에는 과세표준액이 2만 4천 원으로 중견 잡화상이었지만 〈부표 2〉에서는 자본금이 4천 원에 불과하였다(46번). 양말공장은 대부분 쇠락하였는데 이에 대해서는 뒤에서 서술할 것이다.

41) 駐新義州領事館, 「新義州華僑之工商事業及經濟狀況人數之增減」, 『南京國民政府外交部公報』 第2卷 第8號, 1929.12.

많았고 영업상황도 우수하여 펑텐, 안둥에 분점을 설치할 정도였다.[42]

다음으로, 주조공장(양조장)은 1925년 개설된 신명호(新明號, 53번)가 유일하였는데 경영자 왕덕탁(王德晫)은 동흥공 대표 한문청과 더불어 자본금 5만 원을 보유한 부유한 화교였다. 주물공장은 1910년대 조선에서 신의주에 처음 설립된 이래 조선 각지에 보급되었다. 배화폭동 직전에도 동흥공, 복성덕은 신의주를 대표하는 주물공장으로 건재하였고,[43] 폭동 이후에도 그 위상이 달라지지 않았다. 주물업의 성행으로 1932년에는 4만 원의 자본금으로 이안도(李安道)가 경영하는 신연리(新延利, 56번)가 설립되었다. 1935년 말 시점에서 동흥공, 신연리는 신의주 화교사회를 대표하는 주물공장이었다.

셋째, 신의주화교의 양말제조업은 배화폭동 이후 쇠퇴하였다. 1929년 말 신의주영사관 보고에 의하면 평안북도 관내 제조업 중 가장 많았던 것이 양말공장으로 그 수는 15호, 노동자는 600명, 기기는 600대였고, 품질이 좋고 가격 경쟁력이 높아 조선인에게 환영받았다.[44] 1928년 신의주에서 확인되는 화교 양말공장은 9호, 1930년에는 14호였다.[45] 그런데 〈부표 2〉에 의하면 양말공장은 유일하게 2호가 남았다. 그나마 진흥춘(晋興春, 22번)은 잡화상과 양말제조를 겸업하였고, 유일한 양말제조업 인덕화(仁德和, 57번)의 자본액은 3천 원에 불과하였다.

기존의 연구를 종합해보면 신의주화교 양말제조업의 생성과정은 크게

42) 宋伍强, 「關于民國初期新義州的朝鮮華僑及其商業活動之考證 – 圍繞二十世紀二三十年代新義州華商之絲織品行業的商業活動情況」, 『世界華僑華人研究』 第2輯, 暨南大學華僑華人研究院, 2010, 47쪽.

43) 張晟栻 編, 『新義州大觀』, 130쪽.

44) 駐新義州領事館, 「駐在地華僑之農工商學各業及散在各地之僑民戶口」, 『南京國民政府外交部公報』 第4卷 第1號, 1931.05.

45) 京城商業會議所 編, 「朝鮮に於ける外國人の經濟力」, 37쪽; 西浦半助, 『新義州案內』, 85쪽; 張晟栻 編, 『新義州大觀』, 130-131쪽.

세 가지로 분류될 수 있다. 첫 번째 부류는 안동의 양말제조업자가 신의주에 진출한 경우이다. 신의주에 화교 양말공장이 집중되었던 이유는 안동과의 관계 때문이다. 제1차 대전기에 중국의 민족공업이 발달하면서 안동에 양말제조공장이 설립되었고 1920년대 초에 그 수가 늘어났다. 안동의 옥원무(玉源茂), 진흥항(晉興恒), 영합장(永合長)은 안동에 양말공장을 세우고 1920년대 초·중반에 신의주에 진출하였다.

두 번째 부류는 신의주 잡화직물상이 양말제조를 겸업하는 경우이다. 조선에 만들어진 최초의 화교 양말공장은 1922년 신의주 진사정에 설립된 영성동(永成東)이라고 한다. 영성동을 포함하여 항흥화(恒興和), 영순상(永順祥)은 직물상으로, 조선에서 양말 수요가 증가하는 것을 보고 상점 한 편에 양말편기를 설치하고 가내공업으로 제조를 시작하였다. 그런데 1928년 매상액을 살펴보면 영순상은 18만 원, 영성동은 13만 원, 항흥화는 3만 3천 원으로 항흥화의 경우 1923년과 별 차이가 없지만, 영순상과 영성동의 매상액은 급속도로 상승하였다(〈부표 3〉 참고). 여기서 1923년 당시 중소규모의 화교상인에게 양말제조업이 경영 확장의 기회를 제공함으로써 많은 이익을 얻었음을 알 수 있다.

세 번째 부류는 양말제조업을 전문으로 하는 경우이다. 1923년 제조업 상황(〈부표 1〉)에 따르면 신의주부와 인근 지역에서 양말 혹은 양말과 기타 직물을 같이 제조하는 공장은 모두 7호로, 이 중 조수증(趙壽增)은 영순상, 이윤삼(李潤三)은 옥원무, 양요중(楊耀中)은 중흥공장(中興工廠)의 대표로 확인이 되지만,[46] 왕규오(王奎五), 왕석작(王錫爵), 슬은길(膝恩吉), 장자술(張子述)의 상호는 불분명하다. 여기서 영순상은 직물상 겸업, 옥원무는 안동에 본점을 두고 있는 경우이므로, 나머지 5호는 전문 양말제조업 혹은 직물

46) 京城商業會議所 編, 「朝鮮に於ける外國人の經濟力」, 37쪽.

업자가 양말제조를 시작한 경우로 분류할 수 있겠다.

화교 양말공장은 저임금 노동력에 의거하여 평양의 화교 직물수입상과 도매상과의 거래를 통해 판매망을 확보할 수 있었지만, 1929년 대공황의 여파, 신의주 조선인의 양말제조업 참여, 배화폭동의 영향으로 쇠퇴하였다. 화교 양말공장은 배화폭동으로 인한 직접 피해를 입지는 않았지만, 평양의 직물수입상과 도매상은 큰 타격을 입었고, 평양의 피해는 신의주 양말공장에 영향을 주었다.[47)]

〈부표 2〉에서 직물상으로 최대 자본(4만)을 보유한 영순상(1번)은 직물상으로서 안정적 자본을 보유하고 있어 배화폭동 이후에도 건재했을 것으로 추측된다. 항홍화 대표 유월루는 직물업 항태장(3번)의 경영자로 등장하고 있지만, 이전의 중견 직물상이 아니라 자본금 5,500원의 소규모 직물상으로 쇠락하였다. 앞서 언급했듯이 안동에서 진출한 진홍춘(22번)도 잡화상과 양말제조를 겸업하고 있지만, 양말제조업의 비중은 크지 않을 것이다. 이처럼 신의주 양말제조업은 1920년 후반 크게 성장하였지만 배화폭동을 계기로 쇠퇴하면서, 직물잡화상이 겸업한 경우 본업으로 복귀하거나 전문 양말제조업의 경우 대부분 철수하였다.

지금까지 배화폭동 이후 화교상업, 제조업에 대해 살펴보았지만 다음으로 화교노동자, 농민의 상황을 간략히 검토해보자.

---

47) 宋伍强, 「1920年代における新義州朝鮮華僑の商業活動について – 靴下製造業を中心に」, 『星陵臺論集』 第43卷 第3號, 兵庫縣立大學大學院 學園都市キャンパス研究會, 2011, 107-113쪽; 李正熙, 앞의 책(2012), 214-239쪽. 배화폭동은 평양에서 가장 격렬하여 조선 전체에서 평양화교의 피해가 가장 컸다. 평양의 배화폭동은 1920년대 중엽 이래 평양 조선인 메리야스공업의 가장 유력한 경쟁자였던 신의주화교 양말공업을 붕괴시키는 역할을 하였다. 이 덕분에 조선인 평양 메리야스공업은 이후 생산수준을 회복하였고 공황에 대응하기 위해 대대적인 자동화를 단행하면서 전반적인 호경기를 맞이하였다. 주익종, 「일제하 평양의 메리야스공업에 관한 연구」, 서울대 박사학위 논문, 1994, 145-158쪽.

1935년 4월 신의주영사관 보고에 따르면, 화교노동자는 세 종류로 나누어진다. 하나는 공두(工頭), 다른 하나는 기술 공인과 공장 직원, 마지막으로 고력(苦力)이다. 여기서 흥미로운 부분은 공두 계층이다. 공두는 노동자를 모집하여 숙식을 제공하며, 겨울철에 일감이 없을 때는 노동자가 생활할 수 있도록 하는 역할을 하였는데 매월 수입은 평균 200원 이상이었다. 목공, 석공, 시멘트공, 도장공. 도배공, 철공(鐵工), 기계사(機械師) 등은 전문적 기술이 있고 그 용도가 비교적 광범위하여 매월 평균 임금이 60원 이상이었고, 영림서, 제지회사, 제재회사, 금광회사 및 기타 공장의 직공은 매월 평균 임금이 40원이었다. 고력 곧 기술이 없는 산공(散工)은 매월 평균 임금이 20원이었다.[48] 1929년, 1931년 신의주영사관 보고에서는 기술 공인과 공장 직공, 고력에 대해서는 언급하였지만 공두를 별도로 거론하지는 않았던 점을 상기해보면,[49] 1930년대 중반에 이르러 공두가 계층을 형성할 만큼 그 수가 증가했음을 알 수 있다. 이들 공두는 신의주 화공소학교(華工小學校) 건립에 관여하였다.

신의주의 화교농민 역시 산둥 출신이 가장 많았다. 이들은 산둥에서의 생활이 어려워지자 단신 혹은 가족을 데리고 와서 신의주 제방 부근 혹은 마전동, 민포동 등지에서 토지를 빌어 채소를 심었다. 다른 지역과 마찬가지로 신의주 채소시장도 화교농민이 거의 독점하였다.[50] 그런데 〈표 5〉에 의하면 1930년에는 화교농민 비중이 전체화교 중 14.9%였지만 1934년에

48) 駐新義州領事館, 「駐新義州領事館管內僑民狀態」, 『南京國民政府外交部公報』 第8卷 第4號, 1935. 04.

49) 駐新義州領事館, 「新義州華僑之工商事業及經濟狀況人數之增減」, 『南京國民政府外交部公報』 第2卷 第8號, 1929.12; 駐新義州領事館, 「駐在地華僑之農工商學各業及散在各地之僑民戶口」, 『南京國民政府外交部公報』 第4卷 第1號, 1931.05.

50) 駐新義州領事館, 「新義州華工與華農狀況」, 『南京國民政府外交部公報』 第9卷 第2號, 1936.02.

는 8.9%로 줄어들었다. 평안북도는 전국에서 화교농민 호수가 가장 많았지만,[51] 신의주부의 경우 상공업도시로 상인, 노동자로서의 기회가 더 많았기 때문일 것이다.

3. 신의주화교와 중화상회

신의주중화상회의 전신(前身)은 청말(淸末) 화상공의회(華商公議會)이다.[52] 신의주의 개방이 1910년(宣統 2年)이고 신의주영사관 개설이 1911년(宣統 3年)이므로 화상공의회 설립 시기 역시 이 무렵일 것이다. 일반적으로 중화상회의 전신으로 알려진 중화회관(中華會館)은 1884년 한성을 시작으로, 이후 인천, 원산 등지에 건립되었다. 화상공의회의 상황에 대해서는 자세한 기록이 없지만, 상무 진흥, 상인 간 상호협력 등을 목적으로 만들어진 중화회관과 큰 차이가 없을 것으로 추측된다.

근대 상회(商會)의 설립은 청 1903년(光緖 29年) 11월 공포된 상회간명장정(商會簡明章程)에 의거하는데, 조선에서는 일본보다 늦게 중화상무총회(中華商務總會)가 1913년 경성에서 처음 만들어지고, 이후 인천을 비롯하여 각지에 세워졌다. 중화민국정부는 1916년 12월 상회법(商會法)을 재차 공포하여 상무총회를 총상회(總商會)로 개칭하도록 했다. 이 상회법에 근거하여 경성중화상무총회는 경성중화총상회, 인천중화상무총회는 인천중화총상회로 개조되었다. 말하자면 조선 화교조직은 중화회관에서 중화상

51) 평안북도는 1930년 화교농민 호수가 전국에서 가장 많은 642호였고, 폭동으로 1931년 503호로 줄어들기는 했으나 1932년 557호, 1933년 594호, 1934년 681호로 증가하여 배화폭동 이전을 능가하였다. 朝鮮總督府, 『朝鮮總督府統計年報』, 各年.

52) 「各華商會選擧及改組」(1917年), 『駐朝鮮使館檔』(03-47-045-01), 26-29쪽.

무총회, 이후 중화(총)상회로 명칭이 바뀌었음을 알 수 있다.

그러면 신의주의 상황은 어떠한가? 경성과 인천의 중화총상회에 대해서는 기록이 보이지만 신의주의 경우 그 기록이 분명하지 않다. 그러나 원산도 중화회관에서 중화상무총회로, 이어 중화상회로 개편되었음을 확인할 수 있으므로,[53] 신의주 화상공의회 역시 중화상무총회를 거쳐 중화상회로 개조되었을 것이다.

중화상회 직원의 구체적 현황에 관한 기록은 보이지 않는다. 다만, 1926년 8월 신의주중화상회가 신의주영사 쑨인란(孫蔭蘭)의 자질을 이유로 면직을 요청한 사건에서 중화상회 직원의 이름을 확인할 수 있다. 회장, 부회장을 포함하여 직원 22명의 이름은 다음과 같다.

會長: 王佐周

副會長: 匡毓鳳

特別會董: 畢心之, 王錫爵, 季子純, 韓文清

會董: 趙壽增, 劉希恒, 劉寶璜, 徐掄元, 李峻臣, 田惠濤, 曲芳芝, 季振英, 石永成, 黃萬金, 李潤三, 楊耀中, 張文華, 劉振聲, 李德屏, 王富文[54]

1923년 조선총독부 조사자료에서 중화상회 회장은 유희항(劉希恒), 부회장은 유보황(劉寶璜)이었지만,[55] 1926년 8월 시점에서 회장은 왕좌주(王佐周), 부회장은 광육봉(匡毓鳳)으로 바뀌었다. 이 자료에서는 이름만 언급되고 있지만 다른 자료에서 확인 가능한 상호를 정리하면 〈표 6〉과 같다.

---

53) 이은상, 「중일전쟁 이전 시기(1912 1936) 조선의 원산화교」, 『인문과학』 69, 성균관대 인문학연구원, 2016, 126-136쪽.

54) 「查辦新義州商會控告領事孫蔭蘭」(1926年), 『駐朝鮮使館檔』(03-47-150-03), 46-47쪽.

55) 朝鮮總督府, 『朝鮮に於ける支那人』, 177쪽.

〈표 6〉 신의주중화상회 직원 명단 (1926.06)

<table>
<tr><th>성명</th><th>업종</th><th>상호</th><th>직위</th></tr>
<tr><td>王佐周</td><td>직물잡화</td><td>慶祥德</td><td>회장</td></tr>
<tr><td>匡毓鳳</td><td>잡화</td><td>東福毓</td><td>부회장</td></tr>
<tr><td>畢心之</td><td>양조(油坊 겸업)</td><td>新明號</td><td rowspan="4">特別 會董</td></tr>
<tr><td>季子純</td><td>직물</td><td>永成順</td></tr>
<tr><td>韓文清</td><td>주물</td><td>同興公</td></tr>
<tr><td>王錫爵</td><td>양말제조</td><td></td></tr>
<tr><td>趙壽增</td><td>직물(양말제조 겸업)</td><td>永順祥</td><td rowspan="16">會董</td></tr>
<tr><td>劉寶璜</td><td>잡화</td><td>永興德</td></tr>
<tr><td>徐掄元</td><td>직물</td><td>同聚盛</td></tr>
<tr><td>李峻臣</td><td>직물</td><td>晉泰益</td></tr>
<tr><td>田惠濤</td><td>직물</td><td>泰成祥</td></tr>
<tr><td>曲芳芝</td><td>직물</td><td>雙聚盛</td></tr>
<tr><td>李振英</td><td>직물</td><td>興茂東</td></tr>
<tr><td>黃萬金</td><td>잡화</td><td>萬富源</td></tr>
<tr><td>楊耀中</td><td>양말제조</td><td>中興工廠</td></tr>
<tr><td>李潤三</td><td>양말제조</td><td>玉源茂</td></tr>
<tr><td>張文華</td><td>잡화</td><td>華興東</td></tr>
<tr><td>劉振聲</td><td>잡화</td><td>永來興 支店</td></tr>
<tr><td>李德屛</td><td>잡화</td><td>東順隆 支店</td></tr>
<tr><td>王富文</td><td>잡화</td><td>富興恒</td></tr>
<tr><td>劉希恒</td><td></td><td></td></tr>
<tr><td>石永成</td><td></td><td></td></tr>
</table>

* 출처: 「查辦新義州商會控告領事孫蔭蘭」(1926年), 『駐朝鮮使館檔』(03-47-150-03), 46-47쪽.
* 비고: 업종과 상호는〈표 4〉, 〈부표 1〉, 〈부표 3〉, 〈표 7〉(후술)에 의거하여 작성함

중화상회 직원 22명 중 확인되는 20명을 업종별로 살펴보면 양조업(油坊 겸업) 1명, 주물공장 1명, 양말제조업 3명을 제외하고 나머지 15명은 직물, 잡화상(영순상은 양말제조 겸업)으로 이들이 중화상회를 주도함을 알 수 있다.

신의주영사 쑨인란 고발을 주도한 인물은 중화상회 부회장 광육봉이었

다. 그는 영사 쑨인란이 국익을 해치고 교민 보호를 도외시하고 있다는 6가지 이유를 들어 쑨인란의 파직을 조선총영사와 본국 외교부에 요청하였다. 그러나 중화상회 특별 회동(會董) 한문청(韓文淸) 등은 오히려 수습영사(修習領事) 궁딩(龔欞)이 몇 명의 회동과 결탁하여 사적인 복수를 하는 것이라고 하면서, 영사 고발 건은 중화상회 전체의 의견이 아니라는 문건을 총영사와 외교부에 보냈다. 이 사건은 직무 이탈을 이유로 영사 쑨인란이 수습영사 궁딩의 면직을 외교부에 요청하고 결국 궁딩이 면직되는 것으로 마무리되었다.[56] 그러나 이 사건 이후 중화상회 회장과 부회장, 특별 회동의 인사에 변동이 발생하였다. 후술할 〈표 7〉과 비교해보면 화상상회 회장은 왕좌주에서 한문청으로 바뀌고 기존 중화상회 회장 왕좌주가 상무위원으로 선출된 것을 제외하고 중화상회 부회장과 특별 회동 3명은 교체되었다.

1929년 8월 난징국민정부는 신상회법(新商會法)을 공포하여 기존의 중화(총)상회를 화상상회(華商商會)로 개조하도록 했다. 이에 중화상회는 화상상회로 개칭되었다. 1930년 8월 신의주화상상회는 전체회의를 소집하여 선거를 통해 위원을 선출하고 그 결과를 신의주영사에게 보고하였다.[57] 그 명단은 〈표 7〉과 같다.

〈표 7〉을 살펴보면 1930년 8월 시점에서 신의주 화교사회를 이끄는 집단을 확인할 수 있다. 따라서 1934년 말 화교상인표(〈부표 2〉)와 비교해보면 폭동 이전과 이후 신의주 화교사회의 변화를 엿볼 수 있을 것이다. 우선, 전체 23명의 당선위원을 업종별로 살펴보면 주물공장 1, 양말공장 6, 잡화상 9, 직물상 4명, 기타 3이었다. 원적은 산둥이 16명으로 가장 많고(掖縣 4, 海陽 3, 蓬萊 3, 牟平 2, 萊陽·榮成·福山·日照 각각 1명), 허베이 5명(交

---

56) 「查辦新義州商會控告領事孫蔭蘭」(1926年), 『駐朝鮮使館檔』(03-47-150-03), 2-12쪽; 「人事: 使館人事案」(1926年), 『駐朝鮮使館檔』(03-47-150-02), 80-83쪽.

57) 「商會改組」(1930年), 『駐朝鮮使館檔』(03-47-191-04), 117-118쪽.

〈표 7〉 신의주화상상회 위원 명단 (1930.08.20. 신의주화상상회 작성)

성명	관적	업종	행호(상호)	주소	직위
韓文清	河北 交河	주물공장	同興公	의주군 마전동	상무위원 주석
趙介宸	山東 海陽	잡화	永順祥	진사정 6정목 8번지	상무위원
王景仙	山東 牟平	燒鍋(양조)/油坊業	新明號	진사정 6정목 5번지	
匡景超	河北 天津	일용잡화	東福毓	진사정 6정목 4번지	
王佐周	山東 榮成	잡화	慶祥德	진사정 6정목 8번지	
李安道	山東 萊陽	양말제조	德泰盛	매지정 9번지	집행위원
郭祥齋	山東 掖縣	綢緞莊(직물)	洪聚祥	진사정 6정목 7-1번지	
焉玉峰	山東 海陽	잡화	永興德	진사정 6정목 6번지	
曲芳芝	山東 掖縣	직물	雙聚盛	노송정 10번지	
劉月樓	山東 牟平	직물	恒泰長	초음정	
夏蘭亭	山東 福山	잡화	義興盛	진사정 7정목 2-1번지	
李峻臣	山東 海陽	직물	晉泰益	진사정 7-3번지	
孫季棠	山東 日照	일용잡화	德興永	상반정	
王富文	河北 天津	일용잡화	富興恒	상반정	후보집행위원
楊耀中	遼寧 安東	양말제조	中興工廠	매지정 9번지	
王海亭	山東 蓬萊	양말제조	協和東	상반정 1정목 19번지	
李潤三	山東 蓬萊	양말제조	玉源茂/玉潤記	매지정 9번지	감찰위원
史子餘	山東 掖縣	양말제조	永成東/永順記	진사정	
張蘭亭	山東 掖縣	造胰(비누)공장	福豊泰	의주군 미륵동	
黃萬金	河北 天津	일용잡화	萬富源	진사정 6정목 2번지	
張文華	河北 天津	일용잡화	華興東	상반정	
陳佐廷	山東 蓬萊	質當(전당포)	同德當	상반정	후보감찰위원
郭學孟	遼寧 安東	양말제조	永合長	매지정 9번지	

* 출처: 「商會改組」(1930年), 『駐朝鮮使館檔』(03-47-191-04), 119-121쪽.

河 1, 天津 4명)이었으며, 랴오닝 안둥도 2명이 있었다. 거주지는 진사정 10, 상반정 5, 매지정 4, 그 외 노송정과 초음정 각 1, 마전동, 미륵동 각 1명으로 진사정에 가장 집중되었다. 잡화, 직물상은 진사정과 상반정을 중심으로 노송정, 초음정 등지에, 양말제조업은 매지정을 중심으로 상반정, 진사정에 자리하였다.

화상상회 상무(집행)위원은 5명이었는데, 주석은 동흥공 대표 한문청이었다. 앞서 서술했듯이 1919년 설립된 동흥공은 한씨 계열의 신의주를 대표하는 주물공장으로 〈부표 2〉에서도 자본총액이 5만 원(직공 38명)으로 명실공히 신의주화교를 대표하였다.

상무위원 조개신(趙介宸)은 잡화상 영순상(永順祥)을 경영하였다. 영순상은 1926년(〈표 6〉)과 1934년에는 조수증(趙壽增)이 대표자로 되어 있는데, 1934년 말 자본금 4만 원(종업원 18명)을 보유한 직물상으로 그 위상은 변함이 없었다. 상무위원 왕경선(王景仙)은 신명호 대표자로 양조장 겸 유방을 경영하였다. 1934년 신명호의 경영자는 왕덕탁으로 바뀌었지만(혈연 혹은 친척 관계로 추정), 동흥공과 더불어 부유한 화교였다. 동복육과 경상덕(慶祥德)은 앞서 1923년 조선총독부 조사자료에서 각각 과세표준액 1만 9천 원, 1만 원의 직물소매상으로 등장하고 있다. 이들 상무위원 5명은 배화폭동 이후 1934년에도 그대로 유지되었다.[58)]

다음으로 상무위원을 제외한 (후보)집행위원, (후보)감찰위원 18명 중 직물상, 잡화상은 10명, 양말제조업은 6명, 기타 2명이었다. 직물상, 잡화상 10명 중 5명은 〈부표 2〉에도 등장하지만 2명을 제외하고 경영 규모가 많이 축소되었고, 나머지 5명의 기록은 찾을 수 없다.[59)] 직물상, 잡화상이 주류

---

58) 배화폭동 당시 신의주화상상회가 본국 외교부에 신의주 상황을 보고한 자료에서 주석 한문청, 상무위원 조개신, 왕경선, 광경초, 왕좌주의 이름이 보인다. 「新義州中華商會呈外交部公函」, 1931.07.07, 『革命文獻』 第33輯(中國國民黨中央委員會黨史史料編纂委員會, 臺北: 中央文物供應社, 1964), 691-692쪽. 1934년에도 중화상회 주석 조개신이 화교소학교 교장을 겸임하고, 상무위원 왕경선, 한문청, 왕좌주, 광경초가 화교소학교 동사(董事)를 겸임하였다. 駐新義州領事館, 「駐新義州領事館管內華僑教育之狀況」, 『南京國民政府外交部公報』 第7卷 第7號, 1934.07. 따라서 1934년에는 주석만 한문청에서 조개신으로 바뀌었을 뿐 상무위원은 그대로였다.

59) 〈부표 2〉에 의하면, 직물상, 잡화상 6명 중 홍취상(21번), 의홍성(26번)은 경영자가

인 다른 지역과는 달리 신의주화상상회 위원에는 양말제조업자 6명이 포함되었다. 1930년 시점에서 신의주 양말제조업의 위상을 짐작할 수 있지만, 1934년에 이 6명의 이름과 상호는 더 이상 보이지 않는다. 이상에서 폭동 이후 상무위원의 위상은 차이가 없지만 집행위원, 감찰위원은 변화가 발생했음을 알 수 있다.

만주국이 수립된 이후 만주에서 온 중국인은 '만교'(滿僑)로 불렸다. 물론 난징국민정부는 만주국을 승인하지 않았기 때문에 만교를 인정하지 않았지만, 국적 문제는 신의주화교에게 중요하였다. 1934년 11월 만주국은 조선 최초로 신의주에 영사관을 개설하였다. 1935년 조선총독부 국세조사에 의하면 조선 전체의 중국인 중 만주국인이 약 20%를 차지하였고, 만주국인의 77.8%가 신의주를 포함한 평안북도에 거주하였다. 평안북도는 만주국인 대 중국인의 비율이 거의 1:2로 만주국인이 집중되었다.

특히 전쟁 발발 후 조선화교가 적국의 국민이 되면서 만주국 국적의 신분은 조선화교에게 유리하게 작용하였다. 이에 신의주화상상회의 주축을 이루는 유력 화교가 만주국으로 국적을 변경하는 예도 적지 않았다. 동흥공은 만주국으로 국적 변경을 찬성하지 않았지만, 동복양행, 신명호, 신홍덕, 신연리 등 유력 화교가 만주국으로 국적을 변경하면서 화상상회가 경비 부족으로 큰 곤란을 겪었다. 이처럼 만주국의 설립은 화교사회의 네트워크에도 영향을 미쳤다.[60)]

바뀌면서 자본액 각기 3만 5천 원, 2만 원을 보유한 건실한 상호였지만, 항태장(3번), 덕홍영(45번), 부홍항(47번)은 자본액 5,500-3,000원으로 그 규모가 크게 축소되었다. 그 외 5개 상호(永興德, 雙聚盛, 晉泰益, 華興東, 萬富源)는 기록이 보이지 않는다.

60) 이상 중일전쟁 시기 신의주화교의 국적과 중화상회의 관계에 대해서는 다음의 논문을 참고하라. 이은상, 앞의 논문(2017), 125-136쪽.

4. 신의주화교의 위상

지금까지의 논의를 바탕으로 식민지 조선 신의주화교의 특징을 다음과 같이 서술할 수 있다. 신의주는 전쟁과 철도로 인해 출현한 도시였다. 러일전쟁이 발발하자 경의철도의 북단으로 압록강 변의 모래벌판에 불과하였던 신의주가 지정되고 1911년에는 경의철도와 중국의 안봉철도를 연결하는 압록강 철교가 이곳에 가설되었다. 이어 1914년 신의주부로 승격되고, 1923년에는 평안북도 도청이 이전하면서 조선 서북부 최대의 도시가 되었다. 압록강 철교 완공 이후 신의주는 대(對)중국 무역항으로 중요한 위치를 차지하면서 철도를 이용한 육로무역이 비약적으로 발전하였다. 난징국민정부가 1930년 기존에 육로 국경관세 경감 혜택 규정을 철폐하고 1931년 관세 자주정책을 실행하면서 타격을 입었지만, 곧이어 만주국의 성립으로 압록강 맞은편의 국경무역, 상공업도시로 재차 주목받아 이전의 지위를 회복할 수 있었다.

이러한 신의주의 도시로서의 특성은 화교의 규모와 직업별 구성에도 반영되었다. 신의주화교는 1914년 1,269명을 시작으로 1930년에는 7,487명으로 중일전쟁 이전 최고 전성기를 맞이하였다. 배화폭동의 영향으로 인구가 줄어들었지만 이후 점차 회복세를 보였다. 신의주화교는 첫째, 국경도시라는 지리적 위치상 안둥과의 관계가 중요하였다. 이에 굳이 대자본을 투자하지 않아도 이익을 얻을 수 있어 직물수입상, 도매상이 없고 모두 직물소매상이었다. 둘째, 안둥에 거점을 둔 주물업, 양말제조업이 조선 진출을 위한 발판으로 신의주에 주목함으로써 주물업, 양말제조업이 성행하였다. 셋째, 일본인이 경영하는 신의주의 제재공장, 성냥공장, 철공소는 소수의 일본인노동자와 다수의 조선인, 화교노동자를 고용하였는데 화교노동자가 수적으로도, 숙련도의 측면에서도 조선인보다 우세하였다. 이러한 상황은 노동시장에서 조선인과 화교노동자 간의 경쟁과 갈등을 부추기는 결과를 초래하였다. 넷째, 중국인이 경영하는 공장은 모두 화교노동자만을 고용하였는데, 그중 양말공장 직공의 임금이 가장 저렴하였다. 신의주 화교 양말제조업이 조선 내에서 경쟁력을 갖게 된 연유는 이런 저임금 노동력과 밀접한 연관이 있다.

일반적으로 배화폭동 이후 화교 직물수입상, 도매상은 큰 피해를 보았지만 직물소매상과 잡화상이 주류인 신의주는 그 피해가 상대적으로 크지 않았다. 자본의 규모가 줄어들기는 했지만 오히려 만주국의 특수로 상공업이 발전하면서 상공업 인구의 비중이 높아졌다. 배화폭동을 계기로 화교상점의 일부는 폐쇄되거나 축소되었지만, 동시에 폭동 이후 신설된 경우도 적지 않았다. 이들 상점은 주로 오사카, 도쿄 등지의 직물, 잡화를 수입하여 신의주와 만주에 판매하면서 펑톈, 안둥에 분점을 설치하는 경우도 있었다. 신의주 화교사회를 대표하는 제조업으로서 주물업의 위상도 변함이 없었다. 그러나 평양의 화교직물상과 거래하였던 양말제조업은 폭동으로 평양의 직물수입상과 도매상이 큰 타격을 입자 그 영향으로 쇠퇴하였다.

신의주중화상회의 전신은 화상공의회로 1910년 신의주의 개방, 1911년 영사관 개설을 전후한 시점에 조직되었다. 이후 중화상무총회, 중화상회를 거쳐 1930년 화상상회로 개조되었다. 화상상회 위원의 명단을 통해 신의주 화교사회를 이끄는 집단을 확인할 수 있다. 전체 23명의 위원을 업종별로 보면 직물, 잡화업 외에 주물공장, 양말공장이 포함되어 있어 신의주 화교사회에서 주물업, 양말제조업의 영향력을 짐작할 수 있다. 배화폭동 이후 상무위원의 위상은 이전과 차이가 없었으나 집행위원, 감찰위원의 경우 양말제조업을 포함하여 변화의 폭이 컸다.

만주국이 수립된 이후 만주에서 온 중국인은 '화교' 에서 '만교' 로 바뀌었다. 물론 난징국민정부는 만주국을 승인하지 않았기 때문에 만교를 인정하지 않았지만, 국적 문제는 만주국 맞은편에 위치한 신의주화교에게 큰 파장을 가져왔다. 이러한 상황은 만주국이 조선에서 최초로 신의주에 영사관을 개설하면서 표면화되었다. 신의주를 포함한 평안북도에는 조선 전체에서 만교가 가장 많이 거주하였다. 중일전쟁이 발발하자 신의주의 유력 화교 대부분이 만주국으로 국적을 변경하면서 화상상회의 운영에 어려움을 가져왔고, 화교사회의 네트워크에도 큰 변화를 가져왔다.

〈부표 1〉 신의주부와 인근 화교노동자 고용 공장 상황 (1923년 말)

공장명	소재지	노동자수(명)			임금 (원)			경영자 주소 · 인명
		일본인	조선인	중국인	일본인	조선인	중국인	
長澤製材所	신의주부 鴨川町	1	-	60	2.55	-	0.55-1.75	신의주부 압천정 일본인 長澤喜代司
菱共材木商會	신의주부 압천정	4	22	64	0.70-2.30	0.50-0.75-	0.50 1.60	신의주부 압천정 일본인 近藤淸一
淺見製材所	신의주부 압천정	2	11	33	0.40-0.80	0.55-1.00	0.50-1.55	신의주부 압천정 일본인 淺見市次郎
朝鮮燐寸會社 (성냥회사) 신의주지점	신의주부 압천정	1	남44 여25	남29 여4	2.80	0.29-0.86	0.29-1.00	신의주부 압천정 지점장 일본인 鬼頭虎藏
鴨綠江木材商會	신의주부 압천정	2	5	55	0.85-1.30	1.00-2.00	0.50-1.50	신의주부 압천정 일본인 增田光平
朝鮮木材株式會社	신의주부 압천정	1	4	100	1.50	0.85-1.30	0.45-2.00	신의주부 압천정 일본인 荒木要次郎
石崎製材所	신의주부 압천정	14	5	150	1.70-3.60	0.40-1.50	0.47-1.50	신의주부 압천정 일본인 石崎久三郎
滿鮮製函木材會社	신의주부 압천정	3	28	63	2.60-4.20	0.45-0.70	0.50-1.50	신의주부 압천정 일본인 佐藤松四郎
三共製材所	신의주부 압천정	-	10	27	-	0.55-1.20	0.45-1.40	신의주부 압천정 일본인 眞野朋雄

신의주부 (기름공장)	大豆油房 眞砂町 5번지	-	-	17	-	-	大1.00 中0.80 小0.50	진사정 6정목 중국인 畢心之
양말(靴下) 제조	常盤町 1정목 19번지	-	-	12	-	-	대0.30 중0.15 소0.03	상반정 1정목 19번지 중국인 王奎五
모자양말 (帽襪) 제조	진사정 6정목 7의 2번지	-	-	18	-	-	대0.30 중0.20 소0.06	진사정 6정목 7의 2번지 중국인 趙壽增
양말제조	진사정 6정목 8번지	-	-	18	-	-	대1.00 중 0.70 소 0.30	진사정 6정목 8번지 중국인 王錫爵
양말제조	梅枝町 9번지	-	-	38	-	-	대 0.80 중 0.50 소 0.30	매지정 9번지 중국인 李潤三
양말제조	매지정 9번지	-	-	14	-	-	대 0.30 중 0.30 소 0.10	매지정 9번지 중국인 滕恩吉
수건(手拭)/ 깔개(敷物) 제조	매지정 9번지	-	-	13	-	- 소 0.05	대 0.29 중 0.20	매지정 9번지 중국인 史自豊
신의주철공장	濱町 1번지	6	2	23	2.40	2.60	0.30~ 2.20	빈정 1번지 일본인 中込精一
北鮮鐵工場	빈정 1번지	1	1	4	3.50	1.40	1.40	빈정 1번지 일본인 岡田大吾
安河內鐵工所	빈정 2번지	1	1	10	2.50	1.40	0.40- 1.50	빈정 2번지 일본인 安河內信次郎
주물공장(1)	光城面 麻田洞	-	-	19	-	-	0.70	광성면 마전동 중국인 許筱軒
주물공장(2)	광성면 마전동	-	-	18	-	-	0.70	광성면 마전동 중국인 陳周齡
주물공장(3)	광성면 마전동	-	-	27	-	-	0.70	광성면 마전동 중국인 韓文淸

주물공장(4)	광성면 마전동	-	-	26	-	-	0.70	광성면 마전동 중국인 朱相海
주물공장(5)	彌勒洞	-	-	35	-	-	0.70	광성면 미륵동 중국인 鞠玉山
주물공장(6)	미륵동	-	-	10	-	-	0.70	중국 安東縣 일본인 大塚福一
주물공장(7)	미륵동	-	-	25	-	-	0.68	광성면 미륵동 중국인 冷用順
타올직물공장	미륵동	-	-	14	-	-	0.70	광성면 마전동 중국인 于宣三
양말직물공장	마전동	-	-	17	-	-	0.70	광성면 마전동 중국인 楊耀中
양말직물공장	미륵동	-	-	18	-	-	0.65	광성면 미륵동 중국인 張子述
벽돌(煉瓦) 공장	마전동	-	40	238(?)	-	0.70	0.65	신의주 일본인 阿部國造
벽돌공장	書堂洞	-	7	29	-	0.70	0.65	신의주 일본인 谷口信松
벽돌공장	煙台洞	-	5	16	-	0.70	0.65	신의주 일본인 猪口順助
중국 소면 제조	미륵동	-	-	4	-	-	0.50	광성면 미륵동 중국인 于世濱

* 출처: 朝鮮總督府, 『朝鮮に於ける支那人』, 183-185쪽.

〈부표 2〉 신의주부 화교상인 조사표 (1936.03 신의주영사관 보고)

번호	주요 상호/ 공장명	업종	영업자	개설 연도	자본/ 재산총액	직원수	영업 상황
1	永順祥	綢緞綿布	趙壽增	1923	40,000	18	甚佳
2	泰成祥	綢緞布疋	李麟閣	1922	15,000	12	甚佳
3	恒泰長	주단포필	劉月樓	1922	5,500	8	佳
4	東和商店	주단포필	宋文舉	1926	10,000	13	佳
5	福興昶	주단포필	劉憲章	1928	12,000	9	甚佳
6	雙聚東	주단포필	徐掄元	1929	15,000	13	佳
7	永順德	주단포필	滎星五	1931	10,000	11	佳
8	新興東	綿布	王占臣	1933	16,000	9	佳
9	益順東	면포	孫奉益	1933	25,000	10	佳
10	永泰洋行	면포	石桂芳	1934	10,000	6	平常
11	三盛洋行	면포	王景武	1931	15,000	7	佳
12	裕興德	면포	焉欽五	1932	36,000	10	甚佳
13	滿泰洋行	면포	孫紫軒	1934	10,000	12	平常
14	新泰洋行	면포	劉序五	1934	10,000	6	平常
15	順泰洋行	면포	梁耀東	1935	10,000	6	平常
16	同增號	주단포필	楊仁溥	1933	10,000	13	佳
17	玉昶號	주단포필	周玉章	1934	2,000	6	不明
18	恒泰和	주단포필	張順亭	1934	2,000	5	不明
19	雙興東	주단포필	曲紫亭	1932	20,000	20	甚佳
20	義發元	주단포필	李鳳鳴	1935	3,000	6	平常
21	洪聚祥	주단포필잡화	郭鴻祺	1927	35,000	26	甚佳
22	晉興春	포필잡화/ 양말제조	生岐山	1926	10,000	30	佳
23	福和泰	포필잡화	張恒倫	1933	20,000	8	平常
24	新興德	잡화	畢和之	1932	37,000	25	甚佳
25	慶昌德	잡화	王永清	1932	10,000	10	平常
26	義興盛	잡화	牟鳳昌	1924	20,000	6	佳
27	東福裕	잡화	門子連	1928	2,000	6	佳
28	財發東	잡화	宋金聲	1916	3,000	12	佳
29	義順福	잡화	盧有義	1929	5,000	5	不明
30	義盛永	잡화	孫守仁	1925	3,500	6	平常

31	德順慶	잡화	孫圭堂	1931	2,000	3	平常
32	雙成東	잡화	王延璉	1930	2,000	3	平常
33	瑞祥永	잡화	苗書田	1920	3,000	9	甚佳
34	鴻增源	잡화	畢漢清	1912	5,000	7	佳
35	聚興福	잡화	孫樂鴻	1923	3,000	5	佳
36	益興成	잡화	劉樹謚	1927	4,000	11	佳
37	復成興	잡화	劉巨川	1924	2,000	6	尙佳
38	謙亨德	잡화	任恕昌	1930	2,000	7	尙佳
39	長發永	잡화	李秀峯	1923	3,500	5	佳
40	福聚興	잡화	張蘊珊	1920	4,000	3	佳
41	福生祥	잡화	曹明傳	1929	2,500	10	佳
42	洪聚永	잡화	王丕熙	1932	2,000	4	不明
43	寶聚東	일용식품주류	宋桂林	1921	15,000	13	甚佳
44	德興東	일용식품주류	郭長榮	1909	5,000	13	佳
45	德興永	일용식품주류	孫季裳	1909	5,000	14	佳
46	長發東	일용식품주류	徐長發	1913	4,000	12	平常
47	富興恒	일용식품주류	王富文	1919	3,000	8	平常
48	永來興	일용식품주류	田永富	1919	10,000	9	甚佳
49	永來興支店	일용식품주류	劉振聲	1921	5,000	7	甚佳
50	東順隆	일용식품주류	李德屛	1916	4,000	6	平常
51	吉升永	일용식품주류	李文通	1927	2,000	6	不明
52	東福洋行	식료품도매	匡永秀	1934	36,000	14	甚佳
53	新明號	주조(양조장)/착유	王德晫	1925	50,000	8	尙佳
54	同興公	주철(주물)공장	韓文清	1919	50,000	38	甚佳
55	福盛德	주철(주물)공장	陳周齡	1912	20,000	18	佳
56	新延利	주철공장	李安道	1932	40,000	37	甚佳
57	仁德和	양말직조	畢榮山	1925	3,000	8	尙佳

* 출처: 駐新義州領事館, 「新義州僑商概況」, 『南京國民政府外交部公報』 第9卷 第3號, 1936.03.
* 비고: 화교상인의 자본금은 2천 원 이상으로 한정하고 그 이하는 포함시키지 않음요리점 9, 과자점 2, 유리상점 1, 양복점 1, 차량제조 1, 자전거 1, 목공소 3, 생선가게(魚店) 2. 삼끈(麻繩), 갈대자리(葦蓆) 제조 7, 염색방 1, 방앗간(磨坊) 1은 생략함

〈부표 3〉 신의주의 주요 화교상업 상황 (1923년 말/ 1928년 말)

	1923년 말				1928년 말				
	상호/공장명	업종	경영자	과세표준액(원)	상호명	소재지	대표자	업종	연간매상액(원)
1	永成順	직물소매	季子純	91,000	永成順	진사정	季子純	직물/鐵工 도소매	190,000
2	同聚盛	직물소매	徐掄元	32,000	同聚盛				
3	恒興和	직물소매	劉月樓	28,000	恒興和	노송정	劉月樓	직물/양말 도소매	33,000
4	永成東	직물소매	史萬慶	17,000	永成東	진사정	史萬慶	잡화/양말 도소매	130,000
5	慶祥德	직물소매		10,000	慶祥德	진사정	王佐周	잡화도매	170,000
6					泰成祥	진사정	田惠濤	직물소매	30,000
7					同聚盛	진사정	郭鴻祺	직물 도소매	53,000
8					永聚慶	노송정	郭學成	직물 도소매	41,000
9					福合興	노송정	蕭承發	직물 도소매	27,000
10					雙聚盛	노송정	曲芳芝	잡화,직물 도소매	100,000
11					張義芳	진사정	張義芳	직물소매	20,000
12					永順祥	진사정	趙壽增	직물/양말 도소매	180,000
13					晉泰益	진사정	李峻臣	직물 도소매	134,000
14					興茂東	진사정	李振英	직물소매	15,000
15	德興永	잡화	劉寶璜	48,000	德興永	영정	劉寶璜	잡화소매	23,000
16	華興東	잡화	張文華	40,000	華興東	상반정	張文華	잡화소매	20,000
17	同合盛	잡화	李興家	29,000					
18	長發東	잡화	許長發	24,000	長發東	상반정	許長發	잡화소매	15,000
19	東順隆	잡화	喬鳳翥	19,000					
20	東福毓	잡화		19,000	東福毓	진사정	匡毓鳳	잡화소매	30,000
21	德順塘	잡화		17,000					

22	永來興 支店	잡화		15,000	永來興 支店	진사정	劉振聲	잡화소매	19,000
23					富興恒	상반정	王富文	잡화소매	18,000
24					義興成	진사정	牟鳳昌	잡화 도소매	40,000
25					寶聚東	상반정	宋桂林	잡화소매	38,000
26					永興德	진사정	焉玉峯	잡화소매	140,000
27					洪增源	상반정	畢漢清	잡화소매	15,000
28					東順隆 支店	영정	李德屛	잡화소매	17,000
29					三福商店	진사정	戚福亭	잡화소매	10,000
30					金子洋行	진사정	范舍銘	잡화소매	18,000
31					瑞祥義	진사정	苗書田	잡화소매	13,000
32	義順祥	豆油제조	畢心之	36,000	新明號	진사정	畢心之	燒酎/豆油, 豆餠	138,000

* 출처: 朝鮮總督府, 『朝鮮に於ける支那人』, 176-182쪽; 京城商業會議所 編, 「朝鮮に於にる外國人の經濟力」, 37-38쪽에 의거하여 재구성함
* 비고: 상호, 경영자 이름의 오류를 정정함. 과세표준액 100단위 이하는 절사하였음

참고문헌

『駐朝鮮使館檔』, 臺灣中央研究院近代史研究所檔案館 所藏.

京城商業會議所 編, 「朝鮮に於にる外國人の經濟力」, 『朝鮮經濟雜誌』 第159號, 1929.

中國第二歷史檔案館 編, 『南京國民政府外交部公報』, 南京: 江蘇古籍出版社, 1990(影印本).

朝鮮總督府, 『朝鮮に於ける支那人』, 朝鮮總督府, 1924.

小田內通敏, 『朝鮮に於ける支那人の經濟的勢力』, 東京: 東洋協會出版部, 1924.

朝鮮總督府, 『朝鮮總督府統計年報』, 各年.

圖書普及會 編, 『安東縣及新義州』, 京城: 圖書普及會, 1917.

西浦半助, 『新義州案內』, 新義州: 國境文化協會, 1930.

張晟栻 編, 『新義州大觀』, 京城: 文化堂, 1931.

新義州商工會議所, 『新義州商工案內』, 新義州: 新義州商工會議所, 1938.

新義州商工會議所, 『新義州商工案內』, 新義州: 新義州商工會議所, 1940

新義州商工會議所, 『新義州商工要覽』, 新義州: 新義州商工會議所, 1942.
中國國民黨中央委員會黨史史料編纂委員會, 『革命文獻』 第33輯, 臺北: 中央文物供應社, 1964.
秦裕光, 『旅韓六十年見聞錄: 韓國華僑史話』, 臺北: 中華民國韓國研究學會, 1983.

손정목, 『한국 개항기 도시 변화과정 연구』, 일지사, 1982.
왕언메이(王恩美) 저, 송승석 역, 『동아시아현대사 속의 한국화교 – 냉전체제와 조국 의식』, 학고방, 2013.
이정희 · 송승석, 『근대 인천화교의 사회와 경제 – 인천화교협회 소장 자료를 중심으로』, 학고방, 2015.
李正熙, 『朝鮮華僑と近代東アジア』, 京都: 京都大學學術出版會, 2012.
이은희, 「일제하 조선 · 만주의 제당업 정책과 설탕 유통」, 『동방학지』 153, 연세대학교 국학연구원, 2011.
김지환, 「안봉철도 부설과 중국동북지역 신유통망의 형성」, 『중국사연구』 87, 중국사학회, 2013.
이은자 · 오미일, 「1920 1930년대 국경도시 신의주의 華工과 사회적 공간」, 『사총』 79, 고려대 역사연구소, 2013.
이은자, 「중일전쟁 이전 시기 중국의 국경도시 安東의 이주민 – 교류와 갈등의 이중주」, 『중국근현대사연구』 62, 한국중국근현대사학회, 2014.
이은상, 「중일전쟁 이전 시기(1912-1936) 조선의 원산화교」, 『인문과학』 69, 성균관대 인문학연구원, 2016.
이은상, 「20세기 전반(1912~1936) 식민지 조선의 신의주화교」, 『중국근현대사연구』 70, 한국중국근현대사학회, 2016.
이은상, 「원산화교와 배화폭동」, 『중국근현대사연구』 72, 한국중국근현대사학회, 2016.
이은상, 「생존과 친일 사이 – 중일전쟁 시기 신의주화교의 동향」, 『중국사연구』 106, 중국사학회, 2017.
주익종, 「일제하 평양의 메리야스공업에 관한 연구」, 서울대 박사학위 논문, 1994.
宋伍强, 「關于民國初期新義州的朝鮮華僑及其商業活動之考證 – 圍繞二十世紀二三十年代新義州華商之絲織品行業的商業活動情況」, 『世界華僑華人研究』 第2輯, 廣州: 暨南大學華僑華人研究院, 2010.
宋伍强, 「1920年代におにる新義州朝鮮華僑の商業活動について – 靴下製造業を中心に」, 『星陵臺論集』 第43巻 第3號, 兵庫: 兵庫縣立大學大學院 學園都市キャンパス研究會, 2011.

제2장

동아시아의 냉전과 고베(神戸) 화교사회

— 좌경화사회의 형성과 탈냉전 이후의 변화

| 왕언메이(王恩美) |

1. 전후의 일본 상황과 화교문제

제2차 세계대전 이후(이하 전후) 동아시아에서는 냉전이 형성되었다. '두 개의 중국' 으로 분열된 중화민국[1]과 중화인민공화국이라는 국민국가의 탄생은 동아시아 냉전의 산물이라고 할 수 있다. 전후 일본 화교사회는 일본, 중화민국, 중화인민공화국이라는 국민국가의 영향력 아래에 놓이게 되었다. 동아시아 냉전과 국민국가의 요소가 복잡하게 뒤엉켜 상호작용이 발생하는 것이야말로 냉전시기 동아시아의 특징이다. 그리고 그 특징이 잘 나타난 곳이 바로 일본 화교사회라고 할 수 있다.

1) 이 장에서는 중이 글에서는 중국, 대만, 중화인민공화국, 중화민국을 각기 다른 개념의 용어로 사용한다. 중국과 대만은 지리적인 개념이고, 중화인민공화국과 중화민국은 정치적인 개념으로 국가 또는 정부를 가리키는 용어로 사용한다.

일본의 반공체제는 공산세력의 침투를 허용하고 공산세력의 활동이 가능한 느슨한 반공체제였다. 일본의 느슨한 반공체제는 화교사회에도 큰 영향을 끼쳤다. 일본화교의 특징은 화교사회 내부에 냉전 대립 구조가 형성된 것이다. 일본 화교사회에는 '반공'과 '친공' 세력이 대립구조를 형성함으로써 화교사회 내부에 냉전 대립 구조가 형성되었다. 이러한 대립구조는 일본 화교사회를 중화민국파와 중화인민공화국파로 분열시켰다. 그리고 중화민국과 중화인민공화국 사이에 화교 쟁탈전이 치열하게 벌어졌다. 일본 화교사회 내부의 냉전 대립 구조가 선명한 곳은 요코하마 화교사회라고 할 수 있다. 냉전시기 요코하마에는 중화민국파와 중화인민공화국파의 화교학교가 각각 존재하며 화교세력이 우열을 가리기 힘들었다. 그러나 고베 화교사회는 중화인민공화국파의 세력이 우세한 지역으로 화교학교도 친중국계였다. 전후 고베 화교사회는 중화민국과 중화인민공화국이 경쟁을 벌이는 가운데 중화인민공화국파가 우세한 좌경화된 화교사회가 형성되었다.

일본과 중화인민공화국이 정식적인 외교관계를 체결하는 것은 1972년 이후다. 1972년 '중일국교정상화' 이후 일본은 더 이상 '반공국가'가 아니었고 동아시아 냉전 구조에서 이탈한다. 따라서 일본 화교사회는 '중일국교정상화' 이후부터 탈냉전시기에 진입했다고 할 수 있다. 화교들은 탈냉전시기로 진입했다고 해도 국민국가의 영향력에서 벗어날 수는 없었다. 화교라는 존재 자체가 국가와 국가 사이에서 살아갈 수밖에 없기 때문이다.

이 장에서는 냉전시기 고베 화교사회가 일본, 중화민국과 중화인민공화국의 국민국가의 영향력 속에서 좌경화되어가는 과정과 1972년 '중일국교정상화' 이후 탈냉전시기로 진입한 고베 화교사회의 변화를 검토해 보고자 한다.

2. 대만인의 화교사회 가입과 전후 고베 화교사회

1) 대만인의 화교사회 가입

전후 일본 화교사회의 중요한 특징 중 하나는 바로 대만 식민지 출신자가 화교사회로 편입되어 일본화교를 구성하게 되는 것이다. 이것은 동남아나 미국 등 다른 지역에서는 볼 수 없는 일본 화교사회만의 특징이다. 이들 대만인은 일본 화교사회의 지도자로 활약하며 화교사회에 큰 영향을 끼쳤다. 화교사회에 가입한 대만인을 당시에는 '신화교'[2)]라 불렀다. 여기서는 식민지 출신자인 대만인이 화교사회로 편입하는 과정을 통해 고베 화교사회의 전후 초기의 변화를 살펴보겠다.

1945년 8월 14일 일본이 포츠담선언(Potsdam Declaration)을 받아들이고 다음날(15일) 국민들에게 이것이 발표됨으로써 제2차 세계대전은 끝났다. 포츠담선언에 따라 일본은 미국을 중심으로 한 연합국 최고사령부(General Headquarters of the Supreme Commander for the Allied Powers, 이하 GHQ)에 의해 점령되었다. 1945년 10월 2일 GHQ가 도쿄에 설립되었고 맥아더(Douglas MacArthur)가 총사령관으로 부임했다. 그 후 1951년 9월 8일 샌프란시스코 강화조약(Treaty of Peace with Japan)이 체결되어 1952년 4월 28일 발효될 때까지 일본을 점령 통치했다.

1945년 전부터 중화민국 국적을 소지한 중국 출신 화교는 전후 초기 '연합국 국민' 의 법적 지위를 향유할 수 있었다. 그러나 식민지 출신인 대

2) 이 장에서는 '신화교' 와 신화교를 구분해 사용한다. 일본에서는 1945년 이후 일본 화교사회에 진입한 대만인을 화교들이 '신화교' 라고 불렀다. 그러나 화교연구에서는 일반적으로 1980년대 이후 중국에서 해외로 이주한 중국인을 신화교라고 부른다. 이 장에서는 '신화교' 는 1945년 이후 화교사회로 편입된 대만 출신 화교를 가리키며 신화교는 1980년대 말부터 증가하기 시작한 중국인 이주자를 가리킨다.

만인은 법적 지위가 모호한 상태였다. 1945년 11월 1일 미국은 '일본 점령 및 관리를 위한 연합국 최고사령관에 대한 항복 후 초기 기본지령'을 발표해 일본에 있는 대만인과 조선인을 '해방국민'으로 대우할 것이나 종전까지 일본 국민이었기 때문에 필요에 따라서는 적국인(敵國人)으로 대우한다는 방침을 정했다.[3]

중화민국정부 측에서는 1946년 6월 22일 '재외대교국적처리판법(在外臺僑國籍處理辦法)'을 제정 공포했다. 거기서 대만인은 1945년 10월 25일부로 중화민국 국적을 회복했다고 판단한다고 선포했다. 중화민국 국적을 회복한 대만인의 법적 지위는 일반 화교와 같으며 일본, 조선 지역에 있는 자는 연합국 거류민과 동등한 지위를 향유할 수 있다고 규정했다. 그리고 재외 대만인은 화교등록증(華僑登記證)을 발급 받아야 하며 등록증을 국적 증명으로 사용할 것을 정했다.[4] 또한 중화민국주일대표단[5](이하 주일대표단)은 '중화민국주일대표단교무처리여일교민등기판법(中華民國駐日代表團僑務處辦理旅日僑民登記辦法)'을 제정 공포해 증인 2명이 있고 1946년 12월 31일까지 등록을 마친 대만인에게 '화교임시등록증(華僑臨時登記證)'을 발급하기로 했다.[6] 이러한 재외 대만인에 대한 정책에서 중화민국정부는 일본에 거류하는 대만인을 화교로 취급할 방침을 세웠음을 알 수 있다.

---

3) 中華會館編, 『落地生根 - 神戶華僑與神阪中華會館百年史』(東京: 研文出版, 2000), p.237.

4) 中華會館編, 『落地生根 - 神戶華僑與神阪中華會館百年史』, p.238.

5) 중국주일대표단中國駐日代表團(Chinese Misson, 1946-1952)은 국민당정부가 전후 문제를 처리하기 위해서 일본에 설립한 외교기관이다. 중국주일대표단의 행정부문은 군사, 외교, 경제, 문화교육, 화교업무 등으로 나눠졌다. 주 업무는 화교의 보호·관리, 군수품 구매에 따른 연락과 조절, 전쟁배상 문제의 조사와 접수 등이었다. 1952년 '중일평화조약(中日平和條約)' 체결 후 중국주일대표단은 폐쇄되었고 주일대사관이 신설되었다. 중국주일대표단에 관해서는 楊子震, 「中國駐日代表團之研究 - 初探戰後中日. 臺日關係之二元架構」, 『國史館館刊』 19, 2009.3, 47-85쪽 참조.

6) 許瓊丰, 「戰後日本における華僑社會の再編過程に關する研究 - 在日台湾人と神戶華僑社會を中心に」, 神戶: 兵庫縣立大學經濟學研究科博士論文, 2009, 89쪽.

1947년 2월 25일 GHQ는 '중화민국인의 등록에 관한 각서' 를 작성해 대만인에 관한 중화민국의 행정 지시를 인정하고 이를 일본정부에 통지했다. 일본정부는 같은 해 5월 20일 「외국인등록령시행규칙」 제10조에서 이를 인정했다. 이로써 대만 출신자는 '연합국 국민' 으로 취급 받게 되었다. 일본에서 '연합국 국민' 은 형사 · 민사 재판 및 식량배급, 전동차 · 버스의 무료 승차 등 특권을 누릴 수 있었다.[7)]

일본에 있는 대만인들은 중화민국 국적을 취득하는 것에 큰 거부감이 없었다. 그 이유는 '연합국 국민' 이라는 처우를 받을 수 있고 일본법의 구속을 받지 않아도 되기 때문이었다. 그러나 일본정부는 강화조약이 체결되기 전까지 대만인은 여전히 잠재적인 일본 국적을 소유하고 있기 때문에 일본경찰의 관리를 받아야 한다고 주장했다.[8)] 1952년 4월 28일 샌프란시스코 강화조약이 발효되고 같은 날 '중일평화조약' 이 체결되면서 대만인의 국적 문제는 완전히 해결되었다. 샌프란시스코 강화조약의 발효로 일본은 주권을 회복하게 되었고 같은 날 '외국인등록법' 을 공포해 구식민지 출신자의 일본 국적 이탈이 정식으로 선포되었다.[9)] 그리고 일본정부는 중화민국과 체결한 '중일평화조약' 에서 대만인의 중화민국 국적 소유를 인정했다.

전후 초기 일본화교 정책 중 중화민국정부가 가장 중시한 것이 바로 화교 조직의 통합이었다. 화교 조직의 통합 과정은 대만인이 화교사회로 진입하는 중요한 계기가 되었다. 전후 초기 화교 조직은 '신 · 구화교단체' 가 공존하는 상황이 형성되었다. 고베의 경우 1891년 고베오사카중화회관(神阪中華會館)이 설립된 후 화교사회에서 중요한 역할을 해 왔으나 전쟁 시

---

7) 中華會館編, 『落地生根 - 神戸華僑與神阪中華會館百年史』, 235쪽.
8) 何義麟, 「戰後在日臺灣人的國籍轉換與居留問題」, 『師大臺灣史學報』7, 2014.12, 51-52쪽.
9) 何義麟, 「戰後在日臺灣人的國籍轉換與居留問題」, 54쪽.

기 화교에 대한 일본정부의 감시와 탄압으로 활동을 거의 중지한 상태였다. 1945년 8월 15일 옥음 방송이 있던 그날 화교 청년층을 중심으로 고베중화청년회(神戶中華靑年會)가 결성되었다. 8월 20일 고베중화청년회는 화교들의 구조활동을 위해 고베화교임시판사처(神戶華僑臨時辦事處)를 설치한다. 1945년 10월 고베중화청년회를 중심으로 고베화교총회(神戶華僑總會)가 설립되었다. 고베중화청년회는 중국 출신자 중심의 조직으로 이와는 별도로 1945년 9월 대만인 중심의 대만성민회(臺灣省民會)가 결성되었다.[10]

주일대표단은 중화민국교무위원회가 제정한 「해외교민단체비안규정(海外僑民團體備案規程)」에 따라 화교 단체의 일원화를 추진한다. 주일대표단의 지도로 일본 전국 각지 43개 지역에 화교연합회(華僑聯合會)가 설립되었다. 1946년 1월 도쿄에서 전일본화교총회준비대회(全日本華僑總會籌備大會)를 개최한 후 4월에 전국적인 화교 조직인 중화민국유일화교총회(中華民國留日華僑總會)가 도쿄에 설립되어 중국 출신자와 대만 출신자의 조직이 통합되었다. 1946년 11월 고베도 고베화교총회와 대만성민회가 통합되었다.[11] 대만인은 중국 출신자와 같은 화교 조직에 소속됨에 따라 화교라는 신분을 받아들이게 되었다고 필자는 생각한다.

1946년 7월 19일 발생한 시부야사건(澁谷事件)은 중국 출신자와 대만 출신자가 '우리' 라는 의식을 형성하는데 큰 영향을 끼쳤다. 시부야사건은 일본 경찰이 암시장에서 대만인 노점상을 단속하는 과정에서 충돌이 발생해 대만인 2명이 사망하고 10명이 중경상을 입고 43명이 체포된 사건이다. 당시 대만인은 GHQ로부터 '해방 국민' 인 동시에 '적국인' 으로 법적

10) 中華會館編, 『落地生根 – 神戶華僑與神阪中華會館百年史』, 232쪽.

11) 許瓊丰, 「戰後日本における華僑社會の再編過程に關する研究 – 在日台湾人と神戶華僑社會を中心に」, p. 103-104; 盧冠群編著, 『日本華僑經濟』(臺北: 海外出版社, 1956), 31쪽.

지위가 모호한 시기였다. 하지만 당시 대부분의 대만인은 자신이 '연합국 국민'의 신분이 있다고 여겼고 일본 경찰에게 체포되지 않고 심문을 받지 않는 특권이 있다고 생각했다. 그러나 일본 경찰은 치안 관리를 위해 대만인을 단속이 필요한 '제3국인'으로 취급했다.[12] 시부야사건 발생 후 7월 28일 재일화교연맹(在日華僑連盟) 주최로 희생자를 추모하는 '화교총회장(華僑總會葬)'이 거행되어 2,500명의 화교가 참석했다.[13] 일본 화교사회는 시부야사건을 계기로 한층 더 중국 출신자와 대만 출신자의 유대관계가 강화되어 '우리'라는 공동체를 형성할 수 있게 되었다.[14] 대만인이 화교 신분을 획득하면서 '연합국 국민'이라는 우월의식을 공유할 수 있었고 이러한 우월의식의 공유도 공동체 의식을 형성하는 중요한 원인이 되었다고 생각한다.

2) 전후 고베 화교사회의 변화

대만인의 화교사회 가입으로 인해 일본 화교사회는 큰 변화를 겪게 된다. 〈표 1〉에 나타난 바와 같이 대만 출신자가 전체 화교 인구의 절반 정도를 차지하게 되었다. 고베의 경우에도 대만 출신자가 반수 정도를 차지한다.

일본에 온 동기를 기준으로 고베의 대만 출신자를 4가지 유형으로 나눌 수 있다. 첫째는 대만이 식민지화된 후 상업 목적으로 온 사람들로 주로 바나나 · 쌀 · 모자원료 등을 일본에 수입하고 해산물 · 진주 · 면 · 잡화 등을 수출하는 무역업에 종사했다. 둘째는 유학생으로 비교적 부유한 가

12) 何義麟, 「戰後在日臺灣人的國籍轉換與居留問題」, 52쪽.
13) 楊子震, 「帝國臣民から在日華僑へ – 澁谷事件と戰後初期在日台湾人の法的地位」, 77쪽.
14) 楊子震, 「帝國臣民から在日華僑へ – 澁谷事件と戰後初期在日台湾人の法的地位」, 77 · 83쪽.

〈표 1〉 전후 일본화교 인구 및 출신지

년	전국			도쿄		카나가와(요코하마)		교토		오사카		효고(고베)	
	총인구	중국 출신	대만 출신	중국 출신	대만 출신	중국 출신	대만 출신	중국 출신	대만 출신	중국 출신	대만 출신	중국 출신	대만 출신
1948	33,148	19,175	13,433	2,769	3,857	3,403	363	943	460	1,653	3,010	3,743	3,063
1949	38,582	21,945	16,637										
1950	38,281	21,506	16,775	3,573	5,360	3,668	813	782	530	1,814	3,156	4,228	3,625
1951	41,243	23,189	18,054	4,551	5,796	3,866	1,069	831	561	2,007	3,368	4,364	3,860
1952	43,905	24,583	19,322	5,334	6,509	4,022	1,132	840	572	2,132	3,534	4,537	4,050
1953	43,778			12,552		5,127		1,239		5,694		8,496	
1954	43,282												
1955	43,865			12,799		5,268		1,178		5,761		8,312	
1956	43,372			12,784		5,194		1,119		5,321		8,360	
1957	44,560			12,930		5,274		1,155		6,062		8,470	
1958	40,691	20,053	20,638		6,740	4,085	1,258	714	456		4,005	4,343	4,455
1959	44,559	23,606	20,993	5,559	7,735	3,886	1,413	701	456	2,504	3,533	4,498	3,887

* 자료출처 | 1948~1957년, 1959년: 許瓊丰, 「戰後日本における華僑社會の再編過程に關する研究 - 在日台湾人と神戸華僑社會を中心に」, p.94.
1958년: 「日本華僑各項調査統計及僑務資料(一)」, 『外交部檔案』, 國史館소장, 典藏號: 020-010108-0018, p.29-34.

정 출신으로 유학 후 일본에 거류하거나 아직 유학 중인 자들이다. 셋째는 전쟁 시기에 온 징용공으로 주로 군수공장에서 일했다. 넷째는 중일전쟁 발발 후 군수공장에서 근무한 기술자로 징용에서 벗어나 일본에 정착한 사람들이다.[15)]

1946년 5월 5일에서 1950년 12월까지 중국 출신자 43,736명과 대만 출신자 24,406명이 본국으로 송환되었는데,[16)] 징용병들은 대부분 송환되었

15) 許淑眞, 「留日華僑總會の成立に就いて(一九四五~一九五二) - 阪神華僑を中心に」, 山田信夫編, 『日本華僑と文化摩擦』(東京: 巖南堂書店, 1983), 138-140쪽.

16) 中華會館編, 『落地生根 - 神戸華僑與神阪中華會館百年史』, 238쪽.

을 것으로 추정된다. 대만인의 가입은 화교들의 직업에도 큰 변화를 불러왔다. 중국 출신자들은 무역업과 이발업, 포목상, 음식업에 종사하는 사람들이 대다수였는데 대만인의 가입으로 지식인이 증가해 의사, 교직원, 기술자, 신문기자, 회사원 등 전문직에 종사하는 인구가 늘어났다.[17] 그러나 1950년대 고베화교들의 직업은 판매업 432명, 요리업 365명, 무역업 359명, 사무업 312명, 이발업 151명, 기능업 136명, 오락업 71명 등으로 판매업, 요리업, 무역업이 상위 3위를 차지했다.[18] 이로써 고베의 대만 출신 화교들은 상인이 주류를 이루고 있었다는 것을 알 수 있다.

3. 동아시아 냉전과 고베 화교사회의 좌경화

1) 일본 화교사회의 분열과 중화민국 · 중화인민공화국의 화교 쟁탈전

전후 일본에서는 국민당정부의 지도하에 일본 화교사회가 대만 출신자와 중국 출신자가 하나의 화교 조직으로 편성되면서 화교사회가 하나로 통합되는 듯했다. 그러나 1949년 중화인민공화국의 수립으로 화교사회는 중화민국파와 중화인민공화국파로 분열된다. 특히 주목해야할 것은 전후 일본 화교사회는 대만 출신 화교들의 좌경화 현상이 일어나 중화인민공화국파 성향을 보이게 되는데 그 원인으로는 1947년 대만에서 발생한 2 · 28사건이 지목되고 있다. 국민당정부의 무력진압으로 인한 2 · 28사건의 희생자는 18,000에서 28,000명에 달하는 것으로 밝혀졌다.[19] 2 · 28사건은

17) 許淑眞, 「留日華僑總會の成立に就いて(一九四五~一九五二) - 阪神華僑を中心に」, 139쪽.
18) 中華會館編, 『落地生根 - 神戶華僑與神阪中華會館百年史』, 265쪽.

대만인들에게 중화민국에 대한 '조국'의 기대가 실망과 좌절 그리고 분노로 뒤바뀌는 결정적인 순간이었으며 대만인들이 국민당 정권을 외래 독재 · 억압정권으로 인식하는 계기가 되었다.

2 · 28사건은 대만에 있는 대만인뿐만 아니라 일본에 있는 대만 출신 화교들에게도 큰 충격을 안겨 주었다. 해외에서 대만인이 가장 많이 거주하는 곳이 바로 일본이었고 화교의 반수가 대만 출신자였기 때문에 일본 화교사회에 대한 파장은 무척 컸다. 전후 대만의 '중국복귀'는 많은 대만 출신 화교의 바람이었다. 그러나 2 · 28사건이 발생하자 대만 출신 화교들은 국민당 정권을 강력하게 비판하기 시작한다. 2 · 28사건의 전모는 대만에서 일본으로 피신한 대만인이 학생단체와 화교단체를 찾아가면서 전해졌고, 이들의 생생한 증언은 큰 확산력을 지녔다. 이러한 분위기 속에서 화교사회의 국민당 정권에 대한 비판과 거부감은 커져만 갔다. 특히 청년 학생들의 집회에서는 더욱 과격하게 국민당 정권에 대한 분노를 표출했다.[20]

2 · 28사건 발생 직후 '도쿄화교연합회' 부회장 양춘송(楊春松: 대만 타우위안桃園출신)과 주일대표단 쎼난광(謝南光: 대만 장화彰化출신) 등은 '유일화교총회(留日華僑總會)' 내에 '2 · 28참안처리위원회'를 발족했다. 그들은 위원회를 통해 국민당정권의 악정을 고발하고 당사자의 책임 추궁과 대만동포의 기본인권 존중을 호소하며 국민당에 대한 항의서 서명운동을 전개했다. 1948년 10월에는 양춘송 주도하에 대만 출신 화교를 중심으로 '유일화교민주촉진회(留日華僑民主促進會)' (이하 민촉회)를 설립했다. 감찰위원을 포함한 임원 20명 가운데 출신자가 파악되는 14명 중 12명이 대만 출신

19) 1990년대 초기 이덩후이(李登輝) 집권시기의 행정원2 · 28연구소조(行政院二二八研究小組)의 보고서에 근거한 수치. 若林正丈, 『台湾の政治 - 中華民國台湾化の戰後史』(東京: 東京大學出版,2008), 48쪽.

20) 何義麟, 「戰後初期臺灣留日學生的左傾言論及其動向」, 『臺灣史研究』, 19-2, 2012.6, 175쪽.

이었다. 민촉회는 국민당정부를 반대하고 주일대표단을 국만당 독재 정권의 어용기관으로 규정했다. 또한 '반봉건, 반제국, 반관료'의 '삼반주의(三反主義)' 구호를 내걸고 민주전선을 확대해 가고자 했다.[21] 양춘송이 일본공산당 직속이었던 대만공산당 당원이었다는 것은 공공연한 사실이었다.[22] 따라서 '민촉회'는 2·28사건 발생 전부터 공산당에 소속된 대만 출신 화교의 주도로 설립된 것으로 봐야 한다. 그러나 중요한 것은 2·28사건이 좌파사상을 지닌 화교들이 국민당정부를 비판하고 일반 화교를 좌파로 끌어들일 수 있는 근거를 제공해 주었다는 것이다.

또한 국공내전이 국민당에 불리한 상황으로 전환된 것도 화교사회의 지지 기반이 흔들리는 중요한 원인이었다. 국공내전은 1949년부터 국민당의 패배가 점점 확실시되었다. 1949년 1월에는 베이핑(北平: 북경北京)[23], 4월에는 수도 난징(南京), 5월에는 상하이(上海), 8월에는 복건성(福建省)의 푸저우(福州), 10월에는 샤먼(廈門)이 공산당에 함락되었다.[24] 1949년 이후부터 도쿄지역에서는 민촉회를 중심으로 대만 출신 화교들의 중국공산당을 지지하는 언론과 행동이 이미 상당히 뚜렷해졌다. 유학생회[25]도 민촉회와 연합해 학생신문인 『중국유일학생보(中國留日學生報)』의 언론이나 2·28사건·5·4운동을 기념하는 활동 등을 중국공산당을 지지하는 내용

21) 許瓊丰, 「在日臺灣人與戰後日本神戶華僑社會的變遷」, 『臺灣史研究』, 18-2, 2011.6, 154쪽; 친라이코(陳來幸), 「재일타이완인과 전후 일본화교사회의 좌경화」, 송승석, 이정희 역음『동남아화교와 동북아화교 마주보기』(서울: 학고방,2015), 366쪽.

22) 친라이코(陳來幸), 「재일타이완인과 전후 일본화교사회의 좌경화」, 367쪽.

23) 중화민국정부는 1928년 난징을 수도로 정하고 베이징을 베이핑으로 이름 변경했다. 따라서 1928년부터 중화민국정부가 대만으로 퇴거한 1949년까지 베이징의 정식 명칭은 베이핑이었다.

24) 若林正丈, 『台湾 - 分裂國家と民主化』(東京: 東京大學出版,1992), 66-67쪽.

25) 1946년 5월 중국 대륙 출신 유학생회와 대만 출신 유학생회가 '중화민국유일학생총회(中華民國留日學生總會)'로 통합되었다.

으로 채워나갔다. 『중국유일학생보』에서는 2 · 28사건은 '반장의거(反蔣起義)' 로 묘사되었다. 중국공산당도 이런 기회를 이용해 좌경화된 대만 출신 화교와 그들이 주도하는 조직을 통해 '반장(反蔣)', '반내전' 선전을 전개했다. 『중국유일학생보』의 친중국공산당 보도는 이러한 영향 하에서 산출되었다. 『중국유일학생보』의 발행처는 원래 '중화민국유일학생총회(中華民國留日學生總會)' 였으나 1949년 9월 1일자부터 아무런 성명도 없이 '중국유일학생총회' 로 변경되었다. 유학생회가 중화민국을 포기했다는 결의를 엿볼 수 있다.[26)]

대만 출신 화교의 약 60%에서 70%가 중국공산당에 우호적이거나 동조했다고 한다. 이러한 원인에 대해 친라이코(陳來幸)는 다음과 같은 견해를 내놓았다. 첫째, 그들이 대륙 출신 화교와는 '질적으로 날랐기' 때문이다. 50년에 달하는 일제식민지를 경험한 대만 출신 화교는 중국 출신자와는 달리 본토의 정치 상황에 대해 잘 알지 못 했기 때문에 중화인민공화국의 선동과 유혹에 쉽게 동요되었다. 둘째, 일본의 '반미좌경화' 의 영향을 받았기 때문이다. 패전 후 일본은 미국의 점령정책을 감수하지 않을 수 없었고 쉽게 '반미좌경화' 에 빠져들어 중국 대륙에 친근감을 느끼고 대만을 경시하는 사회 풍조가 강하게 형성되었다. 대만 출신 화교들도 이러한 영향을 받아 공산당에 동조하는 자가 적지 않았다.[27)] 또한 허이린(何義麟)의 연구에 의하면 그 외에도 주일대표단의 거만한 태도와 부패도 대만 출신 화교들이 국민당을 저버리는 중요한 원인으로 작용했다고 한다.[28)] 그리고 전후 초기 국민당정권이 대만 출신 화교를 중시하지 않은 것도 원인 중 하나이다. 1951년 주일대표단 106명 중 대만 출신은 3명뿐이었고 교무처 직

26) 何義麟, 「戰後初期臺灣留日學生的左傾言論及其動向」, 175-177, 184-185쪽.
27) 친라이코(陳來幸), 「재일타이완인과 전후 일본화교사회의 좌경화」, 379쪽.
28) 何義麟, 「戰後初期臺灣留日學生的左傾言論及其動向」, 181-184쪽.

원 중 일본어 사용자는 39명 중 10명에 불과했다. 또한 대만어 사용 가능자는 단 1명밖에 없었다.[29)] 중국어 사용이 불편한 대만 출신 화교들의 문제를 처리하기에는 너무도 부족한 인원이었다.

민촉회는 '도쿄연합회' 에서도 큰 비중을 차지했다. 1949년 4월의 경우 46명의 감사위원 중 19명이 민촉회 가입자였으며 민촉회를 동정하는 사람까지 합치면 24명으로 과반수를 차지했다. 같은 해 거행된 회장선거에서도 민촉회는 3표 차로 중화민국파=국민당파에게 패배했을 정도로 국민당 지지파와 공산당 지지파(민촉회)가 팽팽하게 맞서는 상황이 연출되었다.[30)]

이렇듯 1949년 초부터 국민당과 공산당의 화교 쟁탈전의 막이 올랐다. 특히 1949년 10월 중화인민공화국 수립, 12월 중화민국정부가 대만으로 이전한 후 일본에서는 본격적인 화교 쟁탈전이 전개된다. 중화인민공화국을 지지하는 대만 출신 화교 중에는 당연히 좌파사상의 영향을 받아 이념적인 입장에서 지지를 보내는 자도 있었을 것이다. 그러나 필자는 중화민국에 대한 반감과 실망, 분노 때문에 중화인민공화국을 선택한 경우도 많았다고 본다. 여기에서 중요한 것은 일본에서는 화교들에게 중화민국과 중화인민공화국을 선택할 수 있는 선택권이 주어졌다는 것이다. 이러한 환경 속에서 화교 쟁탈전이 발생할 수 있었고, 그 배경에는 일본의 느슨한 냉전체제가 결정적인 역할을 했다.

1950년 6월 한국전쟁 발발 후 GHQ는 일본내에서 레드퍼지를 강력하게 추진한다. 1950년 말 민촉회의 기관지인 『화교민보(華僑民報)』가 처음으로 발행금지처분을 받았다.[31)] 그러나 1952년 4월 28일 샌프란시스코 강화조약이 발표되어 일본정부는 국권을 회복했다. 그 후 민간 측의 노력으로

---

29) 許瓊丰, 「在日臺灣人與戰後日本神戶華僑社會的變遷」, 167-168쪽.

30) 許瓊丰, 「在日臺灣人與戰後日本神戶華僑社會的變遷」, 156쪽.

31) 친라이코(陳來幸), 「재일타이완인과 전후 일본화교사회의 좌경화」, 357쪽.

1952년 6월 일본은 중공과 '제1차 민간무역협정' 을 체결하고 1953년 10월에는 '제2차 민간무역협정' 을 체결했다. 중화인민공화국은 1954년 말부터 '무력혁명' 에서 외교적 수단에 의한 '평화공세' 로 전환하고 적극적으로 일본과의 민간교류를 추진한다. 1955년 3월에 체결된 '제3차 민간무역협정' 의 교섭회담은 도쿄에서 진행되었고 처음으로 정부 간의 맺어진 협정이 되었다. 1958년 3월 5일에는 '제4차 민간무역협정' 이 체결되어 민간통상대표부에 관해 처음으로 상세한 규정이 제정되었으며 일본정부는 준외교관 대우라고 할 수 있는 대표부의 안전 확보와 암호 사용을 허가했다.[32]

1952년 4월 일본은 미국의 압력으로 중화민국과 평화조약을 체결하지만, 중화인민공화국과의 관계를 완전히 끊지 않았다. 일본정부는 동아시아 냉전체제에 속해 있으면서도 중화인민공화국 세력의 진출을 막지 않았다. 일본정부 내에는 중화인민공화국파가 존재했고 야당에는 사회주의를 지향하는 '공산당' 이 존재했으며, 그 외의 좌파 정당인 '사민당(社民黨)' 은 중화인민공화국에 대해 적극적인 지지 자세를 보이며, 1957년 4월 22일에는 중국을 방문해 '중일 국교정상화' 시기는 이미 도래했다고 언명하며 '대만은 중국의 국내 문제' 고 '유엔의 중국 대표권은 중국에 속해야 한다' 는 공동성명을 발표할 정도였다.[33]

또한 주목할 필요가 있는 것은 일본 국민의 중화인민공화국에 대한 반응이다. 1957년 6월 키시노부스케(岸信介) 수상은 대만을 방문해 장제스(蔣介石)를 접견하고 "대륙을 회복하는 것은 개인적으로는 매우 좋은 일이라 생각한다" 고 장제스 지지 발언을 했다. 중화인민공화국은 키시의 이러한

32) 井上正也, 『日中國交正常化の政治史』(東京: 名古屋大學出版會, 2010), 98 · 111-113 · 139-140쪽.

33) 井上正也, 『日中國交正常化の政治史』, 134쪽.

발언을 "공개적으로 6억의 국민을 적으로 돌렸다"고 비난했다. 키시의 이 발언은 일본 국내에서도 큰 논란을 불러 일으켰다.[34] 이 발언으로 인해 '제4차 민간무역협정' 체결 교섭이 중단되자 1957년 12월 말까지 외무대신 앞으로 제출된 교섭의 즉시 재개를 촉구하는 진정서가 57건에 달했다.[35] 이와 같이 일본 국내 여론과 국민은 친대만정책보다는 친중국정책을 지지하는 하고 있었다.

1952년 중일평화조약 체결 후 중화민국은 일본에서 합법적인 '중국정부'의 지위를 획득할 수 있었으나 일본 정부는 계속 중화인민공화국과 관계를 유지했다. 일본의 친중국적인 사회 분위기도 중화민국에게 큰 압력으로 작용했다. 일본에서 활동이 가능한 중화인민공화국은 적극적으로 화교들을 포섭해 화교들 즉 민간의 힘을 이용해 국가적 영향력을 발휘하려 했다.

화교 쟁탈전이 벌어지는 가운데 중화민국과 중화인민공화국은 이점과 실점을 가지고 있었다. 중화민국의 이점은 일본정부와 국교를 체결한 국가로서 화교정책을 추진하는 데 있어 일본정부의 협력을 구할 수 있다는 것이었다. 화교사회에서 발생한 문제를 정부 차원에서 일본정부에게 압력을 가할 수 있다는 점은 화교들에게도 큰 플러스 요소가 되었을 것이다. 그리고 중화민국은 국공내전이 재발하기 전에 일본 화교사회에 대한 통합을 진행했기 때문에 화교 조직에서도 중화인민공화국보다는 우세한 위치를 차지할 수 있었다. 그러나 중화민국이 갖고 있는 실점 또한 심각한 것이었다. 첫째, 중화민국은 스타트라인에서 지식인층의 지지 획득 실패라는 장애요소를 안고 출발하게 되었다는 것이다. 대만 출신 화교의 지지 획득 실패는 화교사회의 지식인층 포섭 실패로 이어졌다. 앞에서 지적한 바

34) 載天昭,『台湾戰後國際政治史』(東京: 行人社, 2001), 318쪽.

35) 井上正也,『日中國交正常化の政治史』, 137쪽.

와 같이 의사, 교직원, 기술자, 신문기자, 회사원 등 전문직에 종사자 중 대다수가 대만 출신 화교였다. 둘째, 국공내전에서 패배한 중화민국은 대만으로 정부를 이전해 존속해 갈 수 있었지만 대만은 대륙 출신 화교들에게는 홈랜드가 아니었다는 점이다. 중국 출신 화교에 대한 경쟁에서도 핸디캡으로 작용할 수 있었다. 셋째, 일본화교들 중 무역업에 종사하는 자가 꽤 많았는데 대만은 중국에 비해 무역 규모가 작았기 때문에 수익성이 약했다.

이에 비해 중화인민공화국의 이점은 대륙은 중국 출신자의 홈랜드인 동시에 대만과는 비교할 수 없는 무역 시장 규모를 지니고 있다는 점이었다. 그리고 대만 출신 화교들 즉 지식인층의 지지까지 얻은 상태였다. 또한 앞서 서술한 것과 같이 일본사회 내의 중화인민공화국 지지 풍조도 큰 이점으로 작용했다. 반면 실점은 국가적인 외교관계가 없으므로 민간의 힘에 의존할 수밖에 없었다. 또한 조직적인 면에서도 중화민국보다 열악한 상황이었다. 중화민국은 1945년 이후 화교사회 내에서 조직을 결성해 운영하고 있었고 화교연합회는 전국적으로 조직망이 형성되어 있었다. 이에 반해 중화인민공화국은 화교사회 내에 조직을 형성하지 못했다.

1951년 1월 주일대표단 단장 허쓰리(何世禮)는 '도쿄화교연합회' 부회장 천퀀왕(陳焜旺)과 연합회 '도쿄화교연합회'의 기관지인 『화교신문(華僑新聞)』에 GHQ를 비판하고 '신조국(중화인민공화국)'을 옹호하는 문장을 게재했다. 중화인민공화국파의 세력이 주일대표단까지 침투해 있었음을 알 수 있다. 같은 해 3월 중화민국은 중화인민공화국파의 세력이 '유일화교총회'에 침투하는 것을 막기 위해 '유일화교총회'를 '중화민국유일화교연합총회(中華民國留日華僑聯合總會)'로 변경하고 그 밑의 하부 조직인 각 지역의 '화교연합회'를 '화교총회'로 명칭을 변경했다. 이와 동시에 선거 자격을 갖춘 회원에서 추천인, 후보까지 모두 교무처(僑務處)의 사전심사를 받도록 규정했다. 그러나 실제 '도쿄화교총회' 의 선거에서는 주일대표단이 인정하지 않는 천권왕 등 중화인민공화국파 화교 4명이 많은 득표로 이사 · 감사에 당선되어 천권왕은 부회장으로 선출되었다. 이러한 결과는 중화민국의 기대에 반하는 것이었기 때문에 선거 무효를 선포하고 선거위원회를 새로 조직해 9월에 주일대표단이 인정한 새로운 화장과 간부를 선출했다. 이에 불만을 품은 이전 선거 당선자들은 새 '도쿄화교총회' 를 조직해 중화인민공화국의 주일 대표기관의 역할을 맡게 된다. 1952년 중화인민공화국파 '도쿄화교총회' 가 교민대회를 개최했는데 참석자가 약 2,000명에 달할 정도로 존재감을 과시했다.[36)]

이로써 중화민국의 지도를 받는 '중화민국유일화교연합총회' 와 그 하부조직인 각 지역의 '화교총회' 그리고 중화인민공화국의 지도를 받는 '도쿄화교총회' 가 탄생하게 되었다. 중화인민공화국이 전국적인 화교조직을 설립하는 것은 1954년 11월 '유일화교협상회의(留日華僑協商會議)' 설립 이후다. 중화인민공화국은 정부 설립 직후 한국전쟁 참전으로 1954년 9월에야 전국인민대표대회를 개최하고 헌법을 제정했다. 이 대회에 일본화교 대표 36명이 참가했다. 이 대회에서 전국적인 화교 조직인 '유일화교협상회의' 를 설립할 것이 결정되었다. 11월 '유일화교협상회의' 가 설립되어 도쿄에 본부를 설치하고 그 밑에 사무국을 두고 중화인민공화국의 지도에 따라 획일적인 활동을 전개해 나갔다.[37)]

---

36) 許瓊丰, 「在日臺灣人與戰後日本神戸華僑社會的變遷」, 156-157쪽.

37) 許瓊丰, 「戰後日本における華僑社會の再編過程に關する研究 – 在日台湾人と神戸華僑社會を中心に」, 191-192쪽.

2) 고베화교 단체의 좌경화

전후 고베 화교사회의 움직임을 보면 1947년 2 · 28사건 발생 이전까지는 국민당정부와 밀접한 관계를 유지하고 있었다. 특히 '고베화교총회' 는 주일대표단 고베 · 오사카교무분처(神阪僑務分處)의 하부조직과 같은 역할을 했으며 반관반민(半官半民)의 성격을 지니고 있었다. 주로 화교의 등록, 호적 · 국적업무, 배급물자의 신청과 배급, 전쟁 중 정치범 또한 통제경제 위반자로 체포된 화교의 석방, 화교 빈곤자의 구제, 화교사회에서 발생한 분쟁의 조정, GHQ 또는 일본 관청과의 교섭, 납세 업무, 군사재판의 배심 및 감형 탄원 또는 보석, 중국에서 강제 연행된 자 또는 대만 징용군 · 징용공의 송환 등을 취급했다. 그 중에서 가장 중요한 것이 바로 배급물자의 신청과 특별 배급 관련 업무였다. '고베화교총회' 는 매달 배급을 받은 인원수와 물자배급 상황, 특별배급 신청서를 고베 · 오사카교무분처에 송부해 인가를 받은 후 GHQ 당국에 제출했다. 특별 배급물자를 받기 위해서는 화교라는 증명이 필요했고 대만 출신 화교들의 경우 화교 임시증명서 외에도 각 지방의 화교총회가 발급하는 화교 증명서가 필요했다.[38] 이렇듯 고베 화교사회는 화교총회의 통솔하에 국민당정부에 통합되어 갔다.

그러나 고베 화교사회에서도 2 · 28사건 이후 대만 출신 화교들의 좌경화 현상이 나타난다. 그리고 1949년 이후 고베 화교사회는 좌경화된 친중국적인 화교사회로 빠르게 탈바꿈한다. 1948년 10월 도쿄에서 민촉회가 설립 되자 각 지역에서 이에 호응하는 조직이 설립되었다. 우선 오사카에서 '전칸사이화교신민주동맹(全關西華僑新民主同盟)' 이 설립되었고 얼마 후 명칭이 '화교신민주협회(華僑新民主協會)' 로 변경되었다. 1949년 3월 11일

---

38) 특별 배급은 3년 정도 지속되어 1949년 4월 30일 이후 중단되었다. 中華會館編, 『落地生根 – 神戸華僑與神阪中華會館百年史』, 235쪽.

'화교신민주협회' 의 교토분회가 설립되었고, 4월 2일에는 고베분회가 설립되었다. 고베분회의 위원장은 린훠성(林火生: 대만 신주新竹 출신, 대신양행大神洋行 사장)이 선출되었고 대만 출신 화교 중심으로 구성 되었다. '화교신민주협회' 의 분회를 통해 9월 21일 마오쩌둥의 중화인민공화국 수립 선포 뉴스가 고베 화교사회에도 전달되었다. 중화인민공화국 수립 후 '화교신민주협회고베분회' 는 다시 '유일화교민주촉진회고베분회' 로 변경되어 위원장은 계속 린훠성이 담당했다.[39]

대만 출신 화교들뿐만 아니라 대륙 출신 화교들에게서도 좌경화 현상이 나타난다. 도쿄의 '중화민국유일학생총회' 에 호응하기 위해 1946년 고베에도 '유일고베학생회' 가 결성되었다. 그러나 주의해야 할 것은 학생회 명칭에 '유일' 이라는 말이 들어갔지만 유학생이 아닌 화교 자제들 중심으로 구성되었다는 것이다. 고베는 유학생 중심지인 도쿄나 교토와는 달리 유학생이 많지 않았기 때문이다. 1947년 4월 당시 고베학생회 주석을 맡고 있던 인웨이예(尹維業)는 '화교신민주협회고베분회' 의 설립에도 참여했다. 적은 수의 대만 출신 화교도 학생회에 소속되어 있었는데 이들은 학생회에서 중심적인 역할을 했다. '유일고베학생회' 는 1947년 1월에 『화성(火星)』이란 잡지를 창간했다. 『화성』에 실린 2 · 28사건의 내용 등을 보면 국민당정부를 비판하고 사회주의 중국을 지지하는 입장을 취하고 있음을 알 수 있다.[40]

그 외에도 고베중화동문학교 졸업생을 중심으로 '고베중화동문학교교우회(神戸中華同文學校校友會)' 가 1947년 8월 24일에 결성되었다. 1945년 이전에는 화교 자제는 주로 화교학교에 취학한 반면 대만인은 일본학교에 취학하는 것이 일반적이었기 때문에 고베중화동문학교의 졸업생 또한 대

39) 許瓊丰, 「在日臺灣人與戰後日本神戸華僑社會的變遷」, 181쪽.

40) 許瓊丰, 「在日臺灣人與戰後日本神戸華僑社會的變遷」, 178-179쪽.

부분 대륙 출신 화교였다. 고베중화동문학교에 대만 출신 화교가 증가하는 것은 1945년 이후부터다. '고베중화동문학교교우회' 는 창립 당시부터 사회주의 지지를 표명했다. 1950년 4월 20일 기관지 『교우회간(校友會刊)』에는 민주통일전선의 확대와 신중국에 대한 기대의 글이 실려 있다.[41]

이상의 두 고베화교 청년 단체보다 더 중요한 것이 바로 '고베중화청년회' 의 좌경화이다. '고베중화청년회' 는 '유일고베학생회' 와 '고베중화동문학교교우회' 보다 좌경화된 시기가 늦다. 뒤의 두 화교 청년조직은 1950년에는 이미 친중국 성향이 뚜렷해졌으나, '고베중화청년회' 는 1950년대 중반이 되어야 좌경화 조짐을 보이고 1950년 후반이 되어서야 친중국으로 완전히 전환한다. 이러한 배경에는 중화민국과의 관계가 깊었기 때문이라 생각한다.

앞에서 거론한 바와 같이 '고베중화청년회' 와 '대만성민회' 멤버들을 중심으로 1946년 '고베화교총회' 가 탄생했다. 그러나 '고베중화청년회' 의 조직은 해산되지 않고 활동을 계속하고 있었다. '고베중화청년회' 의 주도로 '고베화교총회' 가 설립되었기 때문에 매년 '고베중화청년회' 가 추천하는 인사는 거의 모두 '고베화교총회' 의 이사로 선출되었다. 1948년까지 '고베중화청년회' 는 주일대표단의 지도를 받으며 밀접한 관계를 유지했다. 그러나 1950년대 이후에는 중화인민공화국을 지지하는 쪽으로 기울어진다. 1953년부터 '고베중화청년회' 는 화교들의 중국귀환운동과 중국인 유골송환활동에 참여함으로써 중화인민공화국과도 연락을 취하게 되었다. 1955년 『고베중화청년회십주년기념전집』에서 청년회는 결코 '적색단체' 가 아니며 '진리에 근거해 올바른 활동' 을 할 뿐임을 강조하고 있다. 그러나 청년회 속에 이미 중화민국파 화교들의 이름은 보이지 않았다.

---

41) 『교우회간』은 1949년 8월 20일에 창간되었다. 許瓊丰, 「在日臺灣人與戰後日本神戶華僑社會的變遷」, 179쪽.

1958년의 『고베중화청년회보』에서는 매회 마다 거의 '조국 중국'에 관한 칼럼을 싣고 중국 여행기와 중국의 당시 상황을 소개했다. 1959년 4월의 『회보』에서는 '두 개의 중국의 음모'에 저항해 중일국교정상화 실현을 목표로 노력하자고 호소하는 글이 실렸다.[42] 이렇듯 '고베중화청년회'는 1950년대 중반부터는 친중국 성향이 뚜렷해졌다.

1954년 도쿄에서 '유일화교협상회의'가 설립된 후 1957년부터 중화인민공화국의 화교정책이 구체화 되면서 각 지역에 화교연의회(華僑聯誼會)와 화교청년연의회가 설립되었다. 1957년 2월 9일 고베에서도 '고베화교연의회'가 결성되었는데 기존의 화교 청년단체가 기초가 되었다. 구성원은 '고베화교총회'를 이탈한 이사뿐만 아니라 대만 출신 화교가 과반수를 차지했다. '고베화교연의회'는 표면적으로는 화교들의 개인적인 의지로 결성된 단체였으나 실질적으로는 중화인민공화국의 지도로 모든 활동이 이루어졌다. '고베화교연의회'는 설립 후 2 · 28사건 기념행사, 중국 국경일 행사 등을 개최했다. 그리고 중국영화 상영, 중국 전람회, 친목회 등의 행사도 개최했다.[43]

1950년대 후반 특히 '고베화교연의회' 설립 후 고베 화교사회는 좌경화된 사회로 탈바꿈했다. 쉬충펑(許瓊丰)이 지적하는 바와 같이 고베 화교사회가 좌경화되는데 있어 이러한 화교청년층이 핵심적인 역할을 했다. 이 세 화교 청년단체는 참가 멤버가 중복되어 있고 서로 네트워크가 형성되어 있었다. 이러한 화교 청년단체의 네트워크를 통해 고베 화교사회는 친중국적인 좌경화된 사회로 탈바꿈했다.[44] 그 배경에는 일본의 패전과 더

---

42) 許瓊丰, 「戰後日本における華僑社會の再編過程に關する研究 - 在日台湾人と神戸華僑社會を中心に」, 168, 175쪽.

43) 許瓊丰, 「戰後日本における華僑社會の再編過程に關する研究 - 在日台湾人と神戸華僑社會を中心に」, 196-197쪽.

불어 기존 화교 지도자들이 지도층에서 물러나고 청년층이 그 자리를 차지하게 된 것이 큰 역할을 했던 것 같다. 청년층은 2·28사건을 계기로 중화민국에 실망과 분노를 느끼게 되었고 새로운 중화인민공화국에 기대를 보내게 되었다고 필자는 생각하고 있다.

그러나 주의할 필요가 있는 것은 중화민국 지도하에 있는 '고베화교총회' 도 계속 존재하고 있었다는 사실이다. 현재 고베 나카야마노테(中山手)에 있는 화교총회가 중화인민공화국파 연의회 후신이고 기타노(北野)에 있는 유일화교총회(留日華僑總會)가 중화민국파 화교총회의 후신이다.[45]

3) 대만 출신 화교상인의 좌경화

고베화교 단체의 좌경화에서도 알 수 있듯이 대만 출신 화교 청년들은 대륙 출신 화교 청년들과 연합해 청년단체를 조직하고 고베 화교사회를 친중국적인 사회로 변모시키는 데 중요한 역할을 했다. 이것은 〈표 1〉에서 지적한 바와 같이 대만 출신자가 화교의 반수 정도를 차지하는 고베 화교사회에서는 당연한 결과였는지도 모른다. 그러나 앞서 말했듯이 고베는 대만인 유학생이 많지 않았다. 고베의 대만 출신 화교들은 대부분 상인이었다는 점을 주시할 필요가 있다.

고베는 1868년 개항된 이래 대외 무역의 중요한 통상 항구로써 화교 활동의 중요한 거점이 되었다. 1930년 고베항의 수출입 총액은 전국의 36%를 차지할 정도였고 그 중 중국 남부와 동남아 지역이 고베 수출입 총액의 50%를 차지했다. 이렇듯 일제시기 고베는 화교 무역의 중심지였다. 또한

44) 許瓊丰,「戰後日本における華僑社會の再編過程に關する研究 - 在日台湾人と神戸華僑社會を中心に」, 172-173쪽.

45) 친라이코(陳來幸),「재일타이완인과 전후 일본화교사회의 좌경화」, 384쪽.

일제시기 고베는 대만총독부가 지정한 '지정항로' 가 개설되어 있었기 때문에 대만인의 이동이 편리한 지역이었다. 고베의 특성상 일제시기에 고베로 이주한 대만인은 대부분 상인이었다.[46] 고베에 진출한 적지 않은 대만 상인들은 복건공소(福建公所)에 가입해 활동했다고 한다.[47]

1930년에 실시된 국세조사에 의하면 재일 대만인은 도쿄 2,492명, 효고(고베) 473명, 교토 416명, 오사카 181명 등이었다.[48] 그러나 <표 1>에 의하면 전후 고베의 대만 출신자는 3,000명 이상이며 1952년에는 4,000명을 초과하게 된다. 따라서 전후에 이동한 대만인이 대만 출신자의 대다수를 차지한다고 볼 수 있다. 전후에도 대만 지룽(基隆)과 고베 간의 항로는 여전히 운행되고 있었던 듯하다.[49] 따라서 대만인의 이동이 전후에도 활발히 이루어졌다고 생각된다.

1945년 설립된 대만성민회가 1946년 '고베화교총회' 로 합병된 후, 1947년 대만 출신자들은 '화교문화경제협회(華僑文化經濟協會)' 를 새로 결성했다. 1947년의 '화교문화경제협회' 간부 15명의 직업을 보면 9명이 무역상이며, 상업 1명, 공상업 1명, 음식업 1명, 제과상 1명, 섬유도매업 1명, 식품 · 잡화 도매상 1명으로 전원 상인으로 구성되었다. 같은 해 등록된 회원 수는 1,037명이었고 회원의 직업도 상업이 65%, 서비스업이 17%, 공업 · 제조업이 3% 등이었다. 회원 중45%가 20대였으며, 27%가 30대, 9%가 40대로 20~30대가 가장 많았다.[50] 이로써 전후에 고베로 진출한 대만인도 대부분이 상인이었고 대부분이 청년층이었다는 것을 알 수 있다.

---

46) 許瓊丰,「在日臺灣人與戰後日本神戸華僑社會的變遷」, 165-166쪽.

47) 中華會館編,『落地生根 - 神戸華僑與神阪中華會館百年史』, 118쪽.

48) 許瓊丰,「在日臺灣人與戰後日本神戸華僑社會的變遷」, 165쪽.

49) 陳來幸著, 許瓊丰譯,「戰後日本華僑社會的重建與結構化: 台灣人的抬頭與錯綜複雜的東亞政治歸屬意識」,『台灣風物』,63卷1期, 2013.3,142쪽.

50) 許瓊丰,「在日臺灣人與戰後日本神戸華僑社會的變遷」, 167-169쪽.

‘화교문화경제협회’ 회장인 천이팡(陳義方)은 ‘고베화교총회’ 회장도 겸임하고 있었다. 그러나 2 · 28사건과 중화인민공화국 수립의 영향을 받아 1950년 ‘고베화교총회’ 회장직을 사퇴하고 ‘화교문화경제협회’ 를 거점으로 중화인민공화국을 지지하는 활동을 활발히 전개한다. 또한 1948년~1950년 동안 토요일을 이용해 14회의 좌담회와 1회의 이사회를 개최했다. 좌담회에서는 대학교수, 중국연구소 등 일본 인사를 초청해 주로 일본과 중국에 관한 주제를 토론했다. 1948년 12월 22일 기관지인 『화교문화(華僑文化)』를 발간했는데 주일대표단의 통지 외에는 국민당정부의 소식은 거의 싣지 않았다. 대부분이 중국의 근황에 관한 보도로 공산당 정권을 지지하고 사회주의 사상을 선전하는 내용이었다. ‘화교문화경제협회’ 가 국민당정부와 관계를 완전히 끊은 것은 아니지만 ‘고베화교총회’ 와 중화인민공화국파 사이의 교량 역할을 했다. 1950년이 지나면서 ‘화교문화경제협회’ 의 중화인민공화국파의 성향이 더 분명해진다. 1953년부터 고베화교들의 중국 대륙 귀환과 유골 운송 사업을 맡아 처리하고 1957년 ‘고베화교연의회’ 가 설립되자 ‘화교문화경제협회’ 의 회장을 역임했던 천이팡이 회장직을 담당했다.[51)]

이러한 상인들의 친중국 성향은 중화민국에 대한 실망과 분노로 해석할 수 있다. 그러나 상인은 이상보다는 이익을 추구하는 특성이 있다. 따라서 고베 화교사회의 대만 출신자들의 친중국 성향도 이익적인 면에서 검토해 볼 필요가 있다. 대만 출신 상인 중 대만 무역상도 있었으나 중국무역이 주류를 이루었다. 따라서 중국이라는 거대한 시장은 대만보다 더 큰 매력을 지녔고 더 큰 이익을 생산할 수 있다는 현실적인 이익추구가 대만 출신 화교들의 친중국 성향 형성에 중요한 요인으로 작용했다고 필자

---

51) 許瓊丰, 「在日臺灣人與戰後日本神戶華僑社會的變遷」, 167 · 170-174 · 182쪽.

는 생각한다.

4) 고베중화동문학교의 좌경화

중화민국과 중화인민공화국의 화교 쟁탈전이 치열하게 벌어지는 가운데 고베 화교사회는 청년 지도자들의 리더십하에 좌경화된 화교사회로 변모해 갔다. 청년 지도자들의 리더십은 고베중화동문학교(神戶中華同文學校)에서도 발휘되었고 화교학교의 좌경화는 고베 화교사회가 안정적으로 좌경화된 화교사회로 발전해 가는데 있어 결정적인 역할을 하게 된다.

1897년 초 요코하마(橫濱)에서 세계 최초의 근대화된 화교학교가 설립된 후 1900년 3월 량치차오(梁啓超)의 제창으로 고베에도 화교학교가 설립되었다. 당시 화교동문학교(華僑同文學校)로 명명된 이 학교는 1939년 신판중화공학(神阪中華公學)과 합병되어 고베중화동문학교로 명칭이 변경되었다. 1945년 6월 5일 고베중화동문학교는 미군의 공습으로 전소돼 1946년 고베시의 도움으로 다이카이초등학교(大開國民學校)의 교사를 빌려 수업을 재개했다.[52] 전후 초기 고베중화동문학교는 고베 화교사회와 마찬가지로 빠른 속도로 국민당정부에 통합되어 갔다. 1947년 주일대표단과 유일화교총회의 주최로 '제1회 유일화교전국교육회의'가 도쿄에서 개최되어 도쿄, 요코하마, 오사카, 고베, 나가사키 등지의 화교학교 관계자가 참석했다. 회의 결과 각지 화교학교들은 국어(북경어)를 교수 언어로 할 것, 각 학교의 명칭을 '중화학교'로 할 것, 유일화교학교연합회를 설치할 것, 교과서편선위원회를 결성해 중화민국 교육부에서 배부하는 각종 교과서 중 일본 화교학교에 적합한 내용을 선정해 편집한 교과서를 사용할 것이 정해

52) 陳德仁, 「神戶華僑學校, 書舍, 學塾的略史」, 陳德仁編, 『學校法人神戶中華同文學校八十周年紀念刊』(神戶: 學校法人神戶中華同文學校理事會, 1984), 49-50쪽.

졌다. 이를 통해 각지의 화교학교 교육은 국민당정부에 의해서 기준화·통일화되었다.[53)]

1949년 전후로 일본 화교사회가 중화민국파와 중화인민공화국파로 분열되기 시작했고 화교학교도 그 영향을 받게 된다. 제일 처음 그 영향이 나타난 곳은 요코하마였다. 1952년 요코하마에서 '학교사건'이 발생했다. '요코하마중화학교'는 국민당정부 교육부의 감독하에 있었기 때문에 표면적으로는 국민당정부가 인정한 교과서를 사용했으나 1949년 전후로 좌파성향의 교사에 의해서 암암리에 공산당의 해방과 진군 상황이 교수되었다. 중화인민공화국이 수립되자 중국사회 상황의 변화를 학생들에게 가르칠 것인가를 둘러싸고 중화민국파와 중화인민공화국파의 교원·학부형 사이에 의견 대립이 발생했다. 그 대립은 이사회까지 이어졌고 1949년에서 1952년 사이에 교장이 6번이나 바뀌었다.[54)]

1952년부터는 주일대표단이 학교 업무에 개입하기 시작했다. 1952년 8월 중화민국파의 교장과 이사회 멤버는 일본 경찰을 동원해 중화인민공화국파 교직원과 학생을 내쫓고 요코하마중화학교를 봉쇄해 버렸다. 이때는 마침 GHQ와 일본정부의 주권 교체가 이루어지는 시기였기 때문에 일본 경찰은 GHQ의 명령에 따를 수밖에 없었다.[55)] 일본 경찰이 동원된 것과 학교에서 내쫓긴 것에 불복한 중화인민공화국파 새 교장과 교직원은 9월 1일 학생 600명을 인솔해 예정대로 학교 교정에서 신학기 개학식을 거행했다. 당일 요코하마항에 정박해 있던 중화민국의 군함 '태평호'의 해군 50명이 학교에 진입하려 한 것을 교직원들이 막아내기는 했지만, 학교로

---

53) 裘曉蘭, 『多文化社會と華僑・華人教育 – 多文化教育に向けての再構築と課題』(東京: 青山ライフ出版, 2012), 109-110쪽.

54) 裘曉蘭, 『多文化社會と華僑・華人教育 – 多文化教育に向けての再構築と課題』, 116-117쪽.

55) 市川信愛, 『華僑學校教育の國際的比較研究・上卷』(宮崎: 宮崎大學教育學部經濟研究室, 1988), 193쪽.

파송된 일본 무장경찰기동대 200명에 의해 중화인민공화국파 교장 · 교직원 16명과 학생 3명이 체포당했다.

이 '학교사건'을 거친 후 요코하마중화학교는 중화민국파가 장악하게 되었고 중화인민공화국파는 학교를 떠나 화교들의 집을 빌려 수업을 계속했다. 1953년 중화인민공화국파는 새 화교학교를 설립하고 '요코하마중화학교임시교사'라고 이름을 정했으나 1957년 '요코하마야마테중화학교(橫濱山手中華學校)'로 정식 명명했다.[56] 이로써 요코하마의 화교학교는 친중국계와 친대만계로 분열되었다.

도쿄중화학교의 경우 중화민국은 요코하마의 전철을 밟지 않기 위해 주도면밀한 사전계획하에 기본방침을 설정하고 1953년 교원인사 개입, 1956년 이사회 개편 등 순차적으로 학교를 접수한 결과 중화인민공화국파를 학교에서 축출할 수 있었다. 이 과정에서 닝보동향회(寧波同鄉會)와 저장방(浙江幇)의 절대적인 지원이 있었다.[57]

중화민국의 오사카영사관 조사에 의하면 고베중화동문학교는 중화민국의 국기를 계양하지 않고, 국호도 사용하지 않고, 국가를 부르지 않으며 쑨원(孫文)과 장제스의 사진이 걸려있지 않는 등 1956년에는 고베중화동문학교의 좌경화가 뚜렷한 상황이었다. 따라서 이 조사를 계기로 '고베화교학교 확보' 계획에 착수한다.[58] 중화민국은 고베중화동문학교의 교사(校舍) 재건을 통해 자기 진영으로 끌어들이려 했다.

고베중화동문학교는 1945년 미군의 공습으로 교사가 소실된 후, 1957년 본격적으로 교사 신축 준비에 착수하기 시작한다. 건축 자금이 부족한

---

56) 裘曉蘭, 『多文化社會と華僑 · 華人教育 - 多文化教育に向けての再構築と課題』, 117-118쪽.

57) 친라이코(陳來幸), 「재일타이완인과 전후 일본화교사회의 좌경화」, 375-376쪽.

58) 許瓊丰, 「戰後日本における華僑社會の再編過程に關する研究 - 在日台湾人と神戸華僑社會を中心に」, 270-271쪽.

상황에서 고베중화동문학교의 교장 리완지(李萬之)와 이사장 왕샤오더(王昭德)는 중화민국에 지원을 요청하게 되고 중화민국은 이 기회를 이용해 학교를 접수하려 했다. 1958년 중화민국은 중화인민공화국파로 알려진 교장 리완지와 교무주임 리인쉔(李蔭軒)의 사퇴를 전제로 3,000만 엔을 교사 신축 자금으로 지원할 것을 약속했다. 이런 전제 조건이 알려지자 이사회, 교우회와 학부모회는 회의를 열어 중화민국정부를 강력히 비판하고 자금 지원을 받아들이지 않을 것을 결정했다.[59)]

결국 교사 신축 자금은 모금과 은행 대출을 통해 마련할 수밖에 없게 되었는데 중화민국은 외교관계를 이용해 일본인의 기부를 저지했다. 또한 중화민국은 외교적 압력을 가해 도쿄은행의 대출을 저지하려 했으나 이사가 개인 대출하는 방식으로 신축 자금을 대출받았다. 그리고 학교법인 취득 역시 중화민국의 압력으로 저지당했지만 효고현교육위원회 도움으로 1958년 학교법인을 취득했다.[60)] 결국 중화민국의 '고베화교학교 확보' 계획은 실패로 돌아갔고 새로운 학교법인으로 출범한 고베중화동문학교는 기존의 이사회와 관계를 단절했다.[61)] 그 후 고베중화동문학교는 친중국적인 화교학교로서 안정적으로 발전해 간다. 중화민국 교과서를 사용을 중단하고 홍콩에서 교과서를 구입해 사용했고 나중에는 교과서를 자체 편찬해 사용했다.

'고베화교연의회'가 설립되는 시기(1957)와 고베중화동문학교가 좌경화 노선이 확보되는 시기(1958)는 거의 동일하다. 따라서 고베화교사회는 1950년 후반에 좌경화된 화교사회로 변모했다고 할 수 있다. 그리고 고베

59) 許瓊丰, 「戰後日本における華僑社會の再編過程に關する硏究 – 在日台湾人と神戸華僑社會を中心に」, 271쪽.

60) 李萬之, 「我和神戸中華同文學校」, 陳德仁編, 『學校法人神戸中華同文學校八十周年紀念刊』, 296-297쪽.

61) 친라이코(陳來幸), 「재일타이완인과 전후 일본화교사회의 좌경화」, 376쪽.

중화동문학교가 1957년에서 1958년까지 중화민국의 '간섭'을 물리치고 학교를 재건하는 데 있어 대륙 출신 화교이며 고베중화청년회의 창설자인 천더런(陳德仁)이 중요한 역할을 했다. 그는 1959년 학교법인으로 출범한 고베중화동문학교에서도 이사장으로 취임해 학교를 인솔해 갔다. 또한 학교 재건 시에 대만 출신 화교들도 매우 중요한 역할을 했다. '화교문화경제협회' 회장인 천이팡은 1947년부터 1955년간 부이사장직을 맡았으며 학교법인 후에는 1959년부터 1971년까지 이사직을 역임했다. 그리고 왕샤오더(王昭德: 1955~1958 이사장, 1959~1961 이사), 정이숭(鄭義雄: 1958~ 1972 부이사장), 리이쟈오(李義招: 1959~1969 이사), 왕지(王記: 1959~1961 이사, 1969~1971 감사)는 모두 대만 출신 화교다.[62]

천더런과 천이팡 등 고베화교 청년 지도자들은 고베중화동문학교의 좌경화에도 리더십을 발휘하며 고베화교사회의 친중국 성향의 화교사회로 변모시키는 데 중요한 역할을 했다. 고베중화동문학교의 좌경화는 고베가 안정적인 친중국 성향의 화교사회로 발전해 가는 데 중요한 역할을 했다. 화교 2세 3세들은 고베중화동문학교에 취학함으로써 자신이 화교라는 의식을 형성해 가는 것은 물론 친중국적인 성향을 배양하게 되기 때문이다. 따라서 고베화교사회는 고베중화동문학교를 통해 안정적으로 친중국 성향의 화교 신세대를 배출해 냄으로써 친중국적인 화교사회의 색채를 유지할 수 있게 되었다.

---

62) 王柏林, 「神戸の華僑社會に生涯を捧げた教育者 – 李萬之」, 神戸華僑華人硏究會, 『神戸と華僑 – この150年の步み』(神戸: 神戸新聞社總合出版センター, 2004), 88쪽; 陳德仁 編, 「歷代理事・評議員・監事・教職員名錄」, 『學校法人神戸中華同文學校八十周年紀念刊』, 27-29쪽.

4. 탈냉전 이후의 변화

1) '중일국교정상화' 이후의 고베 화교사회

고베는 친중국적인 화교사회를 유지한 채 1972년의 '중일국교정상화'를 맞이하게 되었다. 일본은 1972년 9월 23일 중화민국과 외교관계를 단절하고 중화인민공화국과 외교관계를 수립했다. 이를 기점으로 일본 화교사회의 냉전은 종료됐고 탈냉전 시기에 돌입했다고 할 수 있다. 미국과 소련의 대립은 계속되고 있었고 일본이 미국정부 측에 기울어 있는 것은 여전했지만 일본 화교사회에 한정해서 보자면 '중일국교정상화'는 '자유진영'과 '공산진영'의 대립 종료를 의미했다. 중화민국과 중화인민공화국은 냉전체제 속에서 '하나의 중국'을 둘러싸고 국제적으로 치열한 싸움을 벌여 왔다. 1952년 '중일평화조약' 체결은 일본정부가 '중국의 유일한 합법정부'는 중화민국이라고 인정했다는 것을 의미했다. 그러나 1972년의 '중일국교정상화'는 일본이 공식적으로 중화인민공화국이 '중국의 유일한 합법정부'라는 것을 인정한 것이다. 중화민국은 일본에서 비합법적인 정부가 되었다.

'중일국교정상화'는 일본 화교사회에 큰 충격을 안겨주었다. 특히 중화민국파 화교들의 충격은 이루 말할 수 없었다. 일본과 중화인민공화국의 국교 체결이 가까워지자 중화민국파 화교들은 중화민국과 거리를 두고 중화인민공화국 쪽으로 기울어지는 현상이 일어난다.[63] 고베는 친중국적인 화교사회였기 때문에 '중일국교정상화'에 대해 충격보다는 환영하는 분

63) '중일국교정상화'가 중화민국파 화교사회에 미친 영향과 화교사회의 변화에 관해서는 王恩美, 「1970年代中華民國對日僑務政策的變化: 以中日斷交前後爲中心」, 『國史館館刊』 48, 2016.6, 175-216쪽.

위기였다. '중일국교정상화' 이전에는 대만 출신 화교가 중화인민공화국과 일본의 중요한 파이프 역할을 했다고 한다.[64)]

1972년 '중일국교정상화' 이후 고베 화교사회는 우선 한층 더 친중국적으로 기울어진다. 고베 화교사회는 새로운 시대의 도래를 기뻐했다. 친중국적 성향의 고베화교가 중화인민공화국과 일본의 우호관계 촉진을 위해 활약할 수 있는 새로운 시대가 막을 연 것이다.[65)] 이러한 고베 화교사회의 움직임은 우선 고베중화동문학교의 변화에서 알 수 있다. 고베중화동문학교는 친중국적인 학교다. 하지만 그 속에서도 될 수 있는 한 정치적인 색채를 표출하지 않으려 노력했다. 고베중화동문학교는 1972년 '중일국교정상화' 이전까지는 오성기를 내걸지 않고 교과서도 홍콩에서 출판된 번체자 책을 사용했다고 한다. 그 때문에 정치와 거리를 두고 중립적인 입장에 있는 화교들이 화교학교를 떠나는 것을 막을 수 있었고, '화교 자신에 의한 학교' 라는 원칙을 지킬 수 있었다고 한다.[66)] 고베중화동문학교의 80주년 기념 책자를 보면 역대 졸업생들의 사진이 나와 있다. 1951년 소학교와 중학교 졸업생 기념사진에는 중화민국의 국기인 청천백일기를 배경으로 하고 있다. 그러나 그 후에는 졸업사진에서는 청천백일기뿐만 아니라 오성기도 확인할 수 없다. 하지만 1973년부터 오성기는 졸업사진에 등장해 80주년인 1982년까지 이어진다. 그리고 오성기와 더불어 "가슴에 조국을 품고 세계를 내다보다(胸懷祖國放眼世界)" 라는 슬로건도 걸려 있다.[67)] 여기서 '조국' 은 중화인민공화국이라는 것은 의심할 여지가 없다. 그 후 오

64) 岡野翔太, 「日本における台湾同郷組織の成立とそのジレンマ - 日華平和條約の締結と終了を起因として」, 『現在台湾研究』 46, 2016.1, 29쪽.

65) 中華會館編, 『落地生根 - 神戶華僑與神阪中華會館百年史』, 255쪽.

66) 陳來幸, 「日中文化交流の橋渡し - 陳德仁」, 神戶華僑華人研究會, 『神戶と華僑 - この150年の歩み』, 108-111쪽.

67) 陳德仁編, 『學校法人神戶中華同文學校八十周年紀念刊』, 324-451쪽.

성기는 중화동문학교의 각종 행사에 등장하며 1999년 고베 100주년 기념식에서도 오성기는 빠지지 않았다.[68]

두 번째로는 1976년 중화인민공화국의 지도를 받는 '고베화교연의회'가 중화민국 소속인 '고베화교총회'를 접수하려했지만 실패한 사건이 발생했다. 고베 화교사회는 중화인민공화국파의 세력이 우세한 지역이었지만, 중화민국의 지도를 받는 '고베화교총회'도 계속 존재하고 있었다. '고베화교총회'는 대만에 있는 친족과 교류가 필요한 자, 중화민국의 행정수속이 필요한 자, 대만에서 새로 일본에 이주한 자 등을 위주로 그 구성원을 충당해 갔다. 특히 새로 일본에 이주한 대만인은 반드시 중화민국 관리하의 총회를 통해 중화민국 주일영사관에 도착 연락을 취하게끔 했다. 또한 총회는 대사관으로부터 여권 신청, 결혼 증명, 유산 증명 등의 공문서 발급 권한을 부여 받아 '영사업무'도 대행했다. 공문서 발급에 필요한 수속비는 총회의 중요한 재원이 되었다. 그리고 이러한 '영사업무'의 대행으로 대만에서 온 신 이주자를 흡수하고 행정적인 면에서 화교들이 총회와 관계를 유지하게끔 유도했다. 따라서 중화민국파 총회의 회원도 대부분 대만 출신 화교로 구성되었다. 1972년 전까지는 중화민국과 행정 수속의 필요 등에 의해서 '고베화교총회'에 의지하는 화교도 꽤 있었다고 한다.[69]

1970년대에 들어서면서 중화민국을 둘러싼 국제정세는 급속히 변화하기 시작한다. 1971년 12월 유엔총회에서 중화민국은 중국 대표권을 박탈당하고 유엔에서 자진 탈퇴했다. 1972년에는 '중일국교정상화'로 일본과

68) 神戶中華同文學校百年校慶慶祝委員會,『學校法人神戶中華同文學校建校100周年紀念册』(神戶: 神戶中華同文學校百年校慶慶祝委員會, 2000).

69) 岡野翔太,「日本における台湾同鄉組織の成立とそのジレンマ – 日華平和條約の締結と終了を起因として」, 31-32 · 43쪽.

외교관계를 단절당했으며 1974년 4월 5일 장제스 사망 등 중화민국의 위기는 계속되었다. 중화인민공화국파 화교들은 대만 문제가 멀지 않은 장래에 해결될 것으로 내다보았다. 1976년 5월 '고베화교연의회'는 '화교총회정상화'를 주장하며 총회의 건물을 점령하는 사건이 발생했다. 결국 기동대에 의해서 연의회 측 사람들이 제압되면서 총회점령은 실패로 돌아갔다. 그러나 연의회는 '고베화교총회·고베화교연의회 단결 통일 임시회원 대회'를 개최하고 이 대회에서 연의회와 총회가 통합되어 친중국계 '고베화교총회'가 탄생했다고 선포했다.

중화민국은 일본과 외교관계가 단절되었지만, 중화민국의 생존 공간을 확보할 필요가 있었고 그러기 위해서는 총회를 유지해야 했다. 중화민국계 '고베화교총회'는 전술한 회원대회와는 무관계라는 입장을 표명하고 조직이 존속하고 있음을 선포했다. 연의회가 총회 접수에 실패하기는 했지만 중화민국파의 세력은 더욱 축소되어 '중일국교정상화' 후 중화민국계 총회 외에는 중화민국과 밀접한 관계를 유지하는 화교 단체는 존재하지 않게 되었다.[70] 새로운 시대를 맞이해 중화인민공화국대사관·영사관과 연계해야 한다는 것이 화교들의 일반적인 견해가 되었기 때문이다.[71]

세 번째로는 동향회 활성화를 통해 고베 화교사회가 중화인민공화국과 더욱 밀접해진 것을 확인할 수 있다. 1971년 5월 '고베복건동향회'가 사단법인으로 등록했고, 1972년 4월에는 '효고현강소성동향회(兵庫縣江蘇省同鄕會)', 1982년 6월에는 '효고현광동동향회(兵庫縣廣東同鄕會)', 1983년 8월에는 '효고현산동성동향회(兵庫縣山東省同鄕會)', 1989년에는 '효고현절강성동향회(兵庫縣浙江省同鄕會)'가 설립되었다. '중일국교정상화' 후 중국

70) 岡野翔太, 「日本における台湾同鄕組織の成立とそのジレンマ – 日華平和條約の締結と終了を起因として」, 39-40·43·56쪽.

71) 中華會館編, 『落地生根 – 神戸華僑與神阪中華會館百年史』, 256쪽.

각 지역과 교류 활동이 필요하게 되었고 1978년 중화인민공화국의 개혁개방정책 실시와 더불어 동향회를 중심으로 고베 화교사회와 중화인민공화국과의 교류 활동이 활발해졌다.[72]

2) 국적 변화와 재일중국인 · 대만인의 증가

1972년 '중일국교정상화' 는 일본 화교사회가 화인화(華人化)[73]하는 중요한 계기가 되었다. '중일국교정상화' 가 눈앞으로 닥쳐오자 일본화교들은 국적 포기 신청자가 급증한다. 1972년 8월 중화민국은 일본화교에 대해 국적 포기 신청을 더 이상 저지하면 오히려 반감을 살 우려가 있다고 판단하고 일본화교의 국적 포기에 협력하는 쪽으로 정책을 전환한다.[74] 중화민국이 가장 우려한 것은 일본화교가 중화인민공화국 국적을 취득하는 것이었다. 그것을 저지하기 위해서 일본화교의 국적 포기 제한을 완화해 일본 국적 취득에 협력했다. 일본정부도 이에 맞춰 화교의 귀화 조건을 완화했기 때문에 많은 화교가 일본으로 귀화했다.

그 결과 중화민국 행정원 주계처(主計處)의 통계에 의하면 1972년 허가된 국적 포기 신청자는 13,090명으로 화교 전체 인구의 1/4을 차지했다.[75]

---

72) 中華會館編, 『落地生根 – 神戶華僑與神阪中華會館百年史』, 257쪽.

73) 화교연구에서는 화교들이 거주국의 국적을 취득했으나 중국인으로서의 아이덴티티를 유지하고 있으면 화인華人이라고 한다.

74) 대만의 '국적법' 에 의하면 20세 이상, 병역을 의무를 다 마친 자만 국적을 포기할 수 있었다. 그러나 중화민국은 1972년 8월 8일 일본화교에 대해 병역 제한을 철회하고 9월에는 20세 연령 제한도 해제 했다. 또한 총통부공보에 국적 포기자의 이름, 주소 등을 계시해야 한다는 규정도 면제했다. 鶴園裕基, 「無効化する國籍: 日華斷交の衝擊と國府の日本華僑統制 · 保護の変容」, 『華僑華人研究』 11, 2014.11, 33-3쪽.

75) 鶴園裕基, 「日華斷交期における『僑務問題』 – 分裂國家の外交危機と在外國民」, 『アジア次世代論集』 7, 2014.3, 101-102쪽.

1973년에는 7,338명, 1974년에는 3,026명으로 1972년부터 1974년 까지 총 11,667명이 중화민국 국적을 포기하고 일본으로 귀화했다. 일본화교가 적극적으로 일본 국적을 취득한 원인은 '중일국교정상화' 이후 중화민국의 보호를 받지 못해 일본에서 거주가 불가능하게 될 가능성을 우려했기 때문이다.[76] 1952년 4월 28일 일본에서 '외국인등록법' 이 공포됨과 동시에 '법126호' [77]가 제정 · 공포되었다. '법126호' 는 일본에서 거주하는 구식민지 출신자들의 거류문제를 처리하기 위해서 만들어졌다. 이 법에서는 구식민지 출신자는 일본에서 거주를 허가했으나 거주 자격과 체류 기간을 명시하지 않았다.[78] 즉 대만 출신 일본화교는 거주 자격과 체제 기간이 명시되지 않은 채 일본에서 거주하게 되었고, 그 때문에 '중일국교정상화' 이후 많은 대만 출신 화교가 일본 국적 전환을 결심하게 되었다. 또한 '중일국교정상화' 이후 일본정부는 중화민국이 발행하는 여권을 일본 국내법에 의거해 '무효화' 했다. 따라서 일본으로 귀화하지 않고 중화인민공화국 국적도 취득하지 않은 화교는 '무국적자' 가 되었다.[79]

〈표 2〉에 의하면 1968년 51,448명이었던 인구는 1973년 46,944명으로 감소한다. 고베에도 1968년 9,383명이었던 인구가 1973년에는 8,585명으로 약 9%가 감소했다. 1970년대에 들어서면서 많은 대만 출신 화교의 국적이 중화민국에서 일본으로 전환되었다. 대만 출신 화교뿐만 아니라 많

---

76) 黃自進訪問, 簡佳慧記錄, 『林金莖先生訪問記錄』(台北: 中央硏究院近代史硏究所, 2003), 87쪽.

77) 이 법의 명칭은 '포츠담선언의 수약과 더불어 발하는 명령에 관한 건에 기초한 외부성관계 주명령의 조치에 관한 볍률ポッダム宣言の受諾に伴い發する命令に關する件に基づく外務省關係諸命令の措置に關する法律' 이지만 명칭이 너무 긴 관계로 일번적으로 '법126호' 라고 칭한다. 何義麟, 「戰後在日臺灣人的國籍轉換與居留問題」, 『師大臺灣史學報』 7, 2014.12, 54쪽.

78) 何義麟, 「戰後在日臺灣人的國籍轉換與居留問題」, 54쪽.

79) 鶴園裕基, 「無効化する國籍: 日華斷交の衝撃と國府の日本華僑統制 · 保護の変容」, 34쪽.

〈표 2〉 일본화교 및 재일중국인 · 대만인의 인구 (1969~2015)

년	전국			도쿄		카나가와 (요코하마)		교토		오사카		효고 (고베)	
	합계	대륙 (중국)	대만 출신	대륙 (중국)	대만 출신	대륙 (중국)	대만 출신	대륙 (중국)	대만 출신	대륙 (중국)	대만 출신	대륙 (중국)	대만 출신
1968	51,448	25,153	26,295	27,355	10,719	4,459	2,081	647	493	2,984	3,915	5,145	4,238
1973	46,944	22,864	24,080	4,774	9,032	3,358	2,024	623	385	3,028	3,141	5,092	3,493
1984	67,895	35,078	32,817	7,719	13,717	4,261	2,476	917	541	3,900	3,969	5,979	3,174
1988	129,269	86,268	43,001	40,919	19,387	7,000	3,069	1,814	653	7,666	4,255	6,766	3,103
1992	195,334	152,822	42,512	56,713	16,245	14,060	3,855	3,507	680	12,278	4,074	10,294	2,197
1996	234,264	194,735	39,529	58,133	13,905	16,579	3,697	4,623	623	17,495	3,664	10,129	2,696
2002	381,225	341,970	39,255	89,353	13,206	27,052	3,695	7,461	619	27,084	3,363	14,642	2,500
2006	560,741	519,878	40,863	111,741	13,615	38,359	4,050	9,702	709	40,064	3,434	20,297	2,273
2010	687,156	642,724	44,432	148,993	15,208	51,739	4,356	11,116	889	47,156	3,900	23,460	2,125
2015	714,570	665,847	48,723	174,425	16,633	58,622	4,537	12,504	1,374	52,856	5,346	22,519	1,799

* 출처 | 1968~1988: 法務省, 『在留外國人統計』(東京: 法務省, 각년판) ; 1992-1996: 財団法人入管協會, 『在留外國人統計』(東京: 財団法人入管協會, 각년판) ; 2002~2015: 『在留外國人統計(旧登錄外國人統計) 統計表』(http://www.moj.go.jp/housei/toukei/toukei_ichiran_touroku.html, 검색일자: 2016.10.1.)

은 대륙 출신 화교도 1970년대부터 1990년대를 거쳐 일본 국적으로 전환했다. 궈팡(過放)의 연구에 의하면 1972년부터 1981년까지 일본 국적을 취득한 화교는 21,979명이다.[80] 일본화교의 일본 국적 취득과 더불어 1978년 중화인민공화국의 개혁개방정책 실시 후 1980년대부터 중국에서 일본으로 이주한 중국인이 증가하기 시작한다. 1984년 단기체류, 유학, 연수 등을 포함한 단기체류자와 화교를 포함한 재일중국인 · 대만인의 수는 67,895명으로 중국에서 온 자가 대만에서 온 자를 초과했다. 1990년대 접어들면서 재일중국인 · 대만인의 수가 더욱 증가하고 2002년에는 560,741명을 기록했다. 2015년의 통계에 의하면 재일중국인 · 대만인은 714,570

80) 過放, 『在日華僑のアイデンティティの変容 – 華僑の多元的共生』(東京: 東信堂, 1999), 76쪽.

명으로 증가했다.

여기서 주목할 필요가 있는 것은 고베의 재일중국인·대만인의 증가수다. 고베는 도쿄, 요코하마, 오사카 등지의 비해서 재일중국인·대만인의 증가 비율이 현저히 낮다. 〈표 3〉에 의하면 고베의 영주자 비율은 1984년에는 67.5%를 기록했다. 화교들 대부분이 영주권자인 것을 감안하면 고베 화교사회는 신이주자가 적은 구화교들 중심의 사회를 1980년대도 유지하고 있었던 것을 알 수 있다. 그 원인에 관해서는 새로 증가한 재일중국인·대만인의 체류자격을 보면 유학생, 취학생과 그 가족들이 가장 많은데, 고베는 유학생, 취학생이나 연수생의 중심지가 아니었기 때문이라 생각된다. 대학이나 공장이 별로 없는 고베는 유학생, 취학생이나 연수생을 흡수할 수 없었던 것이다.

또한 고베화교들은 1972년 '중일국교정상화' 때 일본으로 귀화한 자가 다른 화교사회보다 적다는 것을 확인할 수 있다. 1984년 고베의 영주권자가 67.5%로 일본 화교사회에서 1위를 기록했다는 것은 다른 화교사회에 비해서 일본 국적 취득자가 제일 적다는 것을 의미한다. 고베 화교사회는 1972년 전부터 좌경화된 화교사회로 '중일국교정상화' 후에 중화민국 국적을 포기하고 중화인민공화국 국적을 취득한 화교가 많았던 것으로 추정된다.

1990년대는 일본 화교사회의 현지화가 표면화 된 시기이다. '중일국교정상화' 이전 세대(2~3세)는 일본에서 태어났음에도 불구하고 화교들끼리 결혼하는 경우가 많았다. 그리고 일본문화와 출신지역의 문화를 동시에 유지하며 언어도 출신지역 언어와 일본어를 사용하는 자가 많았다. 그러나 '중일국교정상화' 이후에 태어난 세대(3~5세)는 일본인과 결혼을 하는 경우가 대부분이었다. 또한 생활 속의 문화도 일본문화가 주류가 되었고 언어도 일본어가 제일 언어가 되었다. 직업도 대졸이 대부분이었기 때문

〈표 3〉 일본화교 및 재일중국인 · 대만인의 영주자수 (1984~2015)

	1984년			1992년			1996년		
	재일 중국인· 대만인 총수	영주자	%	재일 중국인· 대만인 총수	영주자	%	재일 중국인· 대만인 총수	영주자	%
총수	67,895	20,268	29.9%	195,334	25,510	10.9%	234,264	30,376	13.0%
도쿄	21,436	3,844	17.9%	72,958	4,960	6.8%	72,038	7,452	10.3%
카나가와	6,737	2,922	43.4%	17,915	3,227	18.0%	20,276	3,660	18.1%
아이치	1,627	356	21.9%	8,278	622	7.5%	11,199	1,076	9.6%
교토	1,58	565	38.8%	4,187	634	15.1%	5,246	648	12.4%
오사카	7,869	3,185	40.5%	16,352	6,615	40.5%	21,159	3,970	18.8%
효고(고베)	9,153	6,176	67.5%	12,491	6,780	54.3%	12,825	6,522	50.9%
후쿠오카	1,617	383	23.7%	4,589	594	12.9%	5,961	781	13.1%
나가사키	772	319	41.3%	1,119	360	32.2%	1,237	341	27.6%

	2006년			2010년			2015년		
	재일 중국인· 대만인 총수	영주자	%	재일 중국인· 대만인 총수	영주자	%	재일 중국인· 대만인 총수	영주자	%
총수	560,741	120,415	21.5%	687,156	172,152	25.1%	665,847	226,882	34.1%
도쿄	125,356	28,368	22.6%	164,201	42,562	25.9%	174,425	55,909	32.1%
카나가와	42,409	12,932	30.5%	56,095	17,951	32.0%	58,622	24,406	41.6%
아이치	35,522	7,990	22.5%	47,454	11,688	24.6%	45,481	16,409	36.1%
교토	10,411	2,273	21.8%	12,005	2,840	23.7%	12,504	3,384	27.1%
오사카	43,498	12,428	28.6%	51,056	16,412	32.1%	52,856	20,964	39.7%
효고(고베)	22,570	8,404	37.2%	25,585	9,375	36.6%	22,519	10,048	44.6%
후쿠오카	16,933	2,987	17.6%	21,936	3,781	17.2%	19,171	5,283	27.6%
나가사키	3,719	641	17.2%	4,037	704	17.4%	2,720	747	27.5%

* 출처 | 1984: 法務省, 『在留外國人統計』(東京: 法務省,1985); 1992~1996: 財団法人入管協會, 『在留外國人統計』(東京: 財団法人入管協會,각년판); 2006~2015: 『在留外國人統計(旧登錄外國人統計)統計表』(http://www.moj.go.jp/housei/toukei/toukei_ichiran_touroku.html, 검색일자: 2016.10.1.)
* 주: 2015년 통계에는 대만인의 영주자는 포함하지 않음.

에 회사원, 자유업에 종사하는 자가 많아지면서 화교사회와 유대관계도 소원해졌다.[81] 그 중에서 일본인과의 결혼 증가는 그 다음 세대가 화교로 성장해 가지 못하는 가장 중요한 원인이 되었다. 1985년 일본 '국적법' 이 부계혈통주의에서 '부모양계' 혈통주의로 수정되었다. 따라서 일본인과 화교 사이에서 태어난 자는 일본 국적 혹은 중화인민공화국 · 중화민국 국적 중 하나를 선택할 수 있게 되었다. 국적법의 수정으로 많은 화교 자녀가 일본 국적을 선택했고, 화교 수는 더욱 감소했다.

1990년대 후 재일중국인 · 대만인이 급증하면서 고베에도 재일중국인이 증가한다. 〈표 2〉에서 나타난 바와 같이 중국에서 온 자는 계속 증가 추세인 반면에 대만에서 온 자는 감소 추세다. 2015년 중국인은 22,519명으로 증가했지만 대만인은 1,799명으로 감소했다. 신이주자의 영주권 취득이 늘어나면서 전체적인 재일중국인 · 대만인의 영주권 취득자도 증가하고 있다. 전후 초기 대만 출신 화교가 반수 이상을 차지했던 고베도 2015년 현재는 중국 출신자 중심으로 변화했다. 그러나 고베 화교사회는 2015년 현재 영주자의 비율이 44.6%를 기록해 1위를 유지하고 있다.(〈표 3〉 참조) 그러나 대부분의 영주자는 재일중국인일 것으로 추정된다. 반면 화교들은 일본 국적을 취득해 대부분이 화인화되었다.

5. 고베화교의 삶을 통해 본 국민국가, 냉전과 탈냉전

고베화교의 전후의 삶은 냉전과 국민국가에 의해 혼돈당한 삶이었다고 할 수 있다. 국공내전에서 승리한 공산당은 대만으로 철수한 국민당정권

81) 過放, 『在日華僑のアイデンティティの変容 - 華僑の多元的共生』, 70쪽.

을 섬멸시키기 위해 '대만해방' 준비를 진행하고 있었다. 국민당정권은 이 세상에서 사라질 운명에 처해 있었다. 그러나 1950년 6월 25일 한국전쟁이 발발해 중화민국의 동아시아 냉전의 전략적인 중요성이 재확인되어 6월 27일 트루먼 대통령은 대만 문제에 개입하지 않겠다는 선언을 철회하고 대만해협에 제7함대를 출동시켜 중화인민공화국으로부터 중화민국을 방어한다. 이로써 국공내전은 동아시아 냉전에 말려들게 되었다. 그리고 미국은 중화민국의 대륙에 대한 공·해군의 공격을 중지시키고 '대륙공격'에 관한 군사행동의 일체 정지를 요구했다. 따라서 대만해협은 '중립화' 되어 중화인민공화국의 '대만해방' 도 중화민국의 '대륙반격' 도 불가능하게 되었다.[82] 국공내전은 냉전의 일부가 되어 그 상태로 동결되어 버린 것이다.

이렇듯 국민당정권은 국공내전에서 패배해 사라질 운명이었지만, 냉전에 의해서 생존할 수 있게 되었다.[83] 그 후 중화민국은 미국의 지지로 유엔에서 '중국대표권' 을 인정받을 수 있었고 '국가' 로서 국제무대에 재등장할 수 있었다. 이 또한 동아시아 냉전에 의한 결과였다. 동아시아 냉전이 형성됨으로써 중화민국은 냉전체제 속에서 국민국가로 존속할 수 있게 되었다. 그리고 일본이라는 특수한 '반공국가' 는 공산국가인 중화인민공화

82) 若林正丈, 『台湾 - 分裂國家と民主化』(東京: 東京大學出版會, 1992), 70-71쪽.

83) 장수야(張淑雅)는 한국전쟁은 확실히 미국의 대만해협의 개입을 초래했으며 중화민국을 살렸다고 지적한다. 그러나 미국이 개입하지 않았다고해도 중국공산당이 대만을 해방시킬 수 있었을 지는 확실하지 않다고 말한다. 장수야의 견해는 다음과 같다. 당시 중국공산당은 이미 소련과 우선 남북한을 통일하고 대만을 해방시키기로 합의를 본 상태였다. 따라서 중국공산당이 대만을 공격하는 실제 효과는 미국의 예상보다 크지 않았을 것이다. 미국의 개입은 중화민국이 생존할 수 있었던 '유일한' 이유는 아니다. 미국의 개입은 민심을 안정시키고 사기를 높이는 등 대만 내부의 정세를 안정시키는데 무척 중요한 역할을 했다. 그러므로 한국전쟁은 중화민국정부에게 자신을 구할 수 있는 기회를 주었다는 것이다. 張淑雅, 『韓戰救臺灣? 解讀美國對臺政策』(新北: 衛城出版, 2011), 19, 233, 252-253쪽.

국의 진입을 막지 않았다. 따라서 일본에서는 '두 개의 중국' 이 동시에 존재하게 되었다. '두개의 중국' 으로 상징되는 중화민국과 중화인민공화국 정부에 의해 일본에서 화교 쟁탈전이 치열하게 벌어졌다.

고베화교의 국적 변화를 통해 냉전과 국민국가에 의해 혼동된 그들의 삶을 엿볼 수 있다. 화교는 본질적으로 '조국' 과 거주국 사이에서 살아가는 존재다. 따라서 이 두 곳에 영향을 받지 않을 수 없다. 그러나 일본화교가 특별한 것은 두 개의 '조국' 이 동시에 존재해 선택 가능했다는 것이다. 고베 화교사회는 대체로 중화인민공화국이라는 '조국' 을 선택했다. 하지만 냉전에 의해서 일본이 중화민국과 국교를 체결하고 공식적으로는 중화민국을 유일한 '중국' 정부로 인정했다. 대륙 출신 화교는 1945년 이전부터 중화민국 국적을 소유하고 있었고 1952년 '중일평화조약' 에 의해 대만 출신 화교도 중화민국 국적 소지를 인정받았다. 이것은 당시로써는 선택의 여지가 없는 것으로 냉전의 산물이라 할 수 있다.

그러나 1949년 12월 중화민국정부는 대만으로 이전한 상태였고, 대륙 출신 화교들의 고향은 대체로 광동성(廣東省), 복건성(福建省), 삼강(三江: 강소江蘇 · 절강浙江 · 안휘安徽 · 강서江西 등 4성), 산동성(山東省) 등으로 구성되어 있어,[84] 대만이라는 토지는 홈랜드가 될 수 없었다. 그러나 냉전에 영향에 의해 중화인민공화국이 아닌 중화민국 국적이 부여되었다. 대만 출신 화교들에게는 대만이 홈랜드라고 할 수 있고 중화민국 국적을 소유하는 것이 당연한 결과라고 할 수도 있다. 하지만 그들은 1945년까지는 일본의 신민으로 일본 국적자였다. 국민당정권이 대만을 통치하게 되어 대만 출신 화교에게도 중화민국 국적이 부여되었지만 고베의 대만 출신 화교는 국민당정권을 '조국' 으로 인정하지 않았다. 고베화교는 대륙 출신, 대만

84) 過放, 『在日華僑のアイデンティティの変容 - 華僑の多元的共生』, 54쪽.

출신을 막론하고 좌경화되어 대륙의 중화인민공화국을 '조국' 으로 인식했다. 그러나 그들은 중화민국 국적만 소유할 수 있었다.

그러나 이러한 '조국' 과 국적이 일치하지 않는 상황은 1972년 '중일국교정화상화' 와 더불어 국공대립의 냉전이 끝나면서 변화한다. 중화인민공화국은 화교들에게 중화인민공화국 국적으로 전환할 수 있는 기회를 제공했다. 그리고 일본정부는 일본으로 귀화할 수 있는 기회도 제공했다. 고베화교들 중에는 일본으로 귀화한 화교도 있었고, 그리고 많은 화교들은 중화인민공화국 국적을 취득했다.

고베화교의 탈냉전의 결과 중 하나는 냉전에 의해서 굴절된 '조국' 과 국적의 관계가 '정상' 으로 돌아온 것이다. 또한 일본에서 공식석상과 비공식석상을 막론하고 중국 대륙을 통치하는 중화인민공화국이 '중국' 을 대표하는 '정상적인' 상황으로 돌아온 것이다. 따라서 고베 화교사회는 '조국' 인 중화인민공화국과의 관계가 더욱 밀접해진다. 그러나 중화인민공화국 국적을 취득한 대만 출신 화교 입장에서 보면 자신의 홈랜드와 국적 · '조국' 이 일치하지 않는 상황이 연출되었다.

탈냉전 시대를 맞이한 화교들에게는 여전히 국민국가의 문제가 남아있었다. 화교들은 일본과 중화인민공화국, 중화민국이라는 세 개의 국민국가 틈새에서 살고 있다. 고베화교는 냉전시기에는 자신의 의지와는 상관없이 중화민국이라는 국민국가의 국민으로 분류되어 그 영향력에서 벗어날 수 없었다. 고베중화동문학교가 중화인민공화국을 지지해도 오성기를 내걸지 않은 이유는 중화민국 혹은 중화민국파 화교의 입장을 고려했기 때문이다. 그러나 냉전과 더불어 이러한 상황이 해결되는 듯했다. 고베 화교사회는 중화민국의 영향력에서 벗어나 거주국인 일본과 '조국' 인 중화인민공화국만 고려하면 될 것 같았다. 그러나 고베화교에게 또 다시 시련이 찾아왔다. '천안문사건' 이후 많은 중화인민공화국파 화교가 중화인민공화국과 거리를 두기 시작했다. 특히 대만 출신 화교는 중화인민공화국과는 거리를 두며 민주화된 중화민국에 대한 친근감이 증가하게 된다. 결국 중화민국은 탈냉전 후에도 고베 화교사회에서 존재감을 잃지 않았다. 중화민국에 실망한 경험이 있는 대부분의 화교는 '천안문사건' 후 중화민국 국적이 아닌 일본 국적을 선택했다.

중화민국은 국적을 소유한 '국민' 임에도 불구하고 화교를 '진정한 국민' 으로 취급하지 않았다. 화교들은 세금을 납부하지 않을 뿐만 아니라 군복무의 의무에서도 이탈한 '진정한 국민' 이 아니었다. 1994년 중화민국은 대만에 온 화교학생에게 '호적' 과 신분증 배포를 중지하고 중화민국 국적은 있지만 호적이 없는 국민을 '무호적국민' 으로 정의했다. '무호적국민' 은 투표도 불가능하고 중화민국에 입국할 때에는 비자를 발급받아야 했다. 일본화교의 대부분은 일본에서 출생한 자로 대만에 호적이 없는 경우가 대대수다. 화교들은 국민임에도 불구하고 '국민통합' 에서 배제된 가치를 잃은 국민이었다. 화교가 국적을 소유하고 있다고 해도 자신을 대만인이라고도, 중국인이라고도 부를 수 없었고, 중화민국과 중화인민공화국도 그렇게 부르는 것을 허용하지 않았다. 그렇기 때문에 화교라는 용어가 만들어졌다.[85)]

그렇다면 일본으로 귀화한 화교들의 문제는 해결되었는가? 1972년까지는 일본으로 귀화하는 것은 결코 쉬운 일이 아니었다. 일본정부의 귀화심사를 통과하기는 무척 어려웠다. 1972년 일본 귀화가 용이해졌고 일본인과 결혼을 통해 일본 국적을 취득하는 화교가 증가했다. 특히 1985년 국적법 변화 이후에는 화교자녀의 일본 국적 취득이 부쩍 늘었다. 1990년대부터 일본 화교사회의 화인화가 표면적으로 표출되었다. 현재 대부분의 화

85) 화교와 '진정한 국민' 과, '단일민족' 에 관한 자세한 내용은 제1부 제2장 참조.

교는 일본 국적을 취득한 상태다. 고베는 일본 화교사회 중에서 1945년 이전에 이주한 구화교가 화인화하지 않고 가장 많이 화교로 남아있는 지역이다. 그러나 그 수는 매년 줄고 있으며 화교의 대다수는 중국에서 온 신화교가 차지하게 되었다.

국적은 국민의 가장 중요한 근거다. 일본 국적을 취득한 이들은 분명 일본 '국민' 이다. 일본에서 세금을 납부하며 의무를 다하고 있다. 그렇다면 일본 국민이 된 이들은 진정한 일본의 국민인가? 이들을 일본인이라고 부를 수 있는가? 혈통주의에 따라서 국민을 생산하는 일본에서 화교와 일본인 사이에서 태어난 자는 일본인의 '피' 를 이어받아 겨우겨우 국민으로 받아들여 질 수 있을 것이다. 그렇다면 귀화자는 어떠한가? '단일민족' 에 의해서 형성된 국가라는 신념이 강한 일본에서 귀화한 화교가 '진정한 국민' 으로 인정받기는 결코 쉬운 일이 아니다.

화교는 결국 중화민국, 중화인민공화국, 일본이라는 국민국가 속에서 국적 변화에 상관없이 어느 곳 하나 '진정한 국민' 으로 받아들여지지 않는 존재인 것이다. 그렇다고 해서 화교가 일본에 동화되어 '일본인' 이 되면 된다는 것은 결코 아니다. 일본에 동화된다는 것은 화교가 소유한 문화의 상실과 루트와의 단절을 의미한다.

이 문제를 해결하기 위해서는 우선 일본인은 누구인가라는 대답을 찾는 것부터 시작할 필요가 있다. 백영서가 지적하는 것처럼 현재 한국사회는 단순히 이주자에 대한 허용문제를 넘어 '한국인' 은 누구인가를 다 함께 논의할 시점에 이르렀다.[86] 일본도 마찬가지로 일본인은 누구인가라는 대답을 찾을 필요가 있다. 그리고 화교와 연결되어 있는 중화민국과 중화인민공화국도 대만인은 누구인가, 중국인은 누구인가라는 대답을 찾고 그

86) 백영서, 『핵심현장에서 동아시아를 다시 묻다 - 공생사회를 위한 실천과제』 (파주: 창비, 2013), 150쪽.

속에서 화교들의 문제를 이야기해야 한다. 일본과 중화민국, 중화인민공화국에서 국민은 누구인가라는 해답을 찾는 과정에서 화교문제를 되새겨 보고 화교들이 새로운 해답을 찾는 좋은 매개체가 되기를 기대해 본다.

참고문헌

백영서, 『핵심현장에서 동아시아를 다시 묻다 - 공생사회를 위한 실천과제』(파주: 창비, 2013).

친라이코(陳來幸), 「재일타이완인과 전후 일본화교사회의 좌경화」, 송승석, 이정희 엮음, 『동남아화교와 동북아화교 마주보기』(서울: 학고방, 2015).

神戸新聞, 「陳舜臣さん死去」, 『神戸新聞』, 2015.1.21.

神戸中華同文學校百年校慶慶祝委員會, 『學校法人神戸中華同文學校建校100周年紀念册』(神戸: 神戸中華同文學校百年校慶慶祝委員會, 2000).

王柏林, 「神戸の華僑社會に生涯を捧げた教育者 - 李萬之」, 神戸華僑華人研究會, 『神戸と華僑 - この150年の歩み』(神戸: 神戸新聞社總合出版センター, 2004).

李萬之, 「我和神戸中華同文學校」, 陳德仁編, 『學校法人神戸中華同文學校八十周年紀念刊』(神戸: 學校法人神戸中華同文學校理事會, 1984).

陳德仁, 「神戸華僑學校, 書舍, 學塾的略史」, 陳德仁編, 『學校法人神戸中華同文學校八十周年紀念刊』(神戸: 學校法人神戸中華同文學校理事會, 1984).

「歷代理事・評議員・監事・教職員名錄」, 陳德仁編, 『學校法人神戸中華同文學校八十周年紀念刊』(神戸: 學校法人神戸中華同文學校理事會, 1984).

過放, 『在日華僑のアイデンティティの変容 - 華僑の多元的共生』(東京: 東信堂, 1999)

裘曉蘭, 『多文化社會と華僑・華人教育 - 多文化教育に向けての再構築と課題』(東京: 青山ライフ出版, 2012).

市川信愛, 『華僑學校教育の國際的比較研究・上卷』(宮崎: 宮崎大學教育學部經濟研究室, 1988).

若林正丈, 『台湾 - 分裂國家と民主化』(東京: 東京大學出版會, 1992).

若林正丈, 『台湾の政治 - 中華民國台湾化の戰後史』(東京: 東京大學出版, 2008).

載天昭,『台湾戰後國際政治史』(東京: 行人社, 2001).

井上正也,『日中國交正常化の政治史』(東京: 名古屋大學出版會, 2010).

中華會館編,『落地生根 - 神戸華僑與神阪中華會館百年史』(東京: 研文出版, 2000).

陳舜臣,『道半ば』(東京: 集英社, 2003).

陳來幸,「日中文化交流の橋渡し - 陳德仁」, 神戸華僑華人研究會,『神戸と華僑 - この150年の歩み』(神戸: 神戸新聞社總合出版センター, 2004).

山田敬三,「國家・民族の枠を超えた文化 - 陳舜臣」, 神戸華僑華人研究會,『神戸と華僑 - この150年の歩み』(神戸: 神戸新聞社總合出版センター, 2004).

岡野翔太,「日本における台湾同鄕組織の成立とそのジレンマ - 日華平和條約の締結と終了を起因として」,『現代台湾研究』46(吹田: 台湾史研究會, 2016.1).

楊子震,「帝國臣民から在日華僑へ - 澁谷事件と戰後初期在日台湾人の法的地位」,『日本台湾學會報』14(東京: 日本台湾學會, 2012.6).

鶴園裕基,「日華斷交期における『僑務問題』 - 分裂國家の外交危機と在外國民」,『アジア次世代論集』7(東京: 早稻田大學アジア研究機構, 2014.3).

鶴園裕基,「無効化する國籍: 日華斷交の衝擊と國府の日本華僑統制・保護の変容」,『華僑華人研究』11(東京 : 日本華僑華人學會, 2014.11).

許淑眞,「留日華僑總會の成立に就いて(一九四五一一九五二) - 阪神華僑を中心に」, 山田信夫編,『日本華僑と文化摩擦』(東京: 巖南堂書店, 1983).

許瓊丰,「戰後日本における華僑社會の再編過程に關する研究 - 在日台湾人と神戸華僑社會を中心に」, 神戸: 兵庫縣立大學經濟學研究科博士論文, 2009.

盧冠群編著,『日本華僑經濟』(臺北: 海外出版社, 1956).

黃自進訪問, 簡佳慧記錄,『林金莖先生訪問記錄』(台北: 中央研究院近代史研究所, 2003).

張淑雅,『韓戰救臺灣?解讀美國對臺政策』(新北: 衛城出版, 2011).

國史館소장,「日本華僑各項調査統計及僑務資料(　)」,『外交部檔案』, 典藏號: 020-010108-0018.

楊子震,「中國駐日代表團之研究 - 初探戰後中日・臺日關係之二元架構」,『國史館館刊』19(臺北: 國史館, 2009.3).

王恩美,「1970年代中華民國對日僑務政策的變化: 以中日斷交前後爲中心」,『國史館館刊』48(臺北: 國史館, 2016.6).

陳來幸著, 許瓊丰譯,「戰後日本華僑社會的重建與結構變化: 台灣人的抬頭與錯綜複雜的東亞政治歸屬意識」,『台灣風物』, 63卷1期, (新北: 臺灣風物雜誌社, 2013.3).

何義麟,「戰後初期臺灣留日學生的左傾言論及其動向」,『臺灣史研究』, 19 : 2, (臺北: 中央研究院臺灣史研究所, 2012.6).

何義麟,「戰後在日臺灣人的國籍轉換與居留問題」,『師大臺灣史學報』7, (臺北: 臺灣師範大學臺灣史研究所, 2014.12).

許瓊丰,「在日臺灣人與戰後日本神戸華僑社會的變遷」,『臺灣史研究』, 18 : 2, (臺北: 中央研究院臺灣史研究所, 2011.6).

日本法務省,『在留外國人統計』(東京: 財団法人入管協會, 각년판), (http://www.moj.go.jp/housei/toukei/toukei_ichiran_touroku.html, 검색일자: 2016.10.1).

제3장

요코하마(横浜) 화교사회의 160년, 지속 · 갈등, 그리고 변화

| 이토 이즈미(伊藤泉美) |

요코하마(横浜) 화교사회는 1859년 요코하마 개항부터 오늘날에 이르기까지 160년 가까이 지속되고 있는, 일본에서도 특이한 외국인계 사회이다. 이 글에서는 그 역사적 발전과정을 명확하게 밝히면서 왜 이 사회가 지속 가능한가를 생각해보고자 한다. 이때 다음 세 가지 관점, '사람=화교사회', '거리=차이나타운', '일본사회(로컬사회)와의 관계'를 의식하면서 진개하고자 한다.

■ 일러두기

* 원문의 '中華街'는 본문에서 '차이나타운'으로 번역하고, 조직명 등의 고유명사일 경우는 '중화가'로 표기하였다.
* 한자 표기는 한글음을 그대로 표기한 경우, 중국어 또는 일본어 표기의 세 가지로 나뉜다.
* 원문의 일본식 한자는 한국 한자로 바꾸지 않고 그대로 두었다.
* 필요한 경우 역주는 본문에 괄호를 넣고 표시하였다.

1854년 에도막부(江戸幕府)는 서양 5개국과 조약을 체결함으로써 문호를 개방하였으며, 1859년에 하코다테(函館), 니가타(新潟), 요코하마(横浜), 고베(神戸), 나가사키(長崎)의 5개 항구를 개항하였다. 개항장에는 외국인이 거주하면서 경제활동을 하는 외국인 거류지가 설치되었다. 요코하마 화교의 역사는 이 에도시대 말기의 개항을 계기로 시작되었다. 요코하마 화교사회의 160년 역사과정을 돌아보면, 결론적으로 다음 4개 시기로 구분할 수 있다.

'제I기 형성과 발전의 시대 1859년~1923년'. 이 시기는 에도시대 말기의 요코하마 개항에서 관동대지진까지의 기간으로서, 요코하마 화교사회의 탄생과 성장의 과정이라 할 수 있다. '제II기 시련의 시대 1923년~1945년'. 이는 관동대지진이라는 천재(天災)와 중일전쟁 · 제2차 세계대전이라는 전재(戰災)의 피해를 입으면서 요코하마 화교사회가 존속의 위기에 처한 시기이다. '제III기 부흥과 성장의 시대 1945년~1980년대 중반'. 이는 전후 부흥을 이룬 요코하마 화교사회가 내부적으로는 중국과 타이완의 분열이라는 상황을 겪으면서도 관광지로서 성장 발전해가는 시기이다. '제IV기 변화의 시대 1980년대 중반~현재'는 종래의 구(舊)화교사회 내부에서 중국과 타이완의 융화가 진행되는 한편, 신(新)화교의 대두가 두드러지며, 차이나타운의 변용이 나타나는 시기이다.

이 기간에 일어나는 요코하마 시내의 중국인 인구 변천을 〈표 1〉로 정리하였다. 1945년 이전에는 요코하마 거주 외국인 인구의 약 60%를 항상 중국인이 차지하고 있었다. 1950년 이후에 중국인 인구 비율이 감소하는 것은 한국 · 조선인 인구가 증가하기 때문이다. 다음에 설명하는 것처럼 1980년대 후반부터 신(新)화교의 일본 이주가 급증하면서 다시 외국인 인구에서 중국인이 차지하는 비율이 높아져 갔다.

〈표 1〉 요코하마 거주 외국인 인구에서 중국인 인구가 차지하는 비율 (1870~2015)

년도	외국인 총수	중국인	중국인 비율	출전 등	년도	외국인 총수	중국인	중국인 비율	출전
1870~1871	2,073	1,002	48%	1, 2*	1945	3,208	1,917	60%	5
1875	2,496	1,300	52%	2	1950	15,940	4,203	26%	4
1880	3,937	2,505	64%	2	1955	14,777	4,489	30%	4
1885	3,754	2,499	67%	2	1960	16,815	4,698	28%	4
1890	4,601	3,004	65%	2	1965	18,581	5,245	28%	4
1895	3,532	1,808	51%	2	1970	20,648	5,525	27%	4
1900	5,523	3,328	60%	3	1975	20,979	4,920	23%	4
1905	8,308	5,334	64%	4	1980	20,619	4,430	21%	4
1910	9,923	6,217	63%	4	1985	24,079	5,371	22%	4
1915	6,038	3,887	64%	4	1990	38,603	9,649	25%	4
1921	7,980	4,885	61%	3	1995	46,723	12,700	27%	4
1923	555	303	55%	3	2000	56,167	17,219	31%	4
1925	3,742	2,815	75%	4	2005	69,965	24,289	35%	4
1930	5,643	3,958	70%	4	2010	77,419	33,584	43%	4
1935	5,066	3,321	66%	4	2015	81,424	33,621	41%	4
1938	4,309	2,228	52%	4					

* 중국인 인구는 1870년의 수치, 중국인을 제외한 숫자 1071은 1871년의 수치.
1875~1975년 및 2015년은 연말, 1980~2015년은 년도 말 수치.

* 출전 | 1. 외무성기록 3-9-4-4「條約未濟國及淸國人取締方參考書」
2.「橫浜港在留外國人戶口數表」,『神奈川縣史資料編15』
3.『神奈川縣統計書』를 위한 가나가와현내 거주 인구
4.『橫浜市統計書』
5.「神奈川縣在留外國人國籍別人員表1945年8月15日」,『橫浜市史 II』 第1卷(下) 1026쪽에서 인용. 원 출전은 神奈川縣,『昭和 二十年八月十五日 在留外國人名簿』.

1. 형성과 발전의 시대, 1859~1923년

이 장에서는 1859년 요코하마 개항부터 1923년 관동대지진 이전 시기에 관하여 설명하며, 이 시기는 요코하마 화교사회의 탄생과 성장의 시대이다.

1) 요코하마 화교사회의 형성기

(1) 요코하마 개항과 중국인의 진출

1859년 7월 1일, 요코하마가 개항되어 외국인 거류지가 설치되었다. 그와 거의 동시에 홍콩(香港)이나 상하이(上海) 등 각지에서 서양 상인의 매판(買辦) 등으로서 중국인이 요코하마에 진출해 왔다. 중국인 매판은 요코하마의 서양 상관(商館) 안에서 상품 구입, 대금 결제, 정보 수집, 장부 기입 등의 업무를 행하는 것은 물론, 세관에서 물건 운반에 필요한 거룻배를 빌리는 업무, 배에서 육지로, 육지에서 배로 짐을 싣고 내리는 항만노동자들을 고용하는 업무, 짐을 내리고 싣는 작업에 입회하는 업무 등 다양한 업무를 수행하였다. 사실상 외국 상관의 실무 대부분을 중국인이 맡고 있었다. 그들은 홍콩이나 상하이의 서양 상관에서 일하던 자들로서 서양의 언어나 상거래 습관을 숙지하고 있었다. 따라서 이에 익숙하지 못했던 일본인과 서양인들 사이에서 거류지 무역 현장에서 불가결한 존재가 되어갔다. 그래서 요코하마에서 상거래를 하려는 많은 서양 상인들은 잇달아 중국인을 수반하고 오게 되었다.

그 후 서양 상관에 고용되지 않고 독립적으로 상거래를 경영하는 사람들이 나타났다. 1860년대 초기의 요코하마에서 발간된 영자신문에는 중국인 양재점, 제본 인쇄점, 페인트칠 가게, 목수 등의 광고가 보인다.[1] 이러한 업종들은 서양인 거류민의 생활 편의를 제공하는 각종 직업이기도 하지만, 서양의 새로운 기술이 홍콩·상하이 등에서 온 중국인에 의해 일본에 전해졌다는 측면도 지적할 수 있다. 이처럼 일본에 들어오는 중국인이 증가하는 계기가 된 것으로는 1864년의 P&O기선, 1865년의 프랑스 우편선에 의한 상하이·요코하마 간의 정기 항로 개설과 1867년의 태평양 기선에 의한 홍콩·상하이·요코하마·샌프란시스코의 정기 항로 개설이었다. 1867년과 1868년에는 홍콩·요코하마·샌프란시스코 사이를 왕래하는 중국인이 1만 명을 넘어섰다.[2)]

'의지할 사람 하나 없이 임시편 배에 승무원 등을 하면서 배를 타고[3)]' 이미 일본에 와 있는 같은 고향 사람이 있는 지역으로 모여드는 중국인이 무법상태로 계속 늘어갔다. 이러한 사태에 서양인 거류민이 위협을 느끼면서 치안과 위생 양면에서 중국인 단속의 필요성을 호소하게 되어 적패규칙(籍牌規則)이 제정되었다.

(2) 요코하마 화교사회의 형성

요코하마에 거주하는 중국인이 늘어나게 되자 그곳에는 '사회'가 생겨났고, 사회의 질서를 유지하기 위한 조직이 나타났다. 가장 먼저 동선당(同善堂)이 조직된 것으로 여겨진다. 이것은 당시 요코하마화교의 고향인 주장(珠江) 델타지대에서 발달한 선당(善堂)에서 유래된 민간 자선단체이다. 동선당은 중국인의 관 안치소나 시료원을 정비하였으며, 이 동선당을 모체로 하여 1867년에 중화회관이 설립된 것으로 보인다. 이 해에 적패규칙

---

1) *The Japan Herald* 1864년 12월 6일, 12월 10일, 1866년 6월 6일, 6월 10일 등.

2) *The Daily Japan Herald* (1867년) 및 *The Japan Times Overland Mail* (1868년)의 승선자 수 기록 집계.

3) 慶応4年(明治元年) 正月25日「神奈川奉行上申, 横浜在留淸國人の件」, 戊辰正月25日「支那人輸出入荷物等之儀ニ付相伺候書 神奈川奉行」(『神奈川縣15』 451-454쪽).

이 도입되었으므로 이를 시행하기 위하여 요코하마 거주 중국인을 대표하는 기관으로서 중화회관이 필요하였다.

에도시대 말 시점에서는 청국과 일본 사이에 아직 조약이 체결되지 않았기 때문에 중국인이 요코하마 거류지에 거주할 아무런 법적 근거도 없었다. 그래서 도입된 것이 적패규칙으로서 무법상태로 계속 증가하는 중국인을 관리하기 위한 등록제도였다. 그러나 그 효과는 예기치 않은 방향에서 나타났다. 적패규칙 도입 당초인 1867년 11월의 등록자는 660명이었으나[4] 2년 후인 1869년 12월의 등록자는 1029명으로 2배 가까이 급증하였다.[5] 적패규칙이라는 요코하마 거주의 법적 근거를 얻은 것이 더욱더 중국인의 진출 증가를 초래한 것이다.

개항으로부터 10년, 1869년 단계에서 중국인은 요코하마 외국인 거류지에 거주하는 외국인 전체의 60% 가까이에 달하였다. 이는 무엇을 의미하는 것일까? 일본은 에도시대 말 서양 5개국과 조약을 맺고 나라를 개방하여 개항하였으나, 개항 후에 실제로 일본의 항구를 방문한 외국인의 반수 이상은 조약을 맺지도 않은 중국인이었다. 에도시대 말 일본의 개항이라고 하면, 서양에 대한 개국·개항으로서 이해되고 있으나, 중국에 대한 본격적인 개국·개항이었다는 점도 중요하다.

1860년대·70년대의 중국인을 둘러싼 상황을 단적으로 설명하자면, 중국인은 조약을 체결하지 않은 국가의 국민이면서도 그 숫자나 경제적인 측면 양쪽에서 존재감을 지속해서 강화했다. 이러한 중국인에 대해서 일본인과 거류 서양인 양쪽 모두가 곤란함을 느껴서 적패규칙을 제정한 것

4) Memorandum on Municipal Affairs submitted for the information of the Governors of Kanagawa, FO.46, No.95 - No.187. Yokohama. July 27, 1868.

5) 「第33号神奈川縣ヨリ支那人戸籍入免狀料取立方通知ノ來翰」 明治3年閏10月24日, 外務省記錄『條約未濟國及清國人取締方參考書』.

이었으나, 거주의 법적 근거를 얻었기 때문에 오히려 요코하마에 진출하는 중국인이 늘어났고 중화회관이라는 상호 자치조직을 만들며 화교사회는 확대되어 갔던 것이다.

(3) 요코하마 차이나타운의 형성

요코하마에 온 중국인 다수가 외국인 거류지의 한 모퉁이 구(舊) 요코하마 닛타지구(新田地區)지구에 모여 살았으며, 그곳에 차이나타운이 형성되어 갔다. 중국인은 왜 그곳에 살았던 것일까? 1868년부터 1879년까지 재일 및 재중외국인연감[6] 요코하마 부분에 기재된 내용을 분석해보면, 이 11년간의 중국인 관계 기재 총수는 436건이었다. 이 중 55%에 해당하는 239건이 구 요코하마 닛타지구에 소재하며, 이 지역에 대한 중국인 집주 경향이 확인되었다.

중국인들이 모여 살게 된 첫 번째 이유는, 다른 장소에서 토지를 입수하기 어려웠다는 물리적인 요인이다. 외국인 거류지 안에서 최초로 정비된 가이간도오리(海岸通り), 미즈초도오리(水町通り), 혼초도오리(本町通り) 등의 토지는 먼저 온 유력 서양인들이 확보하여 이들의 상관 등이 늘어서 있었다. 나중에 온 사람들이 상점 등을 열려고 했을 때 입수 가능했던 것이 구 요코하마 닛타지구였다.

두 번째 이유는 거류지 안의 업종별 지역제 때문이었다. 1864년 무렵 구 요코하마 닛타지구에 처음으로 거주하기 시작한 것은 중국인이 아니라 서

6) *The Chronicle and Directory for China, Japan & Philippines for the year 1868 &1869, Japan Herald Directory and Hong List for Yokohama, 1870, The Chronicle and Directory for China, Japan & Philippines for the year 1871, The Japan Gazette, Hong List and Directory for 1872,, The China Directory for 1873 & 1874, The Japan Gazette, Hong List and Directory for 1875 & 1876 & 1877 & 1878, The Japan Directory for 1879.*

양인 제빵사, 대장장이, 배 목수 등이었다. 또한 1870년의 재일외국인연감에 의하면[7], 요코하마 거류지 안의 외국인 사업소 기재 402건에 관하여 구 요코하마 닛타지구와 그 부근 등의 장소로 나누어 업종별 분포상황을 검토한 결과 요코하마 거류지구에서는 가이간도오리 · 혼초도오리와 구 요코하마 닛타지구에서는 사업소의 업종에 차이가 있음을 알 수 있었다. 전자에는 큰 규모의 무역상사, 은행, 해운회사 등이 집중되어 있었으나 후자인 구 요코하마 닛타지구에서는 제조업(조선소, 양재 등), 음식업, 건축관계(목수 · 도장업, 대장장이 등), 서비스업 등의 사업소가 집중되어 있었다. 중국인들은 실로 이러한 업종에 종사하는 사람들이었다. 결과적으로 구 요코하마 닛타지구에 중국인이 모여서 살게 되었지만, 처음부터 민족별 거주지 분류가 의도되었던 것은 아니며 운영하는 직업에 따라서 거주지 분류가 이루어졌던 것이다. 이상과 같은 두 가지 이유에서 중국인은 구 요코하마 닛타지구에 거주하기 시작했다고 여겨진다.

2) 요코하마 화교사회의 성장 · 발전기

1870년대부터 1890년대 초반의 요코하마 중국인사회를 개관해보면, 첫째로 청일수호조규 체결에 따라 조약국인으로서의 지위를 획득하여, 둘째로 영사관 개설에 따른 공권력의 보호를 배경으로 인구가 1000여 명에서 3000여 명으로 약 20년간 3배로 증가한 점을 들 수 있다. 그리하여 인구 증가와 화교사회 안에 축적되어온 재력을 토대로 하여 관제묘(關帝廟: 역주 - 삼국시대의 영웅 관우를 모시는 사당. 관우묘, 관왕묘 등의 이름으로 부르기도 한다. 관우는 본래 무술이 뛰어난 인물이지만, 서민들에게는 재물의 신으로 숭상되

---

7) *Japan Herald Directory and Hong List for Yokohama*, Yokohama: Japan Herald, 1870.

고 있다. 한국에도 조선시대에 관제묘가 들어왔으며, 화교의 세계 각지 이주에 따라 그들이 정착하는 지역에 관제묘가 설립되었다.)·중화회관·묘지·병원 등의 사회조직을 충실히 하였다. 이 시기에 이르러서 요코하마 화교사회는 성장기를 맞이했다고 할 수 있다.

(1) 청일수호조규 체결과 화교사회의 성장

1871년에 청일수호조규가 체결되었는데, 그 부속 조약인 청일통상장정 제2관에서 '양국의 관민은 정해진 개항장에서 지소(地所)를 빌리는 것을 허용한다' 라고 규정하고 있다. 이에 따라, 요코하마 외국인거류지 안에서 처음으로 중국인의 부동산 임대·소유가 법적으로 인정되었다. 이러한 법적 토대 아래 그해 안에 중화회관은 140번지의 영대차지권(永代借地權)을 사들여서 본격적으로 관제묘를 건립하였다. 또한 그해 12월에 중화회관은 가나가와현(神奈川縣)에 묘지 용지의 대여를 신청하였으며, 1873년 3월에 중화의장(中華義莊)이 개설되었다. 그리고 같은 해에 중화회관 건물이 세워졌다.[8] 이처럼 1870년대 초에 집중적으로 화교사회 안에 공적인 조직 정비가 진행된 요인으로서는 조약국민으로서의 지위를 획득한 것을 지적할 수 있다.

이어서 1878년 2월에 허루장(何如璋)이 주일 공사로서 부임하였으며, 판시펑(范錫朋) 요코하마 영사가 임명되어 청국 이사관(理事館, 영사관)이 정식으로 업무를 시작하였다. 영사관은 중국인에 대하여 행정관할권 및 법적 재판권을 행사하였을 뿐 아니라, 중국인을 대표하여 일본 측과 교섭하는 역할도 담당하게 되었다. 그 이전에는 민간단체인 중화회관이 그 임무를 맡았으나 영사관이 개설된 후에는 양쪽 정부 사이의 외교 교섭이 가능해

---

8) 자세한 내용에 관해서는 伊藤泉美, 「横浜中華會館・關帝廟・同善堂について」, 『横浜開港資料館紀要』 26(2008년)을 참조하기 바란다.

졌다. 영사가 부임함에 따라 공권력에 의한 보호를 얻은 중국인 사회는 생활적인 면과 경제적인 면에서의 성장 기반을 갖추어갔다.

(2) 1870년대 후반의 차이나타운

그 후 1860년대 · 1870년대를 통하여 인구가 계속 늘어나면서 1870년대에는 요코하마에 거주하는 중국인 인구의 60% 가까이가 모이는 차이나타운이 형성되어 있었다.

거주 상황에 관하여 1877년의 요코하마 거주 중국인 명부를 중심으로 검토해보면, 중국인 1142명 중 약 64%가 차이나타운 부근에 모여 살고 있었던 것으로 확인된다.[9] 단, 중국인 전부가 차이나타운에 거주하고 있었던 것은 아니다. 가이간도오리나 혼초도오리 등에도 30% 정도의 중국인이 살고 있었다. 대형 서양 상관이 모이는 가이간도오리나 혼초도오리에는 그곳에서 일하는 유복한 중국인이 살았으며, 차이나타운 지역에는 토목건축사무소, 마차 제조점, 양재점, 제화점 등 생활에 밀착된 상점을 운영하는 중류 노동자나 그들의 상점에서 일하는 하층 노동자들이 많이 살고 있어서, 계층에 따른 거주지 분류도 지적할 수 있다.

1870년대 후반의 화재를 보도하는 영자신문 기사[10]나 콜레라 예방 조사위원회 보고에서는, '차이나타운' 또는 '중국인이 점거하고 있는 장소' 라는 표현이 사용되고 있어, 이 무렵에는 차이나타운이라고 부를 만한 상태가 형성되어 있었다고 생각된다. 적패규칙이 도입된 1867년까지의 중국인 인구는 660명이었는데 1877년에는 1142명이 되어, 10년간 거의 배로 늘었

---

9) 「明治十年在横浜清國人名簿」, 『神奈川縣史料』第7巻(神奈川縣立図書館, 1971年) 15-379쪽; 伊藤泉美, 「1877年の横浜外國人居留地における中國人 - 「明治十年在横浜清國人名簿」の分析から」, 『横浜開港資料館紀要』 33(2015. 3.)을 참조하기 바란다.

10) *The Japan Gazette* 1878년 3월 5일자.

다. 잇달아 일본으로 들어오는 새로운 중국인을 흡수하면서 차이나타운이 형성되어 갔던 것이다. 또한 화재에 관한 자료에서 1870년대 후반 단계에서 많은 일본인이 차이나타운에 살고 있었던 것을 알 수 있다.[11]

(3) 요코하마 화교사회의 발전과 각종 단체의 설립

1880년대, 90년대에 화교사회는 성장을 계속해 갔다. 1880년에는 중국인을 대상으로 하는 전염병 병원인 중화동제의원(中華同濟医院)의 토지가 중화회관에 대여되었으며[12], 1886년에는 관제묘의 묘소 확장이 이루어졌고, 1890년에는 중화회관과 관제묘의 대개축이 진행되었다.[13] 또한 1892년에는 리뤼첸(黎汝謙) 요코하마 청국영사와 중화회관의 동사(董事)들에 의해 묘지 정비와 지장왕묘(地藏王廟) 건립이 이루어졌다.[14] 10월의 지상왕묘 낙성 개묘식에는 남녀노소가 대거 모여들어 돼지고기 요리와 닭고기 요리, 술을 공물대에 바치고 성대한 제전을 행하였다. 지장왕묘의 건설비용은 요코하마 화교 112명의 기부금 3,742엔으로 충당하였다. 이것은 당시의 요코하마화교의 재력을 나타낸 것이라고 할 수 있다. 그들의 이름은 현존하는 지장왕묘 비기(碑記)에 새겨져 있다.

20세기에 들어선 1900년부터 관동대지진이 일어나는 1923년 8월까지의 기간은 요코하마 화교사회의 발전기라고 할 수 있다. 인구는 1900년부터 증가세로 돌아서 3328명에서 최대 6200여 명으로 증가한다.

---

11) 「外務省記錄」4門1類1項14, 「本邦ニ清國領事館設置ニ付同國人ニ係ル事務各開港場府縣ヨリ該領事ヘ引繼之件」, *The Japan Gazette* 및 *The Japan Daily Herald* 1878년 3월 5일자.

12) 「外務省記錄」3門12類1項17, 「横浜山手中村地內字山田ニ於テ清國人避病院用ノ地所貸渡一件」

13) 伊藤泉美, 「横浜中華會館・關帝廟・同善堂について」

14) 「横浜地藏王廟碑記」

이 시기에는 각종 단체가 잇달아 설립되었는데, 이는 화교사회의 발전을 나타내는 현상이라고 할 수 있다. 우선, 1900년 5월에 삼강공소(三江公所)의 발회식이 행해졌으며, 1909년에는 요코하마중화상무총회(橫浜中華商務總會)가 설립되었다. 이 단체의 전신은 요코하마화상회의소(橫浜華商會議所)인데, 나중에 요코하마중화총상회(橫浜中華總商會)로 개칭되었다. 학교도 연이어 설립되었다. 1898년에는 광둥성 계열의 대동학교(大同學校)가 설립되었고 1903년에는 삼강계(三江系: 역주 - 장쑤성江蘇省, 안후이성安徽省, 저장성浙江省 등 장강 중하류 지역 출신 화교를 일컫는 말) 중화학교, 1908년에는 광둥성(廣東省) 계열 혁명파의 요코하마화교학교가 설립되었다.[15] 그리고 1916년에는 요코하마 화교의 염원이었던 중등교육기관으로서 요코하마지성중학교(橫浜志成中學校)가 도쿄지성학교를 이전시키는 형태로 설립되었다.[16] 이 학교의 이전을 위하여 요코하마화교는 광둥계와 삼강계라는 출신지 차이, 또한 혁명파, 보황파(保皇派) 등의 정치적 신조 차이를 넘어서 힘과 자금을 모았다. 이 학교의 학무위원에는 124명의 유력 화교가 이름을 올렸다.

전통예능 등의 문화활동도 왕성하게 이루어졌는데, 이를 담당하였던 단체로는 1910년에 설립된 광둥계 친목단체인 화친회, 1912년에 설립된 광둥계 자선연극단체인 부풍사(扶風社), 삼강계 전통예능단체인 지기총회(知己總會) 등이 있었다. 이와 더불어 1917년 요리사단체인 경빈화주회소(京浜華廚會所)가 설립되었으며, 1920년에는 광둥계 동향단체인 요명공소(要明公所), 사읍공소(四邑公所), 향읍재우회(香邑梓友會)가 설립되었다. 이듬해인 1921년에는 광둥계 동향단체인 삼읍공소(三邑公所)와 도쿄-요코하마

15) 伊藤泉美, 「教育と出版文化」, 『横浜中華街 - 開港から震災まで』(横浜開港資料館編刊, 1994년)

16) 『中國實業雜誌』 7년 제11기(1916년 11월 1일).

지역의 부인용 양복상과 재봉 직인단체로서 삼광계인 교일경빈부흥전의회(僑日京浜復興展義會)가 설립되었다. 또한 1922년에는 등가구 제조 직인들의 상호 친목과 오락을 목적으로 하는 단체, 동의회(同義會)와 화교 청년의 보이스카우트인 중화동자군(中華童子軍)이 설립되었다.[17]

⑷ 제사의 충실

이 시기에 열린 대규모 제사도 당시의 요코하마 화교사회의 번영을 나타내는 것이라고 할 수 있다. 〈그림 1〉은 1909년 7월에 성대하게 열린 요코하마 개항 50년제의 차이나타운 대로의 사진엽서이다. 1859년 7월의 개

〈그림 1〉 개항 50년제를 축하하는 요코하마 차이나타운 1909년

(요코하마横浜개항자료관 소장)

17) 요코하마화교의 각종 단체에 관해서는, 外務省記錄1門3類3項1号 - 2「在内外協會關係雜件 在内ノ部」(大正14年(1925년), 이하「外務省記錄 · 在内外協會關係」로 약칭) 및 이 정보를 정리한 外務省情報部,「日本(東京, 神奈川, 大阪, 兵庫)ニ於ケル支那關係団体竝ニ支那人団体ニ關スル調査」에 자세하게 설명되어 있다. 또한 伊藤泉美,「1920年代中頃の横浜華僑社會 - 諸団体の動向を中心に」,『横浜開港資料館紀要』24(2006년)도 참조하기 바란다.

항 이래 50년이라는 세월을 함께 해온 차이나타운도 축하 분위기에 둘러싸여 있다. 길 양쪽 상점에는 청조의 황룡기와 일본의 히노마루(日の丸) 깃발이 게양되고 처마 아래에는 수많은 축하 제등이 장식되어 있다. 길에는 기모노를 입은 여성, 양복을 입은 남성, 중국 옷을 입은 아이들이 오고 간다. 이 한 장의 엽서를 통해 차이나타운의 변화한 모습뿐 아니라 지역사회인 요코하마 혹은 일본사회에 융화되는 모습도 느껴진다.

또한 1910년 7월 말에는 관제묘 개수(改修) 25주년제가 행해졌다. 이 행사에 대해서는 요코하마의 지역신문뿐 아니라 『도쿄아사히신문(東京朝日新聞)』이나 『미야코신문(都新聞)』 등에서도 사진과 함께 보도하였다. 더욱이 이듬해인 1911년 9월 10일에는 대동학교의 창립 15주년을 맞아 캉유웨이(康有爲)와 량치차오(梁啓超) 등 200명 이상이 참석하여 중화회관에서 성대한 식전을 개최하였다.[18)]

3) 성장 속의 마찰–청일전쟁과 개정 조약 실시

경제적 · 사회적으로 충실한 시기였던 1890년대 전반이 지나자, 요코하마 화교가 처한 상황은 험악하게 급변했다. 청일전쟁 발발과 개정 조약 실시에 따른 거류지 철폐 때문이었다. 이 시기 5년간의 인구 증감은 현격하다. 전쟁 발발로 인구가 3분의 1로 격감하였으나, 5년 후인 1898년에는 다시 3000명대로 부활하였다. 그리고 이 시기에 중국 본국의 망명 정치가인 쑨원(孫文), 캉유웨이, 량치차오 등이 요코하마를 방문하였으며, 화교사회에 학교나 상회라는 근대적 조직 도입, 중국인 의식의 양성, 일본인과의 협력 지향 등 여러 가지 영향을 미쳤다. 이 시기는 요코하마화교를 둘러싼

18) 『横浜貿易新報』 明治44年9月12日号.

안팎의 상황이 현격한 변동을 보인 시기이다.

(1) 청일전쟁

1894년 7월 하순의 교전 상태 돌입부터 9월 초순까지 겨우 1개월 반 사이에, 적어도 2200여 명의 중국인이 귀국하였다. 개전 전 1893년의 요코하마 주재 중국인 수는 3325명에서 70% 가까이가 귀국하였으며, 요코하마의 화교사회가 매우 심각한 사태에 놓였다. 1894년의 요코하마 주재 중국인 인구는 1174명, 95년에는 1808명으로 격감하였다.[19)]

청일전쟁이 중국인에게 미친 영향과 변화에 관해서는 법적, 사회적, 경제적 측면이라는 3가지 관점에서 정리해보고자 하는데 이 세 가지는 서로 관련되어 있다. 첫째는 법적 입장의 변화이다. 청일수호조규가 파기됨에 따라 중국인은 무조약국 국민이 되어 칙령 제137조에 의해 의무적으로 등록하게 되었다. 또한 영사재판권을 상실하고 일본 재판소의 관할 아래 놓였다.

둘째는 사회적 입장의 변경이다. 개항 이래 중국인은 거류지 무역 현장에서 서양인과 일본인의 중개자로서 우월적인 위치에 있었으나 그 지위가 흔들리기 시작하였다. 요코하마 시내에서도 일본인에 의한 중국인 매도 등에 관한 신문보도가 나타났다. 이러한 일반 민중의 적개심이 중국인을 귀국하지 않을 수 없도록 몰고 갔던 요인의 하나였다고 할 수 있으리라. 그리고 처음에는 개인감정 충돌 차원이었던 것이 집단으로서의 반중국적인 행동으로 나타나기 시작하였다. 그것은 바로 중국인에 대한 불매운동이나 임금 인상 요구 움직임이었다.

셋째는 경제적 입장의 변화이다. 전쟁 발발로 중국인의 반수 가량이 귀

19) 「横浜港在留外國人戶口數表」, 神奈川縣編刊, 『神奈川縣史 資料編15 近代・現代(5)』(1983년), 1062쪽.

국하자 그 부재의 틈을 일본인이 메우기 위하여, 차이나타운에 일본인이 진출하거나 양재업에서 일본인이 대두하는 등 종래 중국인이 우위를 차지하던 업종에서 경쟁이 심해졌다. 한편, 경제적 입장 변화가 현저하게 나타난 것이 상습관회복운동(商習慣回復運動)이다. 상권회복운동은 중국과 일본 사이의 상업습관, 상업문화의 충돌이며, 나아가서는 에도시대 말기 개항 이래 거류지무역에서 중국인 상인의 힘에 억눌려온 일본인 상인이 중국인의 세력을 배제해가는 과정이지만 그 중요한 계기는 청일전쟁이었다.

더욱이 이 무렵의 신문기사에서는 요코하마 화교사회의 구성 변화, 특히 요코하마에서 태어난 2세에 관한 기술이 여기저기서 보인다. 청일전쟁 발발 시기의 기사에 따르면, 1894년 8월 4일에 출항한 오셔닉호에 승선하여 귀국한 중국인 가운데 20세 이하의 남녀는 모두 일본에서 태어난 사람이라고 한다.[20] 1859년 개항으로부터 35년이 지난 1894년 단계에서는 일본인과 중국인 사이의 혼인이 상당수에 이르렀던 점, 양자 사이에 태어난 아이도 많다는 점, 또한 요코하마에서 태어난 화교인 제2 세대가 자라고 있었던 점이 지적된다. 일본과 청국 사이의 국가 간 전쟁 때문에 그들 개개인의 생활, 인생이 어려움에 직면한 것이다.

(2) 개정 조약 실시

미일수호통상조약 등 에도시대 말에 일본이 서양 여러 나라와 체결한 조약은 치외법권과 영사재판권을 인정했을 뿐 아니라 일본 측에 관세 자주권이 없는 불평등조약이었다. 이들 조약을 개정하는 것이 메이지시대 일본의 국가적 과제였다. 청일전쟁 개전 2주간 전에 해당하는 1894년 7월 16일에 영일통상항해조약이 조인되어 숙원이었던 조약 개정이 달성되었

---

20) 『東京朝日新聞』 明治27年8月5日号.

다. 그로부터 5년 후인 1899년 7월, 개정된 조약이 실시되면서 거류지제도가 폐지되었다. 오랫동안 거류지에서 살아온 중국인에게 이것은 커다란 제도 변혁이었다.

조약 개정이 화교에게 미친 영향으로는 첫째로는 법적 지위, 둘째로는 활동장소 문제가 있다. 첫째, 법적 지위에 관해서는 청일전쟁 이후에도 형사사건 및 경찰의 단속 이외에는 치외법권 상태가 계속되었으나, 개정 조약 실시 후에는 완전히 일본 법권의 관할 아래로 들어가게 되어 생활이나 상거래 등 중국인의 활동 전반에 일본의 법률이 적용되게 되었다.

둘째로는 외국인 거류지가 철폐되어 중국인도 구 거류지 및 잡거지 이외에서도 거주와 경제활동이 허가되었으나, 이 때 중국인은 다른 서양 여러 나라 사람들과는 달리 직업상의 제한이 더해졌다. 즉, 미숙련 중국인 노동자의 구 거류지 및 잡거지 이외에서의 취로를 금지하는 칙령 제352호, 이른바 '내지 잡거령' , 즉, 사실상의 '직업 제한적 내지잡거령' 이 제정되었다. 이에 따라 거류지제도 철폐 이후에도 중국인 노동자층의 국내 유입이 억제되었다.

조약 개정에 즈음하여 화교 스스로도 움직임을 보였다. 요코하마 화교가 중심이 되어 고베(神戶), 나가사키(長崎), 하코다테(函館)의 화교도 참가하여 내지 개방을 요구하는 청원운동을 전개하였다. 1899년 6월, 각지의 화교가 모여 일본의 정부 · 민간의 유지들과 언론에 중국인 내지 잡거를 허가하는 데 대한 이해를 요청하여 집회를 열거나 정부 주요 인물을 상대로 호소하였다.[21] 이때 일본에 망명 중이었던 량치차오 등 보황파는 중국인으로서 대동단결할 필요성을 부르짖었으며, 한편으로 가시와바라 분타로(柏原文太郎) 등 일본인 정치가의 협력을 얻기도 했다. 그 결과로서 제정

21) 『淸議報』 第20册, 光緖25年6月1日「記中國人請求內地雜居事」

된 칙령 제352호는 화교 상인의 활동에 족쇄를 채우는 내용이 아니었으며, 이러한 의미에서 그들은 정부의 결의를 환영했다고 여겨진다. 당시의 유력한 재일 화교는 자신의 존재를 노동자층과는 별개로 인식하여 기존 상인층의 이익을 보호하는 행동을 취하여서 그 성과를 얻었다고 할 수 있다. 칙령 제352호는 미숙련 노동자의 입국이나 취로를 규제하는 것이기는 하지만 기존 화교 상인층의 이익에 손해를 끼치는 것은 아니었기 때문이다.

(3) 일본인과의 협조 지향

이 변동하는 시대에 나타나는 요코하마 화교사회의 커다란 변화 중 하나가 일본인 사회와의 협조를 지향한 점이다. 그 요인은 네 가지로 생각된다. 첫째는, '활동의 장'을 확대한 것이다. 거류지 철폐에 따라 경제활동 범위가 넓어졌다. 거류지 철폐는 상인에게 있어서 일본인 거주지로의 진출이 가능해졌다는 것을 의미한다. 그곳에서는 경쟁과 더불어 일본인과의 협력도 중요하였다.

둘째는, 법적 및 사회적 · 경제적 입장의 변화이다. 법적인 변화란 청일전쟁 이후도 형사 및 경찰의 단속 이외에서는 치외법권 상태가 계속되었으나, 개정 조약 실시 이후에는 완전히 일본 법권의 관할 아래 들어가 생활이나 상거래 등 중국인의 활동 전반에 일본의 법률이 적용되게 된 점이다. 사회적 · 경제적 변화란 청일전쟁에서 모국이 패배한 결과 중국인에 대한 일본인의 감정이 변화한 점, 또한 상권회복운동의 전개에서 나타난 경제적 우위성의 저하를 말한다.

셋째는 일본으로의 정착화이다. 청일전쟁 때의 신문보도나 대동학교 설립에서 나타난 것처럼 요코하마에서 태어난 2세가 성장하고 있는 점이다. 그리고 넷째는 중일 제휴를 통한 황색인종의 독립을 부르짖는 량치차오 등 보황파에 의한 움직임이다.

이들 요인이 서로 결합하면서 중국인은 일본사회와의 협조를 지향하기 시작하였다. 그 결과 나타난 것이 내지 개방의 균점(均霑)을 요구하는 청원운동이며, 그 밖에 일본의 법률연구나 일본인과의 상업상의 연대를 목적으로 하는 상업회의소 설립, 일본 기업에 대한 투자 등도 이루어졌다. 이 변동의 시대, 요코하마 화교는 그들을 둘러싼 법적 · 사회적 · 경제적인 환경변화에 수동적으로 대응한 것이 아니라 오히려 변화를 적극적으로 활용했다고 할 수 있다.

2. 시련의 시대, 관동대지진에서 요코하마 대공습까지, 1923년~1945년

1923년 9월 1일의 관동대지진을 계기로 평화로운 시대에 마침표를 찍게 되었다. 개항 이래 60여 년 동안 축적된 요코하마 화교사회와 차이나타운은 파괴적인 타격을 입었다. 그리고 간신히 지진 피해에서 회복하여 부흥을 이룬 차이나타운은 이번에는 일본과 중국이 전쟁을 하는 시대 상황에 직면하였다. 1923년의 관동대지진에서 1945년의 요코하마 대공습과 전쟁 종결까지의 시기는 요코하마 화교사회가 존속의 위기에 놓인 시련의 시대였다.

1) 관동대지진

(1) 요코하마 화교사회의 피해

매그니튜드(magnitude: 역주 - 리히터 매그니튜드(Richterll magnitude), 혹은 리히터 규모라고도 한다. 미국의 지진학자 리히터가 지진의 규모를 나타내기 위해 제안한 단위로서 기호 M으로 표기한다.) 7.9의 대지진이 발생함에 따라 요코하마 차이나타운 전역은 건물이 무너지고 불에 탔다. 주 요코하마 중화총상회 등 요코하마 화교사회의 정치 · 경제 · 사교의 중핵적 조직 대부분이 피해를 보았으며, 차이나타운은 파괴적인 타격을 입었다. 인적 피해에 관해서 살펴보면, 지진 피해에 의한 요코하마 화교의 사망자는 1700명 전후로서, 요코하마 화교 인구 약 5700명의 30% 가까이에 이르렀다. 그리고 지진 피해 이후의 인구가 한때 135명까지 격감하여, 개항 이래 60여 년에 걸쳐 발전을 계속해온 요코하마 화교사회는 괴멸의 위기에 처했다.[22)]

화교들을 덮친 것은 지진이라는 천재에 그치지 않았으며, 인재라고 해야 할 일본인에 의한 학살사건도 발생하였다. 지진 피해 직후의 혼란과 공포 속에서 도쿄와 가나가와현에서 중국인이 희생되었다. 요코하마의 피해자 다수는 저장성 칭톈현(浙江省青田縣) · 뤼안현(瑞安縣) 출신자로서 당시 급증해있던 행상인이나 노동자였다.[23)] 차이나타운 부근에서도 몇 명이 자경단 등에 의해 살해되었으며, 이러한 사태 때문에 화교들은 고베와 오사카 등으로 피난하게 되었다.

천재 · 인재를 피하여 4000명을 넘는 화교가 고베, 오사카, 상하이, 홍콩 등으로 피난하였다. 고베 · 오사카에서는 이 지역 화교들이 조직한 신한화교구제단(神阪華僑救濟团)이 재난을 입은 화교 구원을 맡아 그들을 구호소에 수용하면서 동시에 더불어 본국으로 귀국하는 배를 준비하였다. 요코하마화교의 다수는 광둥성 출신자와 저장성 · 장쑤성 출신자였기 때문에 전자는 홍콩으로, 후자는 상하이로 향하였다. 그래서 홍콩에서는 동화의원(東華医院)을 중심으로, 상하이에서는 영파동향회(寧波同鄉會) 등 동향조

22) 관동대지진과 요코하마화교에 관해서는, 伊藤泉美, 「關東大震災と横浜華僑社會」, 『横浜開港資料館紀要』 15(1997년)을 참조하기 바란다.

23) 『日本震災慘殺華僑案』, 中央研究院近代史研究所檔案館 소장.

직이 팔을 걷어붙이고 구제에 나섰기 때문에 재난을 당한 화교는 각각의 고향으로 돌아갔다. 이러한 재난을 당한 화교의 구원활동은 평상시에 송관(送棺)이라는 동향인끼리의 사회적 네트워크와 더불어 그와 표리일체 관계에 있는 화교 상인의 경제활동 네트워크에 의해 이뤄진 것으로 보인다.[24)]

(2) 부흥의 길

요코하마에서는 한쪽에서는 고향으로 피난하는 움직임을 보이는 반면, 일찍부터 부흥을 위한 절차도 진행되었다. 요코하마에서는 중화회관과 중화민국 총영사관을 중심으로 시체 발굴이나 각종 증명서 발행 등 진재 후의 뒤처리를 하는 한편, 가설주택을 건설하여 요코하마로 돌아오는 화교를 받아들일 태세를 갖추어갔다. 그리하여 관동대지진 이듬해인 1924년 1월에는 화교 인구가 430명을 넘어섰고 경제활동도 재개되어, 요코하마 화교사회는 부흥의 길로 접어들었다. 다만, 무역상 등 대상인들이 요코하마로 다시 돌아오는 일은 진척되지 않았으며 직업면에서는 요리업 · 양재업 · 페인트칠 등 의식주 관계로 특화되어 가는 경향이 나타났다.

한편, 차이나타운의 부흥을 위해서는 요코하마 정 · 재계의 사람들도 협력하였다. 1930년 4월에는 중일협회가 중심이 되어 관제묘를 정비하고 차이나타운을 정통 중국양식의 건물로 단장하는 등의 차이나타운 부흥책이 제안되었다.[25)] 중화요리점 빙진루(聘珍樓)가 부흥의 선구자로서 그 해가 다 가기 전에 중국식 점포를 개점하였으며, 그 다음으로 화교나 일본인이

24) 관동대지진 때의 요코하마화교의 피난과 구제에 관해서는, 伊藤泉美, 앞의 논문과 帆刈浩之, 『越境する身体の社會史 華僑ネットワ－クにおける慈善と医療』(風響社, 2015년)을 참고하기 바란다.

25) 『横浜貿易新報』 1930년 4월 16일자.

경영하는 만신루(萬新樓)와 평안루(平安樓) 등 대형 요리점이 개업하여 차이나타운은 독특한 분위기를 자아내는 요코하마의 명소로서 부흥해갔다.

그리고 요코하마의 중일협회는 중일 양국의 우의와 친선을 돈독히 하고 서로의 문화적 발전과 양국의 경제적 제휴와 무역 진흥을 꾀할 것을 목적으로 1919년 8월에 설립되었다. 1922년 단계에서는 사무소를 야마시타초(山下町) 70번지의 요코하마수출협회 안에 두고 있었으며, 회장에는 이 협회 회두(會頭)인 오타니 가헤이(大谷嘉兵衛), 부회장에는 중화총상회 회장인 덕화호(德和号)의 원더린(溫德林)과 소우다(左右田)은행 행장인 소우다 기이치로(左右田喜一郎)가 취임하였다. 그리고 일본인 · 중국인 경제인 약 100명이 회원이었다.[26] 진재 후에 부활하자 1924년 10월 30일에는 야마시타초 148번지의 성창루(成昌樓)에서 총회를 개최하여, 요코하마 화교의 자녀 교육, 중국에 대한 문화사업 등에 관하여 협의하였다.[27]

2) 제2차 세계대전

(1) 중일전쟁의 발발

진재 부흥을 완수한 1930년대는 또한 일본의 군국화가 진행되던 시기이기도 했다. 1931년에는 만주사변, 1937년에는 중일전쟁이 발발하였다.

1937년 7월 7일, 노구교(盧溝橋)사건이 일어나자, 그 영향은 일본에 거주하는 중국인에게 곧바로 미쳤다. 귀국 제1진이 7월 10일에 요코하마항을 출항하였으며[28] 8월까지 귀국자가 잇따랐다. 그러나 그 다수는 유학생이

26) 『上海總商會月報』 第2巻第5号(1922년 5월).

27) 「在內外協會關係雜件在內ノ部第5巻 大正14年12月21日 神奈川縣知事發內務大臣 · 外務大臣 · 指定各廳府縣長官宛「在留支那人団体ニ關スル件」, 「外務省記錄 · 在內外協會關係」第5巻35四邑公所.

었으며, 그중에는 정주자도 있었지만, 그들은 '여행 신청서'를 제출한 일시적 귀국으로 취급되었다.[29] 그것은 다시 일본으로 올 때 입국하기 쉽게 하려는 배려에서였다.

화교사회에 변화가 나타나기 시작한 것은 1937년 12월 무렵부터 화교들의 의견이 난징의 장제스(蔣介石) 정부 지지인가, 베이징 임시정부 지지인가로 갈라섰다. (역주 - 1937년 11월 20일 장제스는 국민정부를 난징에서 쓰촨성四川省의 충칭重慶으로 옮긴다고 발표하였으며, 난징은 12월 13일 일본군에게 함락되었다. 한편, 일본군은 북방의 점령지에 잇달아 괴뢰정권을 수립했는데, 베이핑北平을 점령하자 베이징으로 개칭하고 1937년 12월에 중화민국 임시정부를 세웠다. 따라서 1937년 12월 이후 중국 상황에 관해서는 충칭의 국민정부와 베이징의 중화민국 임시정부의 대립으로 표현하는 것이 정확하다. 단, 이후 등장하는 본문의 '베이징 임시정부'라는 표현은 그대로 두기로 한다.) 일본 국내에서 살아가기 위해서는 '일화융화(日華融和)'를 통한 경제관계 복구를 도모하여 상거래의 경직성을 타개할 필요가 있었다. 그 때문에 화교 사이에서는 총영사관이나 국민당 지부의 '항일의식 앙양'에 대한 반발이 퍼져갔다. 12월 13일에 난징이 함락되자 총영사관의 지도 통제가 약화되기 시작하여 12월 14일에는 베이징에서 일본의 괴뢰정권인 베이징 임시정부가 수립되었다.

1938년 1월 14일, 요코하마의 푸젠연합회(福建連合會)는 베이징 임시정부의 깃발인 오색기를 게양하였으며, 요코하마 화교사회에 베이징 임시정부 지지의 움직임이 확산되어갔다. 1월 16일, '난징정부를 상대하지 않겠

---

28) 『橫浜貿易新報』 1937年9月26日. 또한 본 절의 내용을 기술하기 위하여. 東海林靜男, 「日中戰爭下における外國人の動向」, 『橫浜市史 II』 第1卷下(橫浜市, 1996년, 937-964쪽)을 참조하였다.

29) 『橫浜市史 II』 第1卷下, 937쪽.

다' 는 중국에 대한 중대 성명, 이른바 고노에(近衛)성명이 발표되어(역주 - 중일전쟁 발발 이후 일본정부는 중국 국민정부를 상대로 외교 교섭을 진행하고 있었으나 난징 함락 등 군사적 승리에 취한 일본 정부의 태도가 점차 강경 일변도로 돌아서면서 이른바 '화평 교섭' 의 조건도 중국이 받아들이기 어려운 내용으로 변질되어갔다. 이에 대해 중국 측이 일본이 제시한 내용이 막연하므로 구체적인 내용을 제시해달라고 답변하자, 당시 일본 총리였던 고노에 후미마로近衛文麿는 1월 16일에 '이후 국민정부를 상대하지 않겠다' 는 이른바 고노에 제1차 성명을 발표하였다.), 사실상 국교가 단절되었다. 이에 대한 대응으로서 요코하마의 중화회관에서는 임시이사회를 열어 베이징 임시정부 지지를 결정하였다. 다음날인 17일, 마펑성(馬福生), 바오지캉(鮑啓康) 등 중화회관 이사는 가나가와현청 외사과장(外事課長)을 방문하여, 신정부 지지를 표명함과 동시에 화교 각 단체에 오색기 게양을 통고하였다.[30] 1월 20일에 요코하마 중화민국총영사관이 폐쇄되고, 총영사와 주일대사가 귀국하였다. 22일에는 요코하마 거주 화교 18단체 주최로 '신정부 설립 대축하모임' 이 중화회관에서 개최되어, 가나가와현 지사와 요코하마 시장도 참석하였다. 이 축하 모임을 계기로 요코하마 화교사회는 '친일' 로 가닥이 잡혀갔다.[31]

요코하마에서 살아갈 것을 선택한 화교들은 '일화융화(日華融和)' 를 위하여 방공연습, 황군 위문, 국방자금 헌금 등의 활동을 하였다. 또한 1938년 11월 24일에는 요코하마 화교 소학생 2명이 라디오에 출연하는 등[32] 해외를 대상으로 하는 '중일친선제휴' 선전에 동원되었다. 나아가 요코하마 화교는 야마시타초에서 출정한 병사를 구민장(區民葬)으로 장례를 치르고,

---

30) 「南京街に五色旗翻る」, 『夕刊神奈川讀賣新聞』 1938年1月15日.

31) 『横浜市史 II』 第1巻下, 947・948쪽.

32) 「汪近周」씨 인터뷰(2007년 9월 20일), 横浜開港資料館・中華會館編, 『横浜華僑の記憶』(中華會館, 2010년), 142쪽.

야스쿠니신사(靖國神社)의 대제(大祭)에 대표를 파견하는 등 일본사회와의 협조를 모색하였다.

경제적인 영향으로는, 중일전쟁 발발 이후 수출입 관련 업자 대부분이 휴업상태에 빠진 점을 들 수 있다. 중화요리점은 주로 일본인을 고객으로 하기 때문에 영향이 컸으나, '베이징 임시정부 지지' 표명 후에 일본인 고객이 다시 찾게 되어 일본인 상대 업소는 회복되었다. 그러나 화교 노동자를 대상으로 하는 업소는 반으로 줄었다. 양재업 분야는 고객이 서양인이기 때문에 그들이 귀국하자 업무 부진에 빠졌다.[33] 업종에 따른 차이는 있으나 화교의 경제활동은 전반적으로 정체되지 않을 수 없었다.

1941년 12월 8일, 아시아 태평양전쟁 개전과 동시에 영국·미국 등 적성 외국인의 전국 일제 수사가 행해져, 성년 남성은 그 즉시로 '적국인 익류소' 에 수용되었다. 중국인에 대해서는 일본의 괴뢰정권인 왕징웨이(汪精衛) 정권(역주 - 왕징웨이는 국민정부의 요직에 있었으나 장제스와 대립하다 1938년 12월에 충칭을 탈출하였다. 베트남을 거쳐 일본군 점령지인 상하이로 들어간 그는 1940년 3월에 일본의 괴뢰정권인 새로운 국민정부를 수립하였다. 이 괴뢰정권을 장제스의 국민정부와 구분하기 위하여 일반적으로 '난징 국민정부' 라고 부른다.)을 지지하고 있다고 간주하여, 거주나 이동의 자유를 박탈당하기는 하였지만 억류당하는 일은 없었다. 이동에 관해서는 거주지의 도도부현(都道府縣)을 벗어나 외출하는 경우에는 소관 경찰에 신고하는 것이 의무화되었다. 1943년 6월 30일 현재, 요코하마 시내 거주 외국인은 4,555명, 그 가운데 중국인은 2,804명이었다.[34]

---

33) 神奈川縣外事課『支那事変下ニ於ケル外事警察ノ一般狀況』(昭和14年3月末)

34) 神奈川縣外事課『昭和16年 在留外國人國籍別人口並移動出國表』

(2) 화교의 공습 체험

본격적인 일본 본토 공습이 시작된 1944년 말 이래, 요코하마를 덮친 공습은 29회에 이르렀으며, 화교들도 이러한 거듭되는 공습으로 공포에 떨었다. 하코네(箱根)나 가루이자와(輕井澤) 등으로 피난할 수 있었던 것은 몇몇 유복한 화교뿐이었으며, 차이나타운에서 생활하는 대부분 화교는 마을 안에 방공호를 파고 방공연습에 참여하면서 전시의 나날을 견디고 있었다. 특히 큰 피해를 본 것은 1945년 4월 15일과 5월 29일의 공습이었다. 4월 15일의 공습에서는, 마이타초(蒔田町)에 있었던 저우싱하(周興華) 피아노공장과 리형제(李兄弟) 피아노제작소 등 요코하마화교의 두 피아노공장이 불에 타는 피해를 입었다.

5월 29일에는 500대가 넘는 B29의 공습으로 요코하마 시내에서 확인된 것만으로도 사망자 3,649명, 주택 피해가 약 4만 채에 이르렀다. 요코하마 대공습이라 불리는 이 공습으로 차이나타운은 초토화되어 점포나 주택, 중화공립학교, 관제묘 등이 소실되었으며 대부분의 화교가 피해를 보았다. 공습을 체험했던 화교 중 한 명인 량탸오화(梁兆華)는 '전투기가 500대 정도 날아왔는데 마치 벌떼 같았다', 또한 공습 전에 '피하라'는 내용의 전단을 미군이 하늘에서 뿌렸다고 말하였다.[35] 집을 잃은 화교는, 야마시타초의 불타고 남은 서양계 은행과 석유회사, 호텔 등의 석조건물로 피난하여 며칠을 지냈다.

35) 梁兆華 씨 인터뷰(2003년 8월), 橫浜開港資料館·中華會館編『橫浜華僑の記憶』(中華會館, 2010년), 88쪽.

3. 부흥과 성장의 시대, 1945년~1980년대 중반

여기서 다루는 시대는, 전후 부흥을 이룩한 요코하마 화교사회가 내부적으로는 중국과 타이완으로 분열되는 상황 속에서 관광지로서 성장 발전해가는 시기이다.

1) 전후 부흥

(1) 혼돈으로부터의 재기

전쟁이 종결된 1945년 8월 15일 현재, 가나가와현에 거주하는 외국인은 합계 3,208명, 그중에 중국인은 1,917명으로서 약 60%를 차지하였다.[36)] 그들의 전후 부흥이 시작되었다.

중화민국인은 전승국 국민으로서 GHQ(연합국 군사령부)의 물자 배급 혜택을 받았다. 당시 5세였던 현 요코하마화교총회 명예회장인 정더선(曾德深)은 '진주군은 차이나타운 옆에 병영을 지었는데 그들의 식사를 준비한 것은 차이나타운의 요리사였다. 남은 식재료 등을 가지고 돌아와서는 양식을 먹여주었다. 중국은 연합국이었으므로, 건물의 건축재료 등도 먼저 손에 넣을 수 있었고 먹을 것도 부족하지 않았다. 배급물자인 밀가루, 기름, 설탕 등으로 도넛을 튀겨서 팔기 시작하자 굶주린 일본인들이 줄을 섰다. 이는 차이나타운에서 흔히 볼 수 있는 광경이었다.' 라고 말하였다.[37)] 차이나타운은 먹을 것을 구하러 나온 사람들로 북적이면서 급속히

36) 「神奈川縣在留外國人國籍別人員表1945年8月15日(『横浜市史II』第1巻(下), 1026頁. 原典は神奈川縣『昭和 二十年八月十五日 在留外國人名簿』

37) 「曾德深さんが語る横浜中華街の戰中・戰後」『季刊横濱』第49号「特集 70年目の夏 – 市民が語り繼ぐ戰爭体驗」横浜市廣報課・神奈川新聞社編, 2015年7月, 34・35쪽.

부흥하였다.

1946년 9월에는 화교들의 기부로 요코하마중화학교가 재건되었으며, 47년 7월에는 학교 옆에 관제묘가 재건되었다.[38] 그리고 1949년 8월 25일부터 27일에 걸쳐서 요코하마화교총회 개최, 요코하마중화가 가로등설비위원회의 발기, 가나가와 신문사의 후원으로 중화가부흥제가 개최되었다. 사흘간에 걸쳐서 사자춤과 용춤을 추는 행렬이 거리를 누볐다. 이 부흥제를 계기로 차이나타운의 각종 상점과 음식점이 재개되었으며 일시적으로 폐쇄 명령을 받았던 노점도 부활하게 되었다.[39]

⑵ 화교사회의 재생과 중국 · 타이완으로의 분열

전시 중에 귀국자가 속출함에 따른 회원 감소, 공습에 의한 차이나타운 파괴로 전쟁 전에 요코하마 화교사회에 존재했던 중화회관 등의 조직 다수는 활동이 정지되지 않을 수 없었다.

1945년 6월에는 중화회관의 이사가 퇴임하여 그 활동이 정지되었다.[40] 한편, 8월에는 요코하마 화교 임시총회가 조직되었으며 1946년 3월에는 요코하마화교연합회가 설립되었다(그 후 1951년에 일본 각지에서 화교관계 업무를 담당하는 조직은 화교총회로 개칭되었으며, 요코하마에서도 요코하마화교총회라고 개칭되었다.). 4월에는 요코하마중화청년회가 설립되어 차이나타운의 부흥을 담당하게 되었다.

1949년 10월, 중화인민공화국이 성립되자 화교 사이에서 정치적인 분열이 일어났다. 이 분열상이 가장 현저하게 드러난 것이 1952년에 일어난 '학교사건' 이다. 여름방학이 끝난 9월 1일, 학교를 이용하는 것을 둘러싸

---

38) 『神奈川新聞』 1947年7月8日号

39) 『神奈川新聞』 1949年8月24日号, 8月26日号

40) 中華會館登記簿.

고 중화민국 지지파와 중화인민공화국 지지파가 충돌하는 사건이 일어났다.[41] 그 결과, 중화인민공화국을 지지하는 화교가 학교 건물을 사용할 수 없게 되었고 그들은 차이나타운의 점포와 개인의 집에서 '분산 수업' 을 하게 되었다. 1945년부터 10여 년간은 전쟁 전의 질서가 붕괴되고 조직이 재구축되는 시기라고 할 수 있다.

이 학교사건 이후 현재까지 요코하마에서는 중화인민공화국을 지지하는 요코하마야마테중화학교(横浜山手中華學校)와 중화민국을 지지하는 요코하마중화학원(横濱中華學院)의 두 개 화교학교가 존재하고 있다.[42]

학교사건 후 요코하마화교총회에서 이탈할 수밖에 없었던 대륙계 화교는, 1960년 7월에 요코하마화교연의회(横浜華僑聯誼會)를 설립하였다. 그 후 중일국교 정상화 이후인 1976년 5월 25일에 개최된 '요코하마화교총회 정상화위원회 교민대회' 의 결의에 따라 요코하마화교연의회는 다시 '요코하마화교총회' 로 개칭되었다. 이 대회에서 '중화회관' 의 사용을 둘러싸고 대륙계 화교가 체포, 기소되는 사태가 발생하였다. 그리고 이 재판을 통하여 요코하마지방재판소가 '중화민국유일요코하마화교총회(中華民國留日横浜華僑總會)' 명의로 중화회관의 등기를 인정하고 있었던 점이 판명되어, 두 개의 화교총회에 의한 정당성을 둘러싼 다툼, 요코하마화교총회 사건이 일어났다. 이 민사재판은 다음에서 설명하는 것처럼, 1994년 2월에 대륙계 화교총회가 제출한 '소송 종결 성명' 에 의해 종결되기까지 18년간 지속되었다.

---

41) 『神奈川新聞』 1952年9月2日号

42) 한편, 요코하마 화교사회에서 정치적 사상의 차이 등으로 여러 개의 학교가 존재하는 것은 전후만의 일은 아니다. 관동대지진 이전에는 3개의 초등교육기관이 존재하였으나 이 학교들은 광둥계로서 혁명파의 요코하마화교학교, 광둥계 보황파인 대동학교, 상하이계 중화학교였다.

2) 관광명소로서의 재생 · 성장

(1) 재생 과정

전후 부흥기에서 1960년대 중반 무렵까지의 요코하마 차이나타운에 대해서는 '악의 소굴' 이미지가 퍼져 있었다.[43] 그것은 전후의 암시장에서 비롯된 것이지만, 일본의 점령기간이 지난 후에도 한국전쟁, 베트남전쟁을 위하여 계속 주둔했던 미군을 상대하는 바(bar) 등이 차이나타운에 많이 있었기 때문이었다. 이러한 어두운 이미지 속에서 '쇠퇴해가는 요코하마 차이나타운에 새로운 숨결을 불어넣고자' 건설된 것이, 차이나타운의 패루(牌樓)이다. 1955년 2월 2일, '친인선린(親仁善隣)', '중화가(中華街)'라고 적힌 폭 13m의 문이 건설되었다.[44] 이 패루의 건설 비용은 130만 엔으로서 10%는 요코하마시와 가나가와현이 지급하는 보조금, 그 밖에는 지역 화교와 일중협회(日中協會)나 요코하마무역협회(橫浜貿易協會)에 모이는 일본인의 기부금으로 충당되었다. '친인선린(親仁善隣)', 즉, '이웃에 잘하자'라는 말에는 전쟁에서 살아남은 중국과 일본의 여러 사람들의 소망이 담겨 있다. 나아가 '난킹초(南京町)'라는 거리 이름이 아니라 '중화가'라는 호칭을 보급하고자 하는 화교의 바람이 나타나 있다.

이듬해인 1956년, 요코하마시가 정령 지정도시(政令指定都市)로 지정되었으며, 요코하마중화가발전회협동조합(橫浜中華街發展會協同組合)이 차이나타운에서 살아가는 화교 및 일본인에 의해 설립되었다. 정치적으로 중국과 타이완으로 분열된 차이나타운 안에서 경제적 발전을 목적으로 하는 이 조직은 중요한 역할을 하였다. 정치적 분열상황은 지속되었으나 상업

43) 林兼正, 『橫浜中華街 街づくりはたたかいだ わが人生9』(神奈川新聞社, 2014년), 35쪽.
44) 『神奈川新聞』 1955年2月1日号, 2月3日号. 2월 3일자 기사에서는 문의 높이와 폭을 바꿔 쓴 것으로 보인다.

지역으로서의 차이나타운은 발전해갔던 것이다.

⑵ 성장의 배경

요코하마 차이나타운의 성장 배경에는, 요코하마시의 전후 부흥과 일본의 고도 경제 성장이 있었다. 1960년대 초반의 야마시타 공원이나 마린타워 등의 관광명소 정비, 요코하마와 도쿄를 잇는 철도 정비, 또한 1964년의 도쿄올림픽을 계기로 일본 국내외의 사람들이 요코하마를 방문하는 기회가 늘었다. 1960년대 후반부터 1980년대 초반에 걸쳐 수도고속도로 정비가 진행된 데 대한 영향도 컸다. 더욱이 1970년대 후반부터 1980년대에 걸쳐 차이나타운의 이웃 마을인 모토초元町을 출발점으로 하는 '하마드라'(Yokohama New Traditional Style: 역주 - 1976년 전후에 JJ라는 잡지사가 요코하마 모토초에 있는 패리스여학원대학 학생들의 옷차림과 액세서리를 테마로 한 기획 기사를 내면서 당시 모토초 상점가가 취급하는 상품을 골라서 소개했는데 이를 계기로 1979년에서 1980년에 걸쳐 이 지역의 패션이 '하마트라'라는 이름으로 큰 붐을 일으켰다.) 패션이 크게 유행하였다. 여기서 비롯된 요코하마 관광 수요가 차이나타운에도 영향을 미치면서 방문객이 증가하였다.

그리고 이러한 일본 경제 발전과 더불어 1972년의 중일 국교 정상화가 요코하마의 화교사회와 차이나타운에 커다란 영향을 미쳤다. 국교 정상화를 기념하여 도쿄의 우에노(上野)동물원에 기증된 판다는 일본 국내에서 판다 붐을 일으켰으며, 중일 우호 분위기도 높아졌다. 1973년에 요코하마시는 상하이시와 우호도시 제휴를 맺었다.

국교 정상화는 차이나타운 발전에 기여했을 뿐 아니라, 화교의 취직에도 영향을 미쳤다. 1963년에 대학을 졸업한 정더선(曾德深)은 당시에는 화교가 일본기업에 취직하는 일이 거의 없었으며, 있었다 해도 취직 후 일본 국적을 취득하는 것이 조건이었다고 설명하였다. 당시의 화교는 고등학교를 졸업한 후 중화요리점의 요리사가 되는 경우가 많았다. 그런데 1970년대의 국교 정상화 이후 일본 기업에 취직하는 화교가 서서히 증가하여, 1980년대에 이르러서는 오히려 일본기업에서 환영받게 되었다고 한다.[45] 이는 일본 기업의 중국 진출 흐름과 궤를 같이하는 것으로서, 일본어와 중국어 양쪽을 유창하게 말할 수 있는 화교가 중용된 까닭이다.

4. 변화의 시대, 1980년대 중반~현재

이 시기에는 구(舊)화교사회 내부에서 중국과 타이완 융화가 진행되는 한편, 신화교의 대두가 두드러져 차이나타운의 변용이 나타난다.

1) 화교사회의 변화

(1) 구(舊)화교 내부의 중국과 타이완 융화

1986년 1월 1일, 제3대 관제묘가 화재를 입었다. 다행히 본존인 관우상은 무사했으나, 묘는 큰 피해를 보았다. 차이나타운의 진수라고 할 관제묘 화재는 화교사회에 큰 충격을 주었다. 그러나 결과적으로 이 화재가 화교사회에 중국과 타이완 융화를 가져오는 커다란 계기가 되었던 것이다.

당시의 관제묘는 사실상 타이완계 화교총회가 관리하고 있었다. 전쟁 이전부터의 경위를 거슬러 올라가서 따져보자면, 관제묘를 관리해야 할 조직은 중화회관이었으나 중화회관은 전후에 한동안 유명무실한 존재였으며, 중화회관과 타이완화교총회는 혼연일체의 상태였다.[46] 또한 당시에

45) 曾德深 씨 인터뷰(2016년 3월 26일).

타이완계 화교총회와 대륙계 화교총회는 관제묘를 포함하는 140번지와 141번지에 소재하는 건물의 소유와 사용권을 둘러싸고 소송을 하고 있었다.[47] 1983년 4월 11일, 대륙계 화교총회가 '화교총회 건물명도'를 요구하여 타이완계 화교총회를 제소한 것이다.

관제묘가 화재를 입자 먼저 사실상 묘를 관리하던 타이완계 화교총회가 재건을 위해 움직이기 시작하였다. '요코하마관제묘재건위원회'가 조직되어 건설비용을 모금하였으나, 가장 큰 문제는 관제묘 건물에 가처분이 내려져 있는 것이었다. 『가나가와신문』 1986년 12월 30일자에 요코하마관제묘재건위원회의 관제묘 건설안이 소개되고 재건공사를 시작한다는 내용의 기사가 게재되었다. 이에 대하여 대륙계 화교총회는 『가나가와신문』 1987년 1월 17일자를 통해 이 설계안에 반대하는 한편, 관제묘 건설을 위해서 관제묘 건물 가처분을 해제할 용의가 있다고 표명하였다.

이를 계기로 타이완계만으로 조직되었던 요코하마관제묘재건위원회는 그 역할을 다하고 1987년 8월에 해산하였다. 그리고 차이나타운의 유력자 7명으로 구성된 요코하마관제묘 건설위원회가 조직되어, 중국계와 타이완계 양쪽 화교가 협력하여 관제묘를 신축하는 체제로 이행되었으며, 기부금 모집도 새롭게 진행되었다. 그 후 1988년 3월 16일에 재단법인 중화회관과 요코하마관제묘건설위원회 사이에 토지 무상 대여 각서가 조인되었으며, 같은 해 3월 31일에는 대륙계 화교총회가 관제묘 건설 예정지에 있는 건물의 가처분을 취하하였다. 그리고 같은 해 4월에 공사가 착공되었다.[48] 공사에는 중국과 타이완 양쪽의 장인들이 참가하였다(난간, 참배도,

---

46) 당시 중화회관 직원이었던 陳淑明 씨의 회상. 伊藤泉美 · 曾德深, 「横浜關帝廟の管理運營組織の変遷について」(關帝廟と横浜華僑編集委員會編『關聖帝君鎮座150周年記念關帝廟と横浜華僑』(自在株式會社, 2014년) 166쪽. 이하 『關帝廟と横浜華僑』로 표기.

47) 清水悠爾, 『日本大通りであったこと』(2004년) 11-14쪽. 시미즈 유지清水悠爾 씨는 이 사건의 담당 재판관이었다.

계단, 운룡석雲龍石 설치 작업은 베이징의 장인. 본전과 패루의 나뭇조각과 칠, 용주龍柱와 지붕의 장식, 제단 및 실내장식 마감은 타이완의 장인).[49]

총 공사비 5억 9천만 엔의 비용과 2년 가까운 세월을 기울인 제4대 관제묘는 1990년 6월에 준공되었다. 8월 14일의 관제묘 기공식에는 대륙계와 타이완계 양쪽의 많은 화교들과 지역사회의 가나자와현지사와 저명인사들이 참석하였다. 그날의 축하행사에 참석했던 사람 중의 한 명인 류옌쉐(劉燕雪)는 '같은 요코하마에 살고, 같은 화교이고, 같은 언어와 문화를 가진 우리들, 이러한 우리를 오랫동안 갈라놓았던 것은 도대체 무엇이었단 말인가. (중략) 아마도 오늘 이 관제묘 낙성식에 관여한 사람들의 마음에도 벽은 이미 없어진 것이 아닐까.' 라고 말하였다.[50]

제4대 관제묘 건설을 통하여 화교사회 안의 중국과 타이완 융화가 진척되었다. 중화회관 및 대륙계 · 타이완계 양쪽 총회가 협력하여 화교 묘지인 중화의장(中華義莊)의 정비가 시작되어 95년까지 행해졌다. 그 사이인 1994년 2월에 대륙계 화교총회가 제출한 '소송 종결 성명' 에 의해 요코하마화교총회 건물소송이 종결되었다. 또한 2001년 3월에 요코하마관제묘관리위원회가 다시 선출되었을 때 처음으로 대륙계의 화교총회 회장이 위원으로 취임하였다. 또한 2006년 3월에는 요코하마 마조묘(媽祖廟)가 새롭게 낙성되었는데, 중국계와 타이완계 양쪽 화교로 이사들을 조직하였다.

⑵ 신화교와 구화교

구화교사회 안에서의 타이완과 중국 융화가 진척되고 있던 1980년대 후반부터 1990년대에 걸쳐서 그들을 둘러싼 환경은 크게 변화하고 있었

---

48)『關帝廟と横浜華僑』111쪽.

49)『關帝廟と横浜華僑』224쪽.

50)『關帝廟と横浜華僑』122쪽.

다. 일본으로 들어오는 중국인, 이른바 신화교의 급증을 들 수 있다. 일본에서 '신화교'라고 부를 경우, 제2차 세계대전이 끝나고 얼마 되지 않아 타이완에서 온 사람들을 의미하는 경우도 있으나[51], 여기서 대상으로 하는 것은 1979년의 중국의 개혁 · 개방정책 이후에 일본에 온 중국인이다. '구화교'는 신화교의 반대 개념이기 때문에 우선 제2차 세계대전 이전부터 일본에서 생활하는 화교를 의미하며, 또 하나는 중국의 개혁 · 개방정책 이전부터 일본에서 생활하는 중국인을 의미한다.[52] 후자의 범주에는 당연히 전자도 포함된다.

1980년대 이후에 일본에 온 신화교는 크게 3개 그룹으로 나눌 수 있다. 첫째는 개혁 · 개방정책 아래 선진국 일본의 기술 등을 배우기 위하여 일본에 온 유학생이다. 그들은 고학력으로서 일본의 대학이나 대학원 등에서 하이테크, 바이오, 컴퓨터 기술 등을 배우고, 졸업 후에도 일본의 대학 · 연구소 · 기업 등에 취직하는 경우가 많다. 그들의 출신지는 주로 상하이, 베이징 등 도시지역이다. 한편, 1980년대는 일본의 경기가 좋았던 시기에 해당하며, 일본 국내에서 노동력 부족이 발생하였기 때문에 중국인 노동자층도 일본으로 왔다. 이것이 두 번째 그룹으로서 푸젠성(福建省) 출신자가 많다. 그들 가운데는 취로 비자를 취득하지 않은 채 일을 하는, 이른바 불법 취로자도 존재하였다.[53] 세 번째 그룹은 일본인 고아 혹은 잔류 일본 부인(역주 - 일본의 법률에서는 '중국 잔류 방인邦人'이라고 규정하고

51) 제2차 세계대전 이후에는 중화인민공화국과 일본과의 사이에 국교가 없는 상태가 계속되어 중국인이 일본에 오는 것이 기본적으로 정지되었던 데 비하여, 당시 외교관계가 있었던 타이완에서 일본으로 오는 사람들이 증가하였다. 그들을 1945년 이전부터의 대륙 출신 화교와 구별하여 '신화교'라고 부른다.

52) 可兒弘明 · 斯波義信 · 游仲勳編, 『華僑 · 華人事典』(弘文堂, 2002년)

53) 許淑眞, 「日本の華人社會」『華人社會がわかる本 - 中國から世界へ廣がるネットワークの歷史, 社會, 文化』(山下清海編, 明石書店, 2005年)

있다. 러일전쟁 이후부터 '만주'라 불리었던 현재의 동삼성 지방으로 많은 일본인들이 이주하였는데, 특히 만주사변과 만주국 건국 이후 정책적으로 집단적인 농민 이주가 시행되었다. 제2차 세계대전 말기 소련의 참전으로 1945년 8월 9일 0시를 기하여 소련군이 중국 동북지방으로 진격함으로써 이미 성인 남성 대부분이 징집당하여 주로 여성과 노인, 어린이들만 남아 있던 일본인들은 황급히 귀국길에 오르게 되었으나 아이들을 데리고 장기적으로 이동하는 것이 어려웠기 때문에 연고가 있는 중국인에게 잠시 맡기거나 인신매매로 자녀를 중국인에게 넘기는 경우가 많았다. 일본인 여성 또한 중국인의 아내가 되어 목숨을 부지한 경우가 많았는데 전자를 '잔류 고아', 후자를 '잔류 부인'이라고 부른다. 전후 중국과 일본 사이에 국교가 없는 가운데 1958년 일본인의 집단 귀환이 종료되자 이들 중국 잔류 일본인들은 일반 중국인으로 생활하였으며, 1981년에 후생성厚生省이 중심이 되어 중국 잔류 고아의 방일과 육친 찾기를 시행하자 많은 중국 잔류 일본인들이 귀국하였다)의 친족 등이다. 출신지는 동북 3성(랴오닝성遼寧省·지린성吉林省·헤이룽장성黑龍江省 등 구 만주지역)이다. 이것은 1945년 이전에 옛 만주에 이주하여 전후에도 귀국하지 못하고 그 지역에서 살고 있던 일본인이 중일 국교 회복과 개혁·개방정책에 의하여 귀국한 것에서 유래한다.

요코하마의 구화교사회 혹은 차이나타운과 관계가 깊은 것은 두 번째와 세 번째 그룹이다. 두 번째 그룹의 경우는 차이나타운의 중화요리점 종업원으로서 일자리를 얻어서 일하다가 이윽고 자금을 모아서 독립하는 유형이 많다. 다음에서 설명하겠지만, 2006년 무렵부터 요코하마 차이나타운의 메인스트리트에서는 점포 교체가 잇따랐다. 그때 새로 개업한 요리점의 경영자 중에는 푸젠성 출신이 많다. 세 번째 그룹 중에서도 요코하마 차이나타운을 일본에서의 생활을 재건하기 위한 발판으로 삼은 사람이 많다. 중국 잔류 고아나 잔류 부인의 아이들은 일본인의 혈통이라고는 해도,

오랫동안 중국에서 생활하였거나 혹은 중국에서 태어났기 때문에 일본어를 잘하지 못한다. 그들이 일자리를 얻기 쉬웠던 곳은 중국어가 통하는 구화교가 경영하는 회사였다. 이를테면, 1975년에 귀국한 중국 잔류 부인 다케모토 시게코(竹本繁子)[54]의 경우에는, 자신은 조산사로서 일하는 한편, 함께 귀국한 차남이 차이나타운 근처의 상어 지느러미(shark fins) 가공공장과 차이나타운의 요리점에서 일하면서 경제적 기반을 구축하여 중국에 남아있던 장남 일가를 불러들였다. 그리고 현재는 그들 형제와 그 자녀들이 차이나타운에서 여러 개의 요리점과 잡화점을 경영하기에 이르렀다.[55]

이처럼 요코하마의 구화교는 신화교를 노동력으로 맞아들인 경우가 많다. 신화교의 첫 번째 그룹은 직업이 다르므로 차이나타운의 구화교에게 의존하는 경향이 낮지만, 전체로서는 요코하마 시내의 중국인 인구를 증가시켰다.

(3) 신화교의 일본 유입 증가

요코하마 시내의 중국인 인구는 1980년부터 서서히 증가세로 돌아섰다. 1980년에는 4,430명, 1981년에는 4,652명, 1982년에는 4,753명, 1983년에는 4,912명, 1984년에는 5,181명으로 증가해갔다.[56] 그 후에는 더욱 증가해가는 경향이 강해졌으나(〈표 2〉), 특히 1987년부터 1992년 사이에 요코하마시 주재 중국인 인구는 매년 약 1,000명 증가하고 있다. 본래 6,000명 아래에서 매년 1,000명씩의 증가는 두드러진 변화이다. 그리고 1991년에는 10,000명, 그 후 2002년에는 20,000명을 넘어섰다. 더욱이 시내의 중

---

54) 1924년 5월~2016년 5월. 요코하마시 출신.

55) 다케모토 시게코竹本繁子 씨에 대한 인터뷰(2014년 11월 14일), 村上令一, 『横浜中華街的華僑伝』(新風舍, 1997年), 121-122쪽, 『每日新聞』(神奈川版), 2015年8月15日.

56) 『横浜市統計書』 各年版.

국인 인구 전체가 크게 증가하는 가운데, 차이나타운이 소재하는 나카구(中區)의 인구는 4,000명 전후로 변화가 적다. 이것은 첫째로, 나카구 거주자는 주로 구화교로서 그 인구 규모는 일정하다는 것은 가리킨다. 두 번째로는, 나카구 이외에서 사는 신화교가 많다는 동향을 나타낸다. 차이나타운에서 일하는 신화교는 나카구보다 임대료가 싼 이웃의 미나미구(南區)에 사는 경향이 강하다는 점, 또한 앞에서 말한 첫 번째 그룹에 속하는 신화교는 직업상 차이나타운과 관계가 적어 그 근처에 살 필요가 없으며, 각각 통학이나 통근하는 사정에 맞추어 요코하마시 전체에 거주하고 있기 때문이다.

일본으로 유입되는 중국인이 증가하게 된 데는, 중국 쪽과 일본 쪽 각각에 요인이 있다. 중국 측의 밀어내는(push) 요인으로서는, 앞에서 설명한 대로 개혁 · 개방정책으로의 전환에 따라 해외와의 경제교류 · 중국인의 해외 도항이 촉진되었던 데 따른 것이다. 일본 쪽 의 끌어들이는(pull) 요인으로는, 버블경제에 따른 일본의 호경기와 그에 따른 식도락 붐이 요코

〈표 2〉 중국인 인구의 급증 (1985년~1994년)

(단위: 명)

년	요코하마시 거주	(전년도에 대비한 증가)	중구 거주	(전년도에 대비한 증가)
1985	5,371	190	3,096	15
1986	5,717	346	3,131	20
1987	6,300	1,725	3,247	116
1988	7,442	1,142	3,648	401
1989	8,492	1,050	3,892	244
1990	9,649	1,157	4,014	122
1991	10,847	1,198	4,211	197
1992	11,937	1,090	4,355	144
1993	12,117	180	4,283	72
1994	12,554	473	4,251	32

* 출전: 『橫浜市統計書』 각 년도판

하마 차이나타운의 경제를 활성화시켰다는 점을 지적할 수 있다. 더욱이 요코하마라는 지역 차원에서는 차이나타운에서 매우 가까운 미나토미라이지구에서 요코하마 개항 130주년인 1989년에 요코하마박람회가 개최되어 많은 관광객이 방문하였다. 이러한 요인에 부응하기 위하여 차이나타운의 레스토랑이 대규모화되면서 많은 일손이 필요하게 되어 새로 일본으로 들어오는 신화교를 흡수한 것이다.

신화교 급증사태에 즈음하여 중화인민공화국 건국 50주년인 1999년에 두 개의 새로운 조직이 발족하였다. 하나는 5월 27일에 설립된 유일화교연합총회(留日華僑聯合總會)이며, 또 하나는 9월 9일에 설립된 일본중화총상회(日本中華總商會)이다. 전자는 일본 전국의 대륙계 화교총회의 연합조직으로서 종래의 협의기관인 유일화교대표회의(留日華僑代表會議: 1969년 8월 결성[57])를 발전적으로 개조한 것이다. 중국의 개혁개방정책, 신화교의 증가, 구화교의 현지화 진전 등의 정세 변화를 통해 조국통일, 화교 청년의 교육, 신화교와의 연대 등 과제에 구체적으로 대처하기 위하여 단순한 협의기관에서 실행력을 동반하는 조직으로 개조되었다.[58] 이는 구화교끼리의 단결을 강화하는 것이라고도 할 수 있다. 한편, 후자인 일본중화총상회는 구화교뿐 아니라 신화교 기업인 및 중자본기업도 포함한 조직으로서 상호 협력 · 일본경제 발전에 대한 기여, 세계 각지의 화교인 조직과의 연대를 목적으로 한 것이다.[59] 초대 회장에는 요코하마화교총회의 회장을 역임했던 루싱슝(呂行雄)이 취임하였다.[60] 이 조직은 세계화상대회(世界華商大會)를 위한 조직으로서 탄생하였으나 여기서는 구화교와 신화교의 협

57) 『橫浜華僑通迅』 第305号, 1999年6月.

58) 「留日華僑代表會議を留日華僑聯合總會に改組する趣意書」 留日華僑代表會議事務局 1999年5月

59) 「日本中華總商會成立大會パンフレット」, 日本中華總商會事務局, 1999年.

60) 呂行雄 씨에 대한 인터뷰는 「ひと 呂行雄さん」(『朝日新聞』 2000年1月11日)을 참조.

조를 이룬 것을 큰 특징으로 지적할 수 있다. 1980년대 중반부터 신화교가 일본에 진출한 지 15년여가 흘러서 그들의 엄청난 존재 · 영향력이 두각을 나타내기 시작한 결과라고도 할 수 있다.

2) 차이나타운의 발전과 변용

(1) '거리 만들기(街づくり)' 의 시대

1986년 12월부터 1991년 2월까지의 일본의 호경기를 '버블경제' 라고 부르는데, 요코하마는 여기에 1989년의 요코하마박람회 개최라는 요인도 더하면서 차이나타운이 관광지로서 비약적으로 발전하게 된다. 1986년 2월에는 제1회 춘절제(春節祭)가 거행되었으며, 3월에는 새롭게 선린문(善隣門)이 낙성되었다. 또한 이 해에는 전통을 자랑하는 중화요리점 빙진루(聘珍樓)가 7층 건물로 새롭게 단장되었으며, 이후 차이나타운 점포의 고층화가 진행되었다. 1990년 8월에는 앞에서 설명한 것처럼 제4대 관제묘가 낙성되었으며, 이듬해인 1991년 8월에는 관광 이벤트로서의 요소도 포함하는 형태로 제1회 관제탄(關帝誕: 역주 - 서력 160년 6월 24일(음력)의 관우 탄생을 기념하는 행사)이 행해졌다. 추운 겨울이나 무더운 여름철은 양쪽 모두 관광객이 줄어드는 시기이지만, 마침 이 시기의 춘절과 관제탄이라는 전통적인 행사를 관광객도 즐길 수 있는 이벤트로 만듦으로써 차이나타운을 찾는 사람들을 끌어들이게 되었다.

1991년에 들어서 버블경제가 붕괴하여 일본경제가 바닥을 치는 시기에 들어서는데, 이 위기를 계기로 하여 차이나타운에서는 중국의 전통을 중시하는 거리 만들기 프로젝트를 시작하였다. 1993년 1월에는 차이나타운의 24개 각종 단체가 모여서, '요코하마 중화가 거리 만들기 단체연락협의회' 를 발족시켰다. 패루를 10개 건설하고, 중화가대로의 전봇대를 땅 속으로 묻거나 길을 포장하는 등 중국적 의장으로 거리 정비를 진행하였다. 또한 '예절대인(礼節待人)', '창의공부(創意工夫)', '온고지신(溫故知新)', '선의후리(先義後利)', '노소평안(老少平安)', '도홍류록(桃紅柳綠)', '선린우호(善隣友好)' 의 7개 정신을 내세운 '중화가헌장' 을 제정하였다. 이를 실현하는데 커다란 공헌을 한 사람이 린졘정(林兼正)이다.[61] 그는 1993년부터 2012년까지 20년간에 걸쳐 요코하마중화가발전회협동조합(橫浜中華街發展會協同組合)의 회장을 역임하면서 버블경제 붕괴 이후 어려운 시기의 차이나타운을 이끌어가는 중책을 맡았다.

⑵ 신화교의 대두, 1980년대~2000년대 초반

신화교의 일본 유입이 급증한 1980년대 후반에서 20년 가까이 흐른 2000년대 초반부터 신화교의 대두가 두드러지게 된다. 2004년에 도쿄의 시부야(澁谷)와 요코하마를 연결하는 도큐도요코선(東急東橫線)과 연결되는 '미나토미라이선(みなとみらい線)' 이 개통하여 그 종점으로서 '모토초(元町) · 중화가역(中華街驛)' 이 개업하였다. 이에 따라 도쿄 등에서의 접근이 매우 편리해지면서 많은 관광객이 차이나타운에 몰려드는 시대가 되었다.

2006년 무렵부터 차이나타운의 중심 거리인 중화가대로의 점포 교체가 현저해진다. 구화교의 점포가 문을 닫고 그 후에 신화교의 점포가 개점하는 사례가 급증하였다. 이러한 교체의 요인으로 세 가지를 생각해볼 수 있다. 첫째는, 구화교의 세대교체이다. 전후를 담당해온 세대가 은퇴하고 그 아들이나 딸로 이어가는 시대가 왔으나 아들, 딸이 가업을 잇지 않는 경우가 증가한 것이다. 가업을 잇지 않는 이유는, 토요일과 일요일도 쉬지 않는 중화요리점에서 일하느니 회사 근무 등의 일을 선호하는 젊은 세대가

61) 林兼正 · 小田豊二, 『聞き書き橫浜中華街物語』(集英社, 2009년); 林兼正, 『橫浜中華街 – 街づくりはたたかいだ』(神奈川新聞社, 2014년).

늘었기 때문이다. 정더선(曾德深) 씨가 설명하는 것처럼, 부모 세대는 요리점의 가업을 이어가는 것 이외에 직업 선택의 여지가 없었으나 그러한 상황이 변화하였다. 화교도 직업의 선택폭이 넓어진 것이다. 두 번째는 땅값이 올라간 점이다. 미나토미라이선 개통으로 차이나타운의 땅값이 상승하였기 때문에 무리해서 요리점을 계속하기보다는 토지를 팔거나 임대를 하는 것이 유리해졌다. 그리고 세 번째 요인으로는 차이나타운에서 개업하고 싶어 하는 신화교의 존재를 들 수 있다. 일본에 온 지 20여 년의 세월이 흘러 자금을 축적한 신화교가 다음 단계로 도약할 시기가 온 것이다. 이 세 가지 요인이 얽혀서 2006년 무렵부터 점포 교체가 급속히 진행되었던 것이다.

더욱이 점포 경영자의 교체뿐만 아니라, 중화요리점의 업태에도 변화가 일어났다. 무한리필 뷔페식당이 급증한 것이다. 그 이유는 점포 경영에 있어서 경비 절약, 특히 인건비 절약을 중시한 점에 있다. 무한리필 뷔페식당에서는 요리사의 인건비를 억제하기 위하여 손이 많이 가지 않는 냉동식품을 사용하는 경우가 많다.[62] 또한 고객층의 변화도 이 상황을 촉진시켰다. 미나토미라이선이 개통된 이후 요코하마 시외에서 찾아오는 손님, 차이나타운을 처음 찾은 손님이 증가하였는데 이러한 고객층은 차이나타운이 익숙하지 않고 중화요리를 잘 모르기 때문에 싼 가격에 끌려서 무한리필 뷔페식당을 선택하는 경향이 있다. 더욱이 손님 그룹이 소규모화되는 경향(한두 명)도 지적되는데, 코스요리를 즐기는 대연회보다는 적은 숫자로 무한리필 뷔페를 먹는 손님이 늘었던 것이다.[63]

62) 중화회관 사무국장 關廣佳 씨 인터뷰(2016년 3월 3일).

63) 「横浜中華街 食べ放題の波」, 『朝日新聞』(東京本社版夕刊), 2016年1月8日.

(3) 일본사회와의 관계—공존공영

일본사회 · 지역사회와의 관계라는 점에서 보자면, 1980년대부터 현재까지의 기간은 양호한 상태, 공존공영이라고 할 수 있다. 이렇게 되기까지는 구화교의 존재가 중요하였다. 요코하마의 일대 관광지인 차이나타운을 이끄는 구화교는 지역의 정 · 재계와도 밀접한 파이프라인을 가지고 있다. 매년 음력 설날에 요코하마 중화가발전회협동조합이 개최하는 음력 신년하례회, 중화인민공화국 계열 화교총회가 개최하는 10월 1일의 국경절, 중화민국계 화교총회가 개최하는 10월 10일 쌍십절에는 요코하마시장, 가나가와현 지사, 지역 의회 의원, 경제인이나 관계자 등 수백 명이 참가한다. 또한 2009년의 개항 150년제 이후에 결성된 YMC요코하마 센트럴타운협의회도 차이나타운과 지역 경제인의 관계를 밀접하게 하였다. 이는 Y=야마시타초(山下町), M=모토초(元町), C=차이나타운의 기성 단체나 기업으로 구성된 조직으로서 매년 5월 하순에 대규모의 제사를 개최하고 있다. 더욱이 2011년 7월의 관제묘 요코하마 진좌 150주년제에서는 축제 행렬이 이웃의 모토초(元町)까지 이어져, 지역 신사인 아사마진자(淺間神社)에 참배하였다. 차이나타운의 축제인 관제탄이 요코하마 전체의 마쓰리로 변화해가는 것이다.

그런데 최근에 센카쿠열도(尖閣諸島)의 영유권 등을 둘러싸고 종종 중일관계가 험악화되고 있다. 그 영향이 차이나타운에도 미치게 될 것일까? 결론부터 말하자면, 정치적인 요인이 차이나타운에까지 영향을 미치는 일은 거의 없다. 현재 단계에서는 중일관계 악화로 관광객이 줄어드는 경향은 없다. 다만, 중국 식재료의 안전성이 문제가 되는 경우는 영향을 미친다고 볼 수 있다. 2007년 7월 베이징에서 고기만두의 재료로 골판지를 섞어 넣은 가짜 고기만두 사건이 일어났을 때는 차이나타운에 손님의 발걸음이 끊기는 상황이 발생하였다. 일본인 관광객에게 있어서 '음식'의 거리이기 때문에 식품의 문제는 영향을 미치지만, 중일 관계 악화의 영향은 별로 받지 않는다.

5. 요코하마 화교사회가 존속되는 이유

이상으로 요코하마 화교사회의 19세기 중반 무렵부터 현재까지의 발전 단계에 관하여 검토해 보았다. 그 160년 가까운 역사 과정은 크게 나누어 4개로 구분할 수 있다. 즉, '제I기 형성과 발전의 시대 1859년~1923년', 이는 막말의 요코하마 개항에서 관동대지진이 일어날 때까지의 기간으로서, 요코하마 화교사회의 탄생과 성장의 과정이었다. '제II기 시련의 시대 1923년~1945년', 이는 관동대지진, 그리고 중일전쟁 · 제2차 세계대전이라는 전쟁의 와중에서 요코하마 화교사회가 존속의 위기에 처했던 시대였다. '제III기 변화의 시대 1945년~1980년대 중반'은 전후 부흥을 이룬 요코하마 화교사회가 중화인민공화국의 건국을 통해 내부적으로는 중국과 타이완의 분열이라는 상황을 안고 있으면서도 요코하마의 전후 부흥, 일본의 고도경제성장 가운데 관광지로서 성장, 발전해가는 시기였다. 그리고 '제IV기 1980년대 중반~현재'는 종래의 구화교사회 내부에서는 중국과 타이완 융화가 진행되어 가지만, 1980년대 중반에서 신화교의 일본 유입이 급증하여 2000년대에 들어서면 그들의 대두가 두드러지게 되었으며, 거리로서의 변용이 나타나는 시기이다.

각각의 시기의 특징을 정리한 것이 다음의 표이다.

〈표 3〉 요코하마화교 역사의 시기 구분 (1859년~2016년)

	I	II	III	IV
기간	1859년~1923년	1923년~1945년	1945년~1980년대 중반	1980년대 중반~ 현재
특징	형성과 발전의 시대 개항 · 거류지 철폐	시련의 시대 관동대지진 · 중일 전쟁	부흥과 성장의 시대 전후의 안정기	변화의 시대 중국, 타이완 융화와 신화교
화교사회	탄생과 성장	붕괴 위기와 재생	내부 분열(중국과 타이완으로 분열)	중국, 타이완 융화와 신화교 급증
차이나 타운	형성과 발전	지진 피해와 공습에 의한 파괴	전후 부흥 관광지로서의 발전	거리 만들기 추진 점포 교체 급증
일본사회와의 관계	공존(거류지 무역)과 마찰(청일전쟁)	마찰(지진 피해 · 중일전쟁)과 공존(지진 피해 부흥)	협조의 모색 국교 정상화	공존공영

* 출전: 『横浜市統計書』 각 년도판

마지막으로 요코하마 화교사회가 존속해온 이유에 관해서 생각해보고자 한다. 청일전쟁 시기에 중국인에 대한 차별적 언동이 있었으며, 관동대지진이 일어났을 때 희생된 화교도 있었다. 또한 중일전쟁 시기에 특별고등경찰이 화교를 고문하는 등의 사실도 있었다. 그러나 1859년부터 현재에 이르기까지의 160년 가까운 시간에 걸쳐 이를테면 중화가 방화사건이나 습격 등 파괴적 행위, 또한 화교배척운동이라는 화교사회와 지역사회 사이의 결정적 충돌은 한 번도 일어나지 않았다. 전반적으로 볼 때, 요코하마 화교사회와 호스트사회와의 마찰은 적었으며, 오히려 호스트사회에 받아들여졌다고 말할 수 있다. 여기서는 그 이유에 관해서 생각해보자.

첫째로, 중국인은 에도시대 말 개항 당시 근대적 요코하마라는 국제무역 도시가 탄생한 최초의 시기부터 그곳에 존재했다고 하는 역사적 경위가 있다. 요코하마에 있어서 중국인은 새로 들어온 초임자가 아니라 이른바 선임으로서 국제도시 요코하마의 중요한 구성원 중 하나이다. 그들이 가진 이국적인 분위기는 요코하마의 특징 중 하나로서 인식되었다고 여겨진다.

이를테면, 1880년 무렵의 관광 여행 전단인 요코하마 명소안내표에는 관제묘와 회방루(會芳樓)가 게재되어 있다. 또한 1913년의 관광안내서에도 '요코하마의 연중행사' 로서 2월의 춘절과 7월의 관제탄이 소개되어 있다. 화교와 차이나타운은 이국적인 존재이면서도 요코하마가 내포하는 국제성의 특징으로서 인식되어 배제대상으로는 여겨지지 않았다. 그러한 상황은 현재까지도 마찬가지여서 요코하마 관광의 불가결한 요소로서 차이나타운이 존재하며, 또한 춘절과 관제탄도 요코하마의 중요한 관광 이벤트로서 인식되고 있다. 또한 앞에서 〈그림 1〉을 통해 1909년의 개항 50주년 때의 차이나타운의 광경을 살펴보았지만, 이는 개항으로부터 50년이라는 세월을 한결같이 지내온 거리로서 기념제를 축하하고 있는 것을 의미한다. 이 정신은 현재에도 계승되고 있으며, 2009년의 개항 150주년 이래 매년 개최되고 있는 YMC요코하마센트럴타운 페스티벌에 차이나타운 사람들도 참석하고 있다.

두 번째 이유로는 경제활동의 중요성을 들 수 있다. 앞에서 설명한 것처럼, 화교의 경제활동은 요코하마에 있어서 불가결한 생업이었다. 화교가 요코하마에 진출한 에도시대 말에는 무역 등 상행위에 있어서 언어나 상업습관을 달리하는 서양인과 일본인의 중간에서 중국인이 중개자 역할을 담당하였다. 상징적인 존재가 외국 상관의 매판이었는데, 중국인을 빼놓고는 요코하마에서의 경제활동이 성립할 수 없었던 것이다. 또한 중국인이 없었으면 서양인이 거류지에서 생활해갈 수 없었으리라. 서양건축, 양재, 활판인쇄, 제빵 등 서양인의 생활이나 문화활동을 뒷받침하는 직업을 중국인이 담당하였다. 그 결과로서, 그들이 그러한 새로운 서양의 기술을 일본에 전하는 역할을 하였다. 나아가 차이나타운이 일찍부터 요코하마

관광의 명소가 된 점도 중요하다. 차이나타운은 관동대지진과 제2차 세계 대전에서 불타버렸지만, 그때마다 부활하였다. 현재도 요코하마 관광은 차이나타운의 존재 없이는 성립되지 않는다. 그때그때 지역사회의 필요에 부응하여 화교의 경제활동이 이루어졌으며, 그것이 그들이 호스트사회에 받아들여진 요소 중 하나라고 생각된다.

세 번째로는 차이나타운에서의 일본인의 존재를 들 수 있다. 상당히 이른 시기부터 차이나타운에는 가족이나 이웃으로서 많은 일본인이 살고 있었다. 이를테면 1894년의 청일전쟁기에 중국인의 배우자로서 일본인과 그 사이에 태어난 아이들이 존재하였다. 전쟁이 발발함에 따라 가족이 흩어지는 비극이 클로즈업되었다. 요코하마의 차이나타운은 중국인만의 거리가 아니라 그곳에는 많은 일본인이 생활하고 있었으며, 차이나타운에서 생활하는 중국인은 혼인 등을 통하여 일본사회와 연결되어 있었다.

이상의 세 가지 요인에 의해 요코하마 화교사회는 호스트사회와 좋은 관계를 유지하여 호스트사회에 의해 받아들여졌다고 생각된다. 그 결과, 요코하마 화교사회는 오늘날에 이르기까지 갈등을 넘어서 변화해가면서 160년 가까운 세월을 거듭해오고 있다.(번역: 김영숙)

참고문헌

伊藤泉美,『横浜中華街 - 開港から震災まで』, 横浜開港資料館編刊, 1994.

伊藤泉美,『横浜中華街150年 落地生根の歳月』, 横浜開港資料館編, 横浜市ふるさと歴史財団, 2009.

可兒弘明・斯波義信・游仲勳編,『華僑・華人事典』, 弘文堂, 2002.

關帝廟と横浜華僑編集委員會編,『關聖帝君鎭座150周年記念 關帝廟と横浜華僑』, 自在株式會社, 2014.

清水悠爾著,『日本大通りであったこと』, 清水悠爾, 2004.
帆刈浩之,『越境する身体の社會史 華僑ネットワークにおける慈善と医療』, 風響社, 2015.
林兼正・小田豊二著,『聞き書き横浜中華街物語』, 集英社, 2009.
林兼正,『横浜中華街 街づくりはたたかいだ わが人生 9』, 神奈川新聞社, 2014.
村上令一,『横浜中華街的華僑伝』, 新風舎, 1997.
山下清海編,『華人社會がわかる本 – 中國から世界へ廣がるネットワークの歷史, 社會, 文化』, 明石書店, 2005.
横浜開港資料館・中華會館編,『横浜華僑の記憶』, 中華會館, 2010.

伊藤泉美,「横浜華僑社會の形成」,『横浜開港資料館紀要』第9号, 1991. 3.
伊藤泉美,「關東大震災と横浜華僑社會」,『横浜開港資料館紀要』第15号, 1997. 3.
伊藤泉美,「1920年代中頃の横浜華僑社會 – 諸団体の動向を中心に」, 横浜開港資料館紀要』第24号, 2006. 3.
伊藤泉美,「横浜中華會館・關帝廟・同善堂について」,『横浜開港資料館紀要』第26号, 2008. 3.
伊藤泉美,「1877年の横浜外國人居留地における中國人 –「明治十年在横浜清國人名簿」の分析から」,『横浜開港資料館紀要』第33号, 2015. 3.
許淑眞,「日本の華人社會」『華人社會がわかる本 – 中國から世界へ廣がるネットワークの歷史, 社會, 文化』, 山下清海編, 明石書店, 2005.
東海林靜男,「日中戰爭下における外國人の動向」,『横浜市史 II』第1卷下, 横浜市, 1996.

제4장

'Glonacal' 관점에서 본 한국 화교학교
— 대구화교중학교 사례*

| 박규택 |

1. 다층적 · 역동적 화교학교 이해의 필요성

1990년대 이후 한국은 외국인 노동자와 결혼이주자, 유학과 관광 목적의 체류자 등의 증가로 다문화사회로 빠르게 전환되고 있으며, 이에 따라 여러 가지 해결해야 할 문제들, 인종차별, 노동착취, 불법체류자, 이중(다중)언어교육, 시민권 논쟁 등이 발생하고 있다. 사실 한국에서의 다문화는 19세기 후반 중국인들이 한반도로 이주하여 정착함에 따라 시작되었고, 일제 식민지 지배체제와 한국전쟁[1]을 거치면서 복잡해지고 심화되었다고

* 이 글은 다음의 논문을 총서의 취지에 맞추어 수정, 보완한 것이다. 박규택, 「'Glonacal' 관점에서 본 한국 화교학교 - 대구화교중학교 사례」, 『한국도시지리학회지』 19-2, 2016.

1) 일제 식민지 지배 체제에서 수많은 일본인들이 한반도에 거주하였고, 해방 이후에도 본국으로 돌아가지 못한 소수의 일본인들이 한국에서 잉여적 혹은 부재화된 사람으

볼 수 있다. 지난 한 세기 동안 한국은 소위 '단일 민족과 언어'에 토대를 둔 사회가 아닌 한국, 중국, 일본, 미국의 사람과 문화가 지배, 종속, 갈등하는 사회로 변모해 왔다고 볼 수 있다. 20세기 한국 사회에 직·간접적으로 영향을 미친 외국인들 가운데 가장 역동성을 보인 사람들은 중국에 뿌리를 둔 화교이다. 이들은 타국인 한국에 살면서 일제 식민지 지배, 해방, 중화인민공화국 수립에 의한 고향의 상실, 한국전쟁, 억압적 정부의 정책, 한·중수교 등을 경험하면서도 화교의 정체성과 문화, 특히 중국어 사용과 화교라는 집단성을 유지해 왔다.

화교에 대한 한국정부의 억압과 배제 속에서도 화교사회와 문화를 유지하는 데 중요한 역할을 수행한 조직이 화교학교이다. 화교들은 자신의 자녀들에게 중국인의 정체성과 중국문화를 교육하기 위해 한반도의 여러 도시 혹은 중심지역에 화교소학교를 설립하였고[2], 해방 이후 서울, 부산, 대구, 인천에 화교중(고등)학교를 세웠다.[3] 이들 화교학교는 정치(정책)적 측면에서 독특한 위치에서 놓이게 되었다. 즉, 화교학교는 초·중등학교의 조직과 제도를 갖춘 학교임에도 불구하고 한국정부에 의해 방임적 예외상태로 취급받아왔다. 해방 이후부터 1999년 '각종 학교'로 인가를 받기 이전까지 화교학교는 독점적(배타적) 주권의 영향을 받는 한국의 영토

로 살아왔다. 그리고 한국전쟁 이후 한국에 주둔하게 된 미군과 관련 사람들(군인 가족 혹은 동거인)은 화교와 같이 외국인으로 취급되었다.

2) 1902년 인천에 화교소학교가 최초로 설립된 후 한성(1910년), 부산(1912년), 신의주(1915년), 진남포(1919년), 원산(1923년) 등에 화교소학교가 설립되었다. 그리고 1930년대 이후 한반도, 특히 북부(평남과 평북, 함남과 함북)지역의 지방 도시 혹은 중심지에 많은 수의 화교소학교가 설립되었다(이덕수, 2012, 18-19쪽). 이덕수, 「구술 자료를 통해 본 한국 화교의 역사적 경험과 화교교육」, 한국외국어대학교 대학원, 석사학위 논문, 2012.

3) 조재은, 「한국 내 화교 중·고등학교 현황에 대한 교육 주체 인식 분석」, 이화여자대학교 교육대학원 석사학위 논문, 2014, 58-59쪽.

내에 위치한 '학교조직' 이었지만 학교로 법률적으로 인정을 받지 못하였고, 또한 정부의 행정과 재정 측면에서 간섭과 지원을 받지 않았다. 이로 인해 화교학교는 대만의 통제와 지원을 받았다. 이와 동시에 화교학교는 지구적 규모에서 진행된 (탈)냉전과 (신)자유주의적 자본주의에 의해 직·간접적으로 영향을 받을 수밖에 없었다. 즉, 한국의 화교학교는 로컬, 국가, 지구적 차원에서 작동하는 상이한 힘(요인)들이 부닥치는 경계지대에 놓이게 되었다.

본 연구의 사례인 대구화교중학교[4]는 로컬(대구) 화교의 사회·경제적 변화에 따라 명암이 교차하였다. 해방 이후 1970년대까지 화교의 인구가 지속해서 증가함에 따라 대구화중학교는 학생 수가 늘어나면서 빈창하였다. 이후 대구화교중학교는 한국정부에 의한 다양한 사회·경제적 억압 정책으로 상당수의 화교가 대만, 미국 등으로 이민을 떠나게 됨에 따라 점진적으로 쇠퇴하였다. 그리고 1992년 한·중국교가 수립되고, 한국정부가 세계화와 신자유주의 이념 아래에 외국인들을 공식적으로 받아들여 다문화사회로 전환됨에 따라 대구화교학교도 영향을 받게 되었다. 특히 대만의 통제와 지원을 받고 있던 대구화교학교는 학생 수의 감소, 재정적 어려움 등으로 인해 중국인과 재중교포(조선족) 자녀들의 입학, 급성장하는 중국과의 관계에 대해 고민하게 되었다.

본 연구는 대구화교중학교를 한국, 대만 그리고 중국의 국가 차원이 아닌 상이한 규모의 시·공간에서 작동하는 다양한 힘(요인)들이 서로 얽혀 역동적으로 변화하는 관점으로 고찰하고자 한다. 연구는 시간적으로 해방

---

4) 1958년 9월에 현재 대구화교소학교 부지에 설립되었고, 「한국대구화교초급중학」으로 명명되었다. 1968년에 고등부를 설립하여 「한국대구화교중학」으로 개명하였다. 따라서 학교는 중1에서 고1까지 4개 반으로 구성되고 학생 수는 총 262명, 교사는 7명이었다(대구화교중학교 내부자료). 본 논문에서 대구화교중학교는 고등학교를 포함하고 있다.

이후[5]부터 현재까지 그리고 공간적으로 로컬, 국가, 지구 스케일에 초점을 둔다.

2. 개념적 틀: 'Glonacal'의 수행적 관계성[6]

한국의 화교학교에 대한 연구[7]는 1990년대 중반 이후 학교 자체, 학교와 화교사회, (초)국가적 관점 등의 주제들로 연구가 진행됐다.[8] 특히 2000년대 한국의 화교 혹은 화교학교에 관한 연구들은 국가 체제를 초월하여 지구화, 신자유주의, 초국가화, 디아스포라 등에 관심을 갖게 되었다. 또한 국가와 로컬, 지구화와 로컬, 초국가화와 로컬화 등의 관계적 관점에서 화교 사회와 학교를 연계한 연구도 진행되었다.[9] 서울, 인천, 부산의 화교

---

5) 한국의 화교소(초등)학교는 20세기 초반부터 설립되어 현재까지 지속되었기 때문에 포괄적인 측면에서 한국의 화교학교는 20세기 전체, 특히 일제 식민지 시대와 이후 모두를 다루어야 한다. 그러나 본 연구는 화교중학교를 사례로 들고 있기 때문에 해방 이후 시간에 초점을 두고 있다.

6) '수행적 관계성'에서 '수행'이란 용어의 사용은 지구, 국가, 로컬에서의 상이한 힘(요인)들이 복잡하고 역동적으로 얽힌 관계성을 정적(靜的)이고, 내재(본질)적 혹은 논리적이 아닌 언어(기호), 조직과 제도, 물질 등이 상호작용에 의해 수행되는 과정과 효과(영향)에 강조점을 두기 위함이다.

7) 김명희(2011)는 화교학교에 관한 선행연구(6편)를 연구지역과 방법 그리고 내용의 측면에서 분석하고 있다. 그리고 시간적 측면에서 볼 때, '한국 화교교육의 실태 고찰'을 한 석미령(1995년)의 석사 논문을 처음으로 분석하고 있다. 김명희, 「한국 화교교육 연구 - 세대별 교육 경험 탐색」, 홍익대학교 대학원, 석사학위 논문, 2011; 석미령, 「한국화교교육에 대한 고찰」, 고려대학교 대학원 석사학위 논문, 1995.

8) 두언문, 「화교학교로의 한국 학생 유입 현상」, 연세대학교 대학원 한국학협동과정, 석사학위 논문, 2013; 안지영, 「대만 중 · 고등학교 사회과 교과서에 나타난 한국 서술 특징」, 『사회과교육연구』, 22(3), 2015; 정은주, 「디아스포라와 민족교육의 신화 - 한국의 중국인 디아스포라 교육실천에 대한 민족지적 연구」, 『한국문화인류학』 46(1), 2013.

학교에 관한 연구는 어느 정도 이루어졌지만 초 · 중(고등)학교를 모두 갖고 있는 대구의 화교학교에 관해서는 연구는 거의 없다.

대구의 화교사회를 유지하는 데 중요한 역할을 담당한 대구화교중학교를 보다 폭넓고 체계적으로 이해하기 위해 우선 개념적 틀의 정립이 필요하다. 본 연구가 제시할 '글로네이컬 관점(glonacal perspective)'은 Marginson and Rhoades(2002)이 신자유주의와 지구화 시대의 고등교육을 이해하기 위해 처음으로 고안한 '발견적 글로네이컬 기구(a glonacal agency heuristic)'[10]에 기반을 두고 있다. 여기서 글로네이컬(glonacal)은 지구적(*gl*obal), 국가적(*na*tional) 그리고 로컬적(lo*cal*) 단어들 일부를 결합해서 만들어진 용어이다. 이 용어의 핵심은 "새로운 형태의 고등교육은 지구적 차원, 국가적 차원 그리고 로컬적 차원에서의 작동하는 다양한 힘들(forces)이 상호 교차하는 국면(intersecting planes)으로 이해되어야 한다."는 것이다.[11] 그리고 지구적 차원에서 작동하는 힘들은 국가적 혹은 로컬적 차원으로 직선적이고 일방적인 흐름이 아닌 서로 영향을 주고받는 점

---

9) 안병일, 「미시간의 사례를 통하여 본 한국화교의 미국 이주와 정착, 그리고 '미국한화(美國韓華)' 정체성」, 『한국문화인류학』, 48(3), 2015; 이창호, 「이주민 2세대의 고향의 의미와 초국가적 정체성: 화교 동창생들의 인터넷 커뮤니티를 중심으로」, 『한국문화인류학』, 45(1), 2012a.

10) 기구(agency)는 두 가지 의미가 있다. 하나는 지구, 국가 그리고 로컬의 차원에서 존재 가능한 실체(entity) 혹은 조직을 의미한다. 예를 들면, 지구적 차원에서는 세계은행(World Bank)을, 국가적 차원에서는 교육부와 같은 정부 부처를 그리고 로컬적 차원에서는 개별적 교육기관을 들 수 있다. 다른 하나는 지구적, 국가적 그리고 로컬적 차원에서 행위를 할 수 있는 개별적 혹은 집단적 사람의 능력을 의미한다(Marginson and Rhoades, 2002, pp.288-290). Marginson, S. and Rhoades, G., Beyond national states, markets, and systems of higher education: a glonacal agency heuristic, *Higher Education*, 43, 2002.

11) Marginson, S. and Rhoades, G.(2002), 위의 논문, Marginson, S., 2004, Competion and markets in higher education: a 'glonacal' analysis, *Policy Futures in Education*, 2(2), 2004.

을 강조하고 있다. 이러한 개념적 틀을 토대로 대만, 호주, 한국의 사례 연구들이 있다.[12] 성열관(2010, 2014)은 'glonacal' 분석 틀을 비평적으로 고찰하고, 이에 기반을 두고 한국의 핵심역량 교육과정을 연구하였다. 한국의 사례 연구는 글로벌 수준에서 OECD(Organization for Economic Co-operation and Development)의 핵심역량 교육과정, 국가(한국) 수준에서 OECD에의 소속감과 정체성 그리고 로컬 수준에서 경기도교육청의 배움중심의 교육과정 상호 간의 관계성을 고찰하였다.

교육을 하나의 국가체제 혹은 국제적 비교에 토대를 두고 연구하는 전통적 이론과 방법론은 국가 간에 상호 의존성이 높아질 뿐만 아니라 초국가적 관계망이 형성되고 지구화가 진전되고 있는 시기에 변화를 요청받고 있다. 특히 고등교육기관들은 기술, 인력, 지식 등에 있어 국가 경계를 초월하여 작동하는 지구적 행위자 역할을 하고 있다. 이들의 관계는 지구적 혹은 초국가적 규모에서 제도로서 혹은 전문분야의 네트워크로서 작동하고 있다. 그러나 이들은 탈맥락적 혹은 추상적인 시 · 공간에서 동질적으로 생성 · 유지되는 것이 아니라 복잡하게 얽힌 여러 가지 힘들, 즉 이념, 가치, 국가정책, 시장, 사회적 관계 등에 의해 다양한 형태로 나타나며, 수행의 효과도 지구적 · 국가적 · 로컬적 측면에서 불균등하고 유동적이다. 따라서 국가경계를 초월한 (고등)교육의 형성과 그 수행의 효과를 적절하게 이해하기 위해서는 새로운 개념적 틀, 즉 지구적 · 국가적 · 로컬적 규모에서 작동하는 상이한 힘들의 관계적 장(field or site)이 필요하다.

'Glonacal' 은 지구화 시대의 고등교육에만 적용될 개념이 아니라 보다 지구적, 국가적, 로컬적 힘들이 상호작용하는 다양한 분야에 활용될 수 있다. 본 연구는 대구화교중학교를 다양한 시 · 공간의 역동적 상호작용의

12) 성열관, 「핵심역량 교육과정의 글로벌 규범과 로컬의 전유」, 『교육과정연구』, 32(3), 2014.

측면에서 분석하고자 'glonacal' 관점에 기초한 틀을 만들었다(〈표 1〉). 이 개념적 틀은 다양한 현상 혹은 사건을 이분법, 환원론, 객관적 분류 혹은 범주화로 이해하지 않고, 맥락(상황, 조건) 하에서 작동하는 관계적 수행성으로 이해하는 데 있다. 관계적 수행성에 의하면, 대구화교중학교는 이념 혹은 가치, 언어(기호), 물질(건조환경), 제도와 조직의 내부(혹은 자체)가 아닌 이들이 복잡하고 역동적으로 상호관계를 맺으면서 수행하는 과정에서 인식 · 존재한다. 즉, 대구화교중학교는 자유주의와 반공, 중국인(화교)의 정체성, 중국어, 대만식 교육제도 등의 힘(요인)들이 서로 얽혀 작동하는 과정에서 인식되고 존재한다. 그리고 대구화교중학교는 한국(국가)와 대구(로컬)에 뿌리를 내리고 있기 때문에 이와 관련된 다양한 사회적 · 경제적 · 정치적 · 물질적 힘들로부터 직 · 간접적으로 영향을 받을 수밖에 없다. 해방 이후 현재[13]까지 대구화교중 · 고등학교에 직 · 간접으로 영향

〈표 1〉 'Glonacal' 관점의 개념적 틀

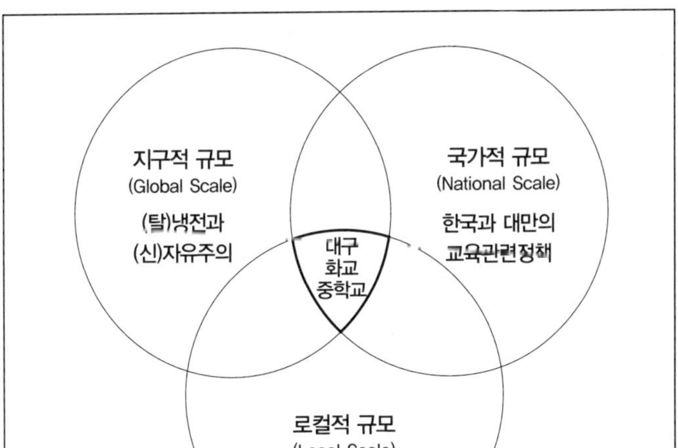

을 미친 힘을 지구적 규모에서는 (탈)냉전과 (신)자유주의 측면에서, 국가적 규모에서는 대만과 한국의 화교학교 관련 정책의 측면에서 그리고 로컬적 규모에서는 학교와 화교사회의 측면에서 고찰하였다.

3. (탈)냉전과 (신)자유주의[14]적 자본주의 세계체제

지구적 혹은 초국가적(동아시아) 관점에서 한국의 화교학교의 교재와 수업, 교내 · 외 활동 등은 제2차 세계대전 이후에 수립된 냉전체제와 이에 수반된 반공(反共)사상 그리고 미국 중심의 자유주의적 자본주의 체제에 직 · 간접적으로 영향을 받게 되었다. 전후 냉전체제는 미국과 소련 간에 형성되었지만, 1949년 중화인민공산당(중국)의 수립과 한국전쟁 이후에 공고화되었다. 냉전체제는 한국과 대만에서 반공 이념을 형성 · 유지시켜 양국의 정치, 경제, 사회에 거대한 영향력을 행사하였다. 그리고 반공 이념은 대만정부의 통제와 지원을 받는 대구화교중학교의 교육과 여러 행사

13) 이 기간은 세 개의 구간, 해방부터 1970년대 초반, 1970년대 초 · 중반부터 1980년대 말까지 그리고 1990년대 초반부터 현재(2015년)까지로 구분될 수 있다.

14) 자유주의(liberalism)은 효율성의 극대화, 경제성장, 개별적 복지를 성취하기 위해 시장경제를 조직하고 관리하는 원칙(주의)이자 일련의 원리들로 규정될 수 있다 (Gilpin, 1987, p.52). 신자유주의(neoliberalism)는 1970년대 중반 이후 세계경제의 불황(침제)에 따른 대안적 국가정책으로 나타난 사상이다. "신자유주의는 1979년 5월에 집권한 영국의 대처 보수당 정부가 처음 정책적으로 실시했고, 1981년 1월에 집권한 미국의 레이건 공화당정부도 마찬가지 노선을 채택했다. … 신자유주의는 경제에 대한 국가 개입을 줄여야 하며, 복지국가를 해체하고 국영기업은 민영화해야 한다고 주장한다." (김수행 · 김기행, 2003, 226쪽). 김수행 · 김기행, 『시장과 자본주의』, 한국방송통신대학교출판부, 2003; Gilpin, R., *The Challenge of Global Capitalism: The World Economy in the 21th Century*, Princeton University Press, 2000.

를 통해 구체적이고 일상적으로 실천되었다.

한국의 모든 화교학교의 교육과정은 중화민국 국내의 과정 기준에 맞추어 편성되어 왔다. 화교학교의 교과서도 중화민국 국내의 것을 그대로 사용해왔다. 따라서 중화민국에서 행해진 반공교육은 교육과정 및 교과서를 통해 화교학교에도 침투되었다. 화교학교가 보급되면서 화교의 취학률도 높았고 한국화교는 거의 전원이 중화민국 국내에 준한 교육을 받았다. 이것은 거의 모든 한국화교가 중화민국 국내와 동일한 반공교육을 받았다는 것을 의미한다.[15]

1948년 대만은 중국 대륙에서 사용하던 교육과정에 대한 전면적인 개정을 추진하고, 초등학교에서 고등학교까지의 개정 교육과정(課程標準)을 반포한다. 이어서 1950년 교육부는 〈국가비상시기 건국교육 실시요강〉을 제정하고 '반공항아(反共抗俄: 공산주의에 반대하고, 소련에 항거한다)' 를 이 시기 최고 교육 원칙으로 삼는다.[16]

2차 세계대전 이후 세계는 소련과 중국 중심의 공산주의와 통제경제와 미국 중심의 자유주의와 자본주의 경제로 양분되었다. 이러한 체제는 제1차 세계대전(1914~1919년) 중에 수립되었다고 주장하고 있다. 제1차 세계대전은 영국에 의한 세계 지배(팍스 브리타니카)를 미국에 의한 세계 지배(팍스 아메리카)로 전환시켰고, 러시아혁명(1917년 11월)으로 세계경제는 자본주의와 사회주의로 양분되었다. 그리고 자본주의 체제와 사회주의 체제

15) 왕언메이(王恩美)/송승석 역, 『동아시아 현대사 속의 한국화교: 냉전체제와 조국의식』, 학고방(王恩美, 『東アジア現代史のなかの韓國華僑: 冷戰体制と「祖國」意識』, 學古房), 2013, 461쪽.

16) 안지영, 「대만 중 · 고등학교 사회과 교과서에 나타난 한국 서술 특징」, 『사회과교육연구』, 22(3), 2015, 56쪽.

는 이데올로기적으로, 군사적으로, 경제적으로 갈등을 일으키기 시작하였다.[17] 전후 냉전시기의 전성기인 1950년대~1970년대 초반까지 미국 중심의 서구 국가들은 세계은행(World Bank), 국제금융기구(International Monetary Fund) 등의 국제경제 제도[18]를 통해 통합된 자유주의적 자본주의 체제의 수립과 실천에 의해 높은 경제성장[19]을 달성하였다.[20] 그리고 전후 동북아 국가들, 특히 대만, 한국, 일본은 미국의 원조를 받으면서 자연스럽게 자유주의적 자본주의 세계체제 속으로 편입하게 되었고, 이는 학교교육에 직 · 간접적으로 영향을 미쳤다. "냉전 속에서 이루어진 미국의 대외원조는 미국의 냉전 전략의 주요한 수단 가운데 하나였다. 직접적인 군사원조는 말할 것도 없지만 경제원조 역시 '자유 진영' 에 속한 나라들의 존립에 지대한 영향을 미쳤다. … 미국의 정책 입안자들은, 국가가 직접 간섭하고 통제하는 일국 단위의 경제체제를 세계시장에 열린 자유경제[21]로 유도하는 것을 정치적 목표로 삼게 된다."[22] 1950년대 초반부터

17) 김수행 · 김기행(2003), 앞의 책.

18) 1950~1970년은 이른바 자본주의 세계경제의 황금시대로 공산권과의 냉전과 열전 속에서도 자본주의 세계경제를 지휘하는 국제기구(예: IMF · IBRD · GATT)가 기능했고, 선진자본주의 국가에서는 복지제도가 확대되었고, 노동조합의 권리가 확장되었다(김수행 · 김기행, 앞의 책, 152-153쪽).

19) 제2차 세계대전 이후부터 1970년대 초반까지 약 25년간은 인류역사에서 가장 번창하는 시기였다. 1940년대 후반과 1950년대 초반 〔전쟁으로 파괴된〕 경제의 재구축 기간 이후에 산업화된 서구 국가경제의 성장률은 역사적으로 유례를 찾을 수 없는 수준이었다. 서구 유럽은 1950년대 약 4.5%의 연평균 성장률을 보였고, 1960년대는 경제성장률이 거의 5%에 달하였다. 이 시기에 일본은 전례를 찾을 수 없는 연 10%의 성장률을 보였다(Gilpin, 2000, p.53).

20) Gilpin, R., *The Challenge of Global Capitalism: The World Economy in the 21st Century*, Princeton University Press. 2000, p.52.

21) 대만에서 미국 원조 당국이 '자유경제' 에 집착했다기보다 국가주도형 경제정책이 효율성을 인정하는 실용주의적인 입장을 취했음을 이야기하고 있지만, 원조 당국, 그리고 미 본국이 설정한 기본적인 방향은 역시 '자유경제' 였으며 그 방향으로 가기 위한 편법으로 '국가주도형 경제정책' 을 승인했다는 점에는 여전히 주목할 필요가

1965년까지 대만이 미국으로부터 받은 경제원조는 1억 달러였고, 이는 권위주의적이고 중앙집권적 정부인 국민당이 경제발전 정책을 수행하는 데 기여하였다.[23)]

1970년대 초반 미국이 중국과 화해 외교를 시작함에 따라 동북아의 냉전체제는 균열이 발생하기 시작하여 1990년대에 탈냉전 혹은 한 · 중 · 미 · 일의 복잡하게 얽힌 다극 체제로 전환되었다고 볼 수 있다. "1970년대 국제정세의 변화로 중국과 미국과의 관계가 개선됨에 따라 대만은 유엔에서 축출되고 일본과의 관계도 단절되는 외교적 시련을 겪게 되었다. … 이를 극복하기 위해 국민당 정부는 군사 중심의 정책에서 대만경영을 모토로 하는 경제건설 중심의 정책으로 선회하는 한편, 중화문화 부흥운동을 통해 중화문화의 전통 계승자로서 국민의 단결을 촉구하는 정책을 추진하였다."[24)]

1990년대 이후 진행된 전 지구화, 신자유주의, 다문화사회화, 대만의 민주화, 한 · 중수교 등은 전후 수립된 냉전체제와 자유주의적 자본주의가 급속히 붕괴하였다. 그리고 국가 간 무역장벽의 철폐(자유무역), 경제에 있어 국가배제(경제와 정치의 분리), 공공 부분의 사유화 등을 추구하는 신자유주의적 자본주의로 전환하게 되었다(〈표 2〉). 민족주의적 국가체제는 외국인 노동자와 결혼이주자의 급속한 증가로 인해 다문화사회에 토대를 둔 (초)국가체제로 전환되었다. 1990년대 초반 이후 지구적(혹은 동아시아

있다(후지이 다케시, 2015, 65-66). 후지이 다케시, 「1950년대 대만의 '경제' 인식 변화와 미국 원조 - 민생주의와 자유경제」, 『중국근현대사연구』, 2015, 66.

22) 후지이 다케시(2015), 위의 논문, 57-58쪽.

23) 손준식, 「냉전초기(1952-1965) 미국원조와 대만교육 - 農工職業教育과 華僑教育을 중심으로」, 『중국근현대사연구』, 2015, 66쪽; 이선영 · 서선호, 「대만 민주화의 기회와 제약」, 『동아시아연구』, 2013, 7쪽.

24) 안지영(2015), 앞의 논문, 57쪽.

〈표 2〉 한국(대구)의 화교학교에 영향을 준 지구적 힘과 (재)국가화

	1945년~ 1970년초반	1970년 초반~ 1990년 초반	1990년 초반~ 현재(2015년)
지구적 힘	냉전체제, 양극화, 자유주의	냉전체제의 변화, 미중간 데당트와 국교 수립	냉전체제의 와해, 다극화, 신자유주의
국가적 힘, (한국과 대민)	반공주의, 민족주의 국가화	반공과 민족주의의 국가 공고화	민주주의 진전, 신자유주의와 다민족의 국가 재구조화

적)·국가적 규모에서의 변화는 대구(한국)화교학교의 이념, 운영방식, 교과내용, 학생 구성 등에 직·간접적인 영향을 미쳤다. 아래 인용문은 1990년 초반 이후 지구적·국가적 규모에서 진행된 변화가 대만의 사회와 초등학교 교과서에 반영되고 있음을 보여주고 있다.

1992년 한국과 중국이 수교하고 한·중 사이의 교류가 빈번하면서 상당수 화교가 대중(對中) 교류를 경제적 지위를 향상시켰다. 특히 대륙으로부터 밀려드는 유학생, 상사 주재원 등 신이민의 대두로 그들과의 접촉이 빈번해 짐에 따라, 이들의 반공이데올로기는 구심점으로써의 역할을 급속히 상실해 가고 있다. 아울러 자신들의 원적이 중화인민공화국의 산둥성이기 때문에 점점 늘어나는 고향 방문이나 대중 투자로 말미암아 반공 이데올로기를 적극적으로 표방하기 어려운 상황에 처하기 이르렀다.[25)]

대만은 노동 인력과 결혼 여성의 부족이라는 사회적 문제를 중국과 동남아시아와의 인적 교류를 통해서 해결하고 있음을 알 수 있다. 동남아시아 국가 중에서 특히 베트남에서 온 외국인 노동자와 신이민 자 수가 가장 높은 비율을 차지한다. 이와 관련하여 〔초등학교 사회과〕교과서는 아시아에 있는 대만의 위

25) 김명희(2011), 앞의 논문.

치를 다루면서 베트남, 인도네시아, 말레이시아 등의 국가가 대만과 비교적 가까운 거리에 있기 때문에 왕래가 빈번하고 밀접한 관계에 있다고 서술하고 있다.[26)]

4. 화교학교와 관련된 대만과 한국의 정책

대구화교중학교가 한국의 영토 내에 있지만 한국정부가 방임함에 따라 대만의 통제와 지원을 받게 되었다. 1990년대 이후 한국정부가 세계화를 지향하고 신자유주의 이념을 수용하고, 또한 한중수교(1992년)가 이루어지면서 외국인, 특히 한족과 재중교포(조선족)의 노동력과 결혼이주자를 받아들였다. 따라서 1990년대 이전까지 한국의 화교학교는 대만의 정책에만 연관되어 있었지만, 이후에는 직·간접적으로 중국과 관련될 수밖에 없었다. 아래 인용문은 1990년대 이전까지 화교학교에 대한 대만과 한국정부의 대조적인 관점을 보여주고 있다.

> 1902년에 한국 최초의 화교학교인 인천화교소학(현 인천화교학교의 전신)를 세웠고, 1912년 서울에 한성소학(현 한성화교학교의 전신)를 창립했다. 두 학교의 창립에 화교 상인들의 조직인 중화상회(中華商會)와 청나라의 영사가 깊이 개입함으로써 화교학교는 출발부터 한국화교 사회의 자치적 교육 조직이면서 본국 정부와 긴밀히 연관을 가지고 있음을 보여준다. 이러한 성격은 현재까

26) 다문화 사회에 대한 강조는 대만 사회에 거주하는 사람들에 대한 문화적 지원의 필요성을 대두하게 한다. 특히 대만의 사회과 교과서는 신이민자에 대한 지원에 중점을 두고 있으며, 이는 강헌문교사업, 남일서국, 그리고 한림출판 교과서에서 모두 나타난다(이혜정, 2013, 21-22쪽). 이혜정, 「대만의 사회과 교과서에 나타난 동아시아의 표상 체계」, 『글로벌교육연구』 5(1), 2013.

지도 그대로 유지되고 있는데, 중국 공산 혁명 이후 화교학교는 타이완정부의 지도 · 감독과 재정적인 지원을 받는 방식으로 바뀌었을 뿐이다. 한국의 화교학교와 타이완정부와의 긴밀한 연계는 한편으로는 한국의 분단체제에서 불가피한 선택이었으며, 다른 한편으로는 한국정부에서 화교 교육을 공식적인 교육 체계의 일부로 인정하지 않는 구조적 요인에 기인한 것이다. 박정희 정권 이후 화교에 대한 탄압과 차별 정책이 강화되면서 화교들은 탈출구를 타이완에서 찾았고, 화교 교육은 타이완에서 성공적으로 정착하기 위한 디딤돌로 간주되었다. 이러한 상황에서 화교학교와 한국사회 간의 괴리는 더 커질 수밖에 없었다.[27]

1) 대만정부의 화교학교 정책

본래 한성화교중고등학교가 대만 진학을 목표로 운영되어 오다가 1970년 9월 고등학교 3학년을 시작으로 한국의 대학에 진학하는 학생이 생기면서 한국 대학 진학반이 운영되었다고 한다. 1980년대까지는 화교고등학교를 마치면 대만의 대학으로 진학하는 학생이 많았으나, 1992년 한중수교 이후부터는 한국 대학으로 진학하는 학생들이 늘어나는 추세다. 현재(2016년) 대구화교중학교는 재정, 교과과정, 신입생 모집 등에 있어 중국과의 관계 설정을 고민하고 있지만 여전히 교정에 대만 국기를 게양하고, 대만식 교육방식을 따르고 있다. 대구(한국)의 화교학교와 관련된 대만정부의 정책은 세 가지 측면에서 논의될 수 있다.

첫째, 대만정부가 해외, 특히 동남아 화교 학생들을 유치하는 데 결정적인 역할을 한 미국의 교육지원 정책이다. 이를 통해 한국의 화교고등학교

27) 오명석, 「화교교육과 젊은 세대의 문화적 감성」, 『당대비평』 6(2), 2002, 261-262쪽.

를 졸업한 많은 학생들이 재정적 지원을 받아 대만으로 유학하게 되었다. 그리도 이들이 졸업한 후 대만에 거주하거나 미국, 일본 등 해외로 이주하여 거주하게 됨에 따라 대구(한국) 화교가 초국가적 사회 · 경제적 관계망을 형성하는 데 결정적 역할을 수행하였다.

"예전에는 … 한국에서 (화교)고등학교 졸업하면 대만에서 무조건 받아들였어요. 100명 보내면 그 때 100명을 다 받았었고 … 대학 들어가기 쉬웠죠. 저희(1968년 인천화교중학교 졸업) 때가 돼서는 시험을 치게 됐습니다. 그래도 어느 정도 중국어를 알 정도면 거의 80% 이상은 합격했었어요. … 근데 지금(2005년)은 정책이 또 많이 바뀌었습니다. 굉장히 어려워요. … 대만 대학에 들어가기 힘드니까 한국 대학으로 진학하는 학생이 많아요. 그러다 보니까 학교에서도 한국 대학반이 생겨요. 고등학교 2학년 때부터 벌써 한국 대학에 진학할 학생하고 대만 대학에 들어갈 학생하고 나누어 버립니다."[28]

둘째, 한국을 포함한 해외 화교학교의 관리 · 감독과 지원을 수행한 대만의 교무정책[29]이며, 이는 해외의 화교학교 조직과 제도, 운영 등에 영향을 미쳤다. "해외의 전문학교 이상 화교학교는 교육부 인가를, 중등 이하는 교무위원회의 인가를 받도록 한다. 소학교와 중학교의 교과과정과 교재 및 교사양성은 교무위원회와 교육부가 공동으로 상의하여 처리한다." (손준식, 2014, 58). 물론 대만의 교무정책은 화교학교만을 대상으로 하지 않고 화교사회 전반과 관련되어 운영되었다.[30] 교무정책은 국민당에서 민

---

28) 왕문영 외 다수, 『한국화교의 생활과 정체성』, 국사편찬위원회, 2007, 30-31쪽.

29) 대만의 화교화인교육은 행정원 산하 교무위원회와 교육부 산하 국제 및 양안교류처가 주관하고 있다(고영희, 2015, 96쪽). 고영희, 「중국과 대만의 화교화인 교육 비교」, 『민족연구』 63, 2015.

진당으로 정권이 교체되면서 큰 변화를 겪었다. 2000~2008년 민진당 집권 시기에는 교무위원회 철폐 및 외교부와의 합병 논란, 예산 감축으로 위상이 크게 약화되었다.[31)]

"대만정부의 화교 업무 가운데 가장 어려움은 해외의 화교와 대만 사이에는 특별한 접점이 없었다는 점이다. 혈연과 지연으로 관련되지 않은 화교들이 대만을 조국으로 여기도록 하기 위해 대만정부는 화교와 손문(孫文)과의 인연을 강조했다. 본토를 상실했기 때문에, 과거 중화민국정부가 본토에 있을 때 화교들의 혈연과 지연을 강조하던 것과는 다른 태도를 취할 수밖에 없었다."[32)]

셋째, 1990년대 국민당에서 민진당으로 정권교체와 역사교과서 개혁이다.[33)] "1949년 대만으로 건너온 국민당정부는 중국과 대만을 '하나의 중국' 으로 인식하고 민족정신을 강조하는 역사교육을 중시하였다. … 1987년 계엄해제[34)] 이후 대만 본토의 역사를 중시하는 연구자들이 늘어났는데, 이들은 점차 '대만주체의식' 을 강조하고 '대만독립의식' 을 고취하여 대만인의 역사의식을 변화시켰다."[35)] "1980년대 대만의 정치 민주화, 경

30) 교무정책은 "중국을 포위하여 공산주의의 확산을 저지하려는 미국의 동아시아 전략과 정권의 보위와 정통성 확보가 절실했던 국민당의 필요에 따라 미국의 지원으로 전 세계 화교의 반공역량을 결집시키는 시대사명을 띠고 추진되었다"(손준식, 2014, 52쪽). 손준식, 「냉전시기(1950~1971) 중화민국 僑務정책의 성격과 한계 - 동남아 화교교육을 중심으로」, 『동북아역사논총』 43, 2014.

31) 고영희(2015) 앞의 논문.

32) 이덕수, 「구술 자료를 통해 본 한국 화교의 역사적 경험과 화교교육」, 한국외국어대학교 대학원 석사학위 논문, 2012, 42쪽.

33) 안지영(2015), 앞의 논문.

34) "1949년 5월 26일에 대만에 계엄령을 발포하여 … 1987년 7월 15일까지 지속된 세계 정치사상 가장 긴 계엄령" 이었다(오성철, 2014, 11). 오성철, 「전후 동아시아의 교육개혁 비교 연구」, 『한국초등교육』 25(1), 2014.

제적 자유화, 사회 다원화, 대만화 흐름에 이어서 1990년대 대만 사회는 국제사회의 정치적 영향과 민주화의 진전, 대만의식의 성장 등의 영향을 받게 된다. 또 이와 같은 대만사회의 변화는 사회과 교육과정에도 적지 않은 변화를 가져온다. 그러나 그중에서도 대만 사회과 교육과정 개정에 있어 가장 큰 변화는 대만 정치권의 '탈중국화' 움직임이었다.

화교학교 수업의 또 다른 특징은 철저한 대만 교육체계를 따르는 것이다. 그리고 교과 내용은 화교와 대만 간의 관계를 반영하기도 한다. 중학교 시기에는 역사, 지리 등 인문 과목은 일주일에 한 시간밖에 없어 일반 학교에 훨씬 못 미치는 수준이다. 이는 대만의 인문 교과내용이 한국에서 사는 화교들에게는 불필요한 과목으로 여겨지기 때문이다. 특히 2000년에는 대만의 집권당이 민진당(民進黨)으로 전환되면서 교과내용의 변화가 일어났다.[36]

---

35) '대만의식(Taiwan Consciousness)'에 본격적으로 관심을 가지게 된 것은 1980년대 초기에 진행된 '중국의식'과 '대만의식'을 둘러싼 치열한 논쟁에서 비롯되었다(김원곤, 2005, 306쪽). 이와 관련되어 역사교육의 개혁논의는 『認識臺灣』이라는 교과서가 출간된 이후에 본격화되었다. 1994년 제정된 「國民中學認識臺灣課程標準」에 따라 『인식대만』이 국중(중학교) 1학년에 도입된 것이 그 시작이었다. 역사편, 지리편, 사회편의 3권으로 나뉘었던 『인식대만』 교과서는 1997년부터 2004년까지 8년 동안 사용되었다. 2005년부터는 역사, 지리, 공민이 통합된 『사회』 교과서로 대체되었다(김유리, 2009, 113-114쪽). 2008년 대만 교육부에 의하면, 사회는 초등학교 3~6학년과 중학교 7~9학년에서 배우고, 고등학교 1~2학년 교육과정에서는 역사, 지리(통론지리, 구역지리), 공민과 사회로 분리되어 있다(김현주, 2013, 49쪽). 김원곤, 「대만사회의 대만의식 확산과 그 영향」, 『중국연구』 36, 2005; 김유리, 「대만사, 중국사, 세계사: 2004~2008년 대만의 고등학교 역사과정 개혁 분석」, 『역사교육』 109, 2009; 김현주, 「역량기반 대만지리교육과정의 특징」, 『한국지리환경교육화회지』 21(3), 2013.

36) 두언문(2013), 앞의 논문, 47쪽.

2) 한국정부의 화교학교와 관련된 정책

화교 관련 기존의 연구들에서 1948년 한국정부가 수립된 이후 1990년대 초반까지 화교는 정치, 경제, 사회 측면에서 억압과 차별을 받아 온 것을 밝히고 있다. 그리고 화교인구[37]의 측면에서 볼 때, 해방 이후 1970년대 초반까지 증가하다 이후는 화교가 대만, 미국 등 해외로 이민을 함에 따라 감소하게 되었다. 1970년대 이후 화교인구의 감소는 자연스럽게 한국(대구)의 화교학교의 학생 수 감소로 이어지고, 또한 존립의 문제와 연관되었다.

> 암울한 상황에서 한국화교들은 '엑소더스(exodus, 대탈출)' 를 감행했다. 당시 미국 등 구미 계통의 국가들이 다원주의에 입각해 이민의 문호를 열고, 국제정치에서 중국 대륙의 부상으로 인해 중국인에 대한 우호감정이 한층 깊어졌다. 이때 한국사회와 격리 상태에서 차별받던 화교 대다수가 이민의 길을 택했다. 화교들은 먹고살기 위해 외국으로 나갔던 것이다.[38]

1970년대는 화교인구가 가장 많았던 시기이기도 하다. 특히, 1972년에는 32,989명으로 그 수가 최고조에 달했다. 그러나 이후 한국정부가 화교를 대상으로 시행한 토지소유제한, 출입국제한, 사업소득에 대한 높은 과세 등 각종 제한조치로 인해, 화교들이 미국, 타이완 등지로 재이민을 가게 되면서 화교 인구는 점차 감소하기 시작했고 그에 따라 화교학교의 수도 자연 줄게 되었다.[39]

---

37) 1945년부터 2009년까지 한국화교의 인구변화는 왕언메이(2015)의 논문에 잘 정리되어 있다.

38) 디지털 『영남일보』, 2005. 10. 10.

(1) 방임에서 법률적 내부로 포섭

1990년대 한국이 세계화를 추진하고 신자유주의 정책을 추진하기 전까지 정부는 화교들에 대해서 정치 · 경제적으로 억압 혹은 탄압 정책을 실행한 반면에 화교학교는 특별한 정책이 없이 무관심 속에서 방치되었다. "〔해방 이후부터〕 1977년 이전까지만 해도 한국의 화교학교는 어떠한 법률적 지위도 갖지 못한 상황이었다. 한국 화교학교가 그나마 '외국인단체' 의 자격을 얻을 수 있었던 것은 1978년이었고, 이는 1999년 한국정부가 화교학교에 '각종학교' 의 지위를 부여하기 전까지 지속되었다."[40] 화교학교는 한국의 영토 내에 실질적으로 존재하면서 일상적 교육활동을 수행하고 있었음에도 불구하고 법률적으로 그리고 사회 · 정치적으로 배세되어 있었다. "화교에 대해 각종 탄압정책을 강행한 한국정부는 교육에 관하여는 자유방임에 의한 비동화정책을 쓴다. 중 · 고등학교 과정에서 한국어를 일주일에 3시간 가르쳐야 한다는 규정 이외에는 모든 결정을 화교학교에 일임하였다."[41]

> 1990년대 말, 한국이 금융대란과 경제위기를 겪게 되면서 정부 당국은 외국인투자를 유치하기 위해 외국인에 대한 각종 규제를 완화하고 '외국인단체' 등록규정을 취소했다. 이로 인해 한국 화교학교의 법률적 지위도 기존의 '외국인단체' 에서 '각종학교' 로 변경되었다. 이는 화교학교가 한국에서 처음으로 '학교' 로서의 법률적 지위를 획득했음을 보여주는 것이다. … (이를 근거로) 한국정부는 화교학교에 대한 관리감독을 강화하고 적극적으로 '간섭' 에 나서기 시작했다. … 그러나 한국정부의 화교학교에 대한 어떠한 지원도 없었고 본국 정

---

39) 왕언메이(王恩美)(2015) 앞의 책, 126쪽.

40) 왕언메이(2015), 앞의 책, 130쪽.

41) 조홍윤, 「한국화교의 고통과 고민」, 『민족과 문화』, 1997, 213쪽.

부(대만)의 지원 역시 매우 제한적인 상황이었기 때문에, 화교들은 자력으로 학교 교육을 유지해야만 했다. 결국 이러한 각종 중층적 요인으로 인해 한국 화교학교는 전에 없는 중대한 변화의 기로에 서게 되었다.[42]

(2) 한중수교 및 IMF 경제위기 극복을 위한 화교자본의 유치전략

1992년 한중수교는 해방 이후 한국과 대만의 관계가 공식적으로 단절된다는 것을 의미하며, 이는 한국화교 사회에 커다란 충격이었다. 한국화교들은 국적과 정체성 문제, 내면화된 '반공' 의식, 사회(공산)주의 체제에 대한 거부감, 선조들의 고향 방문과 한중 경제교류의 활성화에 대한 기대감 등으로 인해 복잡하고 역동적인 위치에 놓이게 되었다. 한중수교는 화교사회뿐만 아니라 화교학교도 영향을 받았다.

> 한국정부는 1992년 8월 24일 중국과 수교한다. 그리고 주한 중국대사관 측의 강력한 항의가 있었다며 화교단체들에게 청천백일기(青天白日旗)의 게양을 금지했다. 40여 년간 자유민주주의를 신봉하며 한국 땅에서 살아온 화교들에게 하루아침에 오성기(五星旗)를 조국의 상징으로 받아들이라 한 것은 그들에게 실로 청천벽력이었다. 대만대사관 옆에 있는 한성화교학교의 교무실에는 교사와 학부모들이 모여 그 영향 등을 걱정하다가 끝내 울음을 터뜨렸다.[43]

1997년 후반 국제금융 위기를 맞이하여 한국정부는 거대한 자본을 움직이고 있는 화교들이 한국으로의 투자를 끌어올 수 있다면 한국경제의 회복에 크게 작용할 것이라고 인식하게 되었다. 따라서 정부는 화교 자본을 유치하기 위해 외국인 경제활동에 대한 제한을 크게 완화했다.

---

42) 왕언메이(2015), 앞의 책, 115-116쪽.

43) 조홍윤(1997), 앞의 논문, 216쪽.

화상의 역할이 차지하는 비중은 세계경제 무대에서 날로 막강해지고 있다. 중국, 홍콩, 대만을 기본 축으로 하는 이른바 중화경제권은 그동안 아시아 전역으로 확산하며 이미 부동의 세력을 형성하였다. 1991년 싱가포르 전 총리 리콴유의 제의로 만들어진 세계화상회의는 1천만 명의 화교 기업인을 거느린 (초국가적)국제적인 대규모 경제단체로서 그 영향력이 세계 도처로 확산되고 있다. 거기다 국제정치에서의 중국의 역할은 점차 증대하고 있다.[44]

5. 대구의 화교중학교와 화교사회

대구화교중학교는 지구적 · 국가적 스케일에서 작동하는 힘들의 영향을 받고 있을 뿐만 아니라 학교가 뿌리를 내리고 있는 로컬(대구)의 화교사회와 상호작동 하에서 존재하였다. 대구화교학교의 형성과 변화는 로컬의 화교인구 변동과 밀접하게 관련되어 있다. 해방 이후 현재(2016년)까지 대구화교의 인구가 어떻게 변화되어 왔는지에 대한 공식적 통계는 없다. 일반적으로 대구화교의 인구는 한국화교의 인구변화와 거의 비슷할 것이다. 해방으로부터 2009년까지 한국화교의 인구를 체계적으로 정리한 왕언메이(2015)에 의하면, 화교는 1945년(12,648명) 이후 1970년대 초반(1972년에 최고인구, 32,989명)까지 지속해서 증가하였고, 1970년대 중반부터 2009년(19,791명)까지 지속해서 감소하였다. 즉, 해방 이후 한국화교 인구가 증가하다 감소하는 변곡점은 1970년대 중반에 나타나고 있다.[45]

이정희는 대구화교 100년의 역사를 5개 시기[46]로 나누고, 마지막 시기

---

44) 조홍윤(1997), 앞의 논문, 218쪽.

45) 왕언메이(2015), 앞의 논문, 127쪽.

46) 대구화교의 100년(1905~2005년)은 제1기(1905~1930년), 제2기(1931~1945년 8월),

(1970년~2005년)를 이동기로 규정하고 있다. 이 시기에 많은 대구 화교들이 미국, 대만, 중국 등으로 이주를 하였다. "화교경제의 근간(根幹)이던 중화요리점의 침체와 해외이민의 자유로 1970년대와 1980년대 대량으로 대만, 미국, 호주 등지로 이주하였다. 1990년대 들어 한중국교수립이 이뤄지면서 중국 산동성(山東省)으로 이주하는 화교가 늘어나고 있다."[47] 1970~1980년대 대구화교들은 한국정부의 탄압과 배제의 정책으로 인해 해외로 이주하였고, 이로 인해 대구화교소학교의 학생이 급격히 감소하였다.

> 대구화교협회에 따르면, 1960년 3천 명이 넘었던 대구지역 화교들은 1970~1980년대를 거치며 미국 등으로 이주해, 현재는 1,130명 정도 남아있는 상황이다. 당시 한국은 화교를 의료보험 혜택과 투표권 행사 등에서 배제하는 등 많은 제약을 가해, 지역에 있던 화교들이 상대적으로 국적 취득이 쉬운 미국 등으로 옮겨갔다. 이 때문에 한때 500명이 넘었던 대구화교소학교 학생들은 1980년대 후반 100여 명으로 크게 줄었고, 현재는 단 54명에 불과하다.[48]

대구화교중학교 학생 수의 변화는 한국과 대구의 화교인구 변화와 거의 일치하고 있다. 1958년에 개교한 대구화교중학교는 1961년에 28명의 학생이 첫 졸업식을 한 이후 1970년대 초반까지 지속적으로 증가하였다(〈표 3〉). 그러나 1970년대 중반 이후 화교중학교의 졸업생 수는 지속적으로 감소하여 1993년에 29명이었다. 고등학교 졸업생 수의 감소는 1980년대 초반 이후에 나타나고 있으며, 90년대 초반에는 중학교 졸업생 수와 거

제3기(1945~1955년), 제4기(1955~1970년) 그리고 제5기(1970~2005년)로 구분되고 있다(이정희, 2010, 56-57). 이정희, 「대구화교 100년의 역사」, 『100년 이웃 100년 친구 - 대구 화교정착100주년기념자료집』, 대구화교협회, 2010, 56-64쪽.

47) 이정희(2010), 위의 책, 56쪽.

48) 디지털 『영남일보』, 2010. 10. 29.

〈표 3〉 대구화교중·고등학교 졸업자수

(단위: 명)

연도(년)	61	62	63	64	65	66	67	68	69	70	71
중학교 졸업	28	12	22	32	35	30	25	47	80	52	84
고등학교 졸업											20
연도	72	73	74	75	76	77	78	79	80	81	82
중학교 졸업	81	95	82	77	68	64	76	59	61	46	50
고등학교 졸업	41	50	61	62	76	72	75	80	81	55	53
연도	83	84	85	86	87	88	89	90	91	92	93
중학교 졸업	47	41	36	40	42	29	26	28	20	30	29
고등학교 졸업	65	47	54	54	40	45	41	38	23	31	20

* 자료: 대구화교중학교 내부자료

의 비슷하다. 대구화교중학교를 졸업한 학생들의 거주지를 보면, 대구뿐만 아니라 경상북도(경북)를 포함한 전국에 분산되어 있다. 1972년에 중학교를 졸업한 학생들 가운데 외지에서 온 24명 학생의 거주지는 포항시(5명), 대전시(3명), 영천군(3명), 거창군(3명), 홍천군(2명), 안동시(2명) 그리고 서울시, 충주시, 군산시, 청도읍, 합천군, 성주군에서 각 1명으로 대구·경북지역을 벗어나 전국적인 분포를 보이고 있다(대구화교중학교 내부자료). 이는 대구화교중학교가 대구 화교사회뿐만 아니라 인접 경북지역을 포함한 전국의 화교사회와 관계를 맺고 있었음을 알 수 있다.

1) '각종학교' 로서의 대구화교학교

화교학교는 해방 이후 한국정부로부터 방임되어 오다 1978년에 학교가 아닌 외국인단체로 인가를 받았다. 이후 한국의 화교학교는 1990년대 말에 '각종학교' 로 인가되어 법률적 지위를 얻게 되었다. 대구화교초등학교는 2002년 7월 8일에 그리고 대구화교중·고등학교는 1999년 10월 18일에 '각종학교' 로 인가를 받았다(〈표 4〉). 이에 따라 대구의 화교학교는 대구광역시 교육청의 관리와 감독을 받았지만, 교육청으로부터 재정 · 행정적 지원을 전혀 받지 못하고 있다. 더구나 '각종학교' 인가는 화교고등학교 학생들이 한국의 대학에 진학할 때 불리하게 작용하고 있다. 즉, '각종학교'로 인가된 화교학교는 3년 이상 해외에 거주한 내국인(한국인)의 자녀들도 화교학교에 입학할 수 있다고 명시하고 있다. 그러나 '각종학교' 규정은 이들이 국내 대학교로 진학할 때 화교학교의 학력이 인정되지 않은 모순을 포함하고 있다(〈표 4〉).

〈표 4〉 '각종학교(외국인학교)'의 법률적 지위로서 대구화교학교의 기본현황

구분	중국어권 학교	
인가일자	2002. 7. 8	1999. 10. 18
학교명칭	한국대구화교초등학교	한국대구화교중 · 고등학교
소재지	대구 중구 종로2가 31번지	대구 남구 봉덕동 1292-4
설립자	연수안(국적: 중화민국)	유금해(국적: 중화민국)
학교장	임숙미(국적: 중화민국) 행정실장 겸임	당가본(국적: 중화민국) 행정실장 겸임
학교형태	각종학교	
설치목적	주한 화교자녀의 초등학교 과정 교육	주한 화교자녀의 중학교 및 고등학교 과정 교육
설치과정	초등(6년)	중학부(3년), 고등부(3년)
학급수	초등학부 학년당 1학급	중학부 학년당 1학급 고등부 학년당 1학급
정원	* 정원 30명 × 6학급 = 180명 * 현원 5학급(27명)	* 정원 55명 × 6학급 = 330명 * 현원 6학급(30명)
입학자격	* 원칙: 설립자의 자국민 * 예외: 내국인(3년이상 해외거주)	
학력인정 여부	내국인 상급학교 입학 학력 미인정(상급학교 진학시 검정고시 등을 통하여 진학 가능	
재정지원	없음	
참고사항	행정직원 없음	

* 현원은 2014년 4월 1일 기준이며, 초등학교 27명은 전원 외국인자녀이며, 중 · 고등학교 30명은 외국인 자녀 26명과 내국인 자녀(외국 3년이상 거주) 4명으로 구성되어 있음.
* 자료: 대구광역시 교육청, 외국인학교 현황, 2015년 12월.

대구화교중·고등학교의 학생 정원은 330명이지만 2013년 재적학생 수는 30명에 불과해 존립의 위기상황에 놓여있다(〈표 4〉, 〈표 5〉). 최근(2015년 12월) 설문조사에서도 화교중·고등학교 총학생 수는 29명이었다. 1960년대 말 대구화교중학교에 고등학교 과정이 생긴 것은 화교학생들에게 국내 혹은 외국, 특히 대만 대학으로 진학할 기회를 제공하였고, 이를 통해 대구화교가 대만, 미국, 일본 등과 초국가적 관계망을 수립하는 발판을 마련하였다. 그리고 국내·외 대학(원)을 졸업한 화교학생들은 대구 혹은 전국에서 화교들의 사회·경제적 위상을 높일 수 있는 교원, (한)의사, 무역업 등의 직업에 종사하게 되었다.

2013년 대구화교중·고등학교의 학생들의 국적 분포를 보면, 대만 국적 소지자의 수(23명, 76.6%)가 가장 많고, 다음으로 중국(5명, 16.7%), 대한민국(2명, 6.6%) 순으로 나타나고 있다(〈표 5〉). 화교학교는 학생 수가 감소로 인해 위기에 놓여 있지만 구성이 다양해지고 있음을 알 수 있다. 향후 대구화교중·고등학교가 지속적으로 유지되려면 대만 국적의 화교학생에 거의 전적으로 의존할 것이 아니라 한국인과 중국인 나아가 베트남, 필리핀 등의 다문화가정의 자녀들을 받아들여야 할 것이다. 특히 한국 국적을 소유한 학생은 '한국의 재외 거주 교포 자녀, 외국계 한국인 자녀, 한국계 혼혈아, 기타 한국 정부가 인정한 자'에 한하여 중등부에 입학할 수 있다.[49]

〈표 5〉 대구화교중고등학교 학생의 국적별 구성

(단위: 명, %)

2013학년		
구분	학생수	비율
대만	23	76.7
중국	5	16.7
대한민국	2	6.6
총계	30	100.0

* 자료: 대구화교중고등학교, 2013정보공시(2013. 09.01)

〈표 6〉 직위 및 자격별 교원현황 (2013학년)

(단위: 명)

구분	정규교원				비정규교원			총계
	교장	일반교사	상담교사	계	기간제교사	시간강사	계	
남	1(1)	3(3)	0(0)	4(4)	0(0)	1(1)	1(1)	5(5)
여		1(1)		1(1)		4(3)	4(3)	5(4)
합계	1(1)	4(4)	0(0)	5(5)	0(0)	5(4)	5(4)	10(9)

* 자료: 대구화교중고등학교, 2013정보공시
* 괄호의 수는 2008학년도 교원현황

〈표 6〉은 대구화교중고등학교의 교원현황이다. 2013년에 총 10명의 교원이 근무하였고, 이 가운데 5명이 정규직 교사였고 나머지 5명은 시간강사였다. 10명의 교원으로 중학교와 고등학교의 다양하고 복잡한 국어, 사회, 자연, 체육과 예능 등의 과목을 전문성을 갖고 학생을 가르치는 데 한계가 있다. 또한 담임은 중화민국 교육부의 '훈육강요(訓育綱要)', '민족교육실시방안(民族精神教育實施方案)', '생활교육실시방안(生活教育實施方案)' 및 '국민생활-지(國民生活-知)' 등의 규정을 따라, 학생의 지능, 성향, 흥미, 가정환경, 사회 배경 등의 요인을 참조하여 학생들과 관련된 정보를 기록하고 종합평가 점수를 부여하는 역할을 담당하고 있다.[50]

2) 대구화교중학교의 교과과정과 행사

전후 지구적 스케일에서 진행된 (탈)냉전과 (신)자유주의 그리고 국가적 스케일에서 이루어진 화교와 관련된 정책은 대구화교중·고등학교의 교과서에 반영되어 있으며, 이는 학생들의 일상적 수업을 통해 배우고 체득(體得)되어 진다. 중·고등학교 교과목은 국어(중국어), 영어, 수학, 한국어,

49) 대구화교중고등학교, 2013정보공시.

50) 위의 자료.

사회(지리, 역사), 생물, 화학의 인문(언어)과 사회 · 자연 과학의 주요 과목 중심으로 구성되어 있다(〈표 7〉). 인문과목을 보면, 중 · 고등학교에서 국어와 영어를 가르치는 시간이 동등하지만 한국어 과목은 중학교 과정에서는 2시간이 그리고 고등학교 과정에서는 고학년으로 올라갈수록 상대적으로 많은 시간(3시간에서 5시간)이 배분되어 있다. 이는 학교 학생들의 정체성 형성, 로컬에 관한 지식과 정보 습득에서 중요한 매개체 역할을 하는 한국어를 중국어와 영어보다 상대적으로 낮게 평가하고 있음을 나타내고 있다. 그러나 일상생활에서 화교학생들은 중국어보다 한국어가 더 편하고 많이 사용하고 있다.

> 화교 3, 4세대에 해당하는 젊은 학생들은 언어, 문화적 취향, 정체성에서 부모 세대와는 크게 다르다. 화교 학교 내에서는 중국어만을 사용하도록 규칙을 세워 놓았지만, 중국어보다 한국어를 더 편하게 사용하는 학생들에게 그 규칙을 일방적으로 강요하는 데 한계를 느끼고 있다. 학교 내에서 학생들은 서로 간에 한국어로 대화했으며, 선생님이 보이면 말소리를 낮추었다. "우리는 중국인, 중국말 하기를 좋아한다."는 학교의 표어는 우월적 중화사상의 고집스러운 주장이라기보다는 학생들의 변화하는 모습에 직면하여 문화적 전통을 지켜야 한다는 간절한 호소의 성격을 띤 것이라고 할 수 있다.[51]

사회과 과목은 중학교에서 통합적으로 배우고 있지만, 고등학교에서는 지리와 역사로 분리되어 있다(〈표 7〉). 지리와 역사 교과과정은 대만과 중국 중심으로 구성되어 있으며, 한국은 세계사(세계지리) 혹은 동아시아 일부분으로만 취급하고 있다. 더욱이 이들 교과목은 한국의 지역 혹은 로컬

---

51) 오명석(2000), 앞의 논문, 262-263쪽.

〈표 7〉 대구화교중·고등학교 교육과정 편성 (2013학년)

과목 학급	국어	영어	수학	자연 및 생활과학	사회	건강 및 체육	지리	역사	생물	화학	한국어	물리	도덕	음악	미술	체육	전산	노동봉사	총계
고3	6	6	6				5	5	4	5		5				1			문과 30 이과 33
고2	5	5	5				3	3	3	4		4	1	1	1	1	2		문과 31 이과 32
고1	5	5	5				4	3				3	1	1	1	1	1	1	31
중3	5	5	5	4	4	1						2		1	1	1	1	1	31
중2	5	5	5	4	4	1						2		1	1	1	1	1	31
중1	5	5	5	4	3	2						2		1	1	1	1		30

* 자료: 대구화교중고등학교, 2013정보공시

에 관한 내용을 포함하고 있지 않기 때문에 화교 학생들은 자신들의 일상생활과 밀접하게 관련된 삶의 터전에 대해 학습하고 체험할 기회를 얻지 못하고 있다. 자연과학의 중심과목인 물리, 생물, 화학은 중학교에서 '자연 및 생활과학' (4시간) 교과목으로 통합되어 있고, 고등학교 2학년부터 세분되어 있다.

〈표 8〉과 〈표 9〉는 대구화교중고등학교에서 수행하는 1학기(2013년)와 2학기(2011년)의 주요행사를 보여주고 있다. 한국과는 달리 대만은 미국의 학기제와 같이 1학기를 8월에 시작한다. 10월과 11월에 중화민국 혹은 대만의 국가 정통성 수립을 위한 행사, 국부 탄생기념일, 장개석 탄생기념일, 국경기념일, 대만 광복절을 화교 학생들 하여금 공식적으로 기념한다. 그리고 화교절(10월 21일)과 2학기 3월의 행사인 부녀절과 청년절은 화교 학생들과 국내·외에 거주하고 있는 화교들의 단합과 정체성 수립을 위한

〈표 8〉 대구화교중고등학교 주요행사 일정표 (2013학년 1학기)

월	행사
8	
9	중추(추석)연휴; 공자탄신일과 교사절(대만 스승의 날)(28일)
10	한국개천절(3일); 국경기념일(10일); 화교절(21일); 대만광복절(25일);
	장개석 탄생기념일(31일)
11	국부 탄생기념일(12일)
12	
1	

* 자료: 대구화교중고등학교, 2013정보공시

〈표 9〉 대구화교중고등학교 주요행사 일정표 (2011학년 2학기)

월	행사
2	
3	한국삼일절(1일); 부녀절(8일); 국부서거기념일(12일); 청년절(29일)
4	청명민족묘소(4일)
5	석가탄신기념일(28일)
6	한국현충일(6일); 단오절(24일)
7	

* 자료: 대구화교중고등학교, 2013정보공시

행사이었다. 화교학교는 중국인들의 정체성과 문화를 지키는 중심 역할로 학교의 중국 전통무용단은 쌍십절이나 개교기념일에 화려한 용춤과 사자춤을 선보이며 이국적인 볼거리를 제공했다. 예전에는 쌍십절을 손꼽아 기다려 일부러 학교로 구경 가는 시민들도 적지 않았다. 그날이 되면 학부모와 구경꾼 그리고 잡상인들로 차이나타운 골목은 온종일 북새통을 이뤘다. 무용단과 밴드부는 인천시민의 날 거리행진에 단골손님으로 초청되기도 했다.

우리가 기념행사를 많이 하는데, 첫째가 쌍십절이었었고 국경일이었었죠. 그다음에 10월 21일 화교의 날이라고 있습니다. 그리고 10월 31일은 장개석 총통 생신이 있었어요. 쌍십절은 학교에서 운동대회를 했었죠. … 그리고 장개석 총통 생신날은 학교에서 농구대회가 있었어요. 전국 각 지방에 있는 중고등학교하고 졸업한 친구들하고 성인들하고 같이 농구시합을 했었어요.[52)]

3) 대구화교학교와 화교사회 상호 관계성

중화민국 54년(1965년) 1월에 대구지역 화교 지도자들은 각계 인사들과 화교중학교 증축에 대한 사안을 상의하여 마침내 정식으로 「건교위원회」를 설립하여 기금 마련을 위한 활동을 전개하였다. 중화민국 57년(1968년) 2월에 건교위원회 주임 연보주 임원이 별세하였고, 3월에 당시 화교협회장인 담연성이 건교위원회 소집인 업무를 담당하여 학교 증축 업무를 승계하였다. 신호연, 진안정은 전라도 일대까지 분주히 뛰어다니며 모금을 하였고, 중화민국 59년(1969년) 3월 28일에 4년간 힘든 과정을 겪은 뒤 구중(邱中,대구화교중학) 건물의 준공식을 거행하였다. 건물이 준공된 이후 구중(邱中) 이사회가 설립되었고, 위원회가 초빙한 43명의 이사가 투표로 상무이사 11명을 선출하였다. 상무이사회는 이사장으로 담연성, 부이사장으로는 신호연, 진안정을 선출하였다.[53)]

위의 인용문에서 보듯이 대구화교중학교는 학교설립과 운영, 재정적 지원 등의 측면에서 대구와 이웃 지역의 화교사회와 긴밀하게 관련되어 있음을 알 수 있다. 서울, 인천, 부산의 화교중학교는 화교협회[54)] 소유의

52) 왕문영 외 다수(2007), 앞의 책, 15쪽.

53) 대구화교중학교 내부자료.

54) 화교 교육을 추진하는 과정에서 화교협회가 상당한 위상을 가지고 있었고, 그에 걸맞은 역할을 하고 있었다는 점이다. … 이러한 구조는 일본식민지시기 화교상회가 화교학교 건립의 기초가 된 것과 매우 유사하다. 다시 말해, 전후 화교학교의 보급(설립)은 일본식민시기 화교상회의 사회적 네트워크의 연속이라 할 수 있다. 전후 화

대지 내에 위치하고 있지만 대구화교중학교는 지역 화교들의 모금으로 구입・건축된 대지와 교사를 독립적으로 사용했다. 그리고 학교 재정 면에서도 서울, 인천, 부산의 화교중학교는 학생들의 수업료에 거의 전적으로 의존하고 있지만 대구화교중학교는 학생 수업료에 44%만 의존하고, 나머지는 부지 임대수입(47%), 대만 정부보조금(5%), 기부금(4%)으로 충당된다.[55] 따라서 대구화교중학교는 한국의 다른 화교중학교에 비해 지역 화교사회와 관계성이 높다고 볼 수 있다.

대구화교학교와 지역의 화교사회 간에 한 방향이 아닌 쌍방향으로 작용하고 있다는 점을 보여주지는 못하고 있다. 아래에서는 양자 간의 상호작용을 두 가지 측면에서 고찰하고자 한다. 하나는 화교학생들의 국내・외 대학(원) 진학과 이후 직업 활동과 거주(이동)에 관한 것이다. 전자의 측면에서 대구화교중학교는 졸업생들이 대만으로 유학 혹은 외국인 특례입학 제도를 통한 한국 대학의 진학을 통해 대구・경북 혹은 국내에서 화교들이 '고급(기술 혹은 지식)직업군'으로 분류되는 의사, 한의사, 교원, 무역업 등에 진입함에 따라 화교들의 사회적 지위 향상에 능동적 역할을 담당하였다.

대구화교중학교의 당가본(唐家本) 현재 교장은 대구에서 태어나 대구화교 소학교와 중학교를 졸업한 뒤 국립대만대학으로 유학한 뒤 귀국하여 교사(중학 수학과 고등 화학)의 역할과 교장직을 동시에 수행하면서 화교사회를 지탱할 후학 양성에 노력하고 있다. 그리고 대만으로 유학을 가지 않고 국내 대학을 졸업한 뒤 오랜 기간 화교 학생을 가르치고 있는 경우도

교학교는 주한중화민국대사관과 더욱 밀접한 관계를 유지했다. 가령, 화교학교의 이사장이 취임했을 시에는 반드시 주한대사관의 동의를 얻어야 했고, 이사회는 화교학교의 재정과 인사에 관한 결정권을 장악했다.(왕언메이, 앞의 논문, 128-130쪽.)

55) 조재은, 2014, 앞의 논문, 59쪽.

있다. 화교중학교 1회 졸업생인 남신명(南新明)은 경북대학교 사학과를 졸업한 뒤 모교의 교사(현재 겸임교사)로 국어 및 역사를 가르치고 있다. 그리고 대구화교 100주년 기념행사 후원자들의 명단을 보면, 의료재단 이사장, 병원장, 한의원장, 한약방 사장 등의 사람들이 삼백만 원에서 오만 원까지 기부금을 내었다.[56] 이러한 후원자가 소수이고, 모두 화교인지는 확실하지 않지만 대구화교들의 직업이 음식업 관련 직종에 한정되지 않고 보다 전문적 기술과 지식을 요구하고 사회적 지위가 높은 직종으로 확대된 것은 자명해 보인다. 이는 화교 자녀들이 대학 혹은 대학원 이상의 고등교육을 통해서만 가능하게 되었다. 다음의 인용은 대구에서 화교 초·중·고등학교를 졸업한 뒤 대만에 유학하고, 현지에서 직업을 갖고 일하다가 한국정부의 중국 전문가로 활동한 사례이다.

〔한국인으로 대구의 화교학교에 다닌 여소영의〕 학교생활은 혹독했다. 특히 중고교 과정은 화교학교가 있던 대구에서 혼자 기숙사 생활을 하며 견뎌야 했다. 당시 화교학교는 20명이 같은 기숙사 방을 쓰고 한겨울에도 온수가 나오지 않을 정도로 열악했다. … 1993년 고등학교 졸업 때는 외국인(한국인)으로는 이례적으로 졸업생 대표 답사를 할 수도 있었다. 대학은 중국 본토로 가기로 마음먹었다. 1992년 8월 한국과 중국이 수교했기 때문에 베이징(北京)대에 응시해 입학허가를 받았다. 하지만 양국 간 절차가 덜 정비돼 합법적인 유학이 허락되지 않았다. 그래서 택한 곳이 국립 대만대 정치학과다. … 대만대를 졸업하고 대만중앙방송국(CBS)에서 아나운서 겸 기자로 일하던 1999년, 한국정부에서 대통령 통역 겸 중국 전문가를 특채한다는 소식이 들려왔다. … 그녀의 통역 실력은 원자바오 전 중국 총리가 "전 세계 중국어 통역 가운데 가장 잘한다."고

56) 대구화교협회(2010), 287-288쪽.

칭찬했을 정도다. 우다웨이 6자회담 중국 수석대표는 "여 서기관의 중국어를 듣고 있으면 중국인의 마음을 움직이는 것 같아 감동이 온다."고 말했다.[57)]

대구화교학교가 지역 화교사회에 미친 두 번째 영향은 학생들의 유학 그리고 대만에 정착 혹은 미국, 일본 등으로 이주를 통한 초국가적 혹은 트랜스로컬리티의 생성이다. 대구를 포함한 한국의 화교중(고등)학교를 졸업한 학생들의 상당수는 대만 대학에 진학하였고, 졸업 후에는 사회·경제적 활동이 자유로운 대만에 정착하거나 미국, 캐나다 등의 국가로 재이주를 하였다. 또한 이들의 가족 혹은 친척들이 연쇄적으로 대만, 미국 등에 정착하게 됨에 따라 한국(대구) 화교들은 국가 혹은 로컬의 경계를 초월하는 초국가적 혹은 트랜스로컬적 관계망을 형성했다.

대만 대학을 졸업한 대구화교중학교의 지리교사에 의하면, 1970년대 후반 자신이 화교중(고등)학교를 졸업할 때 동료들이 60명이었는데, 1/3 정도는 대구나 다른 지역에 살고, 1/3 정도는 서울에 살고, 1/3 정도는 대만에 살고 있다. 그리고 대만 대학을 졸업한 한국화교 학생들은 대만경제가 한국보다 좋고, 수준에 적합한 직장을 구할 수 있기 때문에 대만에 정착하게 되었다. 1947년에 한국으로 온 화교 1세대인 성립행(成立行) 왕수강(王修綱) 사장의 자녀들 거주지를 보면, 한국(대구, 장항)과 대만에 흩어져 살고 있음을 알 수 있다. "장남인 아들은 대구에서 가업을 잇고 있으며 장손자가 20세(2006년) 대학을 갔다. 2년 정도 화교소학교를 다니다가 3학년부터 한국 초등학교에 다녔다. … 둘째 아들은 대만에서 의사를 하고 있고, 둘째 딸은 전북 군산 옆의 장항에 살고, 셋째 딸은 대만으로 갔다.[58)] 대만의 출입국 및 이민서에 따르면, 2012년 현재 대만에 거주하는 유효 거류

57) 동아닷컴, 2013.10.19.

58) 대구화교협회, 앞의 책, 35쪽.

중 소지 한국 출신 화교는 총 3,494명에 달한다. (이에 반해) 한화협회 측은 대만 이주 2, 3세대까지 합하면 한화가 총 2만5천~3만 명 정도 될 것이라고 말한다. 교육이나 취업 등으로 연쇄 이주를 한 한국화교들은 대만에서 '한국화교' 혹은 '한화' 라고 불리거나 스스로 자신의 정체성을 규정해 가면서 독특한 문화를 형성하고 있으며, 2003년에는 '중화민국한국화교협회' 를 결성하여 자신들의 네트워크를 보다 강화해 나가고 있다.[59] 안병일(2015)은 1965년 미국 이민법 개정 이후 한국화교들이 가족, 친척, 동료 등의 연결함을 통해 미국의 미시간으로 이주한 사례를 연구하였다. 이에 의하면, 미시간에 한국화교 교사 출신의 가정들이 있는데, 이들은 대만에서 사범대학을 졸업한 한국화교 공동체의 엘리트이었다. 그러나 이들은 한국에서 사업에 실패 혹은 교사 생활을 더는 할 수 없자 미국으로 먼저 이주한 친척들의 연줄로 미국으로 이주하여 정착하게 되었다. 요약하면, 한국화교의 가족, 친척, 동료 등이 한국, 대만, 미국 등 다양한 국가에 흩어져 살면서 지속해서 교류를 함에 따라 초국가적 혹은 트랜스로컬적 관계망이 형성·유지할 수 있다.

6. 개념적 틀의 정교화

1990년대 이후 한국은 세계화에 따른 외국인, 특히 노동자와 결혼이주자를 적극적으로 수용함에 따라 빠르게 다문화사회로 변모하고 있다. 이러한 다문화 현상을 좀 더 넓고 깊게 이해하기 위해서 19세기 후반 한반도로 이주한 중국인(한국화교)을 고찰할 필요가 있다. 20세기 동안 한국화교

59) 이창호, 「이주민 2세대의 고향의 의미와 초국가적 정체성: 화교 동창생들의 인터넷 커뮤니티를 중심으로」, 『한국문화인류학』 45(1), 2012, 166-167쪽.

는 일제의 식민지 지배, 해방, 중화인민공화국의 수립, 한국전쟁, 억압적 정부정책, 한중수교 등의 다양한 사건들을 경험했음에도 불구하고 한국의 영토 내에서 자신들의 사회와 문화를 지속해 왔다. 많은 역경 속에서도 화교사회를 유지한 다양한 요인들 가운데 하나는 화교학교이다. 한국(대구) 화교는 다음 세대를 이어갈 자녀들에게 자신들의 문화, 특히 정체성과 언어(중국어)를 가르치기 위해 초등(소학교)과 중등학교를 설립하고 운영했다. 한국화교를 유지하는 데 중추적 역할을 담당한 화교학교는 초 · 중등학교의 조직을 갖추고 있음에도 불구하고 한국정부에 의해 방임적 예외상대로 취급받았다. 즉, 화교학교는 주권 국가인 한국의 영토 내에 위치한 '학교조직' 이었지만 법률적으로 학교로 인정을 받지 못하였고, 대만의 간섭과 지원을 받았다. 그러나 1990년대 이후 한국(대구)의 화교학교는 세계와 동북아 그리고 한국의 복잡하고 역동적인 사회 · 정치 · 경제적 환경 변화에 능동적으로 대응해야 할 운명에 놓여 있다.

본 연구는 로컬(대구)의 화교사회를 유지하는 데 중요한 역할을 수행한 대구화교중학교를 복잡하고 역동적인 중층적 시 · 공간의 관점으로 이해하고자 한다. 이를 위한 개념적 틀은 Marginson & Rhoades(2002)가 처음으로 제시한 글로네이컬(Glonacal) 틀에 토대를 두고 있다. '글로네이컬'의 분석 틀은 지구화와 신자유주의 시대에 국가 경계를 초월 혹은 횡단하여 수행되고 있는 고등교육을 지구, 국가, 로컬의 차원에서 실천되는 상이한 힘(요인)들의 중층적 상호작용으로 이해하는 것이다. 이에 근거하여 본 연구는 대구화교중학교를 (탈)냉전과 (신)자유주의의 지구적 힘, 한국과 대만의 화교 관련 교육정책 그리고 대구화교사회의 여러 가지 힘이 상호교차적으로 작동하는 관점으로 고찰하였다. 연구 결과는 3가지로 요약할 수 있다.

첫째, 대구화교중학교에 직·간접적으로 영향을 준 지구적 힘은 (탈)냉전과 (신)자유주의이며, 국가적 힘은 민족주의, 반공, 자유주의적 자본주의이다. 해방부터 1970년대 초반까지 미국과 소련으로 양극화된 냉전체제 그리고 자유주의적 자본주의와 통제적 사회주의 세계체제가 수립되었고, 이러한 지구적 환경 아래서 민족주의와 반공 이념에 토대를 둔 대만과 한국정부가 수립되었다. 1970년대 초반부터 1990년대 초반까지 과거에 수립된 냉전체제는 미국과 중국 간의 친선 외교가 이루어지면서 균열이 발생하게 되었다. 그러나 세계적 혹은 동북아 차원에서 냉전체제가 변화하고 있음에도 불구하고 대만과 한국에서의 민족주의와 반공체제는 보다 강화되었다. 마지막으로 1990년대 초반 이후 소련의 붕괴, 중국의 급속한 성장, 신자유주의적 세계화로 인해 미소 중심의 냉전체제는 와해되었고, 이를 대신하여 미국, 중국, 일본, 러시아, 유럽연합 중심의 다극화 체제가 수립되었다. 이 시기에 한국과 대만은 국가 차원에서 세계화 정책을 추진했을 뿐만 아니라 민주주의의 진전, 한중수교, 대만의 야당인 민진당의 집권, 외국인 노동력과 결혼이주자의 수용으로 신자유주의적 자본주의와 다문화에 토대를 둔 국가 재구조화가 진행되었다. 앞서 언급한 해방 이후 현재(2016년)까지 지구와 국가 스케일에서 작동한 다양한 힘들은 한국과 대만의 화교 교육 관련 정책, 지리·역사·사회 과목의 교재와 수업 그리고 다양한 학교의 행사 등을 통해 대구화교중학교 학생들의 정체성, 사고, 행위에 직·간접적으로 영향을 주었다.

둘째, 국가와 화교학교의 수행적 관계 측면에서 대구화교중학교와 학생들에게 영향을 행사한 힘은 대만과 한국의 화교 관련 교육정책이다. 대만의 해외 화교학교와 관련된 정책들은 중화민국 중심의 정체성 확립, 자유주의와 반공을 통한 중화인민공화국의 공산주의 이념과 세력 확산의 차단 그리고 미국의 경제원조와 관련이 있다. 이와 관련하여 본 연구는 3가지 측면에 초점을 맞추어 논의를 전개하였다. 1) 전후 냉전체제에서 이루어진 미국의 경제원조 내에 포함된 교육지원금은 대만정부가 해외 화교 학생들을 유치하는 데 결정적 역할을 담당하였다. 2) 한국을 포함한 해외 화교학교의 감독과 지원을 수행한 대만의 정부정책은 교무정책이며, 이는 해외 화교학교 조직과 제도, 운영 등에 관여하였다. 3) 1990년대 대만의 집권세력인 국민당에서 야당이자 대만 민주화를 주장한 민진당으로 정권교체는 초·중등학교 교과서, 특히 역사 교과서 이념과 내용을 변화시켰다. 대민정부는 화교학교와 관련된 다양한 정책을 수립·추진한 반면에 한국정부의 화교학교 정책은 방임주의와 포섭적 배제에 토대를 두었다. 한국정부는 사회·경제적으로 화교를 억압하면서도 화교학교는 방임상태로 두었다. 해방 이후 한국의 화교학교는 어떠한 법률적 지위도 갖지 못하다가 1978년에 '외국인단체'의 자격을 얻게 되었다. 그러나 실제로 한국정부는 화교학교를 간섭도 지원도 하지 않는 정책적 이념을 유지하였다. 1990년대 이후에 진행된 한중수교, IMF 경제 위기, 다문화사회화는 화교자본 유치, 외국인학교 설립의 허가 등을 가능하게 하는 환경을 만들었다. 이러한 조건에서 1999년에 한국정부는 화교학교를 '각종학교'로 지정하는 법률적 소치를 단행하였다. 이에 따라 화교학교는 법률에 따라 학교로 인정받았지만, 실질적으로 인적·재정적 지원을 받지 못하는 포섭적 배재(inclusive exclusion) 상태에 놓여 있다.

셋째, 특정한 로컬(대구)에 뿌리를 내리고 있는 대구화교중학교는 로컬의 화교사회와 밀접하게 관계될 수밖에 없다. 대구화교중학교의 번성과 쇠퇴는 대구와 한국 화교의 인구변동과 관련되어 있다. 대구화교중학교의 학생 수는 1970년대 초반까지 증가한 뒤 지속해서 감소하였다. 그리고

1990년대 이후 진행된 한중수교 그리고 한족과 재중 교포(조선족)의 이주는 화교학교의 이념, 학생들의 정체성과 구성에도 영향을 미쳤다. 그리고 '각종학교' 로서의 대구화교중학교의 특성, 학교의 교과과정과 행사, 화교 사회와 상호관계성 등을 살펴봄으로써 로컬과의 관계를 확인할 수 있었다. 마지막으로 대구화교중학교를 졸업한 학생들은 대만, 미국 등으로 유학을 한 뒤 외국에 정착하거나 한국에 돌아와 지식과 기술을 필요로 하는 경제활동에 참여하게 되었다. 이를 통해 대구화교는 초국가적 혹은 트랜스로컬적(translocal) 관계망을 형성하고, 사회 · 경제적으로 이전보다 높은 지위를 확보하게 되었다.

향후 한국은 다문화사회로 진전될 것이며, 이로 인해 중층적 스케일에서 수행될 다양한 조직과 제도들이 생성 · 유지되며, 본 연구가 제시한 글로네이컬의 개념적 틀은 응용 범위와 효용성이 증대될 것이다. 따라서 다문화사회에서 발생하는 현상 혹은 문제들을 보다 넓고 깊이 이해하기 위해 글로네이컬의 틀을 보다 정치화시키고, 이에 근거한 풍부한 경험적 연구가 진행될 필요가 있다.

참고문헌

고영희, 「중국과 대만의 화교화인 교육 비교」, 『민족연구』,63, 2015.

김경학, 「한국 화교의 초국가적 성격과 전망: 광주지역 화교를 중심으로」, 『민족문화논총』 51, 2012.

김명희, 「한국 화교교육 연구 – 세대별 교육 경험 탐색」, 홍익대학교 대학원 석사학위 논문, 2011.

김수행 · 김기행, 『시장과 자본주의』, 한국방송통신대학교출판부, 2003.

김유리, 「대만사, 중국사, 세계사: 2004~2008년 대만의 고등학교 역사과정 개혁 분석」, 『역사교육』 109, 2009.

김유리, 「대만의 정권교체와 고등학교 역사과정 개혁」, 『역사교육』 134, 2015.
김중규, 「화교학교의 역사를 통해서 본 화교문화의 형성과 변화」, 『지방사와 지방문화』 13(1), 2010.
김원곤, 「대만사회의 대만의식 확산과 그 영향」, 『중국연구』 36, 2005.
김현주, 「역량 기반 대만 지리 교육과정의 특징」, 『한국지리환경교육학회지』 21(3), 2013.
나영주, 「중국의 화교화인 정책: 변화와 전망」, 『민족연구』 61, 2015.
대구화교협회, 100년 이웃 100년 친구 - 대구화교정착100주년기념자료집, 2010.
두언문, 「화교학교로의 한국 학생 유입 현상」, 연세대학교 대학원 한국학협동과정 석사학위 논문, 2013.
문명기, 「한국의 대만사 연구, 1945~2012」, 『중국근현대사연구』 57, 2013.
손준식, 「'兄弟之邦'에서 '兇地之邦'으로 – 대한민국과 중화민국의 외교관계(1948~1992)」, 『중국근현대사연구』 58, 2013.
존준식, 「냉전시기(1950~1971) 중화민국 僑務정책의 성격과 한계 – 동남아 화교교육을 중심으로」, 『동북아역사논총』 43, 2014.
손준식, 「냉전초기(1952~1965) 미국원조와 대만교육 – 農工職業教育과 華僑教育을 중심으로」, 『중국근현대사연구』 66, 2015.
서나래, 「한국 화교의 문화 혼종성 교육 경험과 정체성 형성: 국제학교 사례를 중심으로」, 『한국교육사학』 36(3), 2014.
석미령, 「한국화교교육에 대한 고찰」, 고려대학교 대학원 석사학위 논문, 1995.
성열관, 「고등교육 국제비교 연구에서 글로내컬(Glonacal) 분석틀에 대한 방법론적 고찰」, 『한국교육학연구』 16(2), 2010.
성열관, 「핵심역량 교육과정의 글로벌 규범과 로컬의 전유」, 『교육과정연구』 32(3), 2014.
안병일, 「미시간의 사례를 통하여 본 한국화교의 미국 이주와 정착, 그리고 '미국한화(美國韓華)' 정체성」, 『한국문화인류학』 48(3), 2015.
안지영, 「대만 중 · 고등학교 사회과 교과서에 나타난 한국 서술 특징」, 『사회과교육연구』 22(3), 2015.
오명석, 「화교교육과 젊은 세대의 문화적 감성」, 『당대비평』 6(2), 2002.
이덕수, 「구술 자료를 통해 본 한국 화교의 역사적 경험과 화교교육」, 한국외국어대학교 대학원 석사학위 논문, 2012.
이영민 · 박경환 · 이용균 · 이현욱 · 이종희 역, 『이주』, 푸른길(Samers, M., 2010, Migration, Routledge, London), 2013.
이창호, 「이주민 2세대의 고향의 의미와 초국가적 정체성: 화교 동창생들의 인터넷 커뮤니티를 중심으로」, 『한국문화인류학』 45(1), 2012a.
이창호, 「한국화교의 '귀환이주와 새로운 적응」, 『한국문화인류학』 45(3), 2012b.

여병창 · 곽영초, 「1990년대 이후 한국정부의 화교정책 고찰」, 전남대학교 세계한상문화연구단 국내학술회의, 12. 2011.
오성철, 「전후 동아시아의 교육개혁 비교 연구」, 『한국초등교육』 25(1), 2014.
왕문영 외 다수, 『한국화교의 생활과 정체성』, 국사편찬위원회, 2007.
이정희, 「20세기 전반기 대구지역 화교의 경제적 활동(1905~1955년)」, 『대구사학』 80, 20002.
대구화교협회, 『100년 이웃 100년 친구 - 대구화교정착100주년기념자료집』, 2010.
이혜정, 「대만의 사회과 교과서에 나타난 동아시아의 표상 체계」, 『글로벌교육연구』 5(1), 2013.
이병한, 「'두 개의 중국' 과 화교정책의 분기 - 반둥회의(1955) 전후를 중심으로」, 『중국근현대사연구』 45, 2010.
이선영 · 서선호, 「대만 민주화의 기회와 제약」, 『동아시아연구』 7, 2003.
왕언메이(王恩美)/송승석 역, 『동아시아 현대사 속의 한국화교: 냉전체제와 조국의식』, 학고방(王恩美, 東アジア現代史のなかの韓國華僑 : 冷戰体制と「祖國」意識, 學古房), 2013.
왕언메이(王恩美), 송승석 · 이정희 편저, 「한국 화교학교의 법률적 지위 변화와 생존전략」, 『동남아화교와 동북아화교 마주보기』, 학고방, 2015.
정재호, 「대한민국과 중화인민공화국 간의 외교 - 2012년, 1992년 그리고 1972년으로의 회고와 평가」, 『중국근현대사연구』 56, 2012.
장수현, 「이산민의 초국가성과 다층적 정체성: 중국 위해의 한국 화교에 대한 사례연구」, 『현대중국연구』 11(2), 2010.
조홍윤, 「한국화교의 고통과 고민」, 『민족과 문화』(한양대학교 민족학연구소) 5, 1997.
정은주, 「디아스포라와 민족교육의 신화 - 한국의 중국인 디아스포라 교육실천에 대한 민족지적 연구」, 『한국문화인류학』 46(1), 2013.
조은주, 「국민과 외국인의 경계: 한국 내 화교의 시민권적 지위에 대한 성격 분석」, 『한국문화인류학』 48(1), 2015.
조재은, 「한국 내 화교 중 · 고등학교 현황에 대한 교육 주체 인식 분석」, 이화여자대학교 교육대학원 석사학위 논문, 2014.
추스제, 「대만 지구 중등학교 역사교육의 쟁점 - 중일갑오전쟁 120주년에 즈음하여」, 『역사비평』 109, 2014.
후지이 다케시, 「1950년대 대만의 '경제' 인식 변화와 미국 원조 - 민생주의와 자유경제」, 『중국근현대사연구』 66, 2015.

Chang, B., So close, yet so far away: imaging Chinese 'homeland' in Taiwan's geography education(1945-1968), *Cultural Geographies*, 18(3), 2011.

Choi, Sheena, *Invisible Minority: Facts Influencing the Educational Choices of the Ethnic Chinese in Korea*, Ph.D. Thesis, University of New Yor at Buffalo, 1999.

Chung, Eun-Ju, *Learning to be Chinese: the Cultural Politics of Chinese Ethnic Schooling and Diaspora Construction in Contemporary Korea*, Ph.D. Thesis, Harvard University, 2012.

Gilpin, R., *The Challenge of Global Capitalism: The World Economy in the 21st Century*, Princeton University Press, 2000.

Gilpin, R., *The Political Economy of International Relations*, Princeton University Press, 1987.

Ma, A. S., The development of international student recruitment policies in Taiwan: a 60-year trajectory, *Journal of Studies in International Education*, 18(2), 2014.

Marginson, S. and Rhoades, G., Beyond national states, markets, and systems of higher education: a glonacal agency heuristic, *Higher Education*, 43, 2002.

Marginson, S., Competion and markets in higher education: a 'glonacal' analysis, *Policy Futures in Education*, 2(2), 2004.

Marginson S. & Sawir, E., University leaders' strategies in the global environment: a comparative study of Universitas Indonesia and the Australian National University, *Higher Education*, 52, 2006.

Tomaney, J and Wray, F., The University and the region: an Australian perspective, *International Journal of Urban and Regional Research*, 35(5), 2011.

Valimaa, J., Nationalisation, localisation and globalisation in Finnish higher education, *Higher Education*, 48, 2004.

Wong, T., College admissions, international competition, and the cold war in Asia: the case of overseas Chinese students in Taiwan in the 1950s, *History of Education Quarterly*, 56(2). 2016.

제5장

인천 차이나타운 화교의 삶과 초국가적 공간의 형성

| 이창호 |

1. 초국가적 이주 시대의 화교

오늘날의 이주는 비록 국경을 뛰어넘는 이동이기는 하지만 여러 생활 공간에 소속되고 쌍방향 이동이 활발하게 전개되는 방식 즉 트랜스 이주(transmigration) 혹은 초국가적 이주가 새로운 이주의 특징으로 자리 잡고 있다. 초국가적 이주라는 측면에서 기원지와 목적지는 더 이상 단절된 기억과 향수의 장소가 아니라, 실천적이며 상상적으로 구성되는 생활세계로 거듭나게 되었다.[1] 이러한 초국가적 이주를 실행에 옮기는 행위자들을 우리는 초국가적 이주민 혹은 트랜스 이주자(transmigrants)라고 정의할 수 있다. 초국가적 이주민이란 일상의 삶이 국제적 경계를 가로지르는 다양

1) 이영민, 「글로벌 시대의 트랜스이주와 장소의 재구성: 문화지리적 연구 관점과 방법의 재정립」, 『문화역사지리』 25(1), 2013, 54쪽.

하고 지속적인 상호연결성에 좌우되며, 자신의 공적 정체성이 한 개 국가 이상의 관련성 속에서 형성되는 이주민을 뜻한다.[2)] 이것은 모국과 거주국을 분석의 기본 단위로 삼았던 기존의 고전적 디아스포라 논의를 넘어 이주민을 주체적 행위자로서 파악한다는 것을 뜻한다.

초국가주의적 이주와 '초국가주의(transnationalism)' 논의는 1980년대 말 이후부터의 전 세계적인 이주 현상을 분석[3)]하는 데 사용되곤 하지만 그동안의 경험적 사례들을 분석해볼 때 전혀 새로운 것이 아니며 새로운 개념이 요구되는 것이 아닐 수 있다.[4)] 특히 근대 급격한 역사적인 변동의 한가운데에 위치했던 동아시아를 중심으로 본다면 국가 형성과정에서 주변적 존재로 무시되어온 국가의 틈새에 위치한 무수한 '국가형태를 지니지 않은 사회', 그리고 국경을 넘나드는 디아스포라적 존재(즉 '우리들' 임과 동시에 '우리들이 아닌' 소수자들)들을 발견할 수 있다. 따라서 이에 관한

2) Glick Schiller, Nina, Linda Basch, and Cristina Blanc-Szanton. "Transnationalism: A New Analytic Framework for Understanding Migration", In *Towards a Transnational Perspective on Migration: Race, Class, Ethnicity, and Nationalism Reconsidered.* Nina Glick Schiller, Linda Basch and Cristina Blanc-Szanton(ed.), New York: New York Academy of Sciences, 1992; Basch, Linda, Nina Glick Schiller, and Cristina Szanton-Blanc, *Nations Unbound: Transnational Projects and the Deterritorialized Nation-state,* New York: Gordon and Breach, 1994; Glick Schiller, Nina, Linda Basch and Cristina Szanton Blanc, "From Immigrant to Transmigrant: Theorizing Transnational Migration", *Anthropological Quarterly* 68(1), 1995, p.48.

3) Faist, Thomas, "The Transnational Turn in Migration Research: Perspectives for the Study of Politics and Polity", Maja Povrzanvovi Frykman(ed.). *Transnational Spaces: Disciplinary Perspectives.* Mölmo: Mölmo University, 2004.

4) Smith, Robert, "Comparing Local-level Swedish and Mexican Transnational Life: An Easy in Historical Retrieval", Ludger Pries(ed.). *New Transnational Social Spaces: International Migration and Transnational Companies in the Early Twenty-first Century.* London and New York: Routledge, 2001, p.38.

연구는 이들의 의의를 새롭게 발견하고, 그들이 닦아놓은 국경의 이쪽과 저쪽을 매개하는 자유로운 공간을 자원으로 삼아 동아시아인의 공동 진화의 가능성을 찾는 것이다.[5)]

이러한 연구와 분석이 가능한 대상은 누구일까? 우리는 쉽게 우리 사회의 주변부에서 숨죽이며 살아온 화교(華僑)를 떠올려 볼 수 있다. 이들은 이제까지 한국의 근대 이래로 억압과 차별을 받아온 소수자(minority)라는 논의의 틀을 벗어나지 못하고 있지만, 또 한편으로는 초국가주의의 본질적 이해뿐만 아니라 동아시아의 공생과 한국사회의 인문학적, 사회과학적 상상력과 공동체적 실천을 추동하는 중요한 존재일 수 있다. 그럼에도 불구하고 그동안의 한국화교 연구는 차별받는 공동체적 존재 혹은 중국적인 것을 고수하는 단일한 정체성을 지닌 존재를 전제로 해왔다. 이들의 정체성 역시 마찬가지로 고유한 가치가 있느냐 없느냐를 판단하는 수준의 단순한 이해에 그치고 있다. 예를 들어 중국인들에 대한 정체성 연구의 경우 궁극적으로는 '중국성(Chineseness)' 이 있느냐 없느냐와 같은 단순한 결과가 정체성 연구의 결과로 도출되기도 한다. 다양한 공간인식의 맥락 파악과 해석, 행위자에 대한 실제적인 접근이 결여된 이러한 연구들이 계속되는 한 한국사회에서 초국가주의에 대한 폭넓은 이해 및 객관적인 동아시아 문화론이 정착될 가능성은 극히 희박하다 하겠다. 그러나 사회적·역사적 과정들을 마치 개별 국가들의 경계 내에 포함된 것처럼 접근해왔던 이른바 '방법론적 국가주의(methodological nationalism)' 가 그 한계를 드러내고 있으며[6)] 오늘날 급격하고 빠르게 확산하는 이동성(mobility) 때

5) 백영서, 「주변에서 동아시아를 본다는 것」, 『주변에서 본 동아시아』, 문학과지성사, 2004, 13-36쪽.

6) Glick Schiller, Nina, Ayse Caglar and Thaddeus C. Guldbrandsen, "Beyond the ethnic lens: Locality, Globality, and Born-again Incorporation", *American Ethnologist* 33(4), 2006, p. 613.

문에 우리가 흔히 이야기 하는 '공동체' 나 '장소' 는 실체라기보다는 상상된 것[7]에 가깝게 느껴진다. 이러한 기존 연구에 대한 반성에서 비롯된 전지구적이며 초국가적인 디아스포라 연구는 그동안 논의되어온 정체성 혹은 종족성(ethnicity) 연구에 변화를 가져다주었다. 디아스포라(이산민)들의 사회적으로 '상상되는' 정체성에 대한 관심이 그 예이다. 중국정부의 후원으로 중국에서 열리는 중국계 미국인들의 청년축제 참가를 둘러싸고 정체성의 형성과 변화 과정을 다룬 루이(Louie)의 논문은 현재의 이주민 논의에서 디아스포라 연구가 어떤 점을 강조하고 있는지 잘 보여준다. 여기서 정체성은 고정된 것이 아니다. 이 행사를 통해 중국계 미국인 청소년들은 자신들의 정체성을 재 영토화(re-territorializing)해나간다.[8] 즉 이들은 미디어, 사람들, 정보, 자본의 초국가적 흐름의 한복판에서 중국 본토와 관련하여 자신의 정체성을 확대해나간다는 것이다. 이러한 정체성의 변화 과정, 그리고 중국정부와 중국 시민, 중국계 미국인들의 서로 다른 설정과 해석은 이미 탈 지역화되고 전 지구화되는 세계의 흐름 속에서 과거와 같이 고정된 정체성, 혹은 고정된 문화특질들에 대한 연구가 한계에 부딪히고 있다는 것을 의미한다.

본 논문에서는 한국사회 내 중국인 밀집 거주지역 가운데 비교적 역사가 오래된 인천 북성동 및 선린동 일대의 차이나타운과 인천지역 화교들을 중심으로 이들의 국가 경계를 가로지르는 공간인식과 정체성을 탐색하고 고찰해보고자 한다. 조사 대상지인 인천 선린동 및 북성동 일대 차이나

7) Gupta, Akhil and James Ferguson, "Discipline and Practice: "The Field" as Site, Method, and Location in Anthropology", Akhil Gupta and James Ferguson (eds.), *Anthropological Locations*, Berkeley and Los Angeles: University of California Press, 1997, pp.37-42.

8) Louie, Andrea, "Re-territorializing Transnationalism: Chinese American and the Chinese Motherland", *American Ethnologist* 27(3), 2000.

타운의 경우 19세기 말에는 중국인 조계였다가 일제강점기에는 일본정부의 관리에 들어갔으며, 해방 후에는 다시 한국인들이 소유하고 이용하였고, 최근에는 다시 한국에서 거주해왔던 화교들과 중국 본토에서 온 신화교들의 상업적 무대가 되는 순환을 거듭해 온 곳이다. 이 논문에서는 인천 차이나타운을 본질적인 장소로 파악하기보다는 글로벌화의 과정의 전제조건이자 그 결과물이라고 할 수 있는 초국가적인 사회적 공간(transnational social spaces)으로 파악하고자 하였다. 이것은 '지리적 공간'과 '사회적 공간' 사이의 초국가적인 사회적 관계들 및 관계들의 변화를 고찰한다는 것이다.[9] 구체적으로는 인천 차이나타운 자체의 발전 과정과 함께 이곳을 중심으로 생활했던 화교들의 국경 내외를 넘어서는 이동경로를 추적해 봄으로써 한국화교를 둘러싼 초국가적 공간의 형성과 이에 대한 인식을 좀 더 심층적으로 분석하고자 하였다. 오늘날 사람, 자본, 정보, 문화적 특성들의 전 지구적 순환관계의 확대 속에서 차이나타운에서 거주하는 화교들뿐 아니라 다시 해외로 이주한 한국화교들이 고향과 거주국, 출신국, 국적상의 조국이라는 다양한 상황과 조건들 속에서 어떠한 소속감과 정체성을 유지하면서 새로운 환경에 적응하거나 저항하는지 파악하는 것은 초국가적 이주와 초국가적 이주민을 이해하기 위한 중요한 과정이라고 할 수 있다.

조사방법으로는 기존의 인류학적 민족지 연구방식 외에도 다현지조사방법(multi-sited ethnography or multi-sited fieldwork) 혹은 이동식 민족지방식(mobile ethnography)과 때에 따라서는 온라인 커뮤니티 등의 인터넷

---

9) Pries, Ludger, 2001, "The Approach of transnational Social Spaces: Responding to New Configurations of the Social and the Spatial", Ludger Pries(ed.), *New Transnational Social Spaces: International Migration and Transnational Companies in the Early Twenty-first Century*, London and New York: Routledge, 2001, p.5.

망을 이용한 조사인 네트노그라피(netnography) 방법을 일부 사용하였다. 다현지조사란 인류학에서 전통적으로 사용해 오던 기존의 사실주의 민족지를 극복하는 대안으로서 한 지역을 연구하는 것이 목적이 아니라 문화적 의미들, 대상, 정체성들의 순환을 분산된 시간과 공간대에서 연구하고자 하는 것이며[10] 네트노그라피 방식 혹은 네스노그라피(nethnography) 방식[11]은 인류학에서 사용하는 민족지적 조사를 컴퓨터 매개 의사소통(computer-mediated communications)을 통해 최근에 만들어지고 있는 문화와 공동체들에 적용한 방법론이다.[12]

논문 내용 중에서는 한국에서 대만과 중국 등으로 이주한 화교들을 '한국화교' 혹은 때에 따라서 '한화(韓華)' 로 통칭해서 사용하기로 한다. 이들은 일반적으로 한국화교라고 부르지만 이주한 사회에서 자신을 '한화' 라

10) Marcus, G. E., "Multi-sited Ethnography: Notes and Queries", Mak-Anthony Falzon(ed.), *Multi-sited Ethnography: Theory, Praxis and Locality in Contemporary Research*, Famham: Ashgate Publishing Company, 2009(1995); 윤택림, 「문화의 탈지역화와 한국문화연구」, 『정신문화연구』 25(3), 2002; Robben, Antonius C. G. "Multi-Sited Fieldwork", *Ethnographic Fieldwork: An Anthropological Reader*, Antonius C. G. M. Robben & Jeffrey A. Sluka. Malden: Blackwell Publishing, 2007; Falzon, Mak-Anthony, "Introduction", Mak-Anthony Falzon(ed.), *Multi-sited Ethnography: Theory, Praxis and Locality in Contemporary Research*, Famham: Ashgate Publishing Company, 2009.

11) Braga, Adriana Andrade, "Nethnography: A Naturalistic Approach Towards Online Interaction". Bernard J. Jansen, Amanda Spink and Isak Taksa(eds.). *Handbook of Research on Web Log Analysis, Information Science Reference*, 2009; Ignacio, Emily Noelle, *Building Diaspora: Filipino Cultural Community Formation on the Internet*, New Brunswick, New Jersey, and London: Rutgers University Press, 2005.

12) Kozinets, Robert V, "The Field Behind the Screen: Using Netnography for Marketing Research in Online Communities", *Journal of Marketing Research* 39, 2002.

고 지칭하거나 주변에서 그렇게 부르기 때문이다.

2. 인천 화교사회 및 차이나타운의 변천

19세기 말, 한반도의 격동기에 인천의 청국 조계지를 통해 한국사회에 첫발을 디딘 화교들은 일본강점기 때까지 경제적 부흥기를 거치기도 했으나 1948년 한국정부 수립 이후 한·중 간의 단교 및 1960년대의 강력한 민족주의 정책에 의해 침체하기 시작했으며 점차 억압받고 차별받는 소수집단의 삶으로 전락하였다. 그러나 한국사회의 1992년 한중수교 및 1997년 외환위기와 같은 일련의 과정들은 외국인 투자유치의 필요성에 대한 교훈을 일깨웠으며 화교사회를 다시 돌아보게 하는 계기가 되어 그동안 차별적이던 법과 제도가 획기적으로 개편되기에 이르렀다. 이러한 화교들의 질곡과 부흥의 삶의 현장은 인천 화교사회라는 사회적 공간과 차이나타운이라는 장소에 고스란히 반영되어 있다.

〈사진 1〉 인천 차이나타운 입구의 패루

1) 한국화교의 삶의 역사

중국인이 한국사회에 머물며 살게 된 것은 19세기 말에 이르러서이다. 임오군란(1882년) 이후 원병 요청으로 한국에 온 청나라 군사 4천여 명과 40여 명의 교역 상인이 한국 화교사회의 시작인 셈이다.[13] 일제강점기 이전에는 인천 선린동 일대에 약 5,000평 규모의 청국전관조계(淸國專管租界)가 설정되기도 했으며[14] 일제강점기 때에는 중국의 혼란과 불안정과 노동 이주의 증가로 국내에 이주해온 화교의 수가 매년 약 2만5천 명~6만 명 정도로 크게 증가하였다.

그러나 1948년에 남한 정부가 수립되어 외국인 출입을 규제하자 중국인의 한국 이주가 중단되었고, 1949년 공산화된 중국과의 단교 이후 중국 배가 더는 항구로 들어오지 못하게 되면서 무역회사들이 한국을 떠나기 시작한다. 이때부터 1992년 한중수교 이전까지 화교사회는 순전히 인구의 자연 증가에 의존하여 커 갈 수밖에 없었다.[15]

〈사진 2〉 1930년대 인천 차이나타운의 화교들

* 출처: 인천중화기독교회

13) 박은경, 「한국인과 비한국인: 단일 혈통의 신화가 남긴 차별의 논리」, 『당대비평』 19, 2002, 275쪽.

14) 손정목, 『韓國 開港期 都市變化過程硏究: 開港場 · 開市場 · 租界 · 居留地』, 서울: 일지사, 1982, 135-149쪽.

한국에 남은 화교들은 한국정부와 외교관계가 있는 대만의 국적을 소지했고 대만의 교육체계를 받아들였다. 이후 1960년대를 거치면서 외국인토지법과 같은 화교들에 대한 한국사회의 법적, 제도적 억압과 차별이 존재했으며, 화교 대다수가 종사하던 요식업에 대한 사회 전반의 낮은 인식과 함께 귀화절차의 어려움, 외국인에 대한 취업과 회사 설립의 제한, 화교에 대한 무시가 존재했다.

1960년대 이후 한국정부에 의한 외국인토지법과 도시개발로 인해 공동체적 화교 촌락들은 거의 모두 해체되었으며 화교들은 대부분 직종을 요식업으로 전환하기에 이른다. 이들은 도시의 각 지역에 흩어져 살면서 후이(會)나 결혼식, 장례식, 연례행사 등을 통해 모여 자신들의 공동체성을 확인할 수밖에 없었다. 따라서 『여한화교통신록(旅韓華僑通訊錄)』과 같은 화교사회의 정보지가 가족과 친족의 유대를 확인하는 중요한 역할을 담당하고 있다. 이 책은 통상 2년에 한 번씩 개정되어 나오는데 화교와 관련된 단체를 포함하여 전국 지역별, 성씨별로 한국 내 화교의 주소와 전화번호, 상호가 모두 기재되어 있으며 일반적인 화교 가정에서 한 권씩은 꼭 가지고 있다. 화교들은 서로 꼭 만나지는 않더라도 전화나 편지, 청첩장 등을 통해 서로의 관계를 유지하고 강화해 나간다.

이주자 집단인 화교들의 일상생활에서 가족과 친족 범주 이외에 동향(同鄉), 의사친족(擬似親族), 이웃(隣居), 친목 모임, 동학(同學) 관계와 같은 비친족 관계가 실제로 그 중요성이 강조되기도 하며 때로는 이 관계가 대를 이어 세습되기도 한다. '遠水救不了近火' (먼 데 있는 물이 가까운 불을 끌 수 없다), '遠親不如近隣' (먼 친척이 가까운 이웃만 못 하다)과 같은 말이 이웃과 비친족 관계의 중요성을 강조하기 위해 화교들 사이에 자주 사용된다.

15) 장수현, 「한화(韓華), 그 배제의 역사」, 『당대비평』 19, 2002. 247쪽.

〈사진 3〉『2007~2008 旅韓華僑通訊錄』의 표지와 내용

화교들은 친족 관계뿐만 아니라 이러한 비친족 관계의 강화를 통해 일종의 계(契)인 후이(會) 혹은 대두회(大頭會)와 같은 종족집단 중심적이고 비공식적인 경제조직을 만들어 한국사회에서의 차별과 배제를 피해 자본을 증식시키기도 한다.

이러한 결사체에는 관시(關係) 및 런칭(人情), 멘쯔(面子), 바오(報)와 같은 모국의 기본 원리들이 존재하며 거주국에서의 공동체 생활을 지속시키는 원동력이 된다. 이들 원리들이 모두 작동하는 대표적인 사례로 화교사회의 자발적 금융결사체인 후이를 들 수 있는데 화교사회의 관시(關係)를 사회자본의 한 형태로 볼 수 있다면 후이는 사회자본이 경제자본과 같은 다른 형태의 자본으로 전환될 것을 목표로 만들어진 결사체로 볼 수 있다. 화교사회의 후이 혹은 대두회는 도덕적 공동체에 착근된 사회자본을 경제자본으로 변환시켜주는 중요한 결사체이다. 화교들은 절차가 까다로운 거주국의 대출을 굳이 받지 않더라도 후이를 통해 단번에 사업장을 장만하여 사업을 시작할 수 있다. 그러나 관시와 같은 사회자본이 경제자본으로

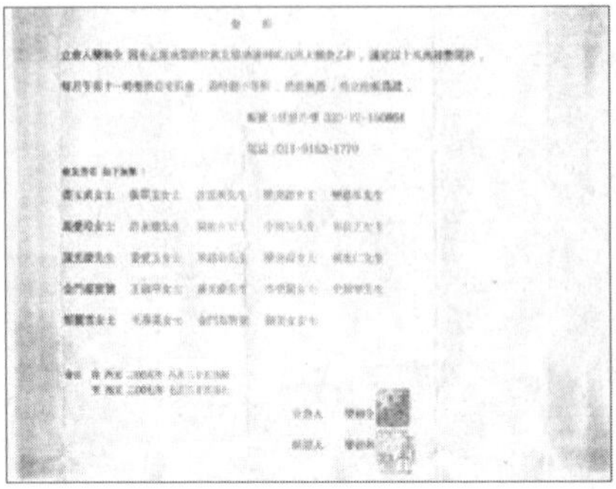

〈사진 4〉 대두회의 회장(會帳)

변환되는 과정은 실제적으로는 그렇게 단순하지 않다. 한 개인이 집단 내에서 관시망(關係網)이 탄탄하게 갖춰져 있다 하더라도 화교 개개인이 순간적인 욕구나 실수로 인해 공동체에서 기준으로 삼는 도덕에 어긋난 행동을 하게 되거나 관시망에 있는 사람들과 불화가 생길 경우 혹은 공동체 내에서 독점적인 이익을 취할 경우 가십과 루머가 생기기 쉬우며 이에 따라 그에 대한 평판이 나빠지고 나쁜 평판은 곧 후이의 생성이나 지속에 커다란 영향을 미친다. 또한 가십과 평판을 만들어내는 사람의 입장에서 가십이나 평판은 증시에서 주가 및 투자할 회사에 대한 정보가 중요하듯 공동체 내에서 경제적 자본과 관련된 일종의 중요한 '정보'가 된다.

그러나 이러한 노력에도 불구하고 한국사회의 외국인토지법 등과 같은 차별적인 법들과 단일한 민족주의 정책으로 인해 한국화교들의 삶은 점점 더 빈곤하고 팍팍해졌다. 자신들의 보호처가 되어야 할 모국인 중국은 오래전에 공산화되어 한국정부와 단교했고, 국적국인 대만은 국제사회에서 점차 지위를 잃어가고 있었다. 게다가 거주국에서도 인정받지 못했던 요식업종으로 삶의 기반을 마련해야 했던 화교들은 그동안 거주국에서 지녀온 문화적 자존심마저 잃게 되는 상황에 처한다. 이러한 어려움 속에서 화

〈표 1〉 대만, 중국, 한국계중국인[16)]의 연도별 현황[17)]

연도	국적	인원	연도	국적	인원
1992	대만	23,479	2008	대만	21,789
	중국	516		중국	121,754
	한국계중국인	419		한국계중국인	362,920
1996	대만	23,283	2012	대만	21,176
	중국	17,387		중국	151,945
	한국계중국인	9,345		한국계중국인	322,861
2001	대만	22,791	2014	대만	21,014
	중국	30,740		중국	171,174
	한국계중국인	42,827		한국계중국인	375,572
2007	대만	22,047	2015	대만	20,485
	중국	111,008		중국	187,934
	한국계중국인	310,485		한국계중국인	380,091

* 출처: 법무부 출입국 · 외국인정책본부, 『출입국관리통계연보』 발췌(1993~2015).

교들은 대만이나 미국으로 다시 이주하기도 하고 한국사회에 귀화하기도 하였다. 현재 화교에 대한 공식적인 통계는 존재하지 않으나 약 2만 명가량의 화교가 한국사회에 거주하고 있다.

2) 한중수교 이후 차이나타운의 개발

인천 차이나타운에 포함된 선린동 일대는 19세기 말부터 '청관(淸館)거리' 혹은 '중국동네'로 불리며 번성을 누리다가 1949년 중국과의 단교, 1961년 외국인토지법 시행 등으로 쇠락을 거듭했던 곳이다. 북성동 역시

16) 한국계중국인의 경우 중국 입장에서는 신화교화인의 범주에 들어가기 때문에 통계에 포함시켰다.

17) 화교의 대부분은 대만 국적을 가지고 있어서 대만 국적 인원을 국내 화교 인원의 대다수라고 할 수 있다. 그러나 최근 대만에서 새로 입국하는 사람들이 있으므로 구화교의 정확한 통계를 위해서는 체류 자격별로 다시 분류해야 한다.

일제강점기에는 대규모의 어시장이 형성되었던 곳이며, 한국인들이 운영하는 여관과 술집, 식당이 들어찬 활력이 넘치는 곳이었으나 1960년대 후반 인천시의 신시가지 개발과 1970년대 어시장의 이전으로 인해 경제의 축이 옮겨가면서 지속적으로 쇠퇴해 구도심으로 밀려나기 시작했다.

쇠락한 이 도심은 1992년 한중수교 후 차이나타운 개발에 대한 기대감이 일어나기 시작하면서 전환기를 맞이하기 시작했다. 그동안 외국인에 대해 차별적이던 각종 법률들이 폐지되면서 그동안 이곳을 떠났던 화교들이 다시 사업을 위해 돌아오기 시작했다. 선린동, 북성동 일대 차이나타운의 관할구청인 중구청은 1995년부터 중국의 지방 정부들과 우호교류도시 관계를 맺기 시작하는 한편 차이나타운의 재개발 및 투자유치에 관심을 가지기 시작했고, 인천광역시 역시 송도매립지 신차이나타운 건설계획과 함께 북성동 일대 차이나타운 재개발의 필요성을 인식하기 시작했다.

2000년 6월에는 중국에서 그동안 제한적으로 시행되던 자국인들에 대한 한국 여행이 전면적으로 자유화된다. 중국인 관광객의 입국 열풍과 2001년 3월의 인천국제공항 개항을 계기로 방한 중국 관광객을 인천 지역으로 유치 확대하는 방안이 연구되기 시작했으며[18] 북성동 일대의 화교촌(華僑村, 현 차이나타운) 개발이 최우선시되었다. 차이나타운 관할 구역인 중구청 역시 중국과의 우호교류도시 사업이 결실을 거두어 2000년 11월 1일에는 중국 산둥성(山東省) 웨이하이시(威海市)가 무상으로 기증한 상징 전통물인 패루(牌樓)를 차이나타운 내에 설치하였고, 2001년부터 선린동 및 북성동 일대를 3곳으로 나누어 연차적으로 관광기반시설을 조성하기 시작했다.[19] 이러한 지방정부의 노력이 중앙정부에서 받아들여져 마침내

18) 이현식 · 김철원, 『인천지역 중국관광객 유치 방안』, 인천발전연구원 한중교류센터, 2001, pp.i-ii.

19) 이현식, 『인천 차이나타운의 조성방향』, 인천발전연구원 한중교류센터, 2001, 38-39쪽.

〈표 2〉 화교와 관련된 개정 법률 및 시행령, 규칙

연도	법률 및 시행령 명	내용
1995.12.1	출입국관리법 시행규칙일부개정, 법무부령 417호	거주(F-2)에 해당하는 자격을 가진 외국인은 최장 체류기간이 기존의 3년에서 5년으로 연장됨.
1998.5.25	법률 제5544호로 전문개정 '외국인토지법' 제정('외국인의 토지취득 및 관리에 관한 법률'은 폐지)	종전 개인의 경우 660㎡ 이하의 주거용지와 165㎡ 이하의 상업용지 취득에 대한 제한과 법인의 경우 사무용 토지에 한하여 취득할 수 있도록 하던 제한을 폐지. 국내거주 여부, 사무용 여부, 용도 및 면적 등과 관계없이 토지를 취득할 수 있도록 함.
1999.3.8	각종학교에 관한 규칙 (일부개정, 교육부령 741호)	제12조 (외국인학교) 외국인이 자국민의 교육을 위하여 학교를 설치 · 경영하고자 할 때는 이 규칙의 규정에 불구하고 감독청은 이를 각종학교로 보아 설립인가 할 수 있다(종전의 '조약 · 협약 · 협정이나 외교관례에 의하여 학교를 설치 · 경영하고자 할 때'가 '학교를 설치 · 경영하고자 할 때'로 변경됨. 이에 따라 종전 외국인단체로 되어있던 화교학교가 각종학교로 분류됨).
2002.4.18	출입국관리법 시행령 일부개정 (대통령령 17579호)	1. F-2(거주) 장기거류자격을 가진 외국인이 한국에 만 5년 이상 거주한 자 및 해당자의 20세미만의 자녀, 그리고 합법적으로 신청하여 허가를 받은 자는 F5 영주권을 부여한다. 2. F5 영주권소유자에 13단위의 숫자를 외국인 등록증번호로서 부여하고, 전의 등록증 및 번호는 실효 된다.
2005.8.4	공직선거법 (일부개정 법률 7681호)	지방자치단체의 의회 의원 및 장의 선거에 있어서는 선거권이 있는 외국인의 수를 포함한다. 선거권이 있는 외국인은 '출입국관리법' 체류자격의 규정에 따른 영주의 체류자격 취득일 후 3년이 경과한 19세 이상의 외국인으로서 선거인명부 작성기준일 현재 당해 지방자치단체의 외국인등록대장에 등재된 자이다.

* 출처: 법제처 종합법령정보센터(http://www.klaw.go.kr/)

2001년 6월 26일에는 문화관광부로부터 월미도를 포함한 중구 신포동, 연안동, 신흥동, 북성동, 동인천동 일원의 3.00㎢이 관광특구(월미관광특구)로 지정을 받았다. 2002년에는 북성동 차이나타운에 중국계 멕시코 자본이 투입되어 조성사업이 더욱 활기를 띠기 시작했다. 패루 설치에 이어 차이나타운에 처음으로 지방정부가 그렇게 바라던 외국인의 투자유치가 이루어진 셈이다. 이 투자기업은 차이나타운 내에 대규모의 중국풍 백화점을 짓기 시작했고 백화점에 점포를 내기 위해 이른바 '신화교(新華僑)' 들이 인천 북성동 일대의 차이나타운에 대거 입주하기 시작했다.

차이나타운 및 주변 지역에 대한 관광특구 지정과 잇따른 개발 계획들은 화교들뿐 아니라 이 지역 한국인 주민들에게도 개발 호재로 다가왔다. 지역 주민들은 차이나타운의 활성화를 통해 그동안 구도심으로 밀려났던 주변 지역의 경제가 다시 살아나기를 바라고 있다. 이들은 기존의 자치단체뿐만 아니라 상가번영회, 산악회 등을 조직하여 서로 간에 친목을 다지면서 인천역사(仁川驛舍)에 대규모 할인점이 들어선다든가, 차이나타운 옆 송월동 쪽으로 대규모의 아파트 단지가 들어선다든가, 북성포구에 20층 빌딩이 들어선다든가 하는 개발 정보를 서로 교환한다. 한편 지방 자치단체 의원들은 자신의 구역에 더 유리한 개발 사업을 유치하기 위해 노력하며 이러한 정보들을 자신이 현실화할 수 있다고 주장하기도 한다.

쇠락과 침체라는 공통점은 있으나 한국인과 중국인이 함께 거주해왔던 상이하고 배타적이기까지 한 이 두 경관은 1992년 역사적인 한중수교 및 외국인 차별에 대한 법률 개정 이후 1998년부터 가시화된 차이나타운 재개발을 통해 경합되고 협상된다. 이 둘의 경관에 대한 점유 의지는 과거와 무관한 전혀 새로운 차원의 경관을 발명하고자 하는 지방정부의 정치 · 경제적인 이해관계에 따라 점점 더 복잡성을 띠게 된다. 화교들은 차이나타운이라는 공간에서 그동안 거주국의 차별과 억압에 침묵해야 했던 일반적인 소수자에서 벗어나기 시작했다. 그러나 이 지역 화교들은 아직도 중앙이나 지방정부와의 일방적인 재개발 추진에 대해서는 침묵집단이 되어 버리며, 법적인 문제에서는 소송 한번 제기해 보지 못하는, 한국사회에서 부모세대를 통해 역사적으로 획득되어온 피지배적인 소수자의 생존방식을 유지하고 있기 때문이다. 즉, 자신들의 운명을 결정하는 매우 중요한 결정에서 한국화교들은 여전히 배제되어 있다.

3) 게토에서 관광의 명소로

과거 개항장이자 외국인의 거주와 사교를 위한 조계지와 공원이 조성되었던 인천 옛 제물포는 최근 이 일대가 '한국 근대문화의 발상지' 로서 특별한 관심이 쏠리고 있다. 비록 제물포는 두 번째로 개항된 곳이지만 근대문물의 '최초' 라는 역사성을 부여받은 유산들이 특히 건조물의 형태로 다수 분포하고 있기 때문이다. 따라서 인천시는 2010년에 이곳을 개항장 문화지구로 지정받은 것을 계기로 '근대문화의 발상지' 로서 널리 인지되도록 장소 마케팅을 추진하고 관광자원으로 폭넓게 활용할 예정이다.[20]

지방정부의 장소 마케팅이 결실을 거둔 대표적인 사례 중 하나는 차이나타운의 옛 공화춘(共和春) 자리에 세워진 짜장면박물관을 들 수 있다. 공화춘은 중국 산둥성에서 이주한 중국인이 20세기 초에 건립하고 경영하다가 1980년대 초에 폐업한 한 음식점이다. 그러나 1992년 한중수교 이후 인천의 차이나타운이 관광산업의 중심지로 부상하면서 공화춘이 짜장면의 발상지라는 담론이 유포되기 시작했고, 아무런 고고학적 자료도 찾지 못한 채 공화춘은 짜장면을 처음 만든 원조 식당이 되었다. 해당 구청에서는

20) 인천광역시 중구, 『인천개항장 문화지구 관리계획』, 2011.

〈사진 5〉 짜장면박물관 전경(좌)과 내부 전시물(우)

2006년 4월 14일 공화춘을 등록문화재로 지정했고, 2008년 짜장면박물관 조성 기본계획을 수립하여 2009년에는 부지매입과 등기이전을 완료했으며 공화춘의 복원작업을 거쳐 2012년에 마침내 지방정부가 원했던 방향대로 짜장면박물관을 완공했다.

인천의 경우 처음으로 근대 문물을 받아들인 선구적 도시이기도 하지만, 또 한편으로는 19세기 말 강대국의 힘의 논리에 의해 강제 개항한 개항장이라는 치욕적인 성격이 있는 곳이다. 따라서 국가 및 지방정부가 이것을 다시 민족과 민족주의 형성에 기여하도록 만들기에는 다양한 장치들이 필요했으며 이것은 음식 박물관이라는 형태로 표현되었다. 여기서 이주자 집단의 음식이었던 짜장면은 '최초' 이자 거주국 문화에 흡수되어 새로 '발명된' 음식물로 고안된다. 소수자 문화를 박물관으로 흡수하는 이 과정에는 해당 종족집단의 다문화성 대신 민족주의적 이데올로기가 작동하기도 한다. 박물관을 통해 새롭게 해석되고 구성된 짜장면이라는 음식은 한국인에게 있어서 산업화의 고단함과 설움을 잊게 해주는 추억의 음식이자 외래문화를 흡수하여 더 나은 형태의 문화를 창조해 내는 민족적 저력의 표현이 된다.

그러나 정작 이 음식을 전래했다고 전해지는 이주자인 화교들에게 있어서는 이 땅에서 요식업밖에 할 수 없었던 차별과 배제의 설움이 고스란히 묻어있는 음식이기도 하다. 이러한 소수자의 아픔은 비록 강력하지는 않지만, 화교역사박물관 설립의 열망으로 나타난다. 인천 차이나타운에 나타난 이러한 대립 과정은 주변 열강에 의한 강제 개항이라는 부끄러움과 치욕의 근대사를 전복하기 위해 '최초', '문화의 발상지' 만을 강조하는 국가 및 지방정부의 관광자원 개발과정 및 방식에 저항하는 화교들 나름의 지리적 · 사회적 공간 인식을 잘 나타내준다.

3. 한국화교의 초국가적 공간인식의 확장

1) 차별과 배제의 땅을 떠나 기대와 희망의 땅으로

1960년대~1980년대까지 한국화교들의 주요 이주 대상지는 대만이었다. 한국사회의 차별과 배제 속에서 공무원이나 대기업체 임원이 되지 못하고 요식업에 종사할 수밖에 없었던 화교들의 소망은 자녀를 잘 교육해 의사, 변호사, 교사 등 전문직종에 종사하도록 하는 것이었는데 한국에서는 이를 실현하기 어려웠다. 초기 대만으로의 이주는 교육과 취업의 형태였는데 교육의 형태로 대만에 들어온 사례가 많았으며 정착에 더 성공적이었다. 1952년 초상국(招商局)에서 한국의 화교중학교 졸업생 32명을 대만의 상급학교에 입학하도록 한 것이 한국화교 학생들에 의한 최초의 '귀환' 이주[21]라고 할 수 있다. 이들 대만 진학 학생들은 대만에서 소위 '대만

21) 귀환이라는 글자에 작은따옴표를 붙이는 이유는 화교의 대만 이주가 엄밀한 의미의 귀환이주가 아니기 때문이다. 귀환이주(return migration)란 일반적으로 '재정착하기 위해 고향으로 돌아오는 이주자들(emigrants)의 이동' (Gmelch 1980: 136)을 가리킨다. 즉 'A지점에서 B로 이주한 다음 다시 A로 이주하는 것' 이라고 정의할 수 있다. 그러나 한편으로 생각해 보면 '귀환이주' 라는 용어만큼 불확실한 표현도 없다.

회귀자의 선봉(回台者的先鋒)' 이라고 칭해졌다.[22] 이후 대만으로의 이주가 본격적으로 이루어지기 시작한 제도적 계기가 된 것은 1967년이다. 해외에서 태어난 화교들의 학령기 자녀인 교생(僑生)들이 귀국 후 합법적 신분으로 공부할 수 있게 하려고 내정부(內政部)는 중화민국 56년(1967년) 12월 29일 회국교생호적등기판법(回國僑生戶籍登記辦法)을 공포했으며 제2조에는 '교생(화교학생)은 입국할 때 국내에서 호적등록을 신청해야 한다. 교거국(僑居國) 여권을 가진 사람일 경우에는 입국할 때 유관 규정에 따라, 외교거류 등록을 신청해야 한다' 라는 규정이 생겼다. 이 규정에 따르면 교생이 귀국해서 취학할 때는 호적등록을 신청할 수 있을 뿐만 아니라 국민신분증을 받을 수 있었다. 이후 60여 년간 해외에서 대만으로 공부하러 온 화교 학생은 거의 17만 명에 달했다.[23] 화교들은 한국에서 중고등과정까지만 있는 화교학교를 졸업한 후 대만의 대학에 진학했는데 대학 졸업 후 취

구체적으로 지적하자면 우선 "귀환민들이 실제로 다시 원래의 A지점(고향)으로 다시 돌아왔는가?' 를 질문해 볼 수 있다. 예를 들어 유대인들의 이스라엘 귀환이나 한국화교들의 국적상의 조국인 대만으로의 이주는 '귀환이주' 라는 정의에 잘 맞아 떨어지지 않는다. 귀환한 곳이 원래 자신이 떠났던 곳이라기보다는 신화적이고 이상적인 고향에 가깝기 때문이다. 장소의 문제에 더해지는 또 다른 질문은 "누가 귀환하는가?" 이다. 즉 단기적 노동이주자를 제외한 귀환이주자들 대부분은 부모가 이주한 거주국(host country)에서 태어나고 자란 2세대라는 점을 주목할 필요가 있다. 이들이 '귀환' 한 곳은 1세대에게는 출생하고 자란 곳이지만 2세대에게는 전혀 와보지 못한 새로운 장소이자 환경일 수 있다(Christou, 2006: 15-19). 엄밀한 의미에서 보면 2세대들의 부모나 조상의 고향으로의 이주는 태어나서 처음 경험하는 '(국외) 이주(emigration)' 의 한 형태라고도 할 수 있다(King & Christou, 2008: 2). 따라서 화교들의 대만과 중국 이주는 엄밀한 의미의 귀환이주는 아니지만 문화적으로 고국이라고 생각하는 곳으로 이주한 것이기 때문에 포괄적 의미로 '귀환' 이주라는 표현을 썼다. 이 귀환이주 역시 초국가적 공간에 대한 인식과 실천의 중요한 사례 중 하나이다.

22) 簡珮韻, 「韓華與永和韓國街: 一個經濟面向的國際遷移調適研究」, 國立臺灣師範大學 地理學系 碩士論文, 2004.

23) 中華民國韓國華僑協會 내부자료.

업하여 대만사회에 정착하거나 미국 등지로 유학을 떠나기도 했다. 당시 중국(중화인민공화국)은 공산화되어 한국과 단교한 상황이었기 때문에 대만의 국적을 보유했고 학교 교육 역시 대만 교육체제에 따라 이루어졌기 때문에 적어도 1992년 한중수교 전까지 대만은 화교들에게 있어서 공식적이며 유일한 조국이었다. 특히 1960~1970년대만 해도 대만이 한국보다 산업이 더 발달했기 때문에 그 당시 화교 젊은이들에게 대만행은 선망의 대상이기도 했다.

대만뿐 아니라 미국과 남미 등으로의 이주도 활발했다. 한국으로의 이주 및 정착 후 다시 다른 국가로 향했던 한국화교의 경유이주(transilient migration)에는 한국사회의 차별 및 배제와 같은 대내적인 요인 외에 변화하는 국제적인 환경과 같은 대외적인 요인들도 중요한 변수로 작용했다. 즉 과거 국공내전과 같은 중국의 불안한 정국을 피하기 위해 중국과 가까운 거리에 있는 한국으로의 이주를 택했던 한국화교들은 이주한 이후에도 1950년 한국전쟁을 거치면서 거주국 내의 다른 지역으로 다시 피난을 가야 하는 고통을 받았다. 1975년에는 베트남전쟁에서 실패한 미국이 '한국-대만-베트남'으로 이어지는 전시 1차 방위선을 포기하면서 한국화교들은 다시 불안감이 가중되기 시작했다. 베트남에 거주하던 수많은 화교들이 앞다투어 중화민국 대사관으로 몰려와서 중화민국의 여권을 신청하는 상황을 전해 들으면서 화교들은 한국에서도 안전할 수 없다는 것을 깨달았다. 그때부터 한국화교들 사이에서 외국으로 이민을 하는 풍조가 일어나기 시작하였다. 처음에는 비자를 쉽게 받을 수 있는 아르헨티나, 코스타리카 등의 중남미 국가로 이민을 떠났으며 나중에는 미국으로 이민을 하게 되었다. 특히 미국의 경우 전후 인종적 관용과 확산의 정신이 반영된 1965년 이민법(Immigration and Naturalization Act)의 채택으로 인해 아시아계의 이주가 급증하기 시작하였다. 게다가 1970년대 초 미국이 중국과 외교

관계를 수립하면서 미국시민권을 소지한 중국인들이 자유롭게 중국을 방문할 수 있게 됨으로써, 대부분 중국에서 이주해온 한국화교들에게는 미국 이민만이 고향을 방문할 수 있는 유일한 창구이며 성공의 기회로 인식되기 시작했다. 뿐만 아니라 문화혁명이 끝난 중국에서는 국외거주 중국인을 우대하는 정책 등이 집중적으로 추진되고 있었다. 이런 상황에서 국내에 거주하던 많은 수의 화교들이 미국 등 미주지역으로 다시 이민을 떠나게 되었다.[24] 일반적으로 이 시기 화교의 재이주를 '화교들의 재탈출' 혹은 엑소도스(exodus)' 라고는 하지만, 어떤 특정한 역사적 계기를 통해 화교들이 한국을 '탈출' 했다기보다는 초청자와 피초청자의 가족 관계를 통한 순차적이고 점진적인 이동의 측면이 있었다. 미국으로 이주한 한국화교들의 경우 이들은 비록 한국사회의 배제와 차별로 다시 한국을 떠나갔지만 '중국계 미국인(Chinese American)' 이 아닌 '미국한화(美國韓華)' 로 자신의 정체성을 드러내며 한국인 공동체와 긴밀히 연계되어 있다.[25]

〈사진 6〉 미국으로 이주한 한국화교들이 펴낸 『전미화교통신록(全美華僑通訊錄)』과 『미국제노한화잡지(美國齊魯韓華雜誌)』

24) 박상순, 「在韓中國人의 法的地位에 관한 硏究: 臺灣系中國人을 中心으로」, 인천대학교 행정대학원 사법행정학과 석사학위 논문, 2001, 28-29쪽.

그러나 한국을 떠나 다시 이주한 사회의 이민 정책이 불안정하게 시행되어[26] 지속적인 가족들과의 재결합이 불투명해지기도 하고 시간이 흐르면서 거주국과의 문화적 차이가 심해 적응에 어려움을 겪기도 하였다. 때로 태어난 곳인 한국에 대한 그리움 혹은 향수가 이들 삶의 감정적인 부분을 자극하기도 하였다. 이들이 떠나온 한국은 과거보다 경제가 급속하게 발전했고 외국인에 대한 차별적인 법들이 폐지되기 시작하면서 오히려 다른 사회보다 풍요로워졌고 과거와 달리 한국의 대학에 진학하는 것이 더 유리한 점이 많았다.

2) 나의 고향은 어디인가?: 대만과 중국으로의 귀환이주 양상

1950년대 이래 대만으로 이주한 한국화교들은 다양한 지역에 퍼져 다양한 직종에 종사했다. 1980년 박은경(1986)이 조사한 대만 이주 한화들의 직업은 잡화상, 의사, 공무원, TV 방송국 직원, 신문사 경영, 아나운서, 한의사, 기자, 사업가, 태권도 사범, 교사, 음식점 경영 등이다. 이들은 대만

---

25) 안병일, 「미시간의 사례를 통하여 본 한국화교의 미국 이주와 정착, 그리고 '미국한화(美國韓華)의 정체성」, 『한국문화인류학』 48(3), 2015, 17-32쪽.

26) 대만의 경우 대만으로의 '귀환' 이주를 쉽게 만들어주었던 귀국교생호적등록정책은 1990년대에 들어서 돌연 폐지된다. 중화민국 83년(1994년) 5월 11일에 대만 내정부는 교생과 교민의 호적등록 규범이 다르고, 또한 교생 출입국 상황과 호적관리가 쉽지 않은 이유로 이 법을 폐지하였다. 이 법이 폐지되면서 그동안의 귀국교생 거류 및 호적등록에 관한 규정은 『국인입경단기정류 - 장기거류 및 호적등록 작업 요점(國人入境短期停留 - 長期居留及戶籍登記作業要點)』에 포함되었다. 즉 귀국 화교에 대한 특별한 정책이 일반적인 외국인 관리 규정인 출입국 및 이민법 규정에 포함된 것이다. 법 폐지의 표면적 이유로는 첫째, 교생의 호적등록으로 인해 파생성 인구유입 현상이 증가한다는 것과 둘째, 교생과 교민(僑民)이 호적등록의 규정이 같지 않아 형평성 논란이 있으며, 셋째, 출입국 관리에 있어 간편하다는 것이다. 그러나 실제적으로는 대만 사회의 외국인 이주자 증가로 인한 인구 및 이민정책 조정의 필요성 때문이었다.

에서 교육받았기 때문에 졸업한 후에 한국에서보다 다양한 직종에서 사회적으로 대우받는 직업을 선택할 수 있었다.[27] 그런데 이들이 모두 대만사회에 완전히 동화되었다고 보기는 어렵다. 즉 한국화교들은 대만인들과 외모가 같고 같은 중국어를 사용하지만 적관(籍貫)인 중국 산둥성의 사투리와 음식, 한국식 억양, 대만인들과 다른 생활문화와 네트워크를 가지고 있다는 특성들이 있다. 따라서 한국화교들은 종종 대만 사람들에게 '한국인' 인지, 그렇지 않으면 '어떤 종류의 중국사람' 인지에 대한 질문을 받곤 한다.

> (한국인이냐고 질문을 받으면) 우리는 아니라고 하지. 그럼 어떤 중국 사람이냐고 또 물어보고. 산둥(山東) … 우리는 아버지가 산둥에서 왔잖아요. 근데 지금은 우리는 한국에서 태어나고(났으니까) (대만인들은 우리에게) 맨날 한국사람이라고. 맨날 이거 설명해야 해요. 지금까지도 설명해야 해요. … (K씨 1958년생, 대만 용허시 중흥가에서 의류도매업 종사).

주류 대만인과의 차이에 관해 묻는 이러한 질문들 때문에 대만사회에 완전히 동화되고자 노력했던 한국화교들은 때로는 자신이 비주류로 내몰리는 절망감을 느끼기도 했다. 그러나 이러한 차이를 자신의 직업에 고스란히 활용하는 한국화교들도 생겨나기 시작했다. 그 중의 대표적인 사례가 타이페이현(台北縣) 용허시(永和市)에 위치한 '중흥가(中興街)' 혹은 '한국거리(韓國街)' 이다. 이곳은 1970년대 무렵 죽림로(竹林路) 66항(巷) 부근에서 한화들이 점포를 하나둘 개업하기 시작하면서 만들어지기 시작했으며 1982년경을 전후해 현재의 위치로 이전하면서 오늘날의 규모를 갖추게 되

27) 박은경, 『한국화교의 種族性』, 한국연구원, 1986, 260-261쪽.

었다. 중흥가는 주로 의류 수입도매업이 주종을 이루고 있으며 많을 때는 98여 점포에서 한화들이 영업을 했다. 이것은 한화들이 주로 종사했던 보따리상업(跑單幫)과도 관계가 깊다. 처음에 한화들은 판매할 옷들을 남대문시장이나 동대문시장 등지에서 보따리로 가져오거나 한국과 대만을 오가는 보따리 상인들에게 부탁해 소규모로 옷을 가져다 팔았다. 그러나 사업의 규모가 확장되면서 대량으로 옷을 가져올 필요가 있었다. 마침 대만에서 1980년대 말부터 옷을 박스에 넣어 화물로 들여올 수 있게 허용이 되면서 박스와 보따리가 병행이 되기 시작했다. 박스로 물건을 들여올 수 있게 되면서 한국에서는 화교들이 경영하는 포장업이 자연스럽게 발달하기 시작했다. 화물 운송은 서로의 신용이 필요하기 때문에 중흥가의 대부분 점포들은 형제나 친척이 판매와 운송을 분담해서 영업하는 경우가 많다.

중흥가에는 2011년 8월 현재 총 85개소가량의 점포가 있으며 한국산 의류뿐만 아니라 한국산 식품, 인삼, 전기담요 등도 취급한다. 또한 거리 주변에 한국식 중화요리점들도 영업하고 있다. 상인들의 연합단체로는 중흥가상가연의회(中興街成衣商聯誼會)가 있으며 상인들의 권익을 대표한다. 이 연의회의 대표적인 활동으로는 매년 10월 중에 3일에 걸쳐 '한국의 날' 행사를 하는 것이다. 대개 금요일~일요일에 걸쳐 행사를 하는데 시정부에서는 금요일 하루를 '차 없는 거리'로 만들어주는 등 행사를 돕는다. 특히

〈사진 7〉 중흥가의 상점들

최근에는 '대장금' 등 한국 드라마 열풍으로 인해 대만인들이 한국 음식 및 문화에 대해 많은 관심을 가지고 있는 추세라서 행사에 대한 기대 및 참여 또한 높아지고 있다.[28] 오늘날 대만사람들에게 중홍가 혹은 한국가는 미얀마가(緬甸街), 필리핀가(菲律賓街), 인도네시아가(印尼街) 등과 함께 이른바 '다원문화적 시가지(多元文化的街市)'로 꼽힌다. 대만인들은 한화들이 판매하는 한국 물건뿐 아니라 한화들의 독특한 산둥식 혹은 한국식 억양이나 음식, 생활방식 등이 자신들의 그것과 다르다고 느끼며 흥미 있어 한다. 최근에는 대만 내 대학들의 학위 논문[29] 뿐만 아니라 초중등 교육의 내용에서도 한화들은 대만사회에서 독특한 문화를 가진 종족집단(族群) 혹은 모범적인 소수민족(model minority)으로 다루어지기 시작했다. 이러한 배경에는 앞서 논의한 대로 1990년대 이후 대만사회 내의 세계화 양상 즉, 외국인 노동자 및 외국인 결혼이민자의 급속한 증가를 들 수 있다.

그러나 대만의 근대 역사와 복잡한 정치적인 상황들을 돌이켜 보면 그 맥락이 단순하지 않음을 알 수 있다. 현재 대만의 인구 구성을 살펴보면 전체 인구의 5~15% 정도를 차지하는 원주민들과 70~80%를 차지하는 '본성인(本省人)', 그리고 15~25%를 차지하는 '외성인(外省人)'으로 구성되어 있다. 외성인으로 구성된 '이주정권'인 국민당은 대만으로 들어온 1945년부터 1987년 계엄령이 해제되고 민주화가 진전되기 이전까지 대만의 선주민인 '본성인'을 폭압적 방식으로 배제하고 통치자로 군림해왔다.[30] 1980

28) 『公民新聞平台』, 2012년 2월 27일자.

29) 簡珮韻, 「韓華與永和韓國街: 一個經濟面向的國際遷移調適研究」, 國立臺灣師範大學 地理學系 碩士論文, 2004; 侯丞芝, 「在台韓國華僑夫妻勞動經驗之考察: 台北都會區之田野研究」, 國立政治大學 社會科學研究所 碩士論文, 2007; 陳敏慧. 「韓國華人商務談判風格: 以臺灣永和韓國街爲例」, 玄奘大學 國際企業學系碩士 論文, 2010.

30) 심혜영, 「대만정체성 논의에 관하여」, 『중국학보』 44, 2001. 147쪽; 김미란, 「타이완의 중국 "고향친지방문(返鄉探親)"(1987)과 타이완 사회의 '통일/독립' 담론」, 『중국연구』 52, 2011, 241쪽.

년대 민주화 이후 대만사회의 가장 큰 변화 중 하나는 대만인 정체성이 증가하였다는 것과 중국(인)과 구별되는 대만(인)의 정체성을 강조하는 대만의식, 대만정서에 관한 논의들이 활발하게 전개되기 시작했다는 것이다.[31] 이러한 대만인들의 자각은 선거와 같은 정치과정뿐 아니라 다양한 문화정책에서도 여러 갈래로 반영되어 있다. 1993년부터 시작된 지역과 공동체를 강조한 공동체부활운동(Community Renaissance), 1980년대부터 시작된 대만의 다양한 토착 종족집단의 권리를 옹호하는 사회운동에서 촉발되어 반영된 1990년대 후반의 국가주도 다원문화정책, 국가개념보다는 문화적 권리의 중요성을 강조한 문화적 시민권(cultural citizenship) 담론 등이 이에 해당한다.[32] 이러한 대만의 사회문화의 변동 과정 가운데서 적관이 중국의 산둥성에 있으며 한국에서 이주해 온 한화가 일종의 종족집단(ethnic group)으로 여겨지는 것은 어쩌면 당연한 결과라고 생각할 수 있다. 그러나 한화 입장에서 보면 대만을 조국이라고 생각하고 찾아갔지만 한국화교의 대부분이 대륙 출신이기 때문에 본성인과 외성인의 갈등인 성지원티(省籍問題)에 휘말리게 되어 외성인 취급을 받던지, 아니면 한국인으로 취급받을 수밖에 없는 상황에 본의 아니게 직면했다고 할 수 있으며 이 경우 한국화교는 대만인(타이완인)에 비해 비주류가 될 수밖에 없다.[33]

대만으로 이주한 한화들은 점차 이러한 대만사회의 문화적 변동양상과

31) 지은주, 「정체성과 경제적 이익의 동학: 2008년 대만 총통선거에서 유권자의 선택」, 『한국정치학회보』 46(1), 2012, 367쪽; 심혜영, 앞의 논문, 151쪽.

32) Wang, Li-jung, "The Formation of 'Transnational Communities': A New Challenge to 'Multicultural Taiwan'", *International Journal of Cultural Policy* 11(2), 2005; Wang, Li-jung, "Creating Taiwanese Citizenship: Identity, Difference and Cultural Policy", *International Journal of the Humanities* 3(8), 2005/2006, pp.231-232.

33) 왕은미(王恩美), 「동아시아를 떠도는 한국 화교의 정체성: 『한중일보』를 통해 본 한국 화교의 국가 정체성」, 『주변에서 본 동아시아』, 서울: 문학과지성사, 2004, 266쪽.

한국문화에 대한 대만사회의 관심 증가에 맞추어 점차 한국문화 및 산둥성과 연관된 자신들만의 독특한 종족성을 예전처럼 감추거나 그것을 확인하려는 대만인들에게 분노하기보다는 오히려 적극적으로 자신들의 정체성 및 상업적 배경으로 표출하기 시작했다. 한화(韓華)들은 자신의 존재를 묻는 대만인들에게 "(나는) 너희들이 좋아하던 한국 사람이 맞다."고 확인을 해주기도 하며, 더 나아가 자신을 한국에서 대만으로 이주한 '한화 1세대'로 규정하기 시작한다. 이와 더불어 한화들은 자신의 뒤를 이어 자녀들도 스스로를 한화 2세대로 생각했으면 하는 기대를 하고 있다. 그러나 민주화 이후 변화하기 시작한 대만의 사회문화와 교육체계 속에서 자라온 이들의 자녀들은 자신이 한화도 아니고 중국인도 아닌 '대만인'이라고 주장한다. 한화들의 기대와 달리 자녀세대들은 정체성에 있어서 부모와는 서로 다른 지점에 서 있다고 볼 수 있다.

> 나는 한국화교인데 한 30년 전에 왔거든요. 한국화교 마누라하고 결혼해서 대만에서 애를 낳았어요. 근데 이 애는 한국화교라고 얘길 안 해요. 대만 사람이라고 … (내가 자식에게 너는) 한국화교라 그러면 부인을 해요. 자기는 대만 사람이다. 제 자식이 … 대만에는 2(세)대하고 3세대가 많거든요(U씨, 1950년대 중반생, 중화민국한국화교협회 임원).

이러한 대만 내 한화들의 정체성의 새로운 자각과 실천은 초국가성의 증가와 세계화로 인한 변화된 환경 속에서 다원문화사회로 변모하는 대만사회의 역동성에 이바지하며, 대만과 한국 사이의 상호 경제적 이익과 문화적 이해에 기여하는 측면이 있다. 그러나 대만사회에 대해 처음에 가졌던 기대들이 사라지면서 다시 거주국이었던 한국으로 재이주하거나 두 사회를 왕복하면서 살아가는 화교들도 생겨나고 있으며, 대만 이주 후 만족

할 만한 경제적인 성취를 어느 정도 이룬 일부 한화들의 경우에는 다시 캐나다나 미국과 같은 삶의 조건이 더 나은 선진국으로 이민을 떠나기도 한다. 제3국으로 떠나는 한화들에게 있어서 대만은 최종적인 귀환지가 아닌 일종의 경유지가 된다.

한편 냉전 시대의 막이 걷히고 중국과의 관계를 회복한 1992년의 한중수교 이후에는 중국(중화인민공화국)으로의 이주가 급증하기 시작했다. 초반에는 헤어진 가족 및 친족과의 상봉이 귀환의 제일 주요한 동기였으나 시간이 흐르면서 점차 은퇴 이후의 휴양 및 저임금 노동력의 이용을 위해 중국으로 귀환하는 한국화교들이 증가하기 시작했다. 한국화교들은 한중수교 전부터 정기여객선이 취항한 중국 산둥성의 웨이하이시(威海市)와 1994년 8월 29일, 부산 간 카페리 개설이 이루어진 옌타이시(烟台市)를 중심으로 이주를 시작했는데 이 지역 및 그 주변 지역은 산둥성 출신이 90% 이상인 한국화교 1세대들의 고향이 주로 위치한 곳이다.

이 지역들은 한국화교 1세대와 2세대가 동시에 존재한다. 한국화교 1세대들은 이미 한중수교 이전인 1980년대부터 불법적인 경로이지만 홍콩을

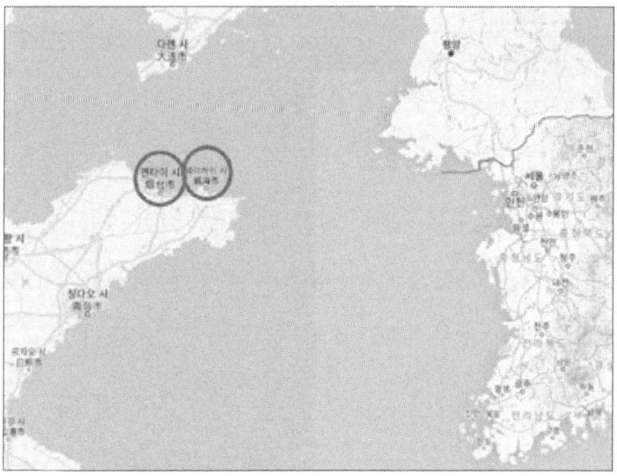

〈그림 1〉 중국 옌타이시 및 웨이하이시의 위치

* 출처: Google Map

거쳐 고향에 가본 사람들이 있을 정도로 고향에 대한 애착이 강했다. 1세대들은 한중수교 전후로 고향에 대한 관심에서 한발 더 나아가 특히 2000년을 전후로 은퇴 후 생활이나 병 치료, 휴양을 목적으로 산둥성의 고향 주변 도시에 거주하기 시작했고 한국에서 태어나고 자란 화교 2세대들은 주로 사업을 목적으로 이주했다. 2세대들은 보따리상으로 한국과 중국을 오가면서 소규모 무역에 종사하기도 하지만 부모의 중국 내 친족 관계를 이용해 고향 마을에서 공장을 운영하기도 하고 한국식 중화요리나 횟집 등의 음식점을 경영하기도 한다. 주로 웨이하이와 옌타이가 그 거점이 되었는데, 옌타이의 경우 현재 한국에서 '귀환' 이주한 화교들이 500~700명 가량 거주하며 2001년에는 한화의 친목조직인 '옌타이한화연의회(烟台韓華聯誼會)' (이하 연의회)를 결성하여 중국 내에서 독특한 네트워크를 형성시켜 나가고 있다. 이들은 전 세계에 흩어져 있다가 중국으로 귀환한 일반적인 화교와 다르게 특별히 한국에서 왔다는 의미로 자신을 '한화(韓華)' 라고 부른다. 연의회는 총 30명의 임원과 140여 명의 회원이 등록되어 있으며, 주로 임원들의 회비와 외부 찬조금으로 운영된다. 회비와 찬조금은 중국 내에서 자선활동으로 많이 쓰이는데 2008년 쓰촨성(四川省) 지진 때는 '교애공정-화교들이 지진 재해 주민을 구원하며 마음을 따뜻하게 해주는 활동(僑愛工程-抗震救災溫暖活動)' 을 펼쳐 화교네트워크 내에서 성금을 모금해 기탁하기도 했다.[34] 이 밖에도 미국 등 세계 각지로 이주한 한국화교들이 고향을 찾아서 중국으로 오게 되면 대부분 옌타이를 방문하게 되는데 연의회는 고향을 찾는 이들을 맞이해주는 중요한 단체가 된다.

현재 연의회 사무실에는 마작판이 설치되어 있어서 은퇴한 귀환이주 한국화교 노인들이 마작으로 여가생활을 즐기기 위해 자주 방문한다. 이

34) 『山東僑報』, 2008년 5월 23일자.

〈사진 8〉 옌타이한화연의회 사무실(좌)과 쓰촨성 지진피해 자선활동에 대한 기사(우)

들은 한국에서 외국인 신분이라서 받지 못했던 노인에 대한 복지혜택을 중국에 와서야 받기 시작한다. 노인들이 복지혜택을 받는 방법은 정부에 노인우대증을 신청해 발급받는 것이다. 물론 그 혜택이 너무 미미해서 신청하지 않은 화교 노인들도 꽤 많지만 한국에 거주할 때 한 번도 복지혜택을 누려보지 못했다고 생각하는 화교들은 이 노인우대증을 중국에서 자신들이 대우를 받고 있다는 상징처럼 생각한다. 그런데 이러한 한국화교들의 은퇴 이주를 관찰해보면 표면적으로는 이주자들이 모두 자발적으로 고향을 찾아 노년의 은퇴생활을 보내는 것처럼 보이지만 실은 한국에 거주하는 자녀들과의 경제적 이해관계로 인한 압력 때문인 경우가 많다. 즉 이들 노인들은 중국에서 생활할 돈을 가지고 오는 예도 있지만 대개 한국에서 자녀들이 돈을 송금해주는 경우가 많은데, 자녀들의 입장에서 이것은 한국에서의 부모에 대한 부양비용보다 1/4 정도 저렴하다는 이점이 있다. 예를 들어 직장생활을 하거나 음식점 경영 등으로 바쁜 자녀들이 부모를 직접 간병하기는 어렵기 때문에 간병인을 두어야 하는데 이 경우 한국에서 적어도 한화 200만 원 정도가 든다. 부모의 간병비만 매달 200만 원 정도 드는 것은 한국의 일반적인 가정의 경우 경제적 부담이 상당히 크다. 따라서 부모에게 중국에서 은퇴생활을 보내도록 하는 것은 경제적인 면에서 훨씬 유리하며 부모가 거처할 집을 구입하는 과정에서 부동산 투자의 효과를 볼 수도 있다. 어떤 경우에는 자녀를 함께 보내기도 하는데 노인들에게 손주의 유학생활을 관리하도록 맡기기 위해서이다. 따라서 한국화교 노인들의 은퇴 이주는 노년에 고향으로 돌아와 황혼의 행복한 시간을 보낸다는 일반인의 상상과 다른 풍경을 보여주기도 한다.

> 경제적인 것 … 그리고 자식들 짐 안 되기 위해서 … 여기 와서 … 즉 말하자면 최후 도피처죠. 나이 든 사람한테는. 어떤 때 설명하면 서글픈 이야기죠. 절망지(絶望地)죠. 희망이 없는 … 내일의 희망이 없는 … 오로지 여기서 이래 살다가 가시는 거예요. 쉽게 말하면 … (중략) (한국에 있다 해도) 한국에서는 집에 갇혀서 살아야 해. 어디 갈 겁니까? (C씨, 여, 1948년생, 옌타이시에서 음식점 경영).

중국 지역경제의 맥락에서 보면 고향에서 은퇴생활을 보내는 한화 노인들은 복지의 수혜자라기보다는 일종의 소비자에 가깝다. 현재 옌타이시는 노년층 한화가 유입되면서 유료 양로원 시설이 증가하고 있다. 호텔식 서비스에 의료시설과 의료진을 갖춘 현대식 양로원시설이 확충되면 더 많은 한화 노인들이 유입될 것이라고 이 지역 화교들과 주민들은 전망하고 있다. 이것은 고용불안이 심화되고 있는 중국사회 내에 새로운 고용을 창출할 기회를 제공한다고 볼 수 있다.

한편 한국에서 태어나고 자란 한국화교 2세대 및 이후 세대는 비로소 자신의 뿌리를 찾아왔으며 앞으로 중국에 대한 전망이 밝다고 얘기하지만, 한편으로는 중국에 대해 1세대인 부모 세대만큼 커다란 관념이 있다거나 절실하지는 않다고 말한다. 이들 2세대의 '귀환' 이주의 실제적 동기들을 취합해 보면 단지 한국에서의 경제적 상황이 1992년을 전후로 상당 부분 바뀌면서 중국에 대해 관심을 가진 경우가 많다. 예를 들어, 1992년 이전 한국에서 지방 소도시의 소규모 공장의 직원 임금이 약 40만 원 정도에서 갑자기 120만 원까지 치솟을 당시 중국의 평균적인 노동자 임금은 약 2백 위안[35] 정도로 그 차이가 엄청났다. 따라서 중국은 화교 2세대에게 있어서 일종의 '기회의 땅' 이었다. 더구나 생활면에 있어서 모든 물품들의 값이 저렴했으며 산둥지역의 경우 한화들이 한국에서 주로 사용하던 산둥 사투리를 많이 쓰기 때문에 마음이 편하게 느껴졌다. 물론 한국에서 태어나 반공교육을 받았던 한화 2세대에게 중국은 당시 두려움의 대상이기도 했다. 1979년 고향방문을 통해 이복형을 만난 이후 중국으로 이주해 현재는 아버지의 고향인 옌타이시 무핑구(牟平區)에서 한국으로 수출하는 전자제품 공장을 경영 중인 한국화교 2세대인 R씨는 중국의 개혁개방 정책이 한창이던 1982년에 중국 광둥성 선전(深圳)으로 갔을 때의 중국에 대한 첫 인상을 공산당 혹은 녹색제복의 공포감으로 표현한다.

공산당은 얼마나 무서운 건데. 한번은 호텔에 있었어요. 밤에 3시에 누가 쾅문 두드리고 공안들 와서 막 비비고 하니까 … 그때 놀래서. 초록색 옷 있잖아요. 그거 초록색 그거 되게 겁나더라고. 처음에는 다 그랬어요. 처음에는 누구나 겁이 나서 못 왔어. 기지(基地)는, 본거지는 홍콩에다 해놓고 아침에 갔다 왔다 되는 식으로(출퇴근했어요).(R씨, 1956년생).

그러나 한국화교 2세대들은 중국이 부모세대의 고향이기 때문에 이러한 상황들에 빨리 익숙해질 수 있을 것이라는 기대가 더 컸다. 이들은 1992년 한중수교 이후 점차 중국 내에서 사업을 확대해나가기 시작했으며 중국정부 역시 외자 유치의 명목으로 이들 '귀교(歸僑)' 의 투자유치를 적극적으로 지원했다. 그러나 2000년 중반 이후 중국의 외국인에 대한 외자

35) 당시 환율로 환산 시 한화(韓貨) 약 1만8천 원 정도의 액수이다.

유치의 특혜가 점점 사라지고 환율이 올라가기 시작했으며 고향 지역 사람들과 금전 관계가 얽히기 시작하면서 사정은 달라지기 시작했다. 고향이라서 금세 적응하리라 믿었던 중국의 사회체제나 중국인들의 행동양식과 같은 여러 환경들이 한국화교들에게는 좀처럼 익숙해지지 않았다. 이들 한국 출신 화교 2세대들의 중국 이주 후의 문화적 차이와 갈등을 정리해보면 다음과 같다.

첫째, 현지 중국인들과의 관시(關係) 문제이다. 거주국인 한국에서 태어나고 자란 한화 2세대들은 중국에 '귀환' 이주한 이후 사업뿐 아니라 일상적 생활을 유지하는데 있어서도 관시와 같은 사회적 연결망이 형성되어 있지 않아 적응에 있어 상당한 어려움을 겪는다. 한화들은 중국정책의 일관성이나 투명성의 정도가 한국과는 다르다고 말한다. 중국의 공무원 사회의 경우 수많은 규칙들이 있어서 철저히 지켜지는 편이지만, 문제는 그 뒤에 '문이 하나 열려있다' 는 것, 즉 철저한 규칙 뒤에 '편법' 이 존재한다는 것이다. 따라서 이른바 중국 공무원들이나 고위층 인사와 관시가 없으면 해결할 수 없는 일이 너무나 많다.

> 옌타이 같은데 가면 뭐 하나 신청하잖아. 중국도 공무원들이 되게 잘하는데 뭐냐면 규칙이 굉장히 많아요. 많은데 뒤에 문하나 열렸죠. 그죠? 그러면 편법 하나 문 열린다고. 공무원들이 미리 해놓는 거야. 위에서 전화 온다고. "야 ○○ 일 좀 해주라." 그러면 그리로 빠진다고. 아니면 자기가 꼼짝 못 하니까. 위에서 해주라고 해서 안 해 주면 바로 잘리는 건데. 바로 잘리는 거야. 그러니까 밑의 사람들은 안 되지. 100% 안 되지. 아무리 해도 조건을 맞출 수가 없으니까. 맞출 수 없는 조건으로 해놨거든. 밑에 있는 사람이 아무리 힘을 써도 안 되는 거지. 그러니까 그게 꽌시지. 보면 위에서 뒤에 문 열어 놓은 거 보면 희한하게 열어놓았더라고 … 뭐 뭐 무슨 하면 되고 … 조건이 있더라고(R씨, 1956년생).

이러한 관시는 정부의 도시 재개발 정책과 같은 커다란 이권이 걸린 사업에서부터 병원, 시장과 같은 일상생활에서도 작동이 되기 때문에 공무원이나 이 지역 주민들과 관시가 형성되지 않은 한화들의 경우 불이익을 당하거나 상당한 불편함을 느끼게 된다. 한편 부모 고향의 관시를 이용하여 중국에서 사업을 시작한 한화 2세대의 경우에는 정반대로 관시의 지나친 압력으로 인해 사업상의 위기를 겪기도 한다. 부모의 고향 쪽에 공장을 경영하는 한화들의 경우 대개는 부모의 친인척들이 연결되어 있어 이주했을 때 투자 초기의 위험 요소들을 피할 수 있었다. 사업 초기에 고향에 거주하는 친척들을 고용하는 것이 한 방법이었다. 그러나 그렇게 해서 고용이 된 친척들은 업무 능력을 갖추고 있지 않은 자신의 가족이나 친적을 무조건 공장에 취직시켜달라거나 자신을 승진시켜달라고 조르는 경우가 많다. 이러한 부탁을 거절할 경우 나중에 이들과 욕이 오가고 싸움에까지 이른다. 이렇게 고향 지역에서 친척들의 인심을 잃게 되면 심지어 동네 길을 걸어갈 때 지역 주민들까지 등 뒤에서 침을 뱉고 욕을 할 정도로 평판이 나빠져서 그곳에서 계속 사업을 하거나 거주하기가 어려워진다.

둘째는, 사업 및 일상생활에서 나타나는 중국인들과의 사소한 문화적 차이들로 인한 갈등이다. 대표적인 것이 지역민들의 일 처리가 아주 느리다는 것이나. 한국의 속도감 있는 문화에 적응된 한화들의 경우 처음에는 일을 서두르고 종업원에게 빨리하라고 짜증도 내지만, 그러면 결국 종업원들과의 감정이 악화되어 오히려 업무속도가 더 느려진다. 이주 초기에 이러한 일들을 많이 경험했던 한화들은 차라리 처음부터 빠른 업무처리에 대한 기대를 하지 않는 것이 좋다고 말한다.

셋째, 자유로운 이익단체를 구성하기 힘들다는 것이다. 현재 화교 노인들의 마작장으로 활용되고 있는 연의회는 2001년에 처음 만들어질 때만해도 그 목적이 지금과는 달랐다. 처음에는 화교들의 정보교환과 상호 간

이익을 도모하기 위해 '협회'로 정부에 등록하려고 했지만 몇 년이 지나도 이루어지지 않았다. 화교들은 '사람들이 모이는 것 자체를 중국정부에서 싫어하기 때문'이라고 그 원인을 설명한다. 결국 모임을 조직한 임원들은 협회로 만들 것인가 연의회로 만들 것인가의 토론 끝에 2007년에 연의회로 등록을 했다. 이 경우 독립된 단체가 아니라서 중국 정부기관인 챠오반(僑辦)[36]의 관리를 받게 된다. 물론 챠오반은 귀국한 화교들의 권익을 옹호하기 위해 정책을 만들고 실행하는 기구로서 화교들의 어려운 일들을 해결해 주려고 노력을 하며, 국가에서 금지한 마작장을 귀국한 화교 노인들을 위해 운영하고 있던 연의회에 대해서는 일종의 보호막 역할을 해준다. 그러나 정부의 영향력이 강할 수밖에 없는 연의회의 구조상 중국사회 내에서 한화 자신들의 권익을 옹호하는 데 있어 크게 영향력을 미치기 어렵다. 예를 들어 국가의 도심지 재개발로 헐값의 토지수용에 직면했던 한 한화는 연의회에 찾아가 도움을 구하려고 했지만 아무런 도움도 받지 못했다고 말한다.

넷째, 사업에 필요한 주변 인프라가 구축되어 있지 않다는 점이다. 중국의 남쪽 지역과 같이 소규모 공장들이 모여 있는 공업단지의 경우에는 상품 제조에 필요한 재료들의 구입이 쉬운데 고향인 옌타이의 경우에는 주변에 공장시설들이 많지 않아 필요한 부품들을 따로 주문해야 한다. 주로 한국에 주문하는데 급한 경우에는 3달에 한 번 정도 들어오는 컨테이너 대신 한국을 왕래하는 보따리상에게 부탁해 수급을 받기도 한다. 따라서 물품의 제조에 드는 경비와 시간이 한국이나 다른 중국 지역보다 오히려 더 많이 드는 편이다.

이상과 같이 중국 내 관시의 부족 및 과잉으로 인한 어려움, 한국과는

---

36) 國務院僑務辦公室의 약자.

〈사진 9〉 한국화교가 옌타이시 외곽에서 운영하고 있는 어구(漁具) 제조공장 내부(좌)와 한국화교가 웨이하이시에서 운영하는 한국식 중화요리 음식점 대북소성(台北小城)(우).

다른 중국인들의 생활문화, 자유로운 이익단체 구성의 어려움, 주변 인프라의 부족 등으로 인해 해결되지 못하는 문제들이 많아지면서 한화 2세대들은 막연한 고향에 대한 기대에서 벗어나 자신이 중국문화나 제세와 다르거나 맞지 않는다고 자각하기 시작한다. 더구나 2000년대 중반 이후 중국 정부의 외자 유치에 대한 각종 특혜가 사라지고, 중국 내 물가와 환율이 지속적인 상승 하고 있으며 2008년에 발효되기 시작한 근로계약법[37]으로 인해 노동자 고용이 점차 어려워지면서 중국에서의 사업을 접고 다시 한국으로 되돌아오는 한국화교들도 증가하고 있다. 결과적으로 '귀환' 이주한 한화들이 한국에서의 생활을 완전히 청산하고 중국에 완전히 정착한 경우는 아주 드물다. 특히 한국화교 2세대들은 자신이 태어나 교육받고 살아온 한국에서의 독특한 생활방식 때문에 중국사회에 완전히 적응하려면 약 10년 이상이 걸린다고 생각한다. 중국은 자신이 태어나고 자란 한국과 정치적이고 문화적 환경이 다르기 때문에 오랜 기간 재사회화과정이 필요다고 스스로 느끼는 것이다. 그러나 이러한 장기적인 재사회화에 성공하

37) 2008년 1월 1일 발효된 중국의 '근로계약법(勞動合同法)' 은 1995년부터 시행된 '노동법' 을 보충하는 것으로 서면노동계약 의무화, 수습기간, 퇴직금지급, 최저임금 준수 등 노동자보호에 관한 조항이 강화되어 중국에 진출한 외국기업들이 노사관리에 대해 한층 긴장하게 되었다(이광택, 2009).

는 화교도 있지만 실패하는 화교들도 있기 때문에 이들에게 있어서 중국은 여전히 불안정한 고향이다. 따라서 이들 한화 2세대들은 거주국이자 출생국인 한국사회와의 연결망을 더 강화하면서 이를 극복하고자 한다. 즉 한국에 남아있는 가족과 친족들과 항상 연락하고 수시로 왕래하면서 자신의 한국 내 거주 자격이나 의료보험 혜택들이 말소되지 않도록 주의하며 부동산과 같은 재산 등의 여지를 항상 남겨 놓고 있다. 더 나아가 일부 화교들은 기회가 되는대로 한국 국적을 취득하려고 노력한다.

그러나 이들 2세대 및 이후 세대들은 자녀들의 교육과 미래에 대해서는 자신과 다른 전망을 하고 있다. 즉 자신이 겪었던 중국에서의 시행착오를 되풀이하지 않도록 자녀를 초등학교 때부터 중국에서 교육시키기를 원한다. 그러나 그렇다고 해서 자녀들이 완전히 '중국인' 이 되기를 원하는 것은 아니다. 초등학생 때부터 중국의 학교에 다닌 한국화교의 자녀들은 자신이 한국화교가 아닌 중국인이라고 생각하는 경우가 많은데, 부모들은 자신들이 꺼리는 공산주의식 문화가 자녀들에게 침투하는 것을 막기 위해 틈만 나면 유럽 등지로 연수나 유학을 보내려고 노력한다. 또한 중국에서 대학교육까지 받은 이들의 자녀들은 졸업할 때가 되면 중국에 정착하려고 하기보다는 호주나 유럽, 미국 혹은 한국에서 취업을 계획한다.

대만으로 이주한 한국화교들은 대만 내의 민주화 등 극심한 사회변동을 겪으면서 한화(韓華)라는 자신의 정체성을 자각하기 시작하며 나아가 이를 적극적으로 표출하기 시작한다. 1992년 한중수교 이후 중국으로 귀환 이주한 화교들의 경우 중국에서 태어난 화교 1세대들은 노년의 은퇴지로서, 2세대들은 오랜 적응 기간이 필요한 새로운 이주지로 인식하고 있으며 2세대의 경우 자신이 태어나고 자란 한국의 사회적 연결망을 더욱 강화하면서 적응의 어려움을 극복하려 한다. 이와 같이 한국화교들은 귀환이주로 인해 보다 확대된 초국가적 공간 속에서 다양한 인식과 실천을 통해 한국문화와 깊이 연결된 자신들의 독특한 소속감과 정체성을 형성하고 유지해 나가고 있다.

19세기 말부터 한국사회에 이주하기 시작해서 정착해온 한국화교는 대만과 중국으로의 일종의 '귀환' 이주를 통해 보다 확대된 초국가적 공간을 경험하게 되며 그 속에서 다양한 인식과 실천을 통해 한국문화와 깊이 연결된 자신들의 독특한 소속감과 정체성을 형성하고 유지해 나가고 있다. 이러한 한국화교들의 고향으로의 귀환 이주는 냉전시대의 역사적 흐름과 세계화, 그리고 고향을 이루는 각 사회들의 특징이 무엇인지를 화교 당사들의 시각에 의해 분석할 수 있다는 점에서 이주 관련 연구 및 정부의 이주민정책들에 많은 도움을 줄 수 있으며 한편으로는 중요한 논점들을 제공한다. 이 논점들 가운데 가장 핵심적인 것은 귀환이주자들이 택한 귀환지가 과연 엄밀한 의미의 '고향(homeland)' 인가 하는 점이다. 대만으로 이주한 한국화교뿐만 아니라 중국으로 이주한 화교 1, 2세대의 귀환 이주는 그 인식과 실천에 있어 초국가적 공간의 확대에 대한 경험이라고 말할 수 있다. 그런데 이 초국가적 공간은 최초에 중국인들이 고향인 중국에서 한국으로 이주했을 때의 공간적 지형과 흐름이 다르다. 즉 대만으로 이주한 한국화교들은 대만을 이상화되고 상징적인 조국으로 생각했지만, 사회체제의 급격한 변동 및 사회적 인식의 변화가 일어나기 시작하면서 귀환 이주자는 자신의 존재에 대한 새로운 자각을 경험하며 자신을 '한국화교 1세대' 로 인식하기 시작한다. 이들이 태어나고 자란 한국이라는 사회가 '귀환' 이주 후의 적응과정에서 정체성을 이루는 중요한 요소로 부각되는 것이다. 중국으로 '귀환' 이주한 한국화교의 경우에는 이 부분이 세대에 따라 다르게 나타난다. 화교 1세대들은 태어난 곳이며 자신의 가족과 친족이 있는 고향으로 귀환 이주했다고 볼 수 있지만, 한국에서 태어나고 자란 2세대들은 처음으로 부모의 고향에 이주했다고 할 수 있다. 이렇게 2세대들은 '귀환' 이주를 통해 초국가적 공간의 확대를 경험하지만, 이 공간은 1세대들과 확연한 차이가 있으며 그 방향과 흐름이 다르거나 역전되어 있다. 즉 2세대들은 '귀환' 이주 후 부모의 고향에 존재하는 사회적 연결망 등 다양한 자원들을 동원하여 적응하려고 노력하지만 '귀환' 한 그곳은 사회체계나 생활방식 등의 모든 것이 자신이 태어나고 자란 곳과 완전히 다르다. 이때 한국은 2세대에게 있어서 태어나고 자란 이른바 또 다른 종류의 '고향' 으로서 새로운 환경의 적응과정에서 자신들의 정체성과 생활방식 및 적응 전략을 구성하는 중요한 요소가 된다. 2세대들은 귀환이주 이후의 적응 과정에서 부모의 고향에 존재하는 사회적 연결망뿐 아니라 가족, 친족, 친구, 동창들이 있고 의료시설 등의 사회적 인프라가 잘 갖추어진 한국의 사회적 자원들을 다양한 방식으로 활용한다. 따라서 '귀환' 이주의 맥락에서 보면 이들 2세대들은 거주국과 고향이 동시에 존재하는 혼성적이며 다중의 소속감과 정체성을 가지고 있다고 말할 수 있다. 이 소속감과 정체성은 관계적이며 구성적인 특징을 가지고 있으며 '귀환' 이주 후의 적응 과정에서 상황과 조건에 따라 유동적으로 작동된다.

이와 같이 한국화교의 귀환이주 과정에는 독특한 초국가성 및 다양한 정체성의 구성방식이 존재한다. 한국화교의 귀환이주 사례에서 관찰할 수 있듯이 민족귀환이주자들의 '귀환' 이주의 의미는 단순히 원래 있던 장소로 되돌아오는 단순한 과정이 아니라 '귀환' 하기 이전 사회의 의미와 역할이 강조되는 전적으로 새로운 초국가적인 속성과 흐름들을 내포하고 있다고 하겠다.

3) 고향에 대한 새로운 인식과 실천

한국에서 해외로 다시 이주하고 정착했어도 한국사회 내 화교들과의

〈사진 10〉 인천화교학교의 졸업식(좌)과 동창모임(우)

유대는 소멸하지 않고 지속하고 있다. 교통과 통신의 발달로 인해 동창회와 같은 모임을 개최하기가 쉬워졌으며 일상에서도 서로 간의 의사소통이 가능한 인터넷 커뮤니티 및 SNS(소셜 네트워크 서비스)가 발달했기 때문이다. 특히 인천화교학교를 졸업한 동창들의 경우 인터넷의 발달로 인해 국경과 지역을 넘어 감정과 정서가 서로 긴밀히 연결되고 있으며 이러한 초국가적 공간 속에서 개개인의 행동과 사고는 전 세계로 이주한 동창들의 행동을 서로 간섭하거나 지지하게 된다.

그러나 이들이 세계화의 변화된 상황 속에서 전혀 새로운 초국가적인 시각들을 획득했다고 보기는 어렵다. 동창 모임의 운영 과정 속에는 부모 세대와는 다른 의미의 관시(關係)의 원리들이 작동하고 있으며, 동창 집단 특유의 구별 짓기 문화가 새롭게 형성되어 있어 성원 간의 논쟁을 불러일으킨다. 부산화교학교 동창생들을 중심으로 인터넷 커뮤니티를 조사했던 이창호(2012)에 따르면 오늘날 화교들은 온·오프라인에 걸친 동창들 간의 교류를 통해 현재 삶의 의미를 재발견하는 경우가 많아지고 있다.[38] 특히 과거 한국사회의 차별과 배제를 피해 1970~1980년대 대만이나 미국으로 이주한 화교 동창들과 한국에 계속 거주하고 있는 동창들 사이에서는

38) 이창호, 「이주민 2세대의 고향(home)의 의미와 초국적 정체성: 화교 동창생들의 인터넷 커뮤니티를 중심으로」, 『한국문화인류학』 45(1), 2012.

과거와 현재 상황이 역전되었다는 식의 이야기들이 흘러나온다.

> 애당초는 좋았지, 70~80년대는 … 그래서 미국에 있는 친구들 그 당시에는 가정이든 뭐든 조금 우수한 가정이고 이래야지만 미국에 갔고 … 한국은 당시에는 살기가 곤란한 시기고 … 우리 동창들끼리도 미국 간다고 하면 아 … 부러운 그런 마음이 있고 … 한국에서는 그 당시만 하더라도 화교들에게 대하는 것이 … 차별을 두고 … 핸드폰 안 되고 … 의료보험 안 되고 … 지금 와서는 21세기 와서는 뒤바뀌어졌고 … 미국사회라는 것은 뭐 … 돈이 있고 없고가 아니고 … 집사더라도 다 융자 나가는 … 무조건 일을 해야돼. 한국에서 태어났지만 이 땅에서 태어났다는 게 지금 와서는 행복한 거지 … 미국사회보다는 … 옛날에는 미국사회라는 것은 우리가 부러운 … 아름다운 땅이라고 이랬지만 … 지금 와서는 한국에 있다는 것이 더 행복하다고 … 친구하고 이렇게 만날 시간도 있고 … 각자 시간 다 제치고 친구들하고 모이잖아요(D씨, 부산 출신 화교, 부산 화교학교 동창 모임 서울 · 경기지역 6164모임 회장).

당시 대만이나 미국 등으로 이주한 동창들은 또래보다 부자라고 손꼽히는 집의 자제들이었지만 한국의 경제가 점차 발전하고 외국인에 대한 차별이 폐지되기 시작하면서 그곳의 삶이 꼭 '좋은' 삶만은 아니라는 것을 깨닫게 된다. 그러나 한국 거주에 대한 자부심이 반드시 고향에 대한 감각으로 이어지는 것은 아니다. 이들은 태어난 곳이 부산이나 인천인 것은 모두 동의하지만 '고향'은 아니라고 말한다. 우선 고향에 대한 감각은 어머니가 누구인가에 따라 감각의 정도가 다르다. 이들은 이것을 '비율'로 표현한다. 어머니가 한국인인 경우 고향에 대한 감각이 조금 더 한국에 가깝게 되지만 부모가 모두 중국인이면 한국 혹은 부산을 고향으로 생각하는 경우는 드물다. 그러나 부모가 모두 중국 출신인 경우라도 부모세대처럼 당장 꼭 고향에 가봐야 한다는 생각을 가지지는 않는다. 1세대와 달리 한국에서 태어나고 자란 이들 화교 2세대의 감각에서 적관인 중국은 더욱 상징적이 되고 있으며, 마치 전세계동창회 모임(全球同學會)의 관광일정처럼 일생에 한 번쯤은 꼭 방문해야 하는 곳으로 생각한다.

한국사회의 소수자로서 뿔뿔이 흩어져 살았던 이들 역시 세월이 지나고 나이가 들면서 관혼상제와 같이 서로 간에 도움을 주어야 하는 상황을 겪게 된다. 이제 동창들의 모임은 단순한 그리움이나 과거에 대한 향수를 만족하게 하는 것에 그치는 것이 아니라 삶을 살아나가면서 상호 간에 꼭 필요한 존재로 부각되기 시작한 것이다. 이것은 이들이 그동안 소수자로서의 차이에 대한 감각에서 벗어나 생애 단계의 공통점을 찾아 나가기 시작했다는 것을 의미한다.

이 동학 집단의 특징 가운데 주목할 만한 점은 이 화교 2세대 및 이후 세대들이 초국가적 공간의 중심을 점차 동창회에 두고 있다는 것이다. 과거 화교학교가 있었던 한국 혹은 인천, 부산이라는 장소는 시간이 흐르면서 이들의 정서와 감정에 점차 중요한 영향을 미치고 있다. 비록 이들은 인천, 부산 혹은 한국을 전적으로 고향 혹은 조국이라고는 느끼고 있지는 않지만 자신이 태어나고 자란, 친구들에 대한 기억이 남아 있는 그리움과 향수의 중심적인 공간으로 생각하고 있다. 또한 이들 세대의 감각은 1세대와 달리 적관(籍貫)인 중국에 대해서는 더욱 상징적이 되고 있으며, 현실의 경

〈사진 11〉 스카이프(Skype)를 통해 해외에 거주하는 동창과 대화를 나누는 모습

제적이고 문화적인 환경에 따라 한국사회를 지속적으로 재규정해낸다. 이것은 화교 2세대들이 한국사회를 과거 차별의 역사에만 한정을 짓지 않고 전 세계적인 경제적이고 역사적인 상황과 흐름들 속에서 파악해가고 있다는 것을 뜻한다.

4. 한국사회와 화교의 미래

19세기 말부터 인천을 통해 한국사회에 유입되기 시작한 화교들은 고향은 중국이지만 한국과의 단교로 왕래하지 못한 채 대만 국적을 유지하면서 생활해왔다. 외부자적 시각에서 보면 이들은 차별받는 소수집단으로만 보이지만 깊숙하게 내면을 관찰해보면 국민국가의 경계를 넘어 적극적으로 자신들의 네트워크와 사회적 관계를 유지해나가는 초국가적 사회적 공간의 주체적 행위자의 모습이 나타난다. 이들에게 1992년 한중수교와 1997년의 IMF 외환위기는 새로운 기회였다. 한국사회에서 점차 중국에 대한 관심과 외국자본 투자유치의 필요성이 증가하면서 차이나타운이 개발되기 시작했고 중국과의 수교로 인해 화교들은 자신의 혹은 부모의 고향인 중국에 이주해서 새로운 삶을 개척하기 시작했다. 또한 새로운 미디어의 시대가 도래하면서 2세대 및 이후 세대들은 화교학교 동창들을 중심으로 인터넷과 SNS 등을 이용해 사회적 공간과 관계의 영역을 더욱 광범위하게 확대해 나가고 있다.

오늘날 한국사회뿐 아니라 한국화교에게 새로운 전환점이라 할 수 있는 것은 점차 그 수가 증가하고 있는 외국인 이주민들의 등장이다. 인천 차이나타운의 경우 국가 및 지방정부의 차이나타운 재개발이 본격적으로 궤도에 오르기 시작한 2000년대에 들어서면서 중국에서 신화교 혹은 신화교화인이라 불리는 중국인들이 이주하기 시작했다. 이들의 유입으로 한국에서 태어나고 자란 화교들은 이른바 구화교(舊華僑) 혹은 노화교(老華僑)가 되었다.[39] 그러나 실제로 한국화교들은 이들 신화교화인을 같은 화교의 범주에 넣지 않고 '중국인' 이라고 칭한다. 화교와 중국인을 구분하는 이유는 이들에게 화교협회와 같은 단체가 없으며, 한국 내에 호적이 없고 중국의 국적만을 가졌기 때문이다. 그동안의 역사적 과정을 거쳐 중국, 한국, 대만, 심지어 미국을 가로지르는 초국가적 인식과 정체성을 가진 화교들에게 있어서 신화교화인은 한국 내에서 새로운 사회적 관계를 맺어야 하는 또 다른 집단일 수밖에 없다.

한국으로 유입되는 신화교화인들은 초반에는 인천 차이나타운 등 기존에 형성된 중국인 집거지 및 경기도 일산 등 새로 개발되는 차이나타운에 몰렸으나 제주특별자치도에서 2010년 2월부터 시행된 외국인 부동산 투자 이민제도 이후 제주도에 커다란 관심을 가지기 시작했다. 제주도에 이주한 신화교화인들은 중국의 경제발전에 따른 중산층의 증가와 관계가 깊으며[40] 자본의 규모나 소비를 중심으로 하는 삶의 방식과 정체성이 구화

---

39) 한국에서 '신화교' 는 한국의 역사적인 특수한 상황과 연관되어 있다. 1949년 10월 중화인민공화국 수립 이후부터 1992년 한국과 중국 간의 국교수립 전까지 지속된 한중 간의 단교로 인해 한국으로의 중국인 유입은 이뤄지지 않았다. 따라서 1992년 양국 간 국교수립 이후 중국에서 건너오는 중국인들을 이전의 '구화교(舊華僑) 혹은 노화교(老華僑)' 와 구별해서 '신화교(新華僑)' (양필승 · 이정희 2004: 104-105) 혹은 '신화교화인(新華僑華人)' 이라고 부르고 있으며 통상적으로 중국 국적을 가지고 있으나 정체성은 한국에 두고 있는 조선족을 제외한 중국인 혹은 한족(漢族)을 가리킨다. 이들 신화교화인의 움직임은 과거 중국인들의 해외진출과는 내용면에서 상당한 차이가 있다. 과거와는 달리 이들은 대개 해외에서 유학을 한 후 그 자리에 눌러앉아 생활하거나 또는 해외 가족들과 살기 위해서, 또 보다 유리한 경제환경을 찾는 '투자이민' , '상업이민' 이 대종을 이루며 이들은 또 전적으로 자의적이고 의도적인 외국행이라고 하는 점이 특징적이다. 그리고 이들이 택하는 이민대상국도 하나같이 부유한 나라들이며 가난한 나라는 거의 없다. 그리고 이들의 학력도 상당히 높을 뿐 아니라, 이민 전의 경제적인 상태도 좋은 편이다(조정남 1998: 48).

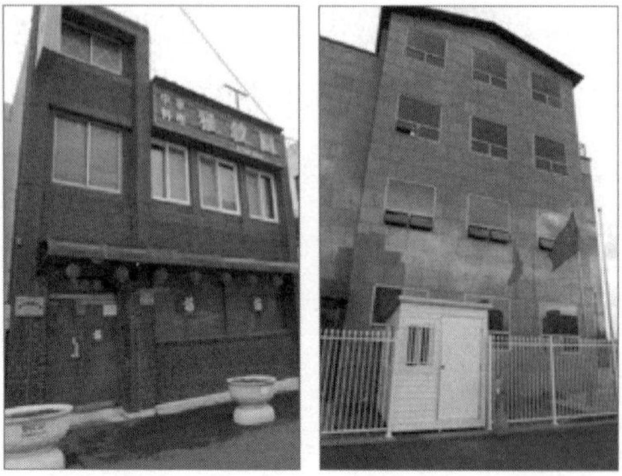

〈사진 12〉 제주화교협회(좌) 및 중화인민공화국 주(駐)제주총영사관(우)(촬영일: 2013년 1월)

교와는 판이한 것이 특징이다. 이들은 거주국에 대규모의 자본을 투자하고 영주권 획득과 자녀교육에 주력하는 등 기존 이주민과는 다른 시민권의 적극적인 획득 및 소비 및 교육 중심의 생활양식을 유지한다. 이들이 거주하는 단지 주변에는 중국 조선족과 구화교 등의 종족집단들이 다양한 직종을 이루며 거주하고 있어 중국 투자이민자들과 희미하게나마 일련의 연결고리를 형성하고 있다.[41]

그러나 과거 구화교에 대한 한국인들의 관념과 마찬가지로 중국 자본투자와 중국인 관광객이 증가하는 상황에 대해 제주도민 사회의 여론은 마냥 호의적이지만은 않다. 중국인 투자와 관광객 증가가 제주발전에 부정적 영향을 미친다고 생각한다는 것이다. 이와 달리 외국자본의 제주투자에 있어서 유난히 '중국'에 한정해서 특히 예민한 반응을 보이는 일부 시각에 대해 우려의 반응도 나온다. 전체 투자 규모에서 중국자본이 압도적인 이유일 테지만 여타의 자본의 성격이 중국자본과 다르지 않기 때문이다. 기본적으로 제주에 투자하는 글로벌 자본은 어느 자본과 다를 바 없

40) 이은상 · 정진선, 「중국 중산계층의 성장과 新華僑의 제주도 유입」, 『역사와 세계』 49, 효원사학회, 2016, 63-64쪽.

41) 이창호, 「신화교의 국내이주와 정체성의 정치」, 『민족연구』 58, 2014, 4-27쪽.

이 실리를 따질 뿐이기 때문이다.[42)]

중국자본의 유입과 신화교화인들이 만들어 내는 한국사회의 문화적 경관은 그동안 경험해 보지 못한 새로운 유형의 문화로 보이지만 다시 한 번 생각해보면 한국화교가 살아온 지난 삶의 역사와 맞닿아 있다는 것을 알 수 있다. 신화교화인이 만들어 내는 초국가적인 사회적 공간은 사실 구화교가 이미 경험한 바 있는 근대부터 확장되어온 글로벌화 과정의 연장선상이자 결과물이라고 할 수 있기 때문이다. 따라서 국민국가 어느 한쪽에 위치하기 어렵지만 그 틈새에서 끊임없이 고정적인 경계를 넘어서서 여러 편을 매개하고 중재해온 한국화교들의 초국가적 삶과 실천에 대한 이해는 한국사회에서 그동안 고정적이고 정형적으로 판단해오던 이주민들에 대한 시각과 관념을 재정립할 기회를 제공하며 오늘날 글로벌시대 초국가적 공간에서의 구체적이고 실천적인 전망을 제시해줄 것이다.

참고문헌

김미란, 「타이완의 중국 "고향친지방문(返鄕探親)"(1987)과 타이완 사회의 '통일/독립' 담론」, 『중국연구』 52, 2011.

박상순, 「在韓中國人의 法的地位에 관한 研究: 臺灣系中國人을 中心으로」, 인천대학교 행정대학원 사법행정학과 석사학위 논문, 2001.

박은경, 『한국화교의 種族性』, 한국연구원, 1986.

______, 「한국인과 비한국인: 단일 혈통의 신화가 남긴 차별의 논리」, 『당대비평』 19, 2002.

백영서, 「주변에서 동아시아를 본다는 것」, 『주변에서 본 동아시아』, 문학과지성사, 2004.

손정목, 『韓國 開港期 都市變化過程研究: 開港場 · 開市場 · 租界 · 居留地』, 서울: 일지사, 1982.

42) 이영웅, 「제주특별자치도와 글로벌 투기자본」, 『문화/과학』 81, 2015, 156-158쪽.

심혜영, 「대만정체성 논의에 관하여」, 『중국학보』 44, 2001.

안병일, 「미시간의 사례를 통하여 본 한국화교의 미국 이주와 정착, 그리고 '미국한화(美國韓華)의 정체성」, 『한국문화인류학』 48(3), 2015.

양필승 · 이정희, 『차이나타운 없는 나라: 한국화교 경제의 어제와 오늘』, 서울: 삼성경제연구소, 2004.

왕은미(王恩美), 「동아시아를 떠도는 한국 화교의 정체성: 『한중일보』를 통해 본 한국 화교의 국가 정체성」, 『주변에서 본 동아시아』, 서울: 문학과지성사, 2004.

윤택림, 「문화의 탈지역화와 한국문화연구」, 『정신문화연구』 25(3), 2002.

이광택, 「中國 勞動法의 새로운 傾向」, 『법학논총』 21(2), 2009.

이영민, 「글로벌 시대의 트랜스이주와 장소의 재구성: 문화지리적 연구 관점과 방법의 재정립」, 『문화역사지리』 25(1), 2013.

이영웅, 「제주특별자치도와 글로벌 투기자본」, 『문화/과학』 81, 2015.

이은상 · 정진선, 「중국 중산계층의 성장과 新華僑의 제주도 유입」, 『역사와 세계』 49, 효원사학회, 2016.

이창호. 「이주민 2세대의 고향(home)의 의미와 초국적 정체성: 화교 동창생들의 인터넷 커뮤니티를 중심으로」, 『한국문화인류학』45(1), 2012.

______, 「신화교의 국내이주와 정체성의 정치」, 『민족연구』 58, 2014.

이현식, 『인천 차이나타운의 조성방향』, 인천발전연구원 한중교류센터, 2001.

이현식 · 김철원, 『인천지역 중국관광객 유치 방안』, 인천발전연구원 한중교류센터, 2001.

장수현, 「한화(韓華), 그 배제의 역사」, 『당대비평』 19, 2002.

조정남. 「중국인의 민족상황과 화교집단」, 『민족연구』 1, 1998.

지은주, 「정체성과 경제적 이익의 동학 : 2008년 대만 총통선거에서 유권자의 선택」, 『한국정치학회보』 46(1), 2012.

簡珮韻. 「韓華與永和韓國街: 一個經濟面向的國際遷移調適研究」, 國立臺灣師範大學 地理學系 碩士論文, 2004.

陳敏慧, 「韓國華人商務談判風格: 以臺灣永和韓國街爲例」. 玄奘大學 國際企業學系碩士論文, 2010.

侯丞芝, 「在台韓國華僑夫妻勞動經驗之考察: 台北都會區之田野研究」, 國立政治大學 社會科學研究所 碩士論文, 2007.

Basch, Linda, Nina Glick Schiller, and Cristina Szanton-Blanc, *Nations Unbound: Transnational Projects and the Deterritorialized Nation-state*, New York: Gordon and Breach, 1994.

Braga, Adriana Andrade, "Nethnography: A Naturalistic Approach Towards

Online Interaction", Bernard J. Jansen, Amanda Spink and Isak Taksa(eds.), *Handbook of Research on Web Log Analysis*, Information Science Reference, 2009.

Christou, Anastasia, *Narratives of Place, culture and Identity: Second Generation Greek-Americans Return 'Home'*, Amsterdam: Amsterdam University Press, 2006.

Faist, Thomas, "The Transnational Turn in Migration Research: Perspectives for the Study of Politics and Polity", Maja Povrzanović Frykman(ed.), *Transnational Spaces: Disciplinary Perspectives*, Mölmo: Mölmo University, 2004.

Falzon, Mak-Anthony, "Introduction", Mak-Anthony Falzon(ed.), *Multi-sited Ethnography: Theory, Praxis and Locality in Contemporary Research.* Famham: Ashgate Publishing Company, 2009.

Glick Schiller, Nina, Ayse Caglar and Thaddeus C. Guldbrandsen, "Beyond the ethnic lens: Locality, Globality, and Born-again Incorporation", *American Ethnologist* 33(4), 2006.

Glick Schiller, Nina, Linda Basch, and Cristina Blanc-Szanton, "Transnationalism: A New Analytic Framework for Understanding Migration", In *Towards a Transnational Perspective on Migration: Race, Class, Ethnicity, and Nationalism Reconsidered.* Nina Glick Schiller, Linda Basch and Cristina Blanc-Szanton(ed.), New York: New York Academy of Sciences, 1992.

Glick Schiller, Nina, Linda Basch and Cristina Szanton Blanc, "From Immigrant to Transmigrant: Theorizing Transnational Migration", *Anthropological Quarterly* 68(1), 1995

Gmelch, George, "Return Migration", *Annual Review of Anthropology* 9, 1980.

Gupta, Akhil and James Ferguson, "Discipline and Practice: "The Field" as Site, Method, and Location in Anthropology", Akhil Gupta and James Ferguson(eds.), *Anthropological Locations*, Berkeley and Los Angeles: University of California Press, 1997.

Ignacio, Emily Noelle, *Building Diaspora: Filipino Cultural Community Formation on the Internet.* New Brunswick, New Jersey, and London: Rutgers University Press, 2005.

King, Russell & Anastasia Christou, "Cultural Geographies of Counter-Diasporic Migration: The Second Generation Return 'Home'", *Sussex Migration*

Working Paper 45, 2008.

Kozinets, Robert V., 2002, "The Field Behind the Screen: Using Netnography for Marketing Research in Online Communities", *Journal of Marketing Research* 39: 61-72.

Louie, Andrea, "Re-territorializing Transnationalism: Chinese American and the Chinese Motherland", *American Ethnologist* 27(3), 2000.

Marcus, G. E., "Multi-sited Ethnography: Notes and Queries", Mak-Anthony Falzon(ed.), *Multi-sited Ethnography: Theory, Praxis and Locality in Contemporary Research*, Famham: Ashgate Publishing Company, 2009(1995).

Pries, Ludger, "The Approach of transnational Social Spaces: Responding to New Configurations of the Social and the Spatial", Ludger Pries(ed.), *New Transnational Social Spaces: International Migration and Transnational Companies in the Early Twenty-first Century*, London and New York: Routledge, 2001.

Robben, Antonius C. G., "Multi-Sited Fieldwork", *Ethnographic Fieldwork: An Anthropological Reader*, Antonius C. G. M. Robben & Jeffrey A. Sluka, Malden: Blackwell Publishing, 2007.

Smith, Robert, "Comparing Local-level Swedish and Mexican Transnational Life: An Easy in Historical Retrieval", Ludger Pries(ed.), *New Transnational Social Spaces: International Migration and Transnational Companies in the Early Twenty-first Century*, London and New York: Routledge, 2001.

Wang, Li-jung, "The Formation of 'Transnational Communities': A New Challenge to 'Multicultural Taiwan'", *International Journal of Cultural Policy* 11(2), 2005.

_______, "Creating Taiwanese Citizenship: Identity, Difference and Cultural Policy", *International Journal of the Humanities* 3(8), 2005/2006.

『公民新聞平台』, 2012년 2월 27일자.

『山東僑報』, 2008년 5월 23일자.

법무부 출입국 · 외국인정책본부,『출입국관리통계연보』(1993~2015).

법제처 종합법령정보센터(http://www.klaw.go.kr/).

인천광역시 중구,『인천개항장 문화지구 관리계획』, 2011.

美國齊魯聯誼協會, 美國齊魯韓華雜誌』, 2009. 4. 15.

社團法人中華民國韓國華僑協會 내부자료.

全美華僑聯誼會, 『全美華僑通訊錄』, 2000.

韓國華僑史學會, 『2007~2008 旅韓華僑通訊錄』, 大漢文化藝術公司 出版部, 2007.

이은상

중국사 전공. 고려대학교 사학과를 졸업하고 동 대학원에서 석사, 박사학위(문학박사)를 취득하였다. 현재 부산대학교 한국민족문화연구소 HK교수로 재직하고 있다. 최근 식민지 조선의 화교 특히 조선 북부지역 화교에 관한 일련의 연구를 진행 중이다. 주요 연구성과로 『자율과 연대의 로컬리티』(공저, 2016), 『한중관계의 역사와 현실』(공저, 2013), 『강희제평전』(역서, 2010), 「중일전쟁 시기 원산화교의 동향과 화교경제」(2017), 「생존과 친일 사이 – 중일전쟁 시기 신의주화교의 동향」(2017), 「중국 중산계층의 성장과 신화교의 제주도 유입」(2인 공동, 2016), 「20세기 전반(1912~1936) 식민지 조선의 신의주화교」(2016), 「원산화교와 배화폭동」(2016), 「중일전쟁 이전 시기(1912~1936) 조선의 원산화교」(2016), 「중일전쟁 이전 시기 중국의 국경도시 安東의 이주민 – 갈등과 교류의 이중주」(2015) 등이 있다.

박규택

사회경제지리 전공, 경북대학교 지리학과를 졸업하고 동 대학원에서 석사학위를 취득한 뒤 하와이주립대학 지리학과 대학원에서 석사, 박사학위(지리학박사)를 받았다. 현재 부산대학교 한국민족문화연구소 HK교수로 재직하고 있다. 최근 탈근대적 공간 연구, 다층적 시공간의 관점에서 화교 연구에 관심이 많다. 주요 연구성과로 『한국근현대사 역사의 현장 40』(공저, 2016), 『이주와 로컬리티의 재구성』(공저, 2013), 『동아시아 문화 비교』(공저, 2012), 「중층적 관계공간에 위치한 이주자와 수행적 시민권」(2016), 「사이공간으로서 로컬리티: 수행적 관계성, 미결정성, 관계적 스케일 정치」(2016), 「제3의 공간과 전이성에 의한 결혼이주여성의 유동적, 혼종적 정체성」(2015), 「전이공간으로서 차이나타운 – 부산광역시 상해거리의 사례」(2013), 「이질적 인식과 실천의 장으로서의 로컬, 부산 차이나타운 – 상해거리, 축제, 화교학교를 중심으로」(3인 공동, 2011) 등이 있다.

왕언메이(王恩美)

동아시아사 전공. 한성화교중고등학교를 마친 뒤 타이완 국립정치대학(國立政治大學) 역사학과를 졸업하고 일본 히도츠바시대학(一橋大學)에서 석사, 박사학위(학술박사)를 취득하였다. 현재 국립타이완사범대학(國立臺灣師範大學) 동아시아학과(東亞學系) 교수로 재직하고 있다. 주요 연구분야는 동아시아화교, 화인사회로 최근 한국화교와 일본화교의 비교사, 한국과 중화민국의 냉전사에 관심을 두고 있다. 주요 연구성과로 『동아시아 현대사 속의 한국화교: 냉전체제와 조국의식』(2013), 『동남아화교와 동북아화교 마주보기』(공저, 2015), 「冷戰時期學校教育中的反共形象;以臺灣與韓國兩地小學教科書爲中心

的分析」(2010), 「"中韓友好條約" 簽訂過程中的"韓國華僑問題" (1952~1964)」(2011), 「1970年代中華民國對日僑務政策的變化: 以中日斷交前後爲中心」(2016), 「해방 70년, 한국화교에 대한 이해」(2016) 등이 있다.

이창호

인류학 전공. 강원대학교 인류학과를 졸업하고 한양대학교에서 문화인류학 석사, 한국학중앙연구원에서 인류학 박사학위를 취득하였다. 현재 한양대학교 글로벌다문화연구원 연구교수로 재직하고 있으며 한국화교를 포함한 이주민 및 다문화사회 연구를 계속하고 있다. 주요 연구성과로는 「차이나타운의 재개발과 의미의 경합: 인천지역의 사례를 중심으로」(2008), 『세계 신화의 이해』(공저, 2009), 『한국의 다문화 공간』(공저, 2011), 「이주민 2세대의 고향(home)의 의미와 초국적 정체성: 화교 동창생들의 인터넷 커뮤니티를 중심으로」(2012), 『글로벌시대의 문화인류학』(공역, 2013), 「신화교의 국내 이주와 정체성의 정치」(2014), 『연해주 지역 북한 노동자의 실태와 인권』(공저, 2015), 『베트남 전쟁의 유령들』(공역, 2016), 『동아시아 관광의 상호시선』(공저, 2016) 등이 있다.

이토 이즈미(伊藤泉美)

일본사 전공. 요코하마시립대학(橫濱市立大學) 문학부를 졸업하고 오차노미즈 여대(お茶の水女子大學)에서 박사학위를 취득하였다. 현재 요코하마개항자료관 주임조사연구원으로 재직 중이며, 요코하마화교 연구에 주력하고 있다. 저서로 『開國日本と横浜中華街』(共著, 2002), 『華人社會がわかる本 – 中國から世界へ廣がるネットワークの歷史, 社會, 文化』(공저, 2005), 『横浜中華街150年 落地生根の歲月』(2009), 「1920年代中頃の横浜華僑社會 – 諸団体の動向を中心に」(2006), 「横浜中華會館・關帝廟・同善堂について」(2008), 「1877年の横浜外國人居留地における中國人 –「明治十年在横浜清國人名簿」の分析から」(2015) 등이 있다.

20세기 동아시아화교의 지속과 변화

초판 1쇄 발행일 2017년 06월 05일

지은이 | 이은상 · 박규택 · 왕언메이(王恩美)
이창호 · 이토 이즈미(伊藤泉美)

발행인 | 최원필
발행처 | 심산출판사
주 소 | 서울시 은평구 불광동 219-7 예은 101호
전 화 | 02-357-0633
팩시밀리 | 02-357-0631
E-mail | simsan@korea.com
등록번호 | 제1-2114호(1996년 11월 28일)

ISBN 978-89-94844-49-7 94300

* 책값은 뒤표지에 표시되어 있습니다.